"博学而笃志,切问而近思。"
(《论语》)

博晓古今,可立一家之说;
学贯中西,或成经国之才。

复旦博学·复旦博学·复旦博学·复旦博学·复旦博学·复旦博学

作者简介

郭 建，复旦大学法学院教授。1956年9月出生于上海。1982年毕业于华东师范大学历史系，获历史学学士学位。1985年毕业于复旦大学法律系法制史专业，获法学硕士学位。以后留校任教至今。主要著作有《帝国缩影》《中华文化通志·法律志》（第一作者）、《典权制度源流考》等。主要论文有《中国古代民事法律文化基本特征概述》《"坑"考》等。译作有《日本民法债权总论》《英美法》等。

博学 法学系列

中国财产法史

郭 建 著

复旦大學出版社

内容提要

本书按照财产法的几个重要问题如财产分类、财产所有权、继承、契约、财产担保、财产用益、损害赔偿来进行分章。由于中国古代的民事法律没有自成一个完整的体系，因此本书以专题分章，方便读者阅读。最后一章则主要分析中国传统财产法演进的一些基本规律，总结中国传统财产法的基本特征。另外，中国古代有关财产方面的法律与民间习惯的记载相当零碎，本书进行了考证式的清理、归纳，并在各章之后加上"简短的结论"，概括本章的主要内容及提炼观点。本书力图分析中国传统法律文化中的财产法部分的基本框架，概括其基本的原则以及演进的一些规律性现象，或许能够启发读者从近代民法体系之外的角度、以大家所熟悉的近代民法话语以外的方法来看待人类社会中各类财产的运行规则，从而能够体会到人类社会发展的无穷可能性。

目 录

导论 ……………………………………………………………………… 1
  一、中国财产法史的研究对象 ………………………………………… 1
  二、中国财产法史的研究现状 ………………………………………… 4
  三、本书采用的研究方法 ……………………………………………… 6
  四、中国古代社会经济结构的基本特点 ……………………………… 8
  五、影响中国财产法发展的一些传统观念 …………………………… 12
  六、中国古代财产法的基本演变过程 ………………………………… 16
  七、本书的结构 ………………………………………………………… 18

第一章 财产分类 …………………………………………………… 19
  第一节 田宅 …………………………………………………………… 19
  第二节 墓田坟山 ……………………………………………………… 21
    一、墓田的设定及限制 ……………………………………………… 21
    二、墓田的保护 ……………………………………………………… 23
    三、上坟祭扫权 ……………………………………………………… 25
  第三节 奴婢 …………………………………………………………… 26
    一、奴婢的来源 ……………………………………………………… 26
    二、奴婢的财产性质 ………………………………………………… 27
    三、奴婢的特定法律地位 …………………………………………… 28
    四、奴婢身份的改变 ………………………………………………… 30
  第四节 马牛等大牲畜 ………………………………………………… 31
  第五节 财物 …………………………………………………………… 32
    一、普通财产 ………………………………………………………… 33
    二、货币财产 ………………………………………………………… 33
  第六节 禁止私人拥有的违禁物 ……………………………………… 34
    一、礼仪用品 ………………………………………………………… 35
    二、"禁兵器" ………………………………………………………… 35
    三、违禁书籍 ………………………………………………………… 36
    四、朝廷专卖物资 …………………………………………………… 36

第二章 "有"与"名" ··· 38
第一节 土地私有制的确立 ······································ 38
一、作为"部落所有制"的"井田制" ···························· 38
二、以承担赋税而得到承认的私有土地 ·························· 39
三、通过国家授予的私有土地 ·································· 40
四、对于私有土地设定维护道路义务 ···························· 42
第二节 历代的"限田"与"田制" ································· 43
一、秦汉按照爵位限定田宅私有规模 ···························· 43
二、西汉末年的"限民名田"与"王田" ···························· 45
三、西晋"占田制"对于私有土地的限制 ·························· 45
四、北朝隋唐"均田制"对私有土地的限制 ························ 46
五、两宋的"限田" ·· 47
六、"不立田制"的时代 ·· 49
第三节 相邻关系 ··· 49
一、地界标志 ·· 49
二、相邻关系 ·· 50
第四节 无主物、遗失物、埋藏物、添附物的处理 ················· 51
一、无主土地 ·· 52
二、逃户土地 ·· 53
三、"山野之物" ·· 55
四、遗失物和漂流物 ·· 55
五、埋藏物 ·· 59
六、添附物 ·· 60
第五节 对私有财产的保护 ···································· 63
一、窃盗罪的处罚 ·· 63
二、强盗罪的处罚 ·· 65
三、其他侵犯财产的罪名 ······································ 65

第三章 继承 ·· 67
第一节 身份继承 ·· 67
一、先秦时期的"一揽子"继承 ·································· 67
二、后世的嫡长子继承制 ······································ 68
三、后世的爵位降等继承制度 ·································· 68
四、"任子"与"袭荫" ·· 69
五、立嗣制度 ·· 70
第二节 财产继承的开始时间 ·································· 71

第三节 财产继承人的范围及其顺序 ··· 72
- 一、诸子 ··· 72
- 二、诸孙 ··· 73
- 三、嗣子（拟制的亲子） ·· 73
- 四、女儿 ··· 73
- 五、寡妻 ··· 74
- 六、赘婿 ··· 75
- 七、"近亲" ··· 75
- 八、继承顺序 ·· 75

第四节 财产继承的份额 ··· 76
- 一、诸子的继承份额 ·· 76
- 二、女儿的继承份额 ·· 77
- 三、寡妻的继承份额 ·· 78
- 四、赘婿的继承份额 ·· 78

第五节 遗嘱继承 ··· 78
- 一、汉代的"先令券书" ·· 78
- 二、唐宋时期"户绝"者依遗嘱处分遗产的原则 ······················· 80
- 三、司法实践中的遗嘱地位 ··· 81

第四章 契约 ··· 83

第一节 契约的形式及成立要件 ··· 83
- 一、契约的形式 ··· 84
- 二、契约的副署人 ·· 88
- 三、契约的签署方式 ·· 89
- 四、契约的成立要件和契约基本条款 ····································· 92

第二节 买卖契约 ··· 96
- 一、买卖行为的合法性 ·· 96
- 二、买卖契约的主要内容 ··· 97
- 三、田宅买卖的程序 ·· 107
- 四、动产买卖制度 ·· 118
- 五、找价契约 ·· 121

第三节 借贷契约 ··· 123
- 一、借贷契约的分类 ·· 123
- 二、违契不偿的刑事责任 ··· 125
- 三、对于借贷利息的限制 ··· 125
- 四、债务担保方式 ·· 132

第四节　寄存契约	139
一、唐代有关寄存的法律	139
二、明清时期有关寄存的法律	140
第五节　租赁契约	141
一、租佃契约	142
二、房屋租赁契约	147
三、树木、山林的租赁契约	149
四、牲畜租赁契约	153
第六节　雇佣契约	154
一、雇佣劳动者的身份	154
二、雇佣契约的报酬约定	157
三、风险的承担	160
四、雇佣经理人的契约	161
第七节　合伙契约及"会"	163
一、商业合伙契约	163
二、农业合伙契约	165
三、盐井合伙契约	168
四、合会契约	171
第八节　中介契约	173
一、牙行经纪	173
二、中人居间	174

第五章　财产担保 · 177

第一节　有关用字的字义演变	177
一、表示担保的"质""贽""贴"	177
二、典字字义的演变	179
三、"典"与"质""贴"的合流	179
四、关于"当"	182
五、关于"抵"	183
六、关于"押"	183
第二节　动产的质押	183
一、唐以前的民间质押惯例	183
二、唐代有关质押的法令	184
三、宋代有关官营质库的设置与有关质押的制度	185
四、金元有关质押的法律	187
五、明清时期的质押制度	188

六、民国初年民间的质押惯例 …………………………………………… 190
　第三节　与近代抵押权相似的"指抵" ………………………………………… 190
　　　一、汉唐时期的"悬券" …………………………………………………… 191
　　　二、唐代的"指质" ………………………………………………………… 192
　　　三、宋代禁止以田宅抵折计息债务 ………………………………………… 193
　　　四、明清时的"抵" ………………………………………………………… 194
　　　五、民国初年民间"指""抵"习惯 ………………………………………… 197
　第四节　以指定田宅的收益为债权担保的"抵当" …………………………… 199
　　　一、抵当的字义 ……………………………………………………………… 200
　　　二、宋代的官营抵当制度 …………………………………………………… 200
　　　三、宋代民间的抵当 ………………………………………………………… 205
　　　四、后世类似于抵当的民间习惯 …………………………………………… 206

第六章　财产用益 ………………………………………………………………… 210
　第一节　不动产的典权 …………………………………………………………… 210
　　　一、典权制度的出现 ………………………………………………………… 210
　　　二、宋代确立的典权基本制度 ……………………………………………… 215
　　　三、清代的典权制度 ………………………………………………………… 218
　　　四、民国初年的典权制度和民间典权习惯 ………………………………… 225
　　　五、典权制度的评析 ………………………………………………………… 227
　第二节　唐宋的"贴赁"与"倚当" …………………………………………… 229
　　　一、贴赁与倚当的形成 ……………………………………………………… 229
　　　二、北宋初年的倚当制度 …………………………………………………… 232
　　　三、倚当制度的废止 ………………………………………………………… 234
　　　四、后世类似倚当的民间交易习惯 ………………………………………… 236
　第三节　"田皮""田面" ………………………………………………………… 238
　　　一、"田皮"的发生 ………………………………………………………… 238
　　　二、"田皮"的设定与转让 ………………………………………………… 240
　　　三、清朝地方法规对于"田皮"的限制 …………………………………… 244
　　　四、民国初年民间"田皮"习惯 …………………………………………… 245
　　　五、"田皮"的评析 ………………………………………………………… 247

第七章　损害赔偿 ………………………………………………………………… 249
　第一节　侵损财产行为的损害赔偿 ……………………………………………… 249
　　　一、窃盗、强盗行为的惩罚性赔偿 ………………………………………… 250
　　　二、普通侵损财产行为的赔偿 ……………………………………………… 253

三、侵损财产行为的其他补偿方式 257
第二节　侵损人身行为的损害赔偿 258
　　一、"保辜" 258
　　二、"赎铜入受害者之家" 260
第三节　元明清时期附加刑性质的损害赔偿 262
　　一、元代法律对于人身伤害确立赔偿原则 262
　　二、明清法律中的人身伤害损害赔偿内容 264

第八章　规律与特征 266

第一节　一般规律 266
　　一、财产法律随商品经济的兴衰而变化 266
　　二、身份法的改变带动财产法律的发展 267
　　三、朝廷财政举措直接影响到财产立法 268
第二节　有限的财产制定法的主要特点 268
　　一、缺乏独立的法律形式 268
　　二、财产立法往往滞后于社会经济的发展 269
　　三、民事违法行为多处以刑罚 269
　　四、没有单独的民事诉讼程序 271
　　五、通过确认义务默认私有财产 272
第三节　民间民事习惯的特色 273
　　一、相对的观念 273
　　二、自保自助 274
　　三、长远观念 275
　　四、"利用"法律的观念 276
第四节　基本特征 277
　　一、制定法与民间民事习惯脱节 277
　　二、名分优先 278
　　三、对于财产权利注重于收益的获得与分割 279

后记 281

附录　《中国财产法史稿·后记》 283

导　论

本书所言的"财产法"是一个泛称，主要是指调整财产关系的法律，包括调整静态状态下财产关系的法律（比如有关财产所有权以及具有占有、使用、收益权利的财产形态的法律）和调整动态状态下财产关系的法律（比如有关契约、担保、继承等财产转移或被设定负担的形态及其过程的法律）。财产法当然应该属于法学中的民法的范畴。但是中国古代并不存在今天这样的民法体系，如果套用今天的民法体系和术语来描述并分析古代有关财产方面的法律，会遇到很多语义上的困难甚至混乱。所以为了叙述和分析的方便，本书采用"财产法"这个泛称。

一、中国财产法史的研究对象

如果把财产定义为满足人类生存需要的生产资料和生活资料，那么自从人类开始社会生活，就应该具有与今天的民法相近的原始规范，用以调整个体之间的生存关系。私有财产出现后，这些原始规范逐步打上阶级的烙印，被赋予以国家为代表的公共强制力，经过漫长的演变，形成财产法律。人类文明在世界的不同地区出现并发展，无论何种文明，只要存在私有财产，就会有各具特色的财产法律文化传统。

恩格斯曾指出："在社会发展的某个很早的阶段，产生了这样的一种需要，把每天重复着的生产、分配和交换产品的行为，用一个共同规则概括起来，设法使个人服从生产和交换的一般条件。这个规则首先表现为习惯，后来便成了法律。"① 我们完全可以将这里所说的从习惯到法律的"共同规则"视为财产法，它是人类最早形成的需要以公共强制力加以保护的规范。

在商品经济占主导的地方，生产的直接目的不仅仅是为了满足生产者本身的消费，而主要是为了在市场上进行交换，用自己的产品和服务交换到自己所需要的生活必需品。从社会角度来看，在广泛的交换过程中实现了分配。在市场交换优先的前提下，由于生产者可以专注于某一些专业的生产，在效率和质量等方面可以做得更好，这样就促进了社会分工，社会财富可以得到较快的增长。如果这种经济达到一定的规模，并有较好的公共强

---

① 《马克思恩格斯选集》第 2 卷，人民出版社 1972 年版，第 538～539 页。

制力加以维护,生产和消费都可以呈现不断发展的趋势。因此,在商品经济条件下有关财产的"共同规则"就是一种以"交换"为主的规则。在世界历史上,早在两千年前,罗马帝国统治下的环地中海地区就已形成一个统一的大市场,市场经济已经发展到相当发达的水平。在此基础上形成的罗马私法体系就是这种商品经济的产物。正如恩格斯所指出的:"罗马法是简单商品生产即资本主义前的商品生产的完善的法,但是它也包含着资本主义时期的大多数法权关系。"① 资本主义社会是一种成熟的商品经济社会,因此继承了罗马法的精神,形成了近代的财产法体系。并随着世界市场的扩大,影响到世界其他国家的财产法律,成为现代民商法律的来源。

而在古代世界其他的地区,比如古代中国,商品经济一直没有能够占据主导地位,自给自足的自然经济状态长期维持。因此在生产资料和生活资料的生产、分配、交换、消费各个环节中,交换环节并不能起到主导的地位。在从习惯到法律的"共同规则"中,传统强调的是按照人们的社会等级身份进行财产的分配,分配环节成为财产法律的中心焦点。即使实际上商品经济正在逐渐起着越来越大的作用,但立法的理念却依然故我,仍然没能及时建立起基于交换的财产法律体系。长此以往,形成了具有独特色彩的财产法体系。

中国财产法史的主要研究对象,就是这一特有的民事法律文化传统,研究中国历史上曾经存在过的财产法律制度,以及在这一制度下的现实的民间财产关系、财产行为的一般规则。前者是历代皇朝制定法中涉及民事方面的内容;后者主要是民间的民事行为惯例"乡规俗例"。通过研究其发生、发展、演变的过程,或许可以探索其规律,能够揭示其对于今天中国社会生活的影响。在建设具有中国特色的社会主义民法体系的过程中,这项研究对于搞清"中国特色"应该会有一定的帮助。

中国古代法律体系包含多种法典法规形式,如秦汉时期有律、令、科、式,隋唐有律、令、格、式,两宋有律、敕、令、格、式,明清有律、条例、事例,等等。在这些众多的法典法规中,一般都可以分辨出两大系统:其一是从消极的角度禁止臣民不得做什么,或在哪些情况下必须做什么,否则就会受到何等严厉的处罚;另一个系统则从正面、从积极的角度要求人们应该做什么、如何去做。按现代的法律部门划分,前者大致与近代的刑法部门法相当,而后者则主要和现代的行政法相似,并包含不少和现代民法相近的内容。如汉朝以后确立律、令两大法律体系。所谓"律以正罪名,令以存事制",② "律以正刑定罪,令以设范立制"③ 都表达了这两大法律系统的不同性质。令的条文数目远多于律,如唐《开元律》仅502 条,而同时制定的《开元令》有 1 546 条之多。这些众多的令文中,有不少是涉及财产关系的财产法。然而历代立法的重点在于维持政治统治的律典,律典受到高度重视,因此流传到后代的大多为律典,而令典大多已散失亡佚。明清时期令典的重要性下降,《大明令》是流传至今唯一一部完整的令典,但是在编制体例、编制的原则等方面却已经不是传统的严格意义上的令典。清朝颁布的条例(刑事单行法规)、数量成千上万的朝廷"事例"

---

① 《马克思恩格斯全集》第 36 卷,人民出版社 1975 年版,第 169 页。
② 《太平御览》卷六三八载(晋)杜预《律序》语。
③ 《唐六典》卷六《尚书刑部》。

（办事细则）以及政府制度汇编"则例"中也包含有很多财产方面的规范。这些都是财产法史研究的重要资料来源。

财产法史研究的另一重要资料来源是实际案例。在历史上的某些时期，除了各类制定法之外，朝廷最高司法机构的判例具有法律的性质，可以被各下级官府援引为判案的根据。如秦代的"廷行事"、汉代的"决事比"、宋元时的"断例"等都曾是由判例累积概括形成的当时司法机关的裁判依据。另外，法律只有在社会实际生活中得到遵守和适用才是完整意义上的法律，而中国古代立法往往是被当作民间行为的一种舆论导向工具，不少法律具有浓重的导向宣传性质、往往具有理想化的特点。要深入了解古代财产法的真实情况，就必须研究实际的案例。再则，由于很多朝代的民事立法原貌已无法恢复，往往只能从当时的案例来倒推出当时的法律，这也是必须研究民事案例的主要原因。可惜古代垄断知识界的士大夫阶层轻视民事诉讼，在汗牛充栋的经、史、子、集文献里，记载的这类案例实在太少。不过这些被记录下来的案例，往往是因为记录者认为这些案例能够充分体现立法精神，是善于贯彻统治者治世方针的样板，因此具有典型意义。这对我们理解古代民事法律的特色、剖析民事法律传统，仍具有很高的研究价值。现存的各地官府档案，①明清两代朝廷档案，各代编辑的"书判集"以及各代士大夫文集中的"判语"，都是进行这一方面研究的主要资料。

民间种种有关财产方面的习惯②与惯例，称之为"乡规俗例"，是中国古代社会民事行为最直接的准则，其中有少量被国家法律承认并被规范化为制定法；也有不少有可能得到官府裁判的认可或默认。但是总体而言，在中国古代，法律主要被定义为朝廷的统治手段，与民间的民事习惯是脱节的，民事习惯也并不总是能够得到司法裁判的稳定的支持。因此本书仅将财产方面的"乡规俗例"称之为民间民事习惯或惯例，并不直接称为"习惯法"。我们认为，"大家一般都如此行事"的规则，与能够"稳定地得到裁判的确认与支持"的规则，还是有本质上的区别。如果将所有的民间行事惯例都称之为"习惯法"，那么就有必要修正法律的最基本的概念，首先需要否认法律是"以国家为代表的公共强制力保证实施的规范体系"这一通行的定义。

"乡规俗例"在形式上具有以下几个特点：首先是高度的分散性。所谓"五里不同风，三里不同俗"③"入乡随俗"等俗谚就表示了这种分散性。这可能是由于古代商品经济不发达、各地缺乏物资及人员和信息的频繁交流、基本上处于闭塞状态所导致的。

由以上特点又引发出第二个特点，即高度的复杂性。各地的"乡规俗例"往往不一致，即使是同样的民事行为，各地的称呼也不尽相同。比如同样的质押行为，宋代时南方称之为"质"，而北方称之为"解"；清代士大夫称之为"质"，而民间或称"典"、或称"当"、或称"押"。而且即使在同一个徽州，同样一个"当"字，既可以指以财产质押的借贷，也可以指

---

① 保存至今的明清地方官府档案主要有四川巴县档案、直隶宝坻县档案、台湾新竹县档案、黑龙江双城县档案等。
② "习惯"一词系近代汉语词汇，在清末为翻译"custom"等西洋语言而生造的。
③ 《俗谚》，中国民间文艺出版社1983年版，第55页。

以收益抵充债务利息的"抵当",还可以指以不动产为债务担保的"指抵",或者和不动产的出典混称。① 因此在检视各类民间契约文书时必须仔细鉴别交易的实质性内容,不能简单地看契约的名称就作出交易性质的判断。清末民初进行的两次民商事习惯调查都是仓促进行的,调查的标准、调查的范围、调查人员的素质都不尽如人意,但仍能从其报告中看到各地民事习惯的高度分散及复杂性。②

第三个特点是"乡规俗例"是动态的、逐渐演化的,影响这种演化的因素也极为复杂。像政治的变革、经济的发展、人口的迁移、国法的修订、文化的普及等都会影响民间习惯或惯例的演变。"乡规俗例"演化的速度当然是以几代人为尺度的,我们今天在进行"压缩时空"式的研究和表述时,需要时时注意到这种演变。

由于"乡规俗例"具有分散性、复杂性以及动态演变的特点,研究的难度极高。历史上的民商事习惯可以说只是偶尔被蔑视"贩夫走卒"的士大夫当作茶余饭后闲谈资料记录在他们的笔记小说里,很少见诸官方的正史政书。因此各地的地方志、文人士大夫的笔记杂谈、考古发现及传世的民间各类契约文书以及戏曲、小说等等都是进行这一方面研究的重要资料。清末民初进行的两次民商事习惯调查保留下来的民国初年的习惯调查资料仍然是一个基本的材料。限于篇幅的关系,本书一般仅将其作为一种参考资料加以引用,在法律没有规定的情况下作为一种补充材料。

二、中国财产法史的研究现状

中国法制史的研究历来重视刑法史而忽视民法史。这主要是因为古代立法高度重视刑法,刑法方面的历史经验教训经常得到及时的整理和总结,因此有较为完整的史料积累。而古代民法没有形成完整的体系及理论,而且士大夫阶层也不愿意就民间"蝇头小利"多花费心思和笔墨。由于流传下来的史料零碎而难于检索,以致中国法制史的研究著作通常都忽略了对于古代民法内容的介绍。如沈家本所著《历代刑法考》等中国法制史方面的系列名著,几乎没有涉及民事方面的立法。薛允升所著《唐明律合编》,对于唐、明两代在财产制度方面立法显而易见的差别也没有予以足够重视。

近代杨鸿烈所著《中国法律发达史》(商务印书馆 1936 年),按照历史朝代分章,每章列"民法"专题,有"物之法"(下分所有权、债、赁贷、买卖等目)标题。以后一些法制史著作如林咏荣《中国法制史》(台北 1976 年)、陈顾远《中国法制史概要》(台北三民书局 1977 年)、戴炎辉《中国法制史》(台北三民书局 1979 年)等对于古代财产法制略有涉及。1979 年后出版的为数众多的中国法制史专著及教材中,则大多没有这方面内容。较早为此设置专题的有曾宪义的《新编中国法制史》(山东人民出版社 1987 年),叶孝信的《中国

---

① 参见刘淼:《明清间徽州的房地产交易》,《平准学刊》第五辑上册,光明日报出版社 1989 年版,第 203~207 页。
② 清末民事调查报告已散失,民国初年的民事调查资料于 1924 年由上海法政学社按专题编为《中国民事习惯大全》,广益书局出版(有台北文星书局 1962 年影印本,上海书店出版社 2000 年影印本)。1930 年南京国民政府司法行政部又基本按照民国初年报告原样编为《民商事习惯调查报告录》,当年印行(有台北进源书局 1969 年影印本,中国政法大学出版社 1999 年排印本)。

法制史》(全国高等教育自学考试教材,北京大学出版社1989年,该书1996年新编本对民法史内容作了较多增补)、陈鹏生的《中国古代法律三百题》(上海古籍出版社1991年)、梁治平的《清代习惯法:社会与国家》(中国政法大学出版社1996年)等。

史学界和经济史学界的研究成果也有不少涉及中国古代的财产法律制度问题,如宓公干的《典当论》(商务印书馆1936年),研究的是当铺问题,但在很大程度上与民事法律中的质权制度有关。1949年后这一方面的研究成果,如傅衣凌的《明清农村社会经济》(三联书店1961年)、赵俪生的《中国古代土地制度史》(齐鲁书社1984年)、陈守实的《中国古代土地关系史稿》(上海人民出版社1984年)、周远廉的《清代租佃制研究》(辽宁人民出版社1986年)、杨国桢的《明清土地契约文书研究》(人民出版社1988年)、叶显恩编的《清代区域社会经济研究》(中华书局1992年)、李文治的《明清时代封建土地关系的松解》(中国社会科学出版社1993年)、刘秋根的《中国典当制度史》(上海古籍出版社1995年)等等经济史著作对于研究古代不动产所有权及其交易、租佃、借贷等财产法律问题具有重要的意义。

经过长期的学术积累,法学界也逐渐出现中国民法史的研究专著。台湾学者潘维和所著的《中国民事法史》(东亚法律丛书),主要研究了中国近代民事法律及现代民法典的立法过程。李志敏的《中国古代民法》(法律出版社1988年)一书,较早成系统地探讨了中国古代民法中的物权、契约等问题。复旦大学叶孝信教授主编的《中国民法史》(上海人民出版社1993年,笔者作为副主编承担了债权、物权等部分的编撰,并参与了全书的统稿工作),在1995年获全国高校首届人文社会科学研究一等奖。此后又有孔庆明教授主编的另一本《中国民法史》出版(吉林人民出版社1996年),也曾获得中国图书奖。这两部著作都用了相当篇幅来讨论古代的财产法制。另有张晋藩教授主编的《中国民法通史》(福建人民出版社2003年)。由杨一凡教授主编的《中国法制史考证》丛书(中国社会科学出版社2003年)收集了中国法制史研究中的考证性论著,其中有不少涉及财产法史方面的内容,比如甲编第五卷"宋辽金元法制考"收录了笔者与姚少杰合著的论文《倚当、抵当考》,霍存福的《元代不动产买卖程序考述》。乙编第三卷"法制丛考"收有张传玺的《中国古代契约发展的四个阶段》。同样由杨一凡教授主编的《中国法制史考证续编》丛书(中国社会科学出版社2005年)中,笔者的《典权制度源流考》一书也收录其中。在财产法的一些专题研究方面,也有了很多的成果。最为典型的有何小平的《清代习惯法——墓地所有权研究》(人民出版社2012年)。

国外学术界较重视中国民法史研究的首推日本法制史界。仁井田陞的《唐宋法律文书の研究》(初版于1937年),有大量唐宋时期财产交易法律及习惯的研究内容,在这一方面的研究上具有开创性意义。其相当多的专论后来收录在四卷本《中国法制史研究》中的《土地法·取引法》《法と道德·法と惯习》卷。在其所著《中国法制史》(初版于1956年)中,也有相当多的篇幅讨论中国古代的财产法。池田温的著作也有相当多的内容涉及财产法史,有《中国古代籍账研究(概观·录文)》(日本东京大学出版会1979年,有龚泽铣节译本,中华书局1984年)、《中国古代租佃契》等论著。滋贺秀三有关清代诉讼制度的深入研究，其成果集中体现于《清代の裁判と法》(1990年)，对于进行财产法史的研究有重大学术意义。近年来寺田浩明有关中国古代契约及民事诉讼的系列论著(如1997年的《权利と冤抑——清代听讼世界の全体像》，2004年的《合意と契约——中国近世にぉける'契约'を手挂かりに》等)，从细节入手，考证并分析中国古代财产纠纷的解决方式，有独到的见解。其他如加藤繁关于中国经济史的系列研究《中国经济史考证》(结集出版于1952~1953年，有中文译本，商务印书馆1959年)、清水盛光的《中国族产制度考》(初版于1949年)、周藤吉之的《中国土地制度史研究》(初版于1954年)、宫崎市定的《亚细亚史论考》(朝日新闻社1975年)、草野靖的《中国近世寄生地主制——田面惯行》(汲古书院1989年)等等也都具有重要的财产法史研究学术价值。杨一凡主编的《中国法制史考证》丛书丙编(日本学者考证中国法制史重要成果选译)系统地选编了日本学者中国法制史考证性的重要论文成果，其中收录了仁井田陞的《中国买卖法的沿革》(1960年)、寺田浩明的《田面田底惯例的法律性——以概念性的分析为主》(1983年)、柳田节子的《论南宋时期家产分割中的"女承分"》(1990年)、高桥芳郎的《"父母已亡"女儿的继承地位——论南宋时期的所谓女子财产权》(1995年)、岸本美绪的《明清时代的"找价回赎"问题》(1997年)。

华裔美国学者黄宗智从中国社会经济史研究延伸至中国传统财产法律的研究，其系列成果也具有重要的意义。其原以英文撰写的专著《华北的小农经济与社会变迁》(中华书局1986年)、《民事审判与民间调解》(中国社会科学出版社1998年，2001年由上海书店出版社改名《清代的法律、社会与文化：民法的表达与实践》重新出版)等，近年来已译成中文，对于财产法史的研究具有重要意义。同样为华裔美国学者的赵冈的《永佃制研究》(农业出版社2005年)，赵冈、陈仲毅合著的《中国土地制度史》(新星出版社2006年)，赵冈、陈仲毅合著的《中国经济制度史论》(新星出版社2006年)等系列著作，对于财产法史的研究有重要的意义。

虽然已经取得了相当多的研究成果，但总的来说财产法史的研究依然处于初级阶段。主要表现在资料的搜集整理尚不完整，历代制定法的材料尚未全部挖掘利用，各地旧衙门的司法审判档案尚未完整清理、公布，对于古代的民事财产诉讼具体运作过程还缺乏说明资料。尤其是缺乏各个时期、各个地区民事习惯完整的调查记录。法律史学界、民法学界对于这一研究的重视程度不够，投入的研究力量较小。整个中国民法史的脉络已经有了一个基本框架，但在个案方面的、地区方面的、专题方面的微观研究则仍付阙如。这些都需要研究者进一步努力。

三、本书采用的研究方法

中国古代的刑事法律本身自成体系，具有鲜明的特征，比较容易把握。而且其体系、概念与近代刑事法律的体系、概念相当接近，例如律典编纂所采取的"名例"为首、规定全律定罪量刑的基本准则；各篇分列罪名及其刑罚，就和近代刑法典的总则、分则编纂体例相似。因此既可以按传统的律典分门别类，也不妨比照现代刑法犯罪与刑罚的划分进行对照研究。而中国古代民事法律本身不成其为一个完整的体系，法律的规定极其零碎，尤其是原有的传统财产法概念与现代财产法体系、概念都有相当大的冲突。因此进行研究时更需要注意研究方法。

本书主要采用的研究方法如下。

（一）历史的方法

由于中国古代并不存在与现代民法相对应的法律体系（顺便说一句，除了现代民法体系发轫地的西欧地区外，在世界其他地区的古代文明里均没有形成这样的法律体系），要进行财产法史的研究，就要尊重历史，实事求是，不必削足适履，无须强行以现在的民法概念、民法体系来衡量一切、评判一切。尊重历史事实，搞清各项财产法律制度的发展脉络，尽可能地理清细节，考证来龙去脉，尽量避免妄加断语，滥套各种"时髦"理论的定性分析和议论。理论的说明应尽可能建立在事实归纳的基础之上，防止轻率地从理论演绎出结论。尤其是要避免生造出一些"某某定律""某某模式"的概念来进行演绎。

对于传统文化既不能妄自尊大，也不必妄自菲薄。

（二）比较的方法

没有比较就没有鉴别。要分析一项制度的特点，必须找到一个或几个参照系才能表达。进行历史研究，无论研究者从哪个角度出发，最经常的参照系总是研究者所处的时代。财产法史也是如此。不过这种比较研究还要注意到将中国古代财产法和世界其他地区古代财产法进行比较，这样才能揭示出中国传统的真正特色，才能作出恰如其分的评价。

当20世纪初中国法学界开始接触欧美法律时，欧美资本主义法律已经发展到较为成熟的阶段，以这一成果来比较中国传统法律，当然会觉得中国法律"后进"。然而这样的比较无法揭示中国财产法的真正特色。只有将中国古代的财产法与欧洲及世界其他地区同时代的财产法进行比较，才能够凸显出它的特色，从而探索其规律。以某些不同的参照系进行比较研究，还要注意研究对象和参照系之间的相对关系。任何财产法制都是当地社会经济文化的产物，财产法史的研究所要解决的是该财产法发生发展的特色和规律，并不是要简单的判定何者为愚昧、何者为科学，或何者为落后，何者为进步。任何评判性的断语都应该建立在深入的比较研究基础之上。

限于篇幅，本书在研究及叙述中不可能进行广泛的比较引证，主要是正面描述及研究中国财产法的发展过程。但是这些描述和研究中得出的若干见解仍然是建立在比较研究基础之上的。

（三）综合的方法

"就法言法"容易形成仅在一个语义平面上分析、研究问题，难以深入分析法律发展的动力及轨迹，也难以理解某项财产制度在所处时代的社会意义。财产法实质是人类经济活动的规范，要全面了解财产法的发展史，也就要了解经济活动的发展情况。因此财产法史的研究还必须要结合经济史、思想史、社会史、民俗史等等专门史学的研究方法，也要及时吸取这些学科最新的研究成果。出于上述考虑，本书尽可能吸取其他专门史学科的研究成果，力图从更多的角度分析研究财产法史问题。

（四）微观及个案的研究方法

如上所述，案例研究对于中国财产法史的研究具有重要意义，不仅可以从中发现已亡佚的法律内容，更能分析法律的实际运作过程，找到在社会生活中实际发生作用的规范，探寻财产关系的指导原则。然而也如上所述，史料里完整的案例资料实在太少，还有待于将来进一步发掘。同时，限于篇幅，也难以对案例作详尽的考证分析，只能对所提及的财产案例大多略去考证过程，直接说明其史料意义。

四、中国古代社会经济结构的基本特点

从生产、分配、交换、消费的社会经济角度出发考察，可以发现与古代西欧及环地中海地区相比，中国古代的社会经济结构有如下特征。①

（一）单一的农业经济

至少在一百万年以前，当代中国疆域内就已有早期的人类活动。在五六千年前，黄河、长江流域的先民已经开始进入农业经济时代，在河南的仰韶，山东的大汶口，江南的河姆渡、良渚等文化遗址中，都发现了大量粟、稻积存的情况，可见原始农业已是这些先民的主要经济部门。在古代流传下来的神话传说中，也有很多神祇及英雄都是专司农业的。如被尊为华夏族及以后汉族始祖的黄帝，据说就号"神农氏"，是耒耜等农具及农业生产的创造者。传说为人类治水、创建水利的大禹，是半人半神的文化英雄，也是农业生产的保护者。周族的祖先后稷，也是播百谷、创农耕的英雄。在众多神祇和英雄人物中，找不到牧神的踪影。后来号为工匠祖师爷的鲁班、号为商人祖师爷的范蠡，则没有尊神的显赫，其事迹至战国时才开始流传。这从另一方面说明，中华民族早期社会生产部门的分化中，很早就形成了单一的、以粮食生产为主的农业经济格局，而在农业中，商品化种植业的起步和发展也较缓慢。畜牧业、手工业都作为农业的副业而发展，长期没有成为一个独立的社会生产部门。农业长期被视为"本业"，其他经济部门都相对被视为"末业"，几乎历代皇朝都推行"崇本抑末"的政策。民间观念上也以农业为人立身之本，所谓"若要富，土里做；若要饶，土里刨"之类的谚语长久流传。②

中国传统农业以精耕细作见长，水利设施建设、采用施肥技术、农具及品种的改良等在战国时期就都有了长足的进步，粮食的单位面积产量很早就达到了很高的水平。但是精耕细作的代价是要投入大量的劳动力，因而粮食增产和人口增加呈现互为因果的现象，导致农村的人均粮食占有量长期徘徊在较低的水平。③ 这就意味着粮食的商品化种植难于推广，粮食主要在产地被消费，能够提供给市场的商品粮不多。而在农闲时期，农村的剩余劳动力就有可能转化为家庭副业的手工生产的劳动力，加强了农村家庭经济自给自足的倾向。

---

① 以下观点参考胡如雷：《中国封建社会形态研究》，三联书店1979年版；中国史研究编辑部编：《中国封建社会经济结构研究》，中国社会科学出版社1985年版；傅筑夫：《中国经济史论丛》，三联书店1980年版；等等专著。
② （元）无名氏：《冻苏秦衣锦还乡·楔子》，（元）无名氏：《摩利支飞刀对箭·第一折》。
③ ［美］珀金斯：《中国农业的发展》，宋海文等译，伍丹戈校，上海译文出版社1984年版，第245页。

单一的以粮食生产为主的农业经济结构是脆弱的,很容易受天灾人祸的打击,根据邓云特(即邓拓)《中国救荒史》一书的统计,从公元前206年至1936年的2 142年中,共发生各类灾害5 156次,平均每年都有两三次灾荒。而且灾荒具有广泛性、连续性(水、旱、蝗、疫等灾害轮流发生)、积累性(灾害周期短、往往出现恶性循环)的特点。频繁的灾荒和战乱造成了农业的周期性萎缩,使农业的发展步伐缓慢。

(二) 顽固的地主制经济

与世界上大部分古代文明都曾有过的现象相同,中国古代从很早开始就出现了地主制经济。而中国的地主很早就具有非身份性的特点,战国时秦国商鞅变法"除井田,民得卖买",允许民间买卖土地,①从此任何人都有可能通过合法途径占有土地,役使农民或出租给农民为他耕种,收取地租。后人所谓"贫富无定势,田宅无定主,有钱则买,无钱则卖",②所谓"千年田、八百主",所谓"三十年河东,三十年河西",所谓"太阳瓦面过,富贵轮流做"③之类的俗谚,都反映着地主阶级的个体成员是变动的,没有明确的身份限制的特点。

唐代以前地主对于农民的主要剥削方式是直接役使,农民对于地主有人身依附关系,在国家户籍上被登记为地主的"宾客""部曲"等,没有独立的户籍身份。地主役使农民耕种,获取收入,战乱时还驱使农民组成自己的私人军队。地主对其控制下的土地耕种也是具有经营性质的。而唐以后这种情况有很大变化,地主对于农民的人身控制逐渐减弱,农民获得国家"编户齐民"的身份,地主的土地一般通过分别出租的方式进行剥削,地主对于农业生产不再自行经营,土地所有权的集中和土地经营的分散同时进行。古代地租率一般在50%以上,西汉时董仲舒已指出农民"或耕豪民之田,见税什五",④后世的地租一直维持这一水平。高额的地租率使得地主的收入丰厚,地主并不承担农业生产的风险,往往也不直接进行农业生产的投资,却能够获取农业生产的主要收益。这一非经营性的特点,使得宋元明清时期的地主阶级在很大程度上成为一个食利的寄生阶级。

中国古代地主制经济非身份性及非经营性的特色,使得这种经济具有很强的顽固性质,难以被消灭。由于地主制经济的消费模式是以满足其生活消费为主的,其收入无须投入再生产,大多被其迅速增长的人口所消耗。⑤其日用品的消费主要来源于对农民的直接剥削,仰求市场的是其奢侈品消费。奢侈品消费需求的畸形扩大导致剥削率的加重,使得生产者的收入下降和大宗日用品消费市场的萎缩。因此这种经济的发展和繁荣并不能促进整个社会商品经济的发展。

(三) 坚韧的小农经济

与地主制经济相对应的小农经济也具有坚韧性。春秋战国时期铁器的使用和牛耕的

---

① 《汉书》卷二四《食货志》。
② (宋) 袁采:《世范》卷三"治家"。
③ 《俗谚》,中国民间文艺出版社1983年版,第138页。
④ 《汉书》卷二四《食货志》。
⑤ 参见葛剑雄:《略论我国封建社会各阶级人口增长不平衡性》,载《历史研究》1982年第6期。该论文估算地主阶级人口的增长率为总人口增长率的一倍以上。

普及,使得一家一户经营农业生产成为可能,小农经济得以突破原始共同体的束缚蓬勃发展。"五亩之宅,树之以桑,五十者可以衣帛矣。鸡豚狗彘之畜无失其时,七十者可以食肉矣。百亩之田,勿夺其时,数口之家,可以无饥矣。"①"故家五亩宅,百亩田,务其业,而勿夺其时,所以富之也。"②

秦汉时期小农经济以自耕农为主,而唐以后,佃农租佃地主土地,仍是一家一户的独立经营耕种,依旧是一种小农经济。无论自耕农还是佃农,其生产主要不是商品生产。农业生产收获物在自行消费后的有余部分,或必须缴纳国家赋税,或必须缴纳地主地租,很少能投入市场出卖。从《汉书·食货志》载战国时李悝的计算来看,五口之家的自耕农户,年收入 150 石粮食,口粮即需 90 石,缴纳实物土地税 15 石,可出卖的余粮不过 45 石,仅占收获量的三分之一弱,用以换钱不过 1 350 钱。衣服"人率用钱三百",社会活动"社闾尝新、春秋之祠"用三百钱,货币收入显然不敷支出。必须自行解决穿衣问题,才能勉强收支平衡。历代小农经济因此以男耕女织、尽力减少依赖市场程度为特色,顽强抵御着商品货币经济的侵蚀。而且小农经济的规模过小,往往处于破产边缘,对于农业的投资心有余而力不足,农业经济发展受到极大限制。马克思曾认为欧洲小农的弱点是在于"他们进行生产的地盘,即小块土地,不容许在耕作时进行任何分工,应用任何科学,因而也就没有任何多种多样的发展,没有任何不同的才能,没有任何丰富的社会关系。每一个农户差不多都是自给自足的,都是直接生产自己的大部分消费品,因而他们取得生活资料多半是靠与自然交换,而不是靠与社会交往"。③ 这一分析用以描述中国古代的小农经济也是恰当的。这种"与自然交换"为主的社会经济的特点,自然也就会影响到财产法律的发展方向。

(四) 三位一体的商业、高利贷业、大地产

商业也是古代重要的经济部门。古代商业以转运贩卖为主,由于华夏族发祥地的黄河流域缺乏通航河流,水运并不发达,转运贸易主要依靠陆路运输。而与水运相比,陆路运输成本很高,④阻碍大宗的日用品投入长途贩运。至少秦汉时已有"百里不贩樵(木柴),千里不贩籴(粮食)"的商业谚语,⑤表明高昂的陆路运输费用是阻碍日用生活必需品成为长途贩运商品的重要因素。历史上北方地区长途粮食运输长期是政府行为(为京师提供粮食的漕运以及为边疆军队提供粮食的"开中"等),纯商业性的长途粮食运销相当罕见。江南地区通航河流众多,有可能在较远的距离间转运贩卖粮食,因此在南朝就有江南"一岁或稔,则数郡忘饥"的说法,⑥南宋也有"苏、湖熟,天下足"的谚语。⑦ 中国主要河流的走向大多沿纬度自西向东流淌,而流域地区气候物产基本相同,日用商品需求不旺。历

---

① 《孟子·梁惠王上》。
② 《荀子·大略》。
③ 《马克思恩格斯选集》第一卷,人民出版社 1972 年版,第 693 页。
④ [英] 亚当·斯密:《国民财富的性质和原因的研究》一书已指出:"水运开拓了比陆运所开拓的广大得多的市场,所以从来各种产业的分工改良,自然而然地都开始于沿海沿河一带。"据其估算,陆运比海运的成本至少要高五十倍。见该书郭大力中译本,商务印书馆 1972 年版,上册,第 17 页。
⑤ 《史记》卷一二九《货殖列传》。
⑥ 《宋书》卷五四《孔季恭等传论》。
⑦ (宋)吴泳:《鹤林集》卷三九《隆兴府劝农文》。

史上长江最重要的商业通航河段是九江至扬州段,因这一段长江实际上是中国南北交通的枢纽(南连赣江、翻梅岭入珠江到广州,北接大运河至全国奢侈品及日用品消费中心的京城)。

长期的自给自足小农经济的格局,也限制着农村日用品市场规模。上述粮食生产的特点,使商品化粮食种植业发展缓慢。据前揭《汉书·食货志》,五口之家自耕农户可出卖的余粮不过三分之一弱,可见当时农村的商品货币经济是脆弱的。汉以后农村商品货币经济进一步衰退,至南北朝隋唐时期,谷粟绢帛起主要货币作用。《唐律疏议》即以绢帛为计价基准,而欧洲中世纪《萨利克法典》规定的罚款、赔款均以金银铸币计算。① 可见即使是欧洲历史上最为严重的自然经济时期,其商品货币经济程度显然仍比中国为高。中国农村长期必须仰求市场的仅仅是盐铁之类无法以家庭自产的物资。明清时期农村的商品货币经济虽比唐宋时期有较大发展,但基本格局并未改变。统治者也希望农村不受商品货币经济的侵蚀。明朝初年明太祖发布诏令:"凡民田五亩至十亩者,栽桑、麻、木棉各半亩。十亩以上倍之。麻,亩征八两;木棉,亩四两;栽桑以四年起科。不种桑,出绢一匹;不种麻及木棉,出麻布、棉布各一匹。"②这足以说明统治者在主观上希望农村居民主要生活用品都能自产,并且缴纳实物来满足朝廷的需要,力图以实物经济手段来组织国家财政。

古代能投入长途贩运的主要是奢侈品,以及盐、铁等少数无法当地生产的日用品。奢侈品的需求主要来自集中居住于京城及若干大城市的王公贵族、官僚富商,形成京师及大城市商业的畸形繁荣,并导致商业及商人集团对于朝廷政治的依附性。凡此种种都阻碍了商业的规模。据外国观察家估计,直至 20 世纪初,仍然仅有 30% 左右的农产品出售于百里半径内的集市,投入跨省贸易的数额则不到百分之十。③

另一个在中国古代社会经济中起很大作用的行业是高利贷业。由于商品货币经济没有深入社会各个角落,民间缺乏融资手段。而在传统礼教的影响下,虽然平时的生活水平较低,以节俭为美德,但是在婚、丧这两件被礼教视为家族大事的事情上,大肆铺张、甚至不惜倾家荡产,却被认为是"孝"的表现。因此在这两件事情到来时就会急剧形成消费水平的高峰,必须要依靠借贷融资。这种阵发性消费的特性使得生活消费性融资成为融资的主要内容,从而给高利贷业的发展准备了市场。《周礼·地官·泉府》称西周时朝廷已设有"泉府"放贷机构。秦汉时子钱家是社会上相当活跃的集团,放债取息被认为是很正常的行业。《史记·货殖列传》记载了不少子钱家的事迹。三国两晋南北朝时期佛教寺庙经营的质库业开始繁荣,并在以后的岁月里成为高利贷业最主要的形式。一直到清代,开设当铺依然被认为是获利最保险的行业,富商权豪都普遍投资开设当铺,如清朝权臣和珅被抄没的财产就包括了他在京城内外开设的当铺 75 座、本银 3 000 万两,银号 42 座、本银 4 000 万两。④ 甚至朝廷也依靠开设典当业来增加收入,如唐朝各官府可以放贷"公廨钱",

---

① 见由嵘等:《外国法制史资料选编》(上册),北京大学出版社 1982 年版,第 171~184 页。
② 《明史》卷七七《食货志一》。
③ 参见《中国农业的发展》,第 150 页。
④ (清)薛福成:《庸盦笔记》卷三《查抄和珅住宅花园清单》。

宋朝曾在各地城镇设立官营质库"抵当库"。清朝也曾投资典当业,如据《两广盐法志》及《粤东省例新纂》记载,雍正十年(1732年)朝廷发帑银十万两给两广总督,作为"生息银两",总督即以此"或借给盐商、或开张当铺"。嘉庆十四年(1809年)广东地方政府劝说洋商捐助十万两白银,放贷给珠江三角洲地区的当铺,按月利百分之一收取利息。① 高利贷业的丰厚回报使得商业利润不是去投资手工业、发展商品生产,而是流向高利贷业。

商业利润的另一个主要流向是购买土地,所谓"治生当以末(指商业)起家,以本(指地主制农业经济)守之"。② 商人兼为地主的原因主要是为求保险,所谓"天下货财所积,则时时有水火盗贼之忧,至珍异之物尤易招尤连祸。草野之人有十金之积,则不能高枕而卧。独有田产,不忧水火,不忧盗贼,虽有强暴之人不能竟夺尺寸,虽有千钧之力亦不能负之以趋。千万顷可值万金之产,不劳一人守护。即有兵燹离乱、背井去乡,事定归来,室庐畜聚无一可问,独此一块地,张姓者仍属张,李姓者仍属李,芟夷垦辟,仍属殷实之家。"③土地是所谓的"恒产",是最保险的投资。

商业利润最重要的流向既是开设当铺和购买地产,大地产、大商人、大高利贷业三位一体状况于是形成。手工业则难以得到较多的和经常性的投资,发展速度不能不受限制。反过来也制约商品经济规模的进一步扩大。正如马克思所指出的:"商业资本的独立发展,是与社会的一般经济发展成反比例的。"而"高利贷在生产资料分散的地方,把货币财产集中起来。高利贷不改变生产方式,而是像寄生虫那样紧紧地吸在它身上,使它虚弱不堪。高利贷吮吸着它的脂膏,使它精疲力竭,并迫使再生产在每况愈下的条件下进行。""在亚洲的各种形式下,高利贷能够长期延续,这除了造成经济的衰弱和政治的腐败以外,没有造成别的结果。"④

综上所述,中国古代社会经济总的特点是商品经济从未达到渗透到社会各个角落的程度,无论是商品交换的种类还是商品交换的规模,商品经济的深度及广度都被限制在一个相对狭小的范围里。商品经济关系还没有单纯化,市场上当事人之间的关系并非纯然是简单的商品生产者或是交换者的关系,往往还和其他社会人际关系纠缠在一起,交换的规则难以单纯化、简单化,主要作为交换规则的近代性质财产法律也就起步维艰。

五、影响中国财产法发展的一些传统观念

由于中国古代法制以朝廷的制定法为主要法律渊源,朝廷创制法律时就必然受到统治者政治观念、指导思想的影响。历代统治者对于财产的基本观念也就影响财产立法的基本特色。

(一)均衡中庸

中国古代思想突出特色是神人一体化的信仰和思想,形成了天地、阴阳等一系列有神

---

① 参见叶显恩、谭棣华:《明清珠江三角洲的高利贷》,载《平准学刊》第三辑上册,中国商业出版社1986年版,第289页。
② (清)焦竑:《澹园续集》卷十四《怀泉许隐君墓志铭》。
③ (清)张英:《恒产琐言》,载《艺海珠尘》二十一册。
④ 《资本论》(第三卷),人民出版社1975年版,第366、674~675页。

秘联系的对称概念,对称和对应之间总是发生着感应和转化,相互关联而又和谐统一。① 这种对于事物的和谐及转化的重视,在对立面的关系上强调的是均衡,尤其是强调在社会经济关系方面的均衡。

儒家主张实现社会财产占有上的均衡。《尚书·洪范》有:"无偏无党,王道荡荡;无党无偏,王道平平;无反无侧,王道正直。"《易·象》:"君子以裒多益寡,称物平施。"《老子》称:"天之道,损有余而补不足。"儒家的理论尤其强调"中庸之道",强调在对立双方之间的不偏不倚。孔子说:"不患寡而患不均,不患贫而患不安",并认为"均无贫,和无寡,安无倾"②;"中庸之为德也,其至矣乎"③;"礼之用,和为贵"④。后儒也称:"使富者足以示贵而不致于骄,贫者足以养生而不致于忧。以此为度而均调之,是财不匮而上下相安,故易治也。"⑤

法家则从国家角度主张均平财富,《商君书·去强》:"治国之举,贵令贫者富、富者贫。贫者富、富者贫,国强。"均平的方式是用刑罚:"贫者益之以刑则富,富者损之以赏则贫。"⑥《管子·国蓄》:"夫民富则不可以禄使也,贫则不可以罚威也。法令之不行,万民之不治,贫富之不齐也。"均平的办法是调节物价,"散积蓄、钧羡不足,分并财而调民事"⑦。东汉的字书《说文解字》对于"公"的解释就是"平分也,从八从厶。八犹背也。韩非曰:背厶为公。"背私为公,而公是平分。这种十分强调经济关系的均衡,对于以法律维护财产权利观念的产生及其发展为立法原则着实有相当大的阻碍。

出于上述这种均衡的理论,古代曾出现不少限制私有财产规模或宣布"限田""均田"的法令制度。在极端的情况下,它也成为"均贫富""吃大户"之类农民起义口号的理论来源。这或许是儒道圣人和后世帝王始料未及的。

(二) 家族本位

中国远古先民主要信仰的神灵首先是生殖神、祖先神,由于这种信仰的维系,祭祀祖先并生产出更多的后代来祭祀祖先,一直被当作最重要的大事。家族本位的观念根深蒂固,人人都觉得自己应该是一个家族血脉传递中的分子。孤立的、脱离于家族的个人几乎是不可想象的。

由供奉祖先神形成了"孝"的概念,由家族中参加祭祀的位置形成了亲属等级的概念,所谓"亲亲、尊尊、长长,男女之有别,人道之大者也"⑧。其他社会关系不仅要服从于家族的血缘关系,甚至还要模仿建立拟制的家族血缘关系,所以才有"四海之内皆兄弟也"的说法⑨。

---

① 参见葛兆光:《中国思想史》(第一卷),复旦大学出版社1998年版,第45页。
② 《论语·季氏》。
③ 《论语·雍也》。
④ 《论语·学而》。
⑤ (汉)董仲舒:《春秋繁露·制度》。
⑥ 《商君书·说民》。
⑦ 《管子·揆度》。
⑧ 《礼记·丧服小记》。
⑨ 《论语·颜渊》。

在中国进入阶级社会、形成国家的全过程,直至国家体制相当完备的西周,血缘关系不但没有松懈瓦解,相反还逐步强化。如在古汉字中,父亲的父字为彐形,据《说文解字》的解释,表示"矩也,家长率教者。从又举杖"。这个字正和表示长官意思的尹字开同型,而表示统治者国君的君字君也明显来自父字。这三个同源字很形象地表达了在古人心目中,国是家的放大,家是国的缩小。《诗·小雅·南山有台》中"乐只君子,民之父母",《诗·大雅·泂酌》中"岂弟君子,民之父母",便是对贤明君主的称颂。后世也习称地方长官为"父母官"。至于以"子民"和"君父"对称更是常见,国与家难割难分。国王及各级长官是全国或一地的家长,而家长则是家中的国王或长官。因此孝道扩大为"忠君",亲亲、尊尊、长长的伦理放射为爵位、官职的等级制度。

家族本位观念放射到社会生活的各个方面,运用于各种社会现象的解释和评判上。社会人际关系往往从亲族关系或拟制的血缘亲族关系角度来理解、来设定,难以简化为单独个人之间的关系;相应利害关系所涉及的范围也不容易限定在单纯的当事人关系之内,而总是会置于家族的背景考虑;在生活资料的生产到消费的过程中,强调的也是由家长或放大的家长权威——政府来进行分配的原则。导致财产关系难以被抽象为简单的交换关系,也难以确定为可以度量的单纯的给付行为。财产关系难以单纯化,也就难以产生单纯的财产法律。

(三) 重义轻利

在中国古代意识形态领域中具有重要地位的儒家学说,总的来说是主张"重义轻利"的,总是力图淡化物质利益对于人们行为的驱动力。孔子称"君子喻于义,小人喻于利"①,将名分大义和物质利益作为一对相互矛盾、互为排斥的范畴,并将人们对于物质利益的态度上升为君子、小人之别的试金石。孟子引鲁国大夫阳虎之言"为富不仁矣,为仁不富矣",②并进一步发挥:"王何必曰利!亦有仁义而已矣。王曰何以利吾国,大夫曰何以利吾家,士、庶人曰何以利吾身,上下交征利,而国危矣!万乘之国,弑其君者,必千乘之家;千乘之国,弑其君者,必百乘之家,万取千焉,千取百焉,不为不多矣!苟为后义而先利,不夺不厌。"③可见,孟子将义利之辩视为国家存亡的大事,认为君主以下社会各级都追求利益的话,社会就会陷入巨大的混乱。荀子鼓吹性恶论,而所谓人性的恶,就是"生而有好利焉,顺是,故争夺生而辞让亡焉"。④ 追求利益就是恶的表现。后儒依旧继承这一义利观念,如汉朝大儒董仲舒的名言"正其谊(义)不谋其利,明其道不计其功"⑤,为后代儒者所津津乐道。宋代以后流行的理学甚至还将人们追求物质利益的欲望视为最大的罪恶,"人之一心,天理存则人欲亡,人欲胜则天理灭,未有天理人欲夹杂者"⑥。

儒家的义利之辩并非意味着全然排斥功利,实际上正好相反,儒家之所以能够成为正

---

① 《论语·里仁》。
② 《孟子·滕文公上》。
③ 《孟子·梁惠王上》。
④ 《荀子·性恶》。
⑤ 《汉书》卷五六《董仲舒传》。
⑥ (宋) 朱熹:《朱子语类》卷一三。

统官方哲学,很大程度上是因为汉代以后的儒学实际上吸收了原来法家的绝对忠孝观念,从而成为一种极其讲究功利和实用的学说。法家的《韩非子·忠孝》认为:"臣事君,子事父,妻事夫。三者顺则天下治,三者逆则天下乱,此天下之常道也。"先秦儒家仅认定"孝"的绝对性,但对于"臣事君",则认为具有相对性,典型的如孟子所言:"君之视臣如手足,则臣视君如腹心;君之视臣如犬马,则臣视君如国人;君之视臣如土芥,则臣视君如寇雠。"①另外孔子、孟子、荀子也都没有强调妻子应绝对服从丈夫的言论。但是以董仲舒为代表的汉儒吸收了韩非所言的这三项"天下之常道",改造为著名的"君为臣纲,父为子纲,夫为妻纲"这三纲。② 由此,汉代以后的儒学,其理论前提实际上是将君主与家长的利益设定为一种不容置疑的既得利益。将君主和家长得到臣民或子孙供养之事确定为不容怀疑的"天经地义",君主和家长的既得功利是不言而喻的,只是处于其之下的人们不得追求功利。

这种对于"为人上者"功利的肯定,才使得儒家会成为汉以后各皇朝所尊奉的官方哲学,并成为历代法制的指导原则。儒家强调的是统治者及其代言人士大夫不应"曰利",追求功利之事是可做而不可言的,不能也不用在公开场合提倡功利,不给一般臣民造成君臣孜孜求利的印象。一般大众对于物质利益的追求欲望应该被压抑,以防止发生争端和冲突。换句话说,就是社会成员对物质利益的追求不应用"游戏规则"规范,而是应该设法压制参加这种"游戏"的欲望。

尽管儒家的这一理想从未完全实现,但由于信奉这一理论的士大夫阶层几乎垄断了立法和司法的权力,从而隔断了民间社会生活中形成的财产关系"游戏规则"上升为国家法律的途径,民事习惯难以成为法官执法时必须严格遵守的裁判依据,财产权利也难以成为法律重点保护的对象。

(四) 泛化的"报"的观念

"报"是中国古代乃至今天民间最能影响人们行为的思想观念之一。与英国普通法中重要的"对价"概念不同,中国传统观念中的"报"的范畴极其宽泛,绝非当事人之间简单的、对等的财产交易行为概念,而且并不是由频繁的商品交换所产生的观念。

中国古代"报"的观念首先是人与鬼神、人与自然、人与人之间的相对伦理行为和后果,即所谓的"报应"。"报应"的体现并不由人的意志决定,而是冥冥中的自然或鬼神力量的结果。"报应"不仅是体现在当事人本人,更重要的是会在当事人的子孙后代体现出"报应"。得到"福报"是善事积累的结果,得到"恶报"则是恶事积累的结果。如《周易·坤卦》:"积善之家,必有余庆;积不善之家,必有余殃。"所谓"善有善报,恶有恶报,不是不报,时辰未到"③的俗谚是最能影响人们行为的观念。佛教传入后,因果轮回的说教和传统的"报应"观念相结合,更在民间根深蒂固。

---

① 《孟子·离娄下》。
② (西汉)董仲舒:《春秋繁露·基义》,(东汉)班固:《白虎通·三纲六纪》。
③ 见(元)无名氏:《庞居士误放来生债》第一折。

"报"不仅是宗教意义上的,也影响着伦理观念。梁启超在《中国道德之大原》一文①中称"中国一切道德,无不以报恩为动机"。其所举例证即儒家对于孝道的解说大多从对父母的报恩出发,并不夹杂神秘因素。又如《诗·大雅·抑》"无言不雠,无德不报"之语,也表示这一意思。历史上的有道之君、忠臣义士都得以立祠血祭,或为一方的土地神,或为一城的城隍神,得到人们的供奉,接受民间的祷求,这也是一种报答。人际关系中的"知恩图报"一直是一种广受赞誉的美德,而"忘恩负义"则被认为是最令人齿冷的行为。这种报答、报恩并不具有等价交换的概念,而是从人性角度加以理解和传递的。所谓"士为知己者死"②"人以义来,我以身许"③等等的说法就很典型。

相反,对于仇人必须报复,这也是"报"这一观念的组成部分。儒家主张"父之仇弗与共戴天,兄弟之仇不反兵,交游之仇不同国"④,甚至"父不受诛,子复仇可也"⑤,允许向错杀自己父亲的法官报仇。在后世虽然法律一直禁止私人复仇,但民间私人复仇事例却一直得到舆论的激励,往往影响到司法机关的裁判。

具有一定财产交换性质的"报"的观念也很早就形成,如"投我以桃,报之以李"⑥"投我以木瓜,报之以琼瑶"⑦等。这里桃李、木瓜、琼瑶都具有象征意义,并非单纯的财产。财产交换意义上的"报"当然也应是促成伦理"五常"之一"信"概念的来源。重诺守信对于民事法律的意义是不言而喻的。不过这些观念往往和上述报应、报答的观念混杂,违背诺言的后果往往被视为是鬼神上的、伦理上的,直接的法律后果倒还在其次。

上述这种复杂的"报"的观念长期没有得到简化,而且"报"的泛化影响了明确的权利、义务概念的形成。事实上权利、义务这两个专用词汇本身都是19世纪末才产生的汉语词汇⑧。相对方的交易行为的评价长期与伦理的、鬼神的评价纠缠难解,简单的等价交换的概念在伦理上往往被认为是粗俗的、无礼的,自然也就难以上升为一项基本的法律原则。

六、中国古代财产法的基本演变过程

中国古代社会经历了长期而又缓慢的发展过程,财产法律的发展也相当迟缓,大致可以分为以下几个大的时期。

(一)上古时期

从中国法律起源的夏商周三代到春秋晚期,一千六百多年间历史记载的文字资料极其匮乏,考古资料又相当零碎,因此仅就现有的材料还很难确切地对某一类具体的社会关

---

① 可见《饮冰室文集二十八》。
② 《战国策·赵策一》。
③ (唐)柳宗元:《柳河东集·祭万年裴令文》。
④ 《礼记·曲礼》。
⑤ 《春秋公羊传·定公四年》。
⑥ 《诗·大雅·抑》。
⑦ 《诗·卫风·木瓜》。
⑧ 参见金观涛、刘青峰:《近代中国"权利"观念的意义演变——从晚清到〈新青年〉》,台湾"中研院":《近代史研究所集刊》第32期。

系、社会制度进行细致的分析研究。总的来说这一时期社会生产力发展缓慢,社会经济结构比较单一,商品交换还没有普及到社会生活的各个方面。占据主要地位的习惯法中保留着大量原始社会的习俗,形成了一些基本的传统。特别是后来经过儒家改造为"礼教"的周代的习惯法"周礼",对后世有重大影响。

(二) 战国秦汉时期

公元前4世纪初(春秋末年)一直到公元2世纪末(东汉末年)这六个世纪中出现的财产法,其基本面貌保持相当的一致性。这一时期是中国古代商品经济较为发达的时期,而且成文法也得到了迅速的发展。传世的历史文献和近年来众多的出土资料为研究这一时期的财产法提供了大量的素材,但是仍然缺乏系统的、直接的材料可以对当时的财产法进行全面的研究。大致而言,这一时期的法典具有明显的直接继承关系,在财产法方面也应该是如此,总的特色是以严格、明确的政府制定法来规范民间的财产行为,并力图贯彻按照身份等级来划分财产占有规模的法律原则。

(三) 东汉末年至隋唐时期

从公元2世纪初(东汉末年)到公元8世纪末(中唐晚期),在这五百多年中法律的发展并没有受到战乱的影响,朝廷立法相当积极,先后出现了很多法典,但是财产法方面的立法内容仅集中在某些与政府财政事务有关的领域。这一历史时期中国社会经济在很大程度上呈现自给自足的自然经济面貌,商品经济比重比之秦汉有所降低。与之相称的是,财产法更多的内容是由政府控制及分配土地等重要资源的制度,与政府的财政制度紧密联系,同样强调贯彻按社会等级进行财产分配的原则。

(四) 唐中叶至宋元时期

自公元8世纪末到14世纪中叶(元朝末年)大约近六百年间,社会经济面貌有了很大的变化。公元8世纪时社会经济的发展早已与唐初制定法典的历史背景有很大不同,唐朝统治者从8世纪后期开始被迫进行了相当多的新立法,承认社会经济所出现的新的财产关系。这一趋势在唐末五代的战乱时期也没有被打断,而两宋统治者进一步较为积极地推动财产方面的立法,形成了一些重要的财产法律制度,但是基本的原则仍然没有变化。而北方的辽、西夏、金、元等少数民族皇朝在法律方面基本延续了汉族皇朝的传统,并没有主动地将自己本民族的财产方面的习惯法加入朝廷的法典中。

(五) 明清时期

明清这两个朝代的法律有着直接的继承沿袭关系,这两个朝代所处的五百多年中虽然社会经济已有很大的发展,尤其是16~17世纪之交出现了中国历史上又一次商品经济的高涨,但是朝廷立法对此的反应极其滞后,迟迟没有对已发生很大变化的社会财产关系进行规范。司法实践中,基层法官只能在一些少量的制定法条文以外,运用"情理"来处理越来越频繁的民间财产诉讼案件。①

---

① 参见[日]滋贺秀三:《清代诉讼制度におけるる民事的法源の概括的检讨》,《东洋史研究》第40卷第一号(法制史专集),1981年6月。有王亚新译文,载《明清时期的民事审判与民间契约》,法律出版社1998年版,第19~53页。

七、本书的结构

由于中国古代的民事法律没有自成一个完整的体系,而进行概括介绍、说明并分析研究总是需要一个大致的框架,需要一套现代读者能够接受的描绘的话语。本书因此只能采取"实事求是"的原则,分章罗列财产法一些最基本的内容来进行叙述。

在介绍了本书基本思路的"导论"之后,第一章先介绍了中国古代法律对财产的定义以及划分的各种类别。第二章主要介绍古代"静态"的财产关系法律,介绍与今天所有权制度相当的古代法律沿革,重点突出了土地私有权的产生、发展、限制及其最终被取消。第三章至第七章主要介绍古代"动态"的财产关系法律。第三章介绍古代财产继承制度,第四章介绍古代主要的契约种类,第五章介绍有关财产担保的法律及习惯,第六章介绍有关财产用益的法律与习惯。第七章介绍古代关于损害赔偿的法律演变。第八章具有结论性质,主要分析中国传统财产法演进的一些基本规律,总结中国传统财产法的基本特征。

采用这样的结构是不得已而为之,并不表示中国古代确实存在这样的法律体系,更不表示这一体例是这一类研究的最适当体例。这主要是为了方便读者阅读,考虑到能够有一个进行分析介绍的框架而已。

另外本书也往往使用现代财产法的概念来说明或归纳中国古代财产制度或习惯,不过同样需要提醒读者的是,这些现代概念并不总是恰到好处地表达了古代财产法律及习惯的性质或意义。

正如上文已经提到的那样,中国古代有关财产方面的法律与民间习惯的记载相当零碎,因此本书的很大部分是进行考证式的清理、归纳,主要目的是试图恢复原貌。这样做不免会造成文字繁琐、枯燥,淹没主要的观点与结论。为此在各章之后加上一个"简短的结论",概括本章的主要内容及提炼观点。

简 短 的 结 论

中国传统社会的财产法并不是建筑在商品经济基础之上的法律体系,其成文法部分也没有形成历代律典那样的法典,而是散见于朝廷的令典及一些单行诏令、条例,长期以来没有受到学术界的充分注意。

中国古代社会单一的农业经济、顽固的地主制经济和坚韧的小农经济、商业与高利贷业及大地产的紧密结合,这种社会经济结构是传统财产法的经济基础;而均衡中庸、家族本位、重义轻利、泛化的"报"等等观念,则为朝廷财产法的立法与实施提供了指导方针。

第一章
财产分类

"财产"一词在古汉语中出现很早,西汉初年晁错上疏中已提到:"生之者甚少而靡之者甚多,天下财产何得不蹶?"①中国远古时期普遍使用贝壳作为货币,因此很早就以手持贝壳的象形字"财"表示可以供人享受的财富。《说文解字》解释财字的意思是"人之宝也",着重表明财是人们所普遍追求的宝贝。"财产"一词中的"产"则表示可以源源不断产生出财富的"产业",两字合为一词,可以很好地表达财产供人享用消费及营运增值的性质。另外很多古籍中还习惯于用"财货"一词来表示财产,"货"是一个会意字,表示作为交换媒介的贝壳的化形,和持有贝壳的"财"相配,也正好可以反映财产的静态、动态状况。

古代法律用语中除了使用"财产"一词外,往往还使用其他的专门称呼。秦汉时期的法律文件常以"赀"来表示财产,尤其是表示财产罚,罪犯必须以钱币或指定的物资来抵罪。《唐律疏议》以"资财"为一般可移徙财产的通称。

中国古代法学没有从形形色色的财产形态中提炼出"物"这个法律概念,也没有对各类财产不同状态概括出诸如"动产""不动产"以及"可分物""不可分物""种类物""特定物""主物""从物"之类的抽象概念。但是古代法律显然已经注意到财产的不同性质以及形态,在法律上一般将可以移动的财产统称为"财物",而将不可移动的财产称为"物业""产业"。在规定财产的转移、处分等程序时,一般将财产区分为田宅、奴婢、畜产以及一般财物这样几个大类进行分别规范。

第一节 田　宅

耕地是中国古代农业社会最重要的生产资料,也是历代朝廷税收的最主要的对象。历代法律都有对于耕地的特别规定,如从湖北云梦睡虎地秦墓出土的秦竹简文献中就可以发现秦国已有专门的《田律》,以后历代的令典一般也都有《田令》,显示出对于耕地的高

---

① 《汉书》卷二四《食货志》。

度重视。而且古代立法也充分注意到耕地田产不可移动的特性。如《唐律疏议·户婚律》"盗耕公私田"条的律疏解释"盗耕他人土地"罪名的处罚何以比一般窃盗罪为轻："田地不可移徙，所以不同真盗。"因为《名例律》对于窃盗行为的定义是"阑圈之属，须绝离长处；器物之属，须移徙其地"，而"地既不离常处，理与财物有殊"，说明田产具有不可移动的性质，不应被认为是普通的财产。

房宅是人类的栖身场所，是具有重要使用价值的财产。古代很长的一段时期里，朝廷直接征收房屋税，或者以房屋的大小及质量为主要依据来评定户口等级，征收"户税"（资产税）。因此房屋也是古代法律重点规范的对象之一，是有法律特别规定的财产。

耕地房宅作为最重要的财产以及所共同具有的不可移徙性质，使得古代法律往往将这两者相提并论，合称"田宅"，一起加以规范。战国时期各国的变法，有大量的内容都是确认"田宅"的私有权，并立法授予"耕战之士"田宅。如商鞅在秦国主持变法，认为要鼓励中原地区人民移居秦国，"意民之情，其所欲者田宅也"。同时又要求私人向政府申报所拥有的土地房宅，"名田宅"①。吴起在魏国为将，以"上田上宅"奖赏服从号令的百姓。②

以后历代的法律一般都以"田宅"连称，与其他的财产相对。如湖北张家山汉墓出土的西汉初年的《收律》，规定重罪罪犯都要连坐妻子儿女，并处没收"财、田宅"。该墓出土的《户律》，详细规定朝廷对各爵位等级所授给"田宅"的数量，以及私人向政府申报"名田宅"的具体程序③。《唐律疏议·户婚律》引《户令》"应分田宅及财物者，兄弟均分"；《贼盗律》对于谋反大逆等重罪适用没收财产，明确规定"奴婢、资财、田宅"全部都要没收。明清律专门设置《田宅》的篇目，集中有关土地房屋的条文。

历代法律对于田宅的取得、占有的规模以及田宅的转移，都设定有专门的限制和特定的程序。套用罗马法的术语，可以说是将田宅作为"要式物"来看待的。正如上文所述，中国古代已经注意到这类财产的不可移动的性质，但是并没有形成固定的"不动产"概念，可以应付社会经济发展所带来的难题。如宋代在江南地区的湖荡水面上，当地农民长久种植茭白、菱藕之类的水生植物，植物残茎败叶相缠，逐步积累为一两尺厚的漂浮物，变为漂浮在水面上的"浮岛"。农民将之掺和泥土，在上面再加耕种，号为"葑田"。这种漂浮的农田相当肥沃，还可以割让转移出卖。有时也会被人盗窃：晚上偷偷割断下面的锚索，用几只小船牵引到别处。当发生此类案件时，告到衙门，外地调任到此地的官员听不懂是什么意思。这种可以移动的"不动产"是特殊之物，在处理时还是按照一般的盗耕土地案件加重处罚。④

民间对于田宅这类财产更重视的是田产。如前文已提到，清朝人张英称耕地为"恒产"，是最为保险的财产。这也是历代富人的通识，如清褚人获《坚瓠集》记载元末的民谣："富汉莫起楼，富汉莫起屋，但看羊儿年，便是吴家国"。明"清溪道人"（即方汝浩，洛阳或郑州人）撰《禅真后史》第八回提到："原来城市中富户人家，专一置造屋宇店铺，征取租息，

① 《商君书·徕民》。
② 《韩非子·内储说上》。
③ 《张家山汉墓竹简》，文物出版社2001年版，第156、178页。
④ 《宋朝事实类苑》卷六二《田》引《谈苑》。

20

叠利起家,甚为容易。或遭荧惑之变,不留得房产时,贫而不振者多。不如乡村富室置买的皆是田园地荡,利息虽微,却是水浸不滥、火烧不毁、贼偷不去的勾当。起家虽系艰辛,只落得坚而固之。故乡野村落的富家,若生得子孙诚实的,到底坚久。"

第二节　墓　田　坟　山

中国古代注重祖先崇拜,有关祖先的丧葬及祭祀事项在法律上及礼教上都被作为头等大事。尤其是祖宗的坟墓一直被视为神圣之地,得到法律及习俗的全力保护。

墓田是指坟墓及其周围一定距离内的土地,如有丘陵及在山区一般称为坟山。墓田坟山不能作为一般财产来看待,历代法律对此都有特别的制度,而民间也有很多的禁忌及习惯。这些制度和习惯所维护的墓田坟山权利实在难以以近代民法的概念来界定,姑且列入本章之内介绍。

一、墓田的设定及限制

先秦时期中原地区的丧葬礼仪与习俗中还没有坟丘设置,死者下葬后土地即被平整,恢复原样。儒家经典《礼记·檀弓上》称:"古也,墓而不坟。"注:"凡墓而无坟,不封不树者,谓之墓。"所以"墓"原来就是指安放尸体的"墓穴",所以部首为艹,表示墓穴被覆土平整后长满野草,没有任何的标记("不封不树",既没有标识的土堆,也不种树)。因此也就无所谓"墓田"了。

春秋晚期从南方传来的土墩墓式样迅速在中原普及,到战国时期,国王贵族争相建起有大坟丘的坟墓,并在坟墓附近圈占土地建起祭祀性的建筑,定期举行祭祀活动,以夸耀自己的权势和豪富,这样就形成了墓区。如河北平山县发现的中山王陵"兆域图",就是陵区的规划图。① 约成书于战国时期的儒家《周礼》一书称要设置"春官墓大夫"的官职,定时巡行墓区,检查边界标志"墓厉"。这些具有边界标识的墓区后来就被统称为墓田。

(一)历代的墓田等级制度

秦汉时期以严格的等级制度统制社会,肯定有着对于坟墓规模的严格限制,但从目前的史料来看还没有这一制度的具体细节。

唐代法律对于墓田坟地的大小严格按照身份限定。根据唐《丧葬令》:

> 诸百官葬,墓田:一品,方九十步,坟高一丈八尺;二品,方八十步,坟高一丈六尺;三品,方七十步,坟高一丈四尺;四品,方六十步,坟高一丈二尺;五品,方五十步,坟高一丈;六品以下,方二十步,坟不得过八尺。其域及四隅,四品以上筑阙,五品以上立土堠,余皆封茔而已。②

---

① 参见黄晓芬:《汉墓的考古学研究》,岳麓书社2003年版,第112页。
② 见[日]仁井田陞:《唐令拾遗》,第764页。

唐代以五尺为步,二百四十步为亩。一品官的墓田面积大概相当于当时的三十三又四分之三亩。根据吴承洛《中国度量衡史》,唐代一尺合今天 0.303 米,由此计算,唐代一品官的墓田相当于今天的 19 608.75 平方米。递减至六品以下(包括七品、八品、九品及流外官)墓田面积相当于当时的一又三分之二亩,相当于今天的 968.33 平方米。按照唐《丧葬令》的这条规定,四品以上官员可以用围墙将墓田围起来,并四个方向建立起"阙"作为入口。五品官只能用土堆来标识墓田边界。以下各级墓田就只能敞开。

宋朝的制度与唐相近,至南宋又明确规定平民百姓的墓田尺寸,绍兴十二年(1142年)都省指挥:"庶人墓田,依法置方一十八步。"敕令所看详:"四方各相去一十八步,及系东西南北共七十二步。"① 也就是说,平民的墓田可以有一又三分之一亩大小。

元朝入主中原,依然遵循中原皇朝传统,限定墓田等级。《元典章·礼部》编入当时朝廷颁布的"墓地禁步之图",规定一品官墓田九十步,二品官八十步,三品官七十步,四品官六十步,五品官五十步,六品官四十步,七品以下二十步,庶民九步。并注明,所谓庶民的九步是指从墓心向正东、正南、正北、正西各九步,实际形成一个18×18步的正方形,与宋代的规定并无二致。以上各级官员的墓田的步数也是按此来确定。

明朝建立后仍然制定明确的墓田限制制度,只是将传统的墓田称呼改为"茔地",但习惯上和某些立法上还是称呼为墓田。《大明令·礼令》"坟茔石兽":

> 职官一品,茔地九十步,坟高一丈八尺;二品茔地八十步,坟高一丈四尺;三品茔地七十步,坟高一丈二尺。以上石兽并六。四品茔地六十步,五品茔地五十步,坟高八尺;以上石兽并四。六品茔地四十步,七品以下二十步,坟高六尺。以上去步皆从茔心各数至边。

与唐宋法律有所不同的是,它规定了官员坟墓前的墓田上可以排列石兽,作为标识。四品以上可以有六对石兽,五品以上只能有四对。六品以下以及平民都不得排列石兽。

清代沿袭了明代的制度。

(二)民间的"讨送阴地"习惯

由于祖先崇拜的习惯意识,中国传统文化注重"入土为安",因此"死无葬身之地"也就成了中国古代社会最恶毒的诅咒之一,也被礼教及习俗视为最悲惨之事。实在没有土地的人家只能向人或买、或讨、或借一小块土地埋葬亲人。这样就形成所谓的"讨送阴地"的民间习惯。

"讨送阴地"的习俗应该起源很久,最著名的事例莫过于明太祖朱元璋为葬父母而向邻人"讨送阴地"。朱元璋十七岁时,父母长兄先后去世,他家是佃农,无立锥之地,向地主恳求不果,全靠邻人刘继祖借地安葬。朱元璋登上皇位后,在为父母重修陵墓的碑文中回忆道:"俄系天灾流行,眷属罹殃,皇考终而六十有四,皇妣五十有九而亡。孟兄先逝,合家守丧。田主德不我顾,呼叱昂昂。既不得与葬地,邻里惆怅。忽伊郑兄之慷慨,惠此黄壤。

---

① 《名公书判清明集》卷九《户婚门·坟墓》引。

殡无棺椁,被体恶裳,浮掩三尺,奠何肴浆。"①

除了贫穷导致没有土地安葬外,还有的情况是因为普遍相信"风水"之说,当看中某地块风水绝佳、而地主不愿全部出卖时,习惯上允许仅买一块"墓田",形成在他人耕地内的一处"飞地"。

清末民初依然普遍有此习惯存在。如有的地方允许在他人土地上买坟地安葬,如在安徽旌德县称之为"圹内税"。但江西定南、寻乌等地,买卖坟地契约往往不明四至,有"任迁上迁下迁左迁右"字样。福建顺昌允许出卖"吉地一穴",习惯上自坟穴量起,左右前后均为二丈四尺。可是有的地方习惯允许先葬后买,如漳平县的"葬后求批",可以在他人山上"开采草",开完后可以随时试葬,葬后认为吉利,再向山主求买,甚至还具有将开采之地转移他人权利。

陕西商南习惯上允许无地贫民"讨土葬坟",号为"客坟",将来有地可以迁坟。镇巴县也有类似的"讨送阴地",一般也要做成书面契约,讨地人也要支付一定的钱财。如清同治三年(1864年)的一件"送字":

> 立出送阴地字人周承志,今因司建富,先祖由川入陕,年湮故后,乏地埋柩,央凭亲邻,并备酒礼、孝帛钱五串,作成立约,向其讨要县北离城里许柿子树下段早地一块,周围砌石,注明丈尺,穿心以丈三尺为度,境内任由讨地之家埋坟,培植各色树株,送地人不得阻拦。恐口无凭,特立送字一纸,凭众付与讨地人存执为据。
>
> 　　　　　　　　　　　　　　　　　　　　凭证人:李大贵、周承先　陈文德笔
>
> 同治三年八月十二日　　　　　　　　　　　　　　　出送字人　周承志面立②

这项契约并非买卖,并不意味着讨地人获得了坟地的所有权,只不过是给予了一项在穿心一丈三尺土地内的"安葬权"以及将来按时祭扫的权利,并不具有在这一小块土地上的占有、使用、收益、处分等诸项权利。

二、墓田的保护

(一) 对于墓田的严格保护

由于祖先崇拜传统观念的影响,后世的法律对于坟墓所在墓田有特殊的保护性规定,破坏墓田要加以严酷的处罚。如西汉时,衡山王刘赐"数侵夺人田,坏人冢以为田,有司请逮治衡山王"③。可见当时此为重罪。

《唐律疏议·户婚》专设"盗耕人墓田"罪名:"诸盗耕人墓田,杖一百;伤坟者,徒一年。"而一般的盗耕罪名计亩论罚,一亩以下仅笞三十,累加至五十五亩以上才徒一年半。

明清律将盗耕墓田罪合并于盗墓罪。《大清律例·刑律·盗贼》"发冢"条规定:"平治他人坟墓为田园者,(虽未见棺椁)杖一百,(仍令改正)。"清嘉庆二十二年(1817年)条例

---

① (明) 郎瑛:《七修类稿》卷七《皇陵碑》。
② 分别见《民商事习惯调查报告录》,第397、451、517、544、633、655页。
③ 《史记》卷一一八《淮南衡山列传》。

进一步加重:"平治他人坟墓为田园,未见棺椁、止一冢者,仍照律杖一百。如平治多冢,每三冢加一等,罪止杖一百徒三年。"

墓田构成古代民事法律上的"死手产业",不得出卖,也不得以其他任何形式转移。北宋元祐六年(1091年)规定:"墓田及田内材木土石,不许典、卖及非理毁伐,违者杖一百。不以荫论。仍改正。"① 然而小户百姓,要空出十八步见方的土地未免可惜,或已安置坟墓的墓田并没有这么大,或原已将坟墓附近的土地出卖给他人,或坟墓本来就安置在他人土地附近,以至于在法定的墓田范围内往往已有他人的房屋、田园、桑果树木,这种情况下宋朝法律允许墓田主人备价赎买。如不能买回,只能允许他人使用,但他人不得再安置坟墓。因此南宋法律又规定:"若有已置坟墓步数元(原)不及数,其禁步内有他人盖屋宇,开成田园,种植桑果之类,如不愿卖,自从其便,止是不得于禁地内再安坟墓。"绍兴十四年(1144年)敕令所对于该条法律的解释:"婺州申:'墓禁内起造屋宇,合与不合拆毁?及日后听与不听起造斫伐?如是田园,听与不听地主垦种?'本所看详,虽在禁步内,既非己业,惟日后不许安葬外,如不愿卖,自从其便,仍不许于步内取掘填垒。"②

元朝法律也有相似的规定。《通制条格》卷十六《田令》载皇庆二年(1313年)"圣旨":"百姓每的子孙每将祖上的坟茔并树木卖与人的也有,更掘了骨殖将坟茔卖与人的也有。今后卖的买的并牙人每根底要罪过,行文书禁断者。"

明清法律禁止卑幼子孙出卖尊长坟地,明清律的《刑律·盗贼》"发冢"条:"凡发掘(他人)坟冢见棺椁者,杖一百流三千里;已开棺椁见尸者,绞(监候);发而未至棺椁者,杖一百徒三年。……若卑幼发(五服以内)尊长坟冢者,同凡人论。开棺椁见尸者,斩(监候)。若弃尸卖坟地者,罪亦如之。买地人、牙保知情者,各杖八十,追价入官,地归同宗亲属。……(若将尊长坟冢平治作地、得财卖人,止问诓骗人财〈准窃盗论〉,不可作弃尸卖坟地断。计赃轻者,仍杖一百。买主知情,则坐不应重律,追价入官;不知情,追价还主)。"清嘉庆二十二年(1817年)条例又规定:"子孙平治祖坟,并奴仆雇工平治家长坟一冢者,杖一百徒三年;每一冢加一等,仍照加不至死之例,加至实发云贵两广极边烟瘴充军为止。得财者,均按律计赃准窃盗论,加一等。知情谋买者,悉与凡人同罪。……其子孙因贫卖地,留坟祭扫,并未平治,又非盗卖者,不在此例。"

即使是朝廷抄家,对于墓田仍要网开一面。如《大明会典·刑部》载洪武元年令:"凡籍没犯人家产田地,内有祖先坟茔者,不在抄劄之限。"

(二)"卖地留坟"的习俗

一方面是上述长期以来法律的严禁;另一方面,从民间迷信"风水"之说而言,轻易迁坟不仅是违反礼教孝义的举动,还可能导致后代倒运连连。因此无论经济如何困难,人们绝对要避免出卖坟地。万不得已将土地出卖殆尽,仍然力图保留坟地。而买方往往也不敢擅自犁平卖方的坟地,唯恐被卖方以毁墓罪名起诉。这样就形成了即使卖地仍然"留

---

 ① 《宋会要辑稿·食货六一之六五·民田杂录》。
 ② 《名公书判清明集》卷九《户婚门·坟墓》引。

坟"的民间习惯。

直至民国初年,各地民间大多仍有"卖地留坟"的习惯,土地即使出卖,但坟墓往往并不随地出卖,原业主仍然保留相当的权利。有些地区习惯上允许原主依旧有安葬亲人的权利。如直隶清苑习惯,"因贫变卖坟地,有约定,仍许卖主葬坟"。奉天锦县习惯,茔地往往占地一两亩,"及家道中落,土地典、售,而茔地不能随之转移"。凡茔地界址不明,习惯上认定为广袤各十八步。黑龙江龙江县习惯已安葬的坟地,"因旧时有留待合葬之习惯,多半不能绝卖。但均须于契约内注明,凭中勘定丈尺,方能有效"。呐河县的习惯是在出卖土地时应注明"除其坟地若干响亩,准原业主葬埋"。呼兰县的习惯允许卖地后再葬。望奎县习惯是在确定墓地界址后,允许原业主随时进葬。木兰县也是如此。肇东县绝卖土地上要划出坟地注明不绝卖,允许安葬。龙镇县的习惯相同。江西南昌等地习惯也允许卖山仍葬。福建霞浦出典的山地内有"吉穴"的,出典人有权入葬或转移他人,只是"吉穴"四周之地只能以一丈二尺为限。①

也有的地方习惯上根本就禁止出卖坟地。如山西的祁县习惯坟地只准典质,不准绝卖。潞城县的习惯更进一步,即使是私有土地内的无主坟墓,地主仍然不得平毁,四邻均可干涉。虞乡县的"白埋地"习惯,土地出卖后,买主有权砍伐坟地上的树木。②

三、上坟祭扫权

在中国古代法律上并没有明确的现代民法意义上的通行、流水、放牧、汲水等等的地役权制度。这些主要是依靠民间习惯调整,或由当事人自行以契约规定。就全国范围而言,最具特色的、类似于近代民法地役权方面的习惯则有"上坟祭扫权"。

坟地墓田之所以重要,是因为这是后代子孙定期祭扫的地点,具有维系家族体系的重大意义。从而由"卖地留坟"和"讨送阴地"的习惯也就自然产生坟地墓田主人具有经过他人土地、按时上坟祭扫的权利。从现代民法的角度来看,这算得上是一项特别的"地役权"。

古代文献中有关这种"上坟祭扫权"的具体记载相当稀少。较为典型且较为完整的材料却可以在1845年中英《上海土地章程》里找到。在该条约中,中方特意在第5条明确:

> 商人(指获得在上海"租地造屋"权利的外国商人)租定基地内,旧有华民坟墓,租户(即租地的外国人)等不得践踏毁坏。遇有应行修理之处,听凭华民通知租户自行修理。其祭扫之期,以清明节前七后八、共十五日,夏至一日,七月十五前后共五日,十月初一前后共五日,冬至前后共五日为准。各租户不得拦阻,致拂人情。祭扫之人不得砍伐树株,亦不得在离坟远处挖土添坟。其墓内共有坟墓几冢、系何姓氏,均须注明数目,嗣后不得再行添葬。如华民坟主自愿迁葬者,听从其便。③

---

① 分别见《民商事习惯调查报告录》,第24、40、73、81、120、141、147、174、194、452页。
② 同上书,第263、265、273页。
③ 该章程允许外国商人在上海承租土地,地租固定为1 500文一亩,永久不变,承租人应先行支付"押租",出租人不得增租,也不得干涉其转让,后号为"永租",实际与出卖无异。此条系据该章程的中文文本,引自郑祖安:《百年上海城》,学林出版社1999年版,第212页。

该条内容应该是对于上海地区民间有关"上坟祭扫权"习惯的概括和整理。土地的受让者承担有不破坏坟地的义务,坟地的主人有修理坟地、按时祭扫坟地以及迁葬的权利。但是坟地主人也不得砍伐树木,不得在坟地界外挖土添坟,尤其是不得再添葬。这项条约规定的祭祀扫墓时间为清明前后的十五天、夏至当天、农历七月十五(既是传统的中元节,又是佛教的盂兰盆节)前后五天、农历的十月初一前后五天、冬至前后五天,总共一年里有三十一天的祭祀扫墓日。

从民国初年调查来看,大多数地方的习惯也是允许卖地人保留祭扫、迁葬的权利,但禁止卖地人再行安葬。比如黑龙江青冈县的习惯是在契约上注明亩数,"许迁不许葬"。大赉县也有相同的习惯。兰西县称之为"许起不许葬"。拜泉县也叫"许迁不许葬"。山西黎城县有"搁坟地"习惯,允许原主保留半亩地的"搁坟地"供祭扫之用。江浙一带习惯一般都允许卖坟地原主祭扫,但不得加葬。如丹徒县坟地卖主依旧缴纳土地钱粮,契约上写明"柴薪以抵条粮",得以按时祭扫、收取坟地树枝荒草,和买主的关系号为"坟亲家"。陕西雒南的习惯是在出卖的土地中划出一分坟地,供原主祭扫。①

第三节 奴　　婢

中国古代一般将丧失人身自由、受主人控制的奴隶称为"奴婢",男性为奴,女性为婢。秦法律将属于官府所有的奴隶称"隶臣"(男)"隶妾"(女),属于私人所有的奴婢在先秦及秦代多统称为"人奴妾""臣"(男)"妾"(女)。②后世一般统称为"官奴婢""私奴婢"。在史籍记载中也有"僮仆""苍头""驱口"等称呼。③

值得注意的是,中国古代文献中有时提到的"奴仆""家人"往往只是泛称,有的并非法律意义上的奴婢。如秦汉时期的"庶人",隋唐时期的"部曲"、明清时期的"雇工人"(民间往往称为"义男""养女""世仆"等名目)是法律上的贱民,但并非奴婢,仍然被视为"人"而非财产。④ 另外明清时期社会上"长随""长班"等名目的"家人",尽管有时被斥为"家仆奴子",但实际是平民身份的佣仆,与主人是雇佣关系。⑤

一、奴婢的来源

早期奴婢大多为战争中的俘虏,如《墨子·天志下》所言战胜者将战败一方的人民"系缧而归,丈夫以为仆圉、胥靡,妇人以为舂酋"。云梦出土的秦律中有"寇降,以为隶臣"的条文。⑥《汉书·司马迁传》晋灼注:"臧获,败敌所房获为奴隶者。"

---

① 分别见《民商事习惯调查报告录》,第 85、105、127、277、363、658 页。
② 可见《睡虎地秦墓竹简》,文物出版社 1978 年版,第 49、60、66、68、84、87、93、104、110、159、183、211 等页。
③ 李治安:《中华文化通志·社会阶层制度志》,上海人民出版社 1999 年,第 387 页。
④ 参见郭建等:《中国法制史》,上海人民出版社 2000 年版,第 152~164 页。
⑤ 参见郭建:《帝国缩影》,学林出版社 1999 年版,第 147~169 页。
⑥ 《睡虎地秦墓竹简》,文物出版社 1978 年版,第 146 页。

另一个主要的奴婢来源是罪犯及遭连坐的家属。从睡虎地秦墓竹简来看,秦国的法律规定了很多的罪名要处以"耐为隶臣"的刑罚。张家山汉墓出土竹简"二年律令"中的《收律》规定:凡是被判处"完城旦春"(男犯筑城、女犯春米)、"鬼薪"(砍柴伐木)刑罚以上的罪犯,以及因犯奸罪被判处宫刑的罪犯,一律"收其妻、子、财、田宅";被"收"的罪犯家属统称"收人";"诸收人,皆入以为隶臣妾",即补充到各地官府为隶臣、隶妾,为官府提供勤杂劳役。① 后世官奴婢的来源仍然大多来自因反逆重罪而被连坐的罪犯家属及其子孙后代。《初学记》引《风俗通》所言"古制本无奴婢,即犯事者或原之。臧者,被臧罪没入为官奴婢;获者,逃亡获得为奴婢也";《说文解字》释"奴",称"奴婢,皆古之罪人也"。

私奴婢则大多来自因债务陷入被奴役地位的平民以及奴婢的后代。

二、奴婢的财产性质

与世界大多数古代文明的情况相仿,中国古代社会一般将奴婢视为官府或其主人的财产,而且是作为一种具有代表性的财产。司马迁在《史记·货殖列传》中列举可作为重要经营资本象征的财产,将"僮手指千"(一千个男奴的手指,即拥有一百名男奴)和"车船长千丈""铜器千均"等等并列。后世的史籍中在描写豪富之家时,一般也是举"家奴数百"为例。② 而且在很长的历史时期,奴婢是社会生产的重要劳动力。如直到三国两晋南北朝时期,"耕当问奴,织当问婢"一直是流行的谚语。③

明代以前的法律都明确奴婢是贱民,只是其主人的一种财产。《唐律疏议·名例律》疏:"其奴婢同于资财","奴婢贱人,律比畜产"。《户婚律》疏:"奴婢既同资财。"《贼盗律》疏:"奴婢同资财","奴婢比之资财,诸条多不同良人"。《贼盗律》注:"余条不别言奴婢者,与畜产、财物同。"奴婢是主人的财产,因此掳掠他人奴婢相当于强盗罪,诱拐他人奴婢则相当于窃盗罪。《贼盗律》规定:"诸略奴婢者,以强盗论;和诱者,以窃盗论。……若得逃亡奴婢,不送官而卖者,以和诱论;藏隐者,减一等坐之。"如果未通过其主人同意而私下向奴婢收买子女,也按照窃盗罪处罚,"即私从奴婢买子孙及乞取者,准盗论;乞买者,与同罪(虽以为良,亦同)"。

宋代的法典《宋刑统》关于奴婢的定义依然沿袭唐律的规定,而据宋代的《刑统赋解》卷下对于法律名称定义的解释,奴婢只有在被强盗杀伤、出庭作证这两种情况下可以视为人,其余情况一律作为财产处置:"称人不及于奴婢。《解》曰:'奴婢贱隶,难同人比';《贼盗律》云:'惟于以盗之际杀伤及为支证称人,其余俱同财物论之'。《歌》曰:'奴婢贱隶,难同人比。因夜杀伤,或为对证,除此二者,权为人类,其余论之,俱同财例'。增注:除于被盗之家称人,诸条之中,皆不称人。"

---

① 《张家山汉墓竹简》,文物出版社 2001 年版,第 156、191 页。
② 如《汉书》卷五九《张安世传》张家"家童七百人,皆有手技";《后汉书》卷五三《窦融传》窦氏"奴婢以千数";《晋书》卷六九《刁协传附刁逵》刁逵有"奴婢数千人",卷三三《石苞传附石崇》"仓头八百";《洛阳伽蓝记》卷三言北魏高阳王元雍"僮仆六千,妓女五百";《明史》卷一三二《蓝玉传》"家奴数百";等等。
③ 《宋书》卷七七《沈庆之传》,同样的话还可以见《北史》卷七七《陆知命传》,《魏书》卷九七《岛夷刘裕传》。

奴婢子女视为主人财产的孳息,身份仍为奴婢。《唐律疏议·名例律》在解释"孳息"这一法律术语时,律疏举例"谓婢生子、马生驹之类"。婢女生下孩子的,就和马生下小马驹一样,都是主人财产的"孳息"。至于奴婢与其他身份者所生子女,其身份的确定则比较复杂。从云梦出土的秦简"法律答问"部分来看,秦国很可能实行的是"从贱原则",只要父母一方为奴婢的,子女就是奴婢。如有一案例为平民女子为隶臣妻,在隶臣死后,携带隶臣子迁移,并以该子为平民,被捕后不仅该子仍为隶臣,隶臣妻也应该没官,"当完为隶妾"①。以后的汉代仍然实行"从贱原则",如张家山汉墓出土的竹简中的《杂律》明确规定:"民为奴妻而有子,子畀奴主;主婢奸,若为它家奴妻,有子,子畀婢主,皆为奴婢。"男奴的妻子身份即使是平民,所生育的子女只能是主人的奴婢,归男奴的主人;如果是主人和婢女通奸或者是婢女嫁给了别家的男奴,所生育的子女为婢女主人家的奴婢。但是同时又规定在一定程度上采用"从母原则",如男奴和平民女子通奸,所生育的子女仍然为平民。②

《宋刑统·杂律》引唐《户令》:"诸良人相奸,所生男女随父。若奸杂户、官户、他人部曲妻、客女及官私婢;并同类相奸,所生男女并随母。即杂户、官户、部曲奸良人者,所生男女,各听为良。其部曲及奴奸主缌麻以上亲妻者,若奴奸良人者,各合没官。"可见唐代法律规定凡人的奸生子是按"从父原则"确定归属,而官户、杂户、部曲与良人之间的奸生子,基本上是按照"从母原则"来确定身份。但奴奸良人或部曲、奴奸主人缌麻以上亲妻,则被视为严重犯罪,其奸生子女要被没为官奴婢。另外在不知情的情况下的处理又有所不同。《宋刑统·杂律》引唐《户令》:"诸奴婢诈称良人而与良人及部曲及客女为夫妻者,所生男女并从良;及部曲、客女知情者,从贱。即部曲、客女诈称良人而与良人为夫妻者,所生男女亦从良,知情者从部曲、客女。皆离之。其良人及部曲、客女被诈为夫妻所生男女,经一载以上不理者,后虽称不知情,各同知情法。奴婢等逃亡在别部,诈称良人者,从上法。"总的原则是知情者从贱,不知情者从良。正如《唐律疏议·户婚律》所归纳:"(奴婢部曲与良人相奸)其所生男女,依《户令》,不知情者从良,知情者从贱。"以后各代基本沿用唐朝制度。

三、奴婢的特定法律地位

奴婢是一类特殊的财产,古代法律一般也都规定奴婢的买卖要经过特别程序。如唐代法律规定,买卖奴婢必须订立书面契约之外,还必须经过"过贱"程序,由地方官府派人确认奴婢身份,在市场管理部门专门的文件上盖印才算有效。交易的情况还要报朝廷太常寺汇总。③

清人入关,允许旗人收买贫民子孙为奴婢,但要求经过当地官媒画押证明,官府加盖官印,是为"红契"。清条例规定:"凡买卖男妇人口,凭官媒询明来历,定价立契,开载姓

---

① 《睡虎地秦墓竹简》,文物出版社1978年版,第201页。
② 《张家山汉墓竹简》,文物出版社2001年版,第158页。
③ 《唐大诏令集》卷五《帝王改元下》,天复元年改元赦文。

名、住址、男女、年庚,送官钤印。该地方官预给循环印簿,将经手买卖之人登簿,按月缴换缉查。倘契中无官媒花押及数过三人者,即究其略卖之罪。"①清代同时也承认汉族民人(汉族百姓)也可存养奴仆。乾隆年间定例:"凡民人家生奴仆、印契所买奴仆,并雍正十三年以前白契所买、及投靠、养育年久,或婢女招配生有子息者,俱系家奴,世世子孙永远服役,婚配俱由家主,仍造册报官存案。……有背主逃匿者,照满洲家人逃走例,折责四十板,面上刺字,交与本主,仍行存案。容留窝藏者,照窝藏逃人例治罪。"②明确规定民人"家生"(奴婢子女)、使用盖有地方官府官印的契约购买的、或者是在雍正十三年(1735年)以前没有加盖官印的"白契"购买的以及"投靠"日久经过主人养育的、或者是指配婢女为婚姻并生育了子女的,都是主人的奴婢,应该世世代代为主人服役。主人登记造册报官府备案。如果有逃跑的,按照旗下奴婢逃亡的法律处置,责打四十大板,脸上刺字,交还本主。窝藏者按照逃人法处置(见下文)。

  法律规定奴婢如逃跑要受到政府的追捕和严厉的处罚,如据《左传·昭公七年》,周文王之所以能够得到天下诸侯的拥护,就是因为发布"有亡荒阅"(互相引渡逃亡的奴婢)的法律。西周时的法令常有"马牛其风,臣妾逋逃,勿敢越逐""窃马牛、诱臣妾,汝则有常刑"之类的内容③。晋令规定:"奴婢逃亡,黥两眼;再亡,黥两颊;三亡,横黥目下。"④清朝入关后发布《督捕则例》(或称"逃人法"),严厉督促各级官府追捕逃亡奴婢,凡隐藏旗下逃奴者处死刑,家产入官,两邻各责四十大板。奴婢逃亡三次则即处死。

  然而古代法律也承认奴婢具有一定的人格。比如,奴婢可以作为财产的主体,如《唐律疏议·名例律》:"其部曲、奴婢应征赃赎者,皆征部曲及奴婢,不合征主。"部曲、奴婢犯罪需要征讨罪赃(非法所得财物)以及财产赎罪之类的处分时,要由奴婢的私人财产为对象,不得向其主人征讨。那么这项规定也就承认了奴婢可以有私人财产。《斗讼律》规定部曲奴婢"相侵财物者,各依凡人相侵盗之法",也变相承认奴婢可以是财产的主体,相互之间有偷盗之类行为的,与平民之间的偷盗行为一样处罚。《宋刑统·户婚律》引唐《户令》允许奴婢以自己的财产"自赎","自赎免贱,本主不留为部曲者,任其所乐"。以自己的财产赎身,就可以恢复自由。这些都说明奴婢与部曲一样可以拥有自己的财产。奴婢可以成为负担债务的主体,可以以其财产偿还所欠他人的债务。《太平广记》卷四三六记载了一个唐代故事:"建安县令韦有柔,家奴执詟,年二十余病死。有柔门客善持咒者忽梦其奴云:我不幸而死,尚欠郎君四十五千,地下所由令更作畜生以偿债。"韦有柔的家奴执詟二十多岁突然死亡,后来托梦给韦有柔一个门客,说自己意外身亡,还欠了自己主人四十五贯钱的债务,现在地府命令他转世为主人的畜生来偿债。这个故事确实荒诞离奇,可是它却能反映在当时的社会上,奴婢作为债务人是经常发生的,说明奴婢依然具有债务人的主体资格。

---

① 《大清律例通考》卷二五《刑律·贼盗下》。
② 《大清律例通考》卷二八《刑律·斗殴下》。
③ 《尚书·费誓》。
④ 《太平广记》卷六四八引《晋令》。

奴婢虽被视同财产,但主人并不能随意刑杀。秦律虽规定主人擅杀、刑、髡臣妾为一项"家罪",为"非公室告",他人不得纠举,①但也规定杀奴、刑奴必须经过向官府"谒告"的程序。云梦出土的秦简中就有"黥妾"的程序。② 秦末田儋欲起兵反秦,就是以谒告杀奴为名,乘机杀死县官的。③ 两汉时法令进一步禁止残害、虐待奴婢,西汉末年王莽之子王获擅杀奴婢,王莽为邀买人心,逼迫王获自杀。④ 东汉光武帝以"天地之性,人为贵",下诏:"其杀奴婢,不得减罪。……敢炙灼奴婢,论如律。免所炙灼者为庶民。"⑤后世法律大抵与之相同,如唐以后各代都规定主人擅杀奴婢,处杖一百;无故残杀一般要处徒一年。

四、奴婢身份的改变

奴婢的身份也有可能得到改变。官奴婢可以通过朝廷的大赦而放免。私奴婢也可以因朝廷的法令而获得自由。如汉高祖五年(公元前202年)诏:"民以饥饿自卖为人奴婢者,皆免为庶人。"⑥东汉初年也曾多次下诏,规定因战乱被掠卖为奴婢者"一切免为庶民"⑦。后世在大乱之后建立的皇朝也往往发布类似的诏令。

私奴婢还可以因主人的意思表示而放免。湖北张家山汉墓出土的西汉"二年律令"《亡律》规定:"奴婢为善而主欲免者,许之。奴命曰'私属',婢为庶人。"主人可以将被认为"善"的奴婢解放,但是男奴被解放后仍然为主人的"私属",婢女解放后可以获得庶人身份,但是都必须"事之如奴婢",仍然要与奴婢一样服侍主人,政府也不对其征收赋税。如果有冒犯主人的,"身免者得复入奴婢之"。如有逃亡、犯罪之类的,仍然按照奴婢身份处罚。在其原主人死亡或成为罪犯的情况下,被解放的奴婢才可以真正获得自由身份。《置后律》规定,在主人"死毋后"(没有继承人)的情况下,"免奴婢以为庶人",并且主人生前可以指定、或由官府将其中服役时间长的并有子女的指定为"代户",顶替主人原来的户口,获得一份田宅。⑧

秦汉时期解放奴婢的具体程序尚无直接的史料说明。而《唐律疏议·户婚律》疏引唐《户令》有专门的程序规定:"放奴婢为良及部曲、客女者,并听之。皆由家长给手书,长子以下连署,仍经本属申牒除附。"法律允许主人放免奴婢恢复自由,但必须要由主人"家长"亲自书写放免的文书,主人家的长子以下所有的子孙都必须连署签名,并到本地官府"申牒"(提出书面申请),改正户籍记录,除去被放免奴婢的记录,奴婢得以"附籍"(登记户口)。这种放免奴婢的"手书"在敦煌出土文书有实例。出土的"放良书样文"可视为当时放免奴婢手书的标准样本。其内容如下:

---

① 《睡虎地秦墓竹简》,文物出版社1978年版,第195、196页。
② 同上书,第192页。
③ 事见《史记》卷九四《田儋列传》。
④ 《汉书》卷九九《王莽传》。
⑤ 《后汉书》卷一《光武帝纪》。
⑥ 《汉书》卷一《高帝纪》。
⑦ 《后汉书》卷一《光武帝纪》。
⑧ 《张家山汉墓竹简》,文物出版社2001年版,第155、184页。

奴某甲、婢某甲，男女几人。吾闻从良放人，福山峭峻；压良为贱，地狱深怨。奴某等身为贱隶，久服勤劳，旦起肃恭，夜无安处。吾亦长兴叹息，克念在心，缴告先灵，放从良族。枯鳞见海，必遂腾波；卧柳逢春，超然再起。任从所适，更不该论。后辈子孙，亦无阑忨。官有政法，人从私断。若违此书，任呈官府。

　　年　月　日

　　　　　　　　　　　　　　　　郎父　儿　弟　　子孙
　　　　　　　　　　　　　　　　亲保　亲见
　　　　　　　　　　　　　　　　村邻　长老　官人　官人①

　　按唐代的法律，奴婢也可以"自赎免贱"。放免的奴婢即成为平民百姓，登记于官府户籍，可以在三年之内免除赋役。如据《通典·食货六·赋税下》："诸部曲、奴婢放附户贯，复三年。"

　　奴婢是没有自己的姓氏的，只是跟随主人的姓氏，就如上文所引《太平广记》的那个故事里所表现的那样，奴婢一般被称为"某家奴婢某某"。但是被放免后的奴婢仍应由主人赐以主人的姓氏。据宋人范镇《东斋记事》一书的说法，唐宋时有律条规定如此。称宋太祖曾问大理寺卿雷德骧，"以律：奴从良赐主姓如何？或以为文误否？"雷德骧回答："不然，盖虑后世或通婚姻（中国古代法律一直严禁同姓通婚）故也。"但从现存的唐宋律令中尚未发现这样的规定，或是当时曾有过这样的格敕也未可知。后世法令虽然没有类似的内容，而民间仍然沿袭这一习惯。

　　元明清的法律对于奴婢的解放没有规定特别的程序。

第四节　马牛等大牲畜

　　牲畜是古代法律中又一类特殊的财产。

　　肉食对于人类进化曾起到过至关重要的作用，而驯养牲畜的成功又是人类战胜自然的巨大成果，这种经历沉淀在人类的记忆里得以升华，使得屠宰、烹烧、分配、享食等行为往往变成古代社会的神圣仪式，而人类祭祀各类神灵时最重要的祭品也就是牲畜。

　　在中国古代，牛被视为最精美的食品，因此被用于最重要的祭祀活动，用做供给神灵享受的供品。《说文解字》对牛字的解释就是"大牲也"。平时只有贵族以及出征的士兵才可以享用牛肉，留下"犒"这个专用汉字。

　　当私有财产出现时，在很多地方，牲畜的私有早于土地及房屋，牲畜拥有量的多寡往往成为私有财富、社会地位的象征。比如在山东大汶口出土的古代墓葬群，三分之一的墓葬发现有猪头或猪的下颚骨被精心放置在尸体周围，少的一二件，多的有十多件。而西北

① 中国科学院历史研究所资料室编：《敦煌资料》（第一辑），中华书局1965年版，第449页。

齐家文化遗址的发掘中,曾发现一座墓葬有六十八块猪颚骨,显然应该是一种地位象征。①

春秋时期,农业有了革命性的飞跃,牛被用于耕地,畜力大大提高了农业生产力。同时越来越激烈进行的兼并战争中,马拉的战车以及后来"胡服骑射"的骑兵,都要求畜牧业提供更多的马匹。牛、马由此成为国家的"战略物资",成为特殊的财产,接受国家的严格控制,私人不得随意处置。据说商鞅变法曾规定"盗马者死,盗牛者加",汉朝时"法禁杀牛,犯之者诛"②。汉朝的《风俗通》一书也称:"牛乃耕农之本,百姓所仰,为用最大,国家之为强弱也。"湖北张家山汉墓出土的汉《田律》规定,在牛马行走的地方不得设置陷阱或捕猎装置,违者即使没有造成损害,仍然要处以"耐为隶臣妾"的刑罚;如果因此导致牛马受伤害的,与偷盗牛马同样处罚。③ 现有史料中没有关于汉律偷盗马牛如何处罚的条文,从未造成伤害就要罚为官奴婢的刑罚来看,可以肯定如果是偷盗的话处罚要更重。

后世法律仍然保留这一传统,对于马牛之类的大牲畜予以特别的规定,不准私人擅自处置。《唐律疏议·厩库律》中规定,私自屠宰马牛是应处以徒刑的犯罪:"诸故杀官私马牛者,徒一年半。……主自杀马牛者,徒一年。"马牛只能是在已经不堪役用的情况下,经过官府验证,由官府批准后才能够屠宰。北宋时的法典《宋刑统》改为:故杀官私马牛者,脊杖二十,配役一年;故杀自己马牛者,脊杖十七。耕牛伤病倒毙后,必须要报告官府,经核实才可屠宰开剥。牛角、牛筋、牛皮都必须上交官府。出卖的牛肉,每斤限价二十文。告发屠牛者有赏,知而不告者同罚。南宋时的处罚还要重,规定凡屠宰耕牛者徒二年,配役一千里。知情买食牛肉者同样处罚。唐宋时发布大赦,往往特别规定屠牛和杀人放火之类的重罪罪犯不得赦免。一个地方的屠宰耕牛案件的案发率也直接影响到地方官的考核。元朝的法律也基本相同,只是处罚有所减轻。私宰耕牛杖一百,两邻知而不首,笞二十七。明朝法律与之类似,故杀他人马牛,杖七十徒一年半;私宰自己马牛,杖一百。耕牛伤病死亡,不报官府私自开剥,笞四十。清朝又改为私自宰杀耕牛者,初犯杖一百、枷号示众两个月;再犯发附近充军。

除了不准私人擅自处置外,古代法律还对马牛等大牲畜的转让进行严格控制。比如《唐律疏议·杂律》规定在转让马牛等大牲畜时必须要在政府市场管理部门"市司"的监督下订立书面契约,有第三方保人担保交易合法,否则要处以笞二十的刑罚。

第五节 财 物

除了上述的田宅、墓田坟山、奴婢、大牲畜外,其他的财产一般在古代法律中被统称为"资财""财物"。

———————
① 张传玺:《中国古代史纲》,北京大学出版社1985年版,第31页。
② 《盐铁论·刑德》。
③ 《张家山汉墓竹简》,文物出版社2001年版,第167页。

一、普通财产

中国古代法律对于什么是财物有着清晰的定义,强调要经过人力加工或者能够被人们所控制的物件才能成为私人拥有的财物。如《唐律疏议·贼盗律》"山野之物"条律疏:"'山野之物',谓草、木、药、石之类,有人已加功力,或刈伐,或积聚。而辄取者,'各以盗论'。谓以各准积聚之处时价计赃,依盗法科罪。"草木、药材、石块等等只是"自然之物",当经过了人们加以"功力",也就是施加了一定的劳动,比如收割、砍伐,或者拾取后进行了堆积,就成为"已加功力"之人的私有财物,予以法律的保护,他人有侵盗行为的,就要视为犯罪予以刑罚处罚。

唐中期以后实行"两税法"改革,设置资产税性质的"户税",由政府根据各户拥有私有财物的多寡来评定"户等",分为九级,分别确定税额,分夏秋两季征收。两宋时期沿袭户等制度,又按照户等征发各户的"职役"(义务承担诸如收税、运输、治安、勤杂等各类政府事务)。

历代法律一般对于普通的财物的买卖、交换并不设定强制性的程序及形式上的规定,可以口头进行。

二、货币财产①

中原地区在很久以前就开始使用贝壳作为货币,因此表示财产的汉字几乎都以"贝"为部首。西周时期青铜逐渐成为主要的货币,春秋战国时期各种模仿工具的青铜铸币大量涌现,奠定了中国货币制度的基础。

进入金属铸币时代后,自秦朝开始,中国历代一直实行政府垄断铸币权的制度,朝廷法律对于民间交易所使用的货币一直有严格的规定。各代所用货币情况大致如下。

秦汉实行"金钱并行本位"货币制度。秦统一全国,规定以黄金为"上币",铜钱为"下币"。黄金以"镒"(二十两)为单位。铜钱采用原秦国使用的外圆内方的圜钱式样,铭文"半两",重如其文(半两,合二十四铢),直径一寸二分,正式确立金、钱并行本位货币制度。西汉几经变化,武帝时统一铸币权于中央,发行"五铢钱"。黄金以斤(十六两)为单位,一般万钱为"一金"。民间交易必须使用法定货币。②

魏晋至隋唐实行"钱帛并行本位"货币制度。汉以后战乱频仍,实物经济比重上升,生活必需品谷物、绢帛成为主要的支付工具。形成钱、帛并行本位制度。唐朝统一全国,将铜钱铭文改为"通宝",不再直接表示重量,每十文铜钱应重一两(从而影响衡制以十钱为一两)。绢帛为价值尺度和主要支付手段,以匹为单位,法定标准每一匹门幅不得少于一尺八寸,长度不得短于四丈。按照《唐律疏议·户婚》律疏,法定钱帛兑换率为五百五十文兑一匹。唐开元二十二年(734年)敕规定凡土地、大牲畜以及价值在一贯(一千文)以上

---

① 本标题下的有关内容参见彭信威:《中国货币史》相应各章,上海人民出版社1965年版。
② 《汉书》卷二四《食货志》。

的交易,都必须使用绢帛①。即使在建中元年(780年)实行赋税货币化的"两税法"后,元和六年(811年)朝廷下敕依然规定交易要杂用钱、绢,十贯以上的交易必须用绢帛。现在于吐鲁番、敦煌发现的唐代民间契约文书中有不少是使用绢帛和粟麦的,同时使用银钱的情况也很普遍,这或许是受到西北游牧民族习惯的影响(中国古代朝廷几乎从未正式发行过银钱)。

宋元明实行"钱钞并行本位"的货币制度。北宋开始发行纸币。天圣元年(1023年)益州发行"官交子",后改称"钱引",均可代表票面值的铜钱流通,逐渐推广到北方地区。形成铜钱、纸币并行本位制度。南宋发行"会子",规定公私支付及商业流通都必须使用会子。宋朝的纸币都分界流通,每三年为一界,每界换新版,以防假冒。但依然发生严重的通货膨胀现象②。金、元先后入主中原,也都采用这种货币制度。金朝发行"交钞",元朝发行"宝钞",不再分界,均无限流通。元代元宝钞有至元、中统两种,票面额仍以铜钱为单位,但理论上两贯钞可兑换一两白银(实际上只允许民间百姓以白银兑换宝钞,不允许以宝钞兑换白银),标准的大银锭为五十两一个,因此钞一百贯也称一锭。金、元两朝后来都发生恶性通货膨胀,但明朝初年依然实行钱钞并行本位制度,以严刑峻法推行"大明宝钞"。法定宝钞一贯兑换铜钱(称制钱)千文、或白银一两,四贯钞可兑换黄金一两,但私人不得持有金银,更不得在市场交易中使用金银。不满一百文的交易才可以专门用铜钱,一百文以上交易必须用宝钞。然而大明宝钞的发行很快就失控,通货膨胀极其严重。民间拒用纸币,逐渐违禁使用白银交易,明朝廷最终只得于正统元年(1436年)诏"弛用银之禁"③,赋税亦征收白银。

明中期至清末实行"银钱并行本位"的货币制度。白银以银块形式、以量为单位流通。白银的成色以"纹银"(白银熔铸后逐渐冷却时会在银锭表面形成细密的纹路,一般认为成色越高、纹路越细,因而得名。成色差的白银因纹路粗大如同水波而得名"水银",或称流、花、撒等名色,以不同成色的"水银"进行交易时要进行折算,故称"贴水")为标准,理论上官府所铸五十两一个的大银锭应含银 935.374‰,为标准纹银。白银的衡制亦极复杂,各地两制不同,较通行的有官府收支所用的"库平两"(合 37.301 克)、漕运所用的"漕平两"(合 36.65 克)、广东地区流行的"广平两"(合 37.57 克)等。理论上一贯铜钱可兑换白银一两,政府一般也力图维持这一兑换率。但实际上银钱兑换率基本是随市波动,要由订约当事人双方约定兑换率。

第六节 禁止私人拥有的违禁物

古代法律并非允许一切物品都能够成为私人所有的财产,往往严格禁止私人拥有某

---

① 《旧唐书》卷四八《食货志》。
② 《宋史》卷一七三《食货志一》。
③ 《明史》卷七八《食货志二》。

些物品。这些违禁品大致可分为具有宗教禁忌性质的礼仪用品、政治权力的象征性物件、被认为可能威胁到朝廷统治的武器以及某些书籍、被认为可能影响到朝廷财政经济政策的贵金属等几大类。

一、礼仪用品

商周时代禁止平民及下层贵族拥有祭祀天地神灵、宗族祖先的牺牲和玉器,只准许承担主持祭祀的"宗子"保存。尤其是圭、璧、璋之类的玉器是各级贵族的身份象征,不允许平民拥有,因此很早就形成了"匹夫无罪,怀璧其罪"的谚语。①

以后各代的法律中仍然保留有类似的内容,如天文观测器具因为涉及对于"天命"的判断,会影响朝廷统治的合法性,因此历代法律都是严厉禁止私人拥有的。如《唐律疏议·卫禁律》规定私人拥有这类"玄象器物"的,要判处徒二年。《大明律·礼律·仪制》规定,私人收藏"天象器物""金玉符玺",处以杖一百,器物全部没收。

凡属于皇帝"服御"用品民间一律不得仿造、不得拥有,违者处以刑罚。《唐律疏议·卫禁律》规定私下借用、持有乘舆服御物,处徒三年。明清律仍然维持这一罪名。

二、"禁兵器"

冷兵器时代很多生产工具也可以作为武器使用,因此不可能全面禁止民间持有武器。立法主要禁止民间持有被认为杀伤力较大的武器,一般称之为"禁兵器"。比如汉代法律禁止私人持有毒箭以及毒箭所用的毒药,违者"皆弃市"②。

战国时期各国军队已普遍装备"弩",这是一种特殊的弓,在弓的中央装一个"臂",臂上开放置箭矢的槽;把弦拉到弩臂后部的"弩机",用"牙"挂住,瞄准后扣动"悬刀"(相当于现在步枪的扳机),箭矢就发射出去了。由于弩在拉弦的时候不必顾及瞄准,还可以用腰腹力量拉弦,因此弩的弓身可以很硬,保证具有足够的射程和贯穿力。还有一个更重要的优点,掌握射弩的技巧要比弓容易得多,任何普通人稍加训练就可以上阵发挥足够的战斗力。

至晚唐的法律已将弩划为"禁兵器",严禁私人拥有弩。《唐律疏议·擅兴律》规定有1张弩的要判两年半徒刑,有弩5张就是死罪。即使是拾得官府遗失的弩,30天以内没有报官的,与私自持有同样处罚,私造的更要加罪一等。

另外唐代法律禁止私人拥有长度达到"丈八"(约合今4米)的长矛,这种长矛一般称"槊"(shuò),或叫"铍"(pí)、"矟"(shuǒ)。因为这种长矛是当时骑兵主要突击武器,被认为对社会安全威胁很大,也被划为"禁兵器",只能由国家掌握。家中私藏矛、矟,要判处一年半徒刑;私自制造的,加重一等处罚(判处两年徒刑)。私人持有全副盔甲的,一副盔甲就要流二千里,有三副以上的就处死刑。

---

① 《左传·桓公十年》。
② 《张家山汉墓竹简》,文物出版社2001年版,第136页。

明清时期火器逐渐成为主要作战武器,因此统治者严禁民间传播、研究火器技术。《大清律例·军政》规定私铸"红衣(即夷)"大炮者一律处斩,妻子家产入官,邻居、房东等人也要处死。私自持有鸟枪处杖一百。

三、违禁书籍

历史上最著名的禁止私人收藏书籍的法令莫过于秦朝的"焚书令"和"挟书律"。公元前213年,秦始皇接受李斯的建议,下令民间私人不得收藏除医药、卜筮、种树以外的书籍,所持有书籍限30日以内一律缴官烧毁,违者"黥为城旦"①。

以后历代再没有这样全面禁止私人拥有书籍的法令,但是法律一直规定私人不得收藏某些被认为有碍朝廷统治的书籍。如《唐律疏议·卫禁律》规定:有关天文知识的图书,以及从儒家经典或自然界某些征候来推算社会政治变化的"谶书",教授军事知识的"兵书",按照日月和五大行星排列的历书"七曜历"(因为不遵守朝廷历法就意味着反叛),教授特殊的卜卦算命书"太一、雷公式",私人都不得拥有,违者徒二年。至明朝的《大明律·刑律》,"禁书"的范围还包括了"历代帝王图像",违者处杖一百。

四、朝廷专卖物资

中国历代长期实行盐、铁、酒、茶等大宗日用商品的国家专卖政策。在实行专卖时期,私人不得生产、销售专卖商品。

传说管仲辅佐齐桓公,控制齐国特产"渔盐之利"来实现国富兵强。战国时代成书的《管子》一书,即假托管仲,提出了一系列国家专卖政策的设想。《海王》篇提出对于盐、铁这两项在自然经济情况下几乎是农民唯一必须仰求市场的大宗商品实行国家专卖,迫使消费者接受,将国家的税收隐藏于盐、铁的垄断价格之中,可以取消其他容易引起反抗和逃避的直接税税种。《地数》等篇建议国家应封禁所有的矿山,垄断这一"天财地利"。

西汉武帝元狩四年(公元前119年)正式开始全面实施盐铁官营,各地设置盐官和铁官,负责生产和运销,严禁私人煮盐炼铁。天汉三年(公元前98年)又"初榷酒酤"(榷字原义为独木桥,引申为独占、垄断)②,禁止民间私人卖酒,由官府统一酿酒出卖。这样盐、铁、酒都先后被禁止私人经营,私人不得拥有这些财产。

以后几代专卖制度几经变化,至唐朝"安史之乱"后,因朝廷财政紧张,再次开始大规模实施日用品专卖,除了盐、铁、酒,还开始对茶叶实施专卖。私人所能持有、消费的必须是来自政府批发或零售的"官盐""官铁""官酒""官茶",经营"私盐""私茶"的罪至处死。两宋及金元时期继续这套制度,专卖的物资还包括了乳香等大宗海外进口货物。明清缩减了专卖的种类,仅对食盐、茶叶继续实行专卖,但"私盐"罪仍然属于重罪。

---

① 《史记》卷六《秦始皇本纪》。
② 《汉书》卷六《武帝纪》。

简短的结论

中国古代的财产概念在法律上有明确的含义,法律上将财产划分为田宅、奴婢、牲畜、普通财物这样四个大类。

田宅是历代法律最为重视的财产,对于田宅的设定、转让等都有相当具体的规范,并已注意到其不可移徙的特性。

墓田坟山在传统社会得到高度重视。历代法律对于墓田的设定与规格都有严格的限制。在"风水"观念的影响下,人们一般不愿意迁移坟墓,因此形成"卖田留坟"的习俗,以及定期得以越过他人土地"上坟祭扫权"。

奴婢也是历代法律着重规范的一种特殊财产。唐宋时的法律明确规定奴婢是一类财产,仅在特殊场合才被承认为"人",并对奴婢的获得、转让等都设置了具体的程序。

明朝以前的法律对于牲畜(主要指马牛等大牲畜)的转让交易也有程序上的规定,明清法律则没有此项内容。

历代法律还规定一般财产中的朝廷礼仪物品、重要武器、禁书、朝廷专卖物资等私人不得占有处分。

第二章
"有"与"名"

财产所有权①在中国古代一般泛称为"有"。秦汉时一般称之为"名",如"名田宅、臣妾、衣服"②,即以自己的名字申报,公开而合法地表明自己对某项财产权利的意思。不是如此"名正言顺"的拥有的财产则称之为"占"。到两晋南北朝时期,占的意义逐渐和名相当,隋唐时"名"的用法已比较稀少。

第一节 土地私有制的确立

马克思曾指出:"无论在古代或现代民族中,真正的私有制只是随着动产的出现才出现的。"③从考古发掘及文献记载来看,中国古代私有财产的发展轨迹也是从个人随身工具、生活用品之类的动产发展到武器、畜群,再发展到住房、果园、耕地之类的不动产。而中国古代以农业立国,土地的所有权具有重要的意义,古代法律有关所有权的内容也大多是围绕着土地的所有权而展开的。

一、作为"部落所有制"的"井田制"

在私有制高度发展以前,所有权的法律概念是不充分的。马克思认为:"所有制的最初形式无论是在古代世界或中世纪都是部落所有制……在古代民族中,由于一个城市里同时居住着几个部落,因此部落所有制就具有国家所有制的形式,而个人所有权则局限于简单的占有。但是这种占有也和一般部落所有制一样,仅仅涉及地产。"④

传说中夏商周三代的"井田制",可能就是马克思所言的这种耕地的部落及国家所有

① 所有权一词来自日文汉字,与当代汉语习惯使用的、往往可表示"全部"的"所有"一词的词意并无联系。
② 《史记》卷六八《商君列传》。
③ 《马克思恩格斯选集》(第一卷),人民出版社 1972 年版,第 68~69 页。
④ 同上书,第 68 页。也有人认为古希腊、古罗马的城邦社会是显著的例外,在很早以前就因为将祖先坟墓所在区域视为神圣不可侵犯,从而确立了土地的私有权。见[法]库朗热:《古代城邦——古希腊罗马祭祀、权利与政制研究》,华东师范大学出版社 2006 年版,第 51 页。

制。按照先秦古籍记载,西周实行分封制,由周王授予各级诸侯土地,而诸侯也向其下的卿、大夫授予土地。分封土地以"井田"为单位,各级获得分封土地的领主不得自由转让土地。各级领主承担定期朝觐国王或上级封主、向国王或上级封主上贡土特产,以及在有战争发生情况下的"勤王"(自费组织军队帮助王室作战)及随上级封主出战的义务。理论上而言,全国所有的土地都属于周王,土地的占有者则都是国王的臣属。但是就实际可能性来看,在当时的历史条件下,周王不可能实际控制广大地域内的耕地,很可能只是马克思所说的"部落所有制就具有国家所有制的形式"。《诗经·小雅·北山》所说的"溥天之下,莫非王土,率土之滨,莫非王臣",或许可以理解为土地名义上属于国君,而实际上天子、诸侯及各级封主的土地除了是部分直接控制、占有使用外,大部分还应该是依然由原始共同体的部落占有控制、组织生产的。

据说"井田"是将耕地用灌溉及排水用的沟渠划分为一块块的方块地,九块为一井,四井为一邑,四邑为一丘,为基本的土地单位,并以此组成社会单位。① 土地不得买卖,所谓"田里不鬻"②,因为土地是属于部落共同体的,哪怕是封主也不能处分。平时耕地平均分配,各家耕种一块相同的份地,轮流"换土易居";同时又互相帮助,共同耕种位于井田中央的"公田","肥饶不得独乐,硗薄不得独苦"③。显然这应该是原始社会的部落共同体的习惯。封主的收益只是来自部落所供奉的贡品,或是"公田"的收入,或是按照部落的收成提成若干,这大约就是孟子所谓的"夏后氏五十而贡,殷人七十而助,周人百亩而彻"④。

二、以承担赋税而得到承认的私有土地

至西周中期开始,传统的井田制逐步瓦解,土地私有制逐步发展。春秋时期铁工具及牛耕的普及,促进了一家一户的小农经济的形成,土地逐渐被私人占有。尤其是各级贵族所直接占有的土地越来越多,甚至为争夺耕地而不惜互相开战。

为承认这一既成事实以获取既得利益的贵族阶层的拥护,各诸侯国逐渐采取以设定土地私有者义务的方式来承认土地的私有权。

最早进行这种改革的是东部的齐国。公元前685年左右管仲相齐,实行"相地而衰征",即按照土地质量等级向土地的实际占有者征收赋税,并承认土地占有者的实际权利。⑤ 这项改革使齐国国力加强,得以称霸诸侯。

公元前645年晋国实行"作辕田""作州兵",据说就是把土地赏给实际占有者,按占有土地的多少负担国家极需的各类军需兵器。⑥ 这次改革也促进了晋国的国力,得以继齐国之后长期称霸。

最著名的承认土地私有制的事件是公元前594年鲁国的"初税亩",开始按照私人实

---

① 《周礼·考工记》。
② 《礼记·王制》。
③ 《汉书》卷二四《食货志》。
④ 《孟子·滕文公上》。
⑤ 《左传·庄公九年》。
⑥ 《左传·僖公十五年》。

际占有土地面积收税。这件事由于后来遭到儒家的批评,因此在历史上最为著名。①

春秋时另一个大国楚国,在公元前548年也实行"书土田,量入修赋"②,即进行私有土地的登记并按土地的收入征收赋税,建立起更完善的私有土地管理制度。

位于中原腹地的郑国,在建国之初就强调国君直接控制土地的原则,大肆扩张其疆域。公元前720年,郑庄公命令大臣祭仲率军夺取属于周王室的"温"(地名)的麦子,并割取雒阳(今洛阳)附近的禾③。以后其国内的贵族也上行下效,占有大量土地,进而侵占国君的土地,造成内部纷争。郑国的执政子驷计划清查土地,遭到贵族反对,公元前563年贵族发动叛乱,杀死子驷,郑国陷入内乱。后来子产为执政,仍然推行清查地产,同时划分田界,开始遭到贵族反对,编歌谣煽动:"取我衣冠而褚之,取我田畴而伍之。孰杀子产,吾其随之。"可是后来体会到确立田界有利于保护私有土地,在子产执政3年后又编歌谣歌颂子产:"我有子弟,子产诲之;我有田畴,子产殖之。子产而死,谁其嗣之?"④公元前538年,子产进一步在郑国推行"作丘赋"⑤,按私有土地收赋税。

秦国是在周平王东迁时才受封的。因为秦襄公护驾有功,平王将整个岐山以东的原周王室领地全部封给了秦襄公,并与秦襄公盟誓,宣布只要秦能够打败入侵的西戎,"即有其地",获得整个西部地区的土地。⑥公元前408年,秦国实行"初租禾",按私人耕地的收获量征税,从而承认国内土地私有。⑦

战国时期的土地私有制度已经普及。秦国商鞅变法,明确废除井田制,"除井田,民得卖买",正式承认土地的私有。秦始皇统一全国后,于公元前216年下令"使黔首自实田"⑧。要求私人申报占有的土地,由此承认土地的私有权。

春秋时期形成的这种以设定赋税义务来承认私有财产的方式,被后世长期沿袭,是中国传统财产法的一个重要特点。

三、通过国家授予的私有土地

另一种私有土地是继承"分封"传统,由国家授予的土地。这种土地授予所针对的是对国家作出了贡献的人,并且与原来的分封类似,也是严格按照爵位等级制原则来进行授予的。但是与原来的"分封"在性质上完全不同,接受者所获得的是完整的私有权利,所承担的仅仅是纳税义务。

至少到春秋后期,这种情况已经相当普遍。最著名的事例是公元前493年晋国大夫赵鞅在战前誓师中宣布:"克敌者,上大夫受县,下大夫受郡,士田十万。"⑨县、郡的分封是

---

① 《左传·宣公十五年》。
② 《左传·襄公二十五年》。
③ 《左传·隐公三年》。
④ 《左传·襄公三十年》。
⑤ 《左传·昭公四年》。
⑥ 《史记》卷五《秦本纪》。
⑦ 《史记》卷一五《六国年表》。
⑧ 《史记》卷六《秦始皇本纪》裴骃《集解》引徐广语。
⑨ 《左传·哀公二年》。

指受封者得以享用所封县、郡(当时郡比县要小)的赋税收入,而士所得到的田,应该是属于私有的。

战国时秦国商鞅变法,建立了以军功为本位的二十等爵位制:最高级为彻侯(汉代为避汉武帝讳改称列侯)、关内侯,相当于过去的诸侯;大庶长、驷车庶长、大上造(亦称大良造)、少上造、右更、中更、左更、右庶长、左庶长,相当于过去的卿;五大夫、公乘、公大夫、官大夫、大夫,相当于过去的大夫;不更、簪袅、上造、公士,相当于过去的士。爵位的获得主要是依靠对于国家的功劳,如在战场上斩敌一甲首(甲士的首级)或告发一个奸者(罪犯)就可以升爵一级。而每升爵一级,就可以获得国家授予的一百亩耕地、九亩宅地。另外为了招徕三晋地区的农民移民到秦国开垦荒地,也规定每名成年男子移民可以获得国家授予的一顷(一百亩)土地,并予以免除服兵役的义务。① 这种由国家授予的私人土地要承担赋税。根据湖北云梦睡虎地秦墓出土的竹简中的秦《田律》,受田者"以其受田之数,无垦不垦,顷入刍二石,藁三石"②,即获得国家土地的"受田者"无论是否已经开垦,都要按照所受土地面积缴纳麦秆禾草。按照其他的史料记载,如果是已经开垦的,显然还要缴纳"田租"粮食税。

从湖北江陵张家山汉墓出土的汉初(下限为高后二年,即公元前186年)《田律》和《户律》来看,这种向人户授予土地的做法至少一直维持到汉代初年,有着非常完备的制度。

该律规定的各爵位以及平民的每户受田数额为:关内侯九十五顷(每顷一百亩),大庶长九十顷,驷车庶长八十八顷,大上造八十六顷,少上造八十四顷,右更八十二顷,中更八十顷,左更七十八顷,右庶长七十六顷,左庶长七十四顷,五大夫二十五顷,公乘二十顷,公大夫九顷,官大夫七顷,大夫五顷,不更四顷,簪袅三顷,上造二顷,公士一顷半(一百五十亩),普通平民公卒、士伍、庶人都是一顷,作为罪犯贱民的司寇、隐官都是五十亩。

宅地的标准是以三十步见方的土地为一"宅",③彻侯可以得到一百零五宅,关内侯九十五宅,大庶长九十宅,驷车庶长八十八宅,大上造八十六宅,少上造八十四宅,右更八十二宅,中更八十宅,左更七十八宅,右庶长七十六宅,左庶长七十四宅,五大夫二十五宅,公乘二十宅,公大夫九宅,官大夫七宅,大夫五宅,不更四宅,簪袅三宅,上造二宅,公士一宅半,作为平民的公卒、士伍、庶人每户一宅,司寇、隐官半宅。

每年8月间进行户口申报。在立户前没有得到过田宅或得到的田宅不足额的,可以请求补足,但是宅地只能补授接邻的。各地如果有立户后受田宅不足额的情况,各地官府汇总上报朝廷。在官府有新土地时(没收罪犯的土地),按照爵位及先后次序授予。所授予的土地应该是可以耕作的,否则受田者有权拒绝。受田后发现无法耕种的,允许退换。所受田宅允许买卖,但是将从政府获得的"受田"转让他人或者出卖后,就不得再次申请。除非是官员或者是为皇帝服役的人员,其余人等买宅地必须是与原宅接壤的。

---

① 《商君书·赏刑》。
② 《睡虎地秦墓竹简》,文物出版社1978年版,第28页。
③ 秦汉以6尺为步,240步为亩,秦汉一宅合3.75亩,步约合今1.39米,一宅的面积约合今1 247.4平方米。由此可见,司马迁《史记·商君列传》所言商鞅变法的每一爵位授田一顷、宅地九亩,只是一个极其粗略的描述,实际爵位的田宅级差要复杂得多。

受田宅者承担向政府交纳田租和藁税的义务。根据《史记》《汉书》等史籍的记载,秦的田租按照收获量的征收十分之一,而汉代减轻为三十分之一。汉代的藁税与秦代完全一致,也是每顷三石为标准。在当地政府刍藁(马料)已经够用的情况下,也允许受田者以铜钱缴纳,每顷五十五钱。只有相当于原来卿一级以上贵族(即左庶长以上的各级爵位)可以免除田租和藁税。①

这种由政府向私人授予土地的制度不应该仅从字面上的意义去理解。当兼并战争战火渐渐平息、人口逐渐恢复增长时,政府是否拥有足够的土地(包括荒地资源)能够按照这项制度来授予土地?这相当值得怀疑。但仔细分析一下,就可以知道,实际上这也可以是一种包容性很强的制度。它建立在政府拥有相当多的荒地资源基础上,同时也是一种包容、承认民间私人已经拥有的私有土地,并且将这些私有土地纳入国家税收体制的制度。每户在立户时应"名田宅",即申报已拥有的土地,如果按照其社会地位已经足额,就不授予土地,而是承认所拥有的土地为合法的私有土地,并按照申报的土地面积征税。《户律》明确规定:没有向政府申报户口而拥有田宅或者是将自己的名字附在他人户名后申报的,以及为他人附带申报户口的,都要处以"戍边二岁"的处罚,田宅则加以没收。②

力图以国家授予的形式来包容土地私有的现状,而不是明确在法律上确认土地私有权利,这种情况的产生显然与"溥天之下,莫非王土,率土之滨,莫非王臣"③的悠久传统以及君主专制中央集权国家政权的强大有关。这对后世也造成深远的影响。东汉时朝廷仍有常向民间"赐田"的法令,如东汉永平九年(66年)"诏郡国以公田赐贫民,各有差",这里的"差"或许就是按照爵位差别的意思。永平十三年(70年)修整汴渠工程完工,下诏令将"渠下田"赐予平民。④ 东汉章帝建初元年(76年)下诏将皇家园林上林苑"赋与贫人",元和元年(84年)又允许民间百姓向其他地区移民,"到在所,赐给公田",并由政府向移民出租粮食种子以及农具,移民可享受免除5年"田租"(土地税)以及3年"算赋"(人头税)。⑤ 以后北朝隋唐时期的"均田制"在很大程度上也是这一传统的回响。

四、对于私有土地设定维护道路义务

与在设定赋税义务情况下承认土地私有状况的情况相合,战国时期国家承认私有土地的另一个"对价"是对于土地私有者设定维护公共通行道路的义务。最著名的事例是商鞅变法时明确规定,要求土地私有人"为田开阡陌"⑥,强制规定私人耕地中必须设立公共通行道路,并且必须承担公共通行道路的日常维护。同时也规定要设立地界的标志。

近年在四川青川出土的秦武王二年(公元前309年)"秦更修田律木牍",记载了秦国

---

① 以上见《张家山汉墓竹简》,文物出版社2001年版,第165~167、175~177页。
② 《张家山汉墓竹简》,文物出版社2001年版,第177页。
③ 《诗经·小雅·谷风之什·北山》。
④ 《后汉书》卷二《明帝纪》。
⑤ 《后汉书》卷四《章帝纪》。
⑥ 《史记》卷五《秦本纪》。

当时《田律》的有关规定：私有土地的四角要设立标志"封"（底边四尺见方、顶边二尺见方、高四尺的方台状的土堆），并以"埒"（底边为二尺、高一尺的田埂）连接标明田界。并应设定公共通行道路，每亩要修有两条小径"畛"，每顷（百亩）要修有宽三步（约合今四米左右）的公共道路"阡陌"，并负责每年的维护。① 从云梦出土的秦简"法律答问"中有"盗徙封"的罪名，私自移动封埒位置要处以"赎耐"的刑罚。②

从湖北张家山汉墓出土的《田律》仍然保留着几乎完全相同的条文。规定每亩耕地要设置两条"畛"（小道），而每顷（一百亩）应开设一条"伯（陌）道"，每十顷应开设一条"千（阡）道"，道宽为二丈。秋七月应拔除阡陌道上的杂草，九月进行路面修整，十月进行桥梁的维护。平时有道路损坏了要及时修理。各级乡官要监督实施，否则要处以罚黄金二两的处罚。③

后世的法律依然保存类似的内容，不过已不再如此强硬。《唐律疏议·杂律》有"侵巷街、阡陌"条，规定侵占巷街、阡陌之类的公共通行道路，处以杖七十的刑罚；如果是开垦种植的，笞五十；都必须恢复原状。但是这条法律和秦汉法律相比，显然立法出发点并不是正面要求设定公共道路，而且缺乏具体的操作性，没有明确的公共道路标准，甚至还有一项但书："虽种植，无所妨废者，不坐。"据律疏的解释，"若巷陌宽闲"，就是种植"无所妨废"。

《大明律·工律·河防》"侵占街道"条，没有这样弹性的规定，只是规定："凡侵占街巷道路而起盖房屋及为园圃者，杖六十，各令复旧。"但是仍然没有对于公共道路的界定。清律完全沿袭。

第二节　历代的"限田"与"田制"

中国古代土地私有制经过春秋战国时期长期的发展得以确立后，在以后很长的历史时期里都并未达到马克思所说的"抛弃了共同体的一切外观并消除了国家对财产发展的任何影响的纯粹私有制"④那种水平。国家的干预以及国家强制力的影响，在一个很长的历史阶段中都是土地所有制的主要表现形式。历代都有大量的关于土地的立法，不是试图以国有形式来包容土地私有制，就是直接对土地私有制加以某种程度的限制。在很长的一个时期内，古代法律对于私有土地的规模有着严格的限制。这在古代的法律术语里称之为"限田"或"田制"。

一、秦汉按照爵位限定田宅私有规模

汉武帝时派刺史巡察地方，按照所奉的"诏书六条"对各地进行监察。其中第一条就

---

① 据于豪亮释文，见《文物》1982年第1期。
② 《睡虎地秦墓竹简》，文物出版社1978年版，第178页。"徙封"所侵占的是公共道路，参见张建国：《帝制时代的中国法》，法律出版社1999年版，第263～269页。
③ 《张家山汉墓竹简》，文物出版社2001年版，第166页。
④ 《马克思恩格斯选集》（第一卷），人民出版社1972年版，第69页。

是"强宗豪右,田宅逾制"①。可见当时有着按照社会地位等级限制私人土地面积的明确制度,正如上文所分析的,这种制度应该就是按照商鞅变法时设立的二十等军功爵位制,按照爵位来限制"名"田宅。汉武帝因卜式以财输官,"赐左庶长(十等爵),田十顷",也是按照这个爵位等差制度进行的赏赐。② 另外,据《汉书·哀帝纪》如淳注,汉律还有"诸侯在国,名田他县,罚金二两"的条文,禁止诸侯在其领地以外的地方"名田"。

从史料中还可以发现汉代采取的另一种限制私有土地的制度,就是禁止拥有大量资产的商人购买土地。据《后汉书·黄香传》引汉《田令》"商人不农",商人不得购买土地经营农业。同时汉代的法律又"禁民二业",也不允许农民兼营工商业。③

现有的史料里还没有发现在申报户口"名田宅"时超过自己爵位应有的限额应如何处理法律条文。但是西汉的史籍中有大量的记载,说明朝廷往往采用暴力剥夺的办法来处理"田宅逾制"的"豪强"。比如迁徙各地豪强移居皇陵所在的关中地区,按照爵位另行授予土地,而将其原籍土地收归国有。这一措施"以强京师、衰弱诸侯,又使中家以下得以均贫富"④。汉武帝在公元前114年发布"告缗令",鼓励民间告发富豪偷漏"缗钱"(资产税),结果"中家以上大抵遇告",朝廷因此得到数以亿计的财富、数以万计的奴婢,地方每个县都至少得到成百上千顷良田和住宅,而"商贾中家以上大抵破"⑤。《史记》《汉书》所记载的"酷吏",大多是敢于"搏击豪强"的官员。

另一个不那么激烈的措施是普遍提高民间的爵位。汉惠帝即位(公元前195年)当月即下诏"赐民爵一级"⑥,就此开创了普遍赐民爵位的先例。以后汉代历朝皇帝在即位、大婚、立储、大赦等活动时往往会宣布"赐民爵一级"或"赐天下民当为父后者爵一级"。根据《汉书》历朝本纪统计,整个西汉二百一十四年间,总共曾发布这类诏书四十七次,平均每四年半就发布一次。尤其是汉景帝元年至七年(公元前156—公元前150年)的七年间竟然四次"赐民爵一级",换言之,当时除了在押的罪犯,所有的平民都获得四等爵位"不更",也就意味着所有的平民都至少可以合法拥有四顷土地。

同时汉惠帝还允许民间百姓以钱财买得原来只能靠军功获得的爵位,并允许以爵位抵消刑罚。汉惠帝元年(公元前194年)下诏:"民有罪,得买爵三十级以免死罪。"⑦以后汉文帝又接受贾谊的建议,允许平民以向国家提供粟米之类的资财买得爵位,公开标价:上造六百石、五大夫四千石、大庶长一万二千石等。⑧ 以这种方式获得爵位的人实际上只不过获得免役以及扩大"名田宅"限额之类的特权,这种特权可以转卖他人。以后历朝都曾有类似的诏书,到了西汉成帝鸿嘉三年(公元18年)的诏书还进一步"明码标价",规定:

---

① 《汉书》卷一九《百官公卿表》颜师古引《汉官典职仪》。
② 《汉书》卷二四《食货志下》。
③ 《后汉书》卷六九《刘般传》。
④ 《汉书》卷二四《食货志下》。
⑤ 同上。
⑥ 《汉书》卷二《惠帝纪》
⑦ 同上。
⑧ 《汉书》卷四八《贾谊传》。

"吏民得买爵,贾(价)级千钱。"①买一级爵位的价钱只不过是一千钱而已。因此也可以从另一个角度来看,到了西汉末期,以爵位限制"名田宅"的制度已经没有什么实际意义了。

二、西汉末年的"限民名田"与"王田"

按照董仲舒的说法,早在汉武帝统治时期,社会现实已经是"富者田连阡陌,贫者无立锥之地。又颛(专)川泽之利,管山林之饶,荒淫越制,逾侈以相高。邑有人君之尊,里有公侯之富,小民安得不困!"可见所谓的"制"并没有起到实际作用。董仲舒为此建议另外制订法令"限民名田,以澹不足,塞并兼之路"②。他的建议并没有被朝廷采纳,但是对于传统的按照爵位限制私有土地规模的法律是一个冲击。

西汉时土地兼并愈演愈烈,造成大量社会问题。汉哀帝即位当年(公元前7年),下令"限田限奴婢",规定分封在外的国王、列侯可以在其领地内"名田",没有分封、居住在京师长安地区的列侯、公主可以在各地郡县"名田",而关内侯以下的各级官吏、百姓私人拥有的土地一律不得超过三十顷,而商人依旧不得"名田"。奴婢的拥有限额为:诸侯王不得超过二百人,列侯、公主不得超过一百人,关内侯以下各级官吏以及百姓拥有的奴婢一律不得超过三十人,并规定"诸名田、畜奴婢过品,皆没入县官",予以没收处分。这一法令实际上废除了原先的按照爵位限制私有土地规模的传统法律。法令公布后据说土地、奴婢的价格一时都下降。但是遭到了权豪的一致反对,而汉哀帝本人不久又一次赐予宠臣董贤二千顷良田,这一法令也就不了了之。③

王莽篡汉建立新朝后,又附会儒家传统的"井田制"说法,下令推行"王田制"。规定全国所有的土地全部称为"王田",禁止土地买卖,并按照"一夫百亩"原则重新分配土地,"其男口不盈八而田过一井(九百亩)者,分余田予九族、邻里、乡党",凡是家中男子不满八人而土地超过"一井"即九百亩的,必须将土地分配给占有土地未满"一夫百亩"的亲属或者邻里、同乡。有敢议论这项"井田圣制"的,流放边疆。这一法令公布后,触犯者自诸侯王至平民百姓"不可胜数",从而引发社会动荡。王莽在三年后被迫宣布允许土地买卖,不久新朝就被推翻,这一法令被彻底废除。④

三、西晋"占田制"对于私有土地的限制

东汉只是名义上保持二十等军功爵位制度,但对于私有土地已漫无限制。经东汉末年的大战乱以及三国鼎立混乱时期,土地私有的概念已经深入人心,实施西汉朝廷那样激烈的抑豪强、"限田"的政策已毫无可能。西晋初年,大臣恬和上书,建议仿照西汉末年的限田法,禁止百姓卖田宅,并限制畜奴数量。而另一个大臣李重明确反对,认为"王者之法

---

① 《汉书》卷一〇《成帝纪》。
② 《汉书》卷二四《食货志》。
③ 同上。
④ 见《汉书》卷二四《食货志》、卷九九《王莽传》。

不得制人之私",勉强宣布实行这样的法令,"实碎而难检",难以实际贯彻实施。①

李重的意见说明当时土地私有制不应受限制的观念已深入人心,但至少在公开宣布的法律层面上,作为朝廷号召社会的旗帜,"制人之私"依然是西晋统治者的一个立法出发点。

西晋统一全国的当年(289年)颁布"占田制",规定:"男子一人占田七十亩,女子三十亩。其外丁男课田五十亩,丁女二十亩。次丁男半之,女则不课。男女年十六以上至六十为正丁,十五以下至十三、六十一以上至六十五为次丁。"平民百姓男子每人私有土地面积被限制在七十亩以下,女子为三十亩。所谓"课田"是指应向政府承担赋税的土地,"五十亩"只是一个假设的数字,与实际的私有土地面积无关,一律按照五十亩征收赋税,以减轻政府收税成本。另外对于各级官僚也按照官品设定占田限额:"其官品第一至于第九,各以贵贱占田。品第一者占田五十顷,第二品四十五顷,第三品四十顷,第四品三十五顷,第五品三十顷,第六品二十五顷,第七品二十顷,第八品十五顷,第九品十顷。"②这个限额与秦汉时二十等爵位制的限额相比略低,而高于西汉限田令最高私有土地不得过三十顷的限额。

这个制度并没有明确规定违反这个限额应如何处理,从史籍记载来看,也找不到切实实施的事例。实际上晋代权贵官僚限外占田的现象毫无约束,至东晋时,山林湖泽也大多被权豪官僚圈占,东晋朝廷曾于咸康二年(336年)发布"壬辰之科",规定"占山护泽,强盗律论,赃一丈以上皆弃市"。如此严酷的法令却丝毫不起作用,封山占水的现象愈演愈烈。南朝刘宋大明年间(457—464年)朝廷下令承认已被封占山泽的既成事实,并按官品确定封山占水的限额:"官品第一第二,听占山三顷;第三第四品,二顷五十亩;第五第六品,二顷;第七第八品,一顷五十亩;第九品及百姓,一顷。皆依定格,条上赀簿。若先已占山,不得更占。先占缺少,依限占足。若非前条旧业,一不得禁。有犯者,水土一尺以上并计,赃依常盗律论。"③按限占有的山泽在官府的资产簿上登记为私人资产,作为纳税的依据。

四、北朝隋唐"均田制"对私有土地的限制

同一时期的北方也有限制私有土地面积的制度。北魏孝文帝时李安世上疏,建议恢复限制私有土地的传统法律。"量地画野,经国大式;邑地相参,致治之本。并税之兴,其来日久;田莱之数,制之以限。盖欲使土不旷功,民罔游力。雄擅之家不独膏腴之美,单陋之夫亦有顷亩之分。"④

北魏孝文帝于485年颁布"均田令",在颁布这一法令的诏书中批评社会现实"富强者并兼山泽,贫弱者望绝一廛,致令地有遗利,民无余财",但法令本身实际并未触及已有的

① 《晋书》卷四六《李重传》。
② 《晋书》卷二六《食货志》。
③ 《宋书》卷五四《羊玄保附兄子希传》。
④ 《魏书》卷五三《李孝伯附李安世传》。

私有土地,而着重"均给天下之田"①,将国有的土地按人口分配。同时又规定奴婢可以按照良民的份额分地,实际上就是为占有大量奴婢的豪强官僚占有土地预作伏笔。

以后的北齐河清三年(564年)令仿照西晋办法,明确按照官品限制蓄奴数量,从而在均田制度中包含有正面限制私有土地的内容:"奴婢受田者,亲王止三百人,嗣王止二百人,第二品、嗣王已下及庶姓王止一百五十人,正三品已上及皇宗止一百人,七品以上限止八十人,八品已下至庶人限止六十人。"②但是也没有对于违限者应如何处置的具体规定。即使按照每丁二十亩永业田计算,亲王仍可占有六十顷土地,而庶人也可以占有十二顷土地。可见其限额与汉朝相比也是相当宽松的。

隋朝的均田制进一步明确以官品限制私有土地面积,"自诸王以下至于都督,皆给永业田,各有差,多者一百顷,少者四十亩(《通典·田制下》作三十顷)。"③

现存史料中,唐朝这方面的制度最为详尽,据《通典·田制下》记载:

其永业田:亲王百顷,职事官正一品六十顷,郡王及职事官从一品各五十顷,国公若职事官正二品各四十顷,郡公若职事官从二品各三十五顷,县公若职事官正三品各二十五顷,职事官从三品二十顷,侯若职事官正四品各十四顷,伯若职事官从四品各十顷,子若职事官正五品各八顷,男若职事官从五品各五顷。上柱国三十顷,柱国二十五顷,上护军二十顷,护军十五顷,上轻车都尉十顷,轻车都尉七顷,上骑都尉六顷,骑都尉四顷,骁骑尉、飞骑尉各八十亩,云骑尉、武骑尉各六十亩。

这些"赐田""勋田"并不一定都足额授予;均田制下平民所受的土地也往往并不足额,等级分明的制度的主要意义是在于限制私有土地的占有。如《唐律疏议·户婚律》专设的"占田过限"条:"诸占田过限者,一亩笞十,十亩加一等;过杖六十,二十亩加一等,罪止徒一年。若于宽闲之处者不坐。"律疏的解释是:"王者制法,农田百亩,其官人永业准品,及老小寡妻受田各有等级,非宽闲之乡不得限外更占。"农民只能是一夫百亩,官僚"准品"以外的私有土地也要受到处罚。只有朝廷法律认定人少地多的"宽闲之处"才可以超过限额占有土地。

虽然制度很明确,但是正如有的研究者所指出的,唐代均田制的实际目的是以一个理论上平均的土地数额来确定每个丁男所应承担的赋税,实行按丁征收租庸调,以简化征税程序。而且很早就并不切实实施,农民受田不足是普遍现象,而超过限额按照法律处罚的事例也几乎一件也找不到。④ 当780年实行"两税法"改革,将赋税的征课对象从丁男转为资产后,均田制实际上已经瓦解。

五、两宋的"限田"

《宋刑统》沿袭了《唐律疏议》中全部的有关均田制的内容,完全只是具文而已。宋朝

---

① 《魏书》卷七《高祖纪上》。
② 《隋书》卷二四《食货志》。
③ 同上。
④ 张建一:《〈唐律〉具文考述》,载叶孝信主编:《中国法律史研究》,学林出版社2003年版,第72~74页。

法律规定官僚私有土地享有免役特权,权豪官僚占田越多,朝廷的赋役收入就大受损害。因此传统的限制私有土地规模政策的出发点从社会政策变成了一项财政政策。

宋仁宗即位的乾兴元年(1022年),以"赋役未均,田制不立"为由,下诏"限田"。规定"公卿以下,毋过三十顷。牙(衙)前将吏应复役者,毋过十五顷,止一州之内。过是(此)者,论如违制律,以田赏告者"。由于限制官员只能在一州内获得私有土地,有人抱怨无法卜葬(看风水安葬),于是又补充规定"听数外置墓田五顷"。这一限田法令遭到权豪官僚的抵制,最终"任事者终以限田不便",很快就被废除。① 但这是宋朝限田法令的开始,以后几代皇帝都曾陆续发布类似的法令。

到北宋末年,由于官员占田免役,导致很多人将自己的土地以虚假买卖的方式挂到权豪官僚的名下来逃避赋役,造成朝廷财政困境。因此宋徽宗政和初年(约1111年)出于限制免役特权的目的,再次下诏"限田":"一品百顷,以差降杀,至九品为十亩(当为顷之误)。限外之数,并同编户差科。"这一制度延续至南宋一直有效,称之为《限田条格》。② 南宋又立法规定官员可按品级比《限田条格》规定的限额减半享受免役特权,一品官为五十顷,以下每品等差为五顷,至九品官为五顷,限外的土地要和民田一样承担赋役。而且其子孙仍可以再减半享受免役特权,"准法:品官限田,合照原立《限田条格》减半与免差役。其死亡之后,承荫人许用生前曾任官品格与减半置田。如子孙分析,不以户数多寡,通计不许过减半之数。"③

宋代的这种"限田"有时也并不仅仅局限于限制免役特权,时常有人主张以此限额实际限制私有土地。南宋淳祐六年(1246年)殿中侍御史谢方叔上言:"豪强兼并之患至今日而极,非限民田有所不可,是亦救世道之微……今百姓膏腴皆归贵势之家,租米有及百万石者。小民百亩之田,频年差充保役,官吏诛求百端,不得已则献其产于巨室,以规免役。小民田日减而保役不休,大官田日增而保役不及,以此弱之肉、强之食,兼并浸盛,民无以遂其生。"他请求切实实行限田,但朝廷几经讨论,依旧不了了之。④

到南宋末年,贾似道独揽大权,为增加朝廷收入,有人建议实行"限田","乞依祖宗限田议,自两浙东西官民户逾限之田抽三分之一,买充公田,得一千万亩之田,则岁有六、七百万斛之入"。贾似道接受这个建议,推行所谓"公田法",强行征购官民限田额外的私田,"浙西田亩有值千缗者,似道均以四十缗买之",征购的土地作为公田,实际上并不改变原来的土地占有关系,只是强迫原土地所有人向朝廷交纳地租。⑤ 这次"公田法"自1263年开始,在五年的时间中,征购的逾限私田有三百五十万亩(三万五千顷)。⑥ 不久南宋灭亡,这批土地成为元朝政府的"官田",以后又成为明朝的"官田",而实际占有仍然完全属于私人,而且继续自由转让,只是这种"官田"要向政府缴纳远高于一般私有土地的赋税

① 《宋史》卷一七三《食货志一》。
② 同上。
③ 《名公书判清明集》卷三《赋役门·限田》。
④ 《宋史》卷一七三《食货志一》。
⑤ 《宋史》卷四七四《奸臣传贾似道》。
⑥ 《宋史》卷一七三《食货志一》。

（即由原来的地租转化而来）。

六、"不立田制"的时代

就在南宋继续坚持"限田"的同时，入主北方的金朝则已经取消了这项传统的制度，规定"民田业各从其便，卖质于人无禁，但令随地输租而已"①，放弃了传统的对私有土地进行控制、干预的立法原则，从而对后世的立法产生长远的影响。②

元明清几朝都没有传统的"限田"的制度，尽管有不少思想家仍时有实行"限田"甚至"均田"、恢复"井田制"的主张，但影响统治者的立法思想则是不再主动积极干预土地私有权。明代丘浚所著《大学衍义补》曾作为皇子的教材，其中的《制民之产》总结前代的"王田""限田""均田"之法，认为这些立法都是"拂人情而不宜于土俗，可以暂而不可以常也，终莫听民自便之为得也"！土地私有权不应受任何限制的观念已成为"人情土俗"，得到民间的普遍尊重和维护，更得到统治者的确认。

清朝雍正皇帝在《大义觉迷录》中批驳吕留良、曾静"复井田"之说，宣称："自古贫富不齐，乃物之情也。人能勤劳节省，积累成家，则贫者可富。若游惰侈汰，耗财散业，则富者易贫。富者之收并田产，实由贫民自致窘迫，售其产于富户也！"③乾隆八年（1743 年），漕运总督顾琮建议实行限田，每户以三十顷为限。乾隆皇帝严加驳斥，说："夺富予贫，万万不可。而衰多益寡，而富人之有余，终不能补穷人之不足。"并认为："尔以三十顷分限，分之兄弟子孙，则每人名下不过数顷，未尝不可置买。何损于富民？何益于贫民？"其结论是："限田之法，地方官勉强举行，究于贫民于何补？是不但无益，而且有累也。"④

第三节 相 邻 关 系

一、地界标志

树木附着于土地，栽树在古代往往是确认私有权的象征，如古金文的"封"字就是堆土植树明确土地权利的象形。⑤先秦时"五亩之宅，树之以桑"⑥，在宅地栽桑树是民间的习俗，以至于以"桑梓"为故乡或故居的代称，同时也以"桑田"为私有土地的代称，"桑田皆为世业"⑦。北朝实行均田制，即以桑田为允许私人永久占有土地的名称，而期限占有的土地就不得种树，号为"露田"。

汉以后各代由于田地私有权概念在民间深入人心，法律对于私有土地的地界一般并

---

① 《金史》卷四七《食货志二》。
② 参见吕思勉：《吕思勉读史札记》，上海古籍出版社 1982 年版，第 1010 页，"田业卖买无禁"条。
③ "大义觉迷"谈附《大义觉迷录》卷一，上海书店 1999 年版，第 158 页。
④ 《东华录》卷七乾隆七年九月谕旨。
⑤ 参见李剑农：《先秦两汉经济史稿》，三联书店 1957 年版，第 127 页。
⑥ 《孟子·梁惠王上》。
⑦ 《魏书》卷一一〇《食货志六》。

没有如秦代法律那般明确具体的规定。湖北张家山汉幕出土的汉《田律》有关土地开阡陌的条文中已没有有关在私有土地边界设置"封""埒"的硬性规定。以后各代法律对此也不再有明确的规定。

后代私有土地的地界主要是依靠民间习惯来规范的。如《南齐书·孝义传韩系伯》："韩系伯,襄阳人也……襄阳土俗,邻居种桑树于界上为志。系伯以桑枝荫妨他地,迁界上开数尺,邻畔辄复侵之,系伯辄更改作。久之,邻人惭愧,还所侵地,躬往谢之。"显然地界是由弹性很大的"土俗"来调整的,也没有像古罗马法那样为避免树荫遮挡邻地而要求在地界退后一定距离内种树的内容。这种在边界种桑树以为标志的习惯恐怕并非仅襄阳一地的习惯。

后世民间一般在地界树立地界石碑、界标,或设其他简单的标志,一般没有防止荫影退后种树的规定。如民国初年时,黑龙江龙江县习惯地界标志为壕沟、土堆、石条。河南邓县"载界必于界下先撒石灰以为日后界标灭失之准备"。江西南昌一带土地买卖后,新业主或者在田界上撒石灰"画灰",或者在地界上"插牌",或在地角上起一土墩"立墩"。直隶的新城、雄县有在地界上埋立"灰眼"、作为日后标志的习惯。①

二、相邻关系

至于私有土地、房屋的相邻关系,从现存的史料来看,古代法律似乎对此并无明确的规定,主要依靠民间习惯调节,发生纠纷也只能根据当地习惯来处理。

根据《民商事习惯调查报告录》里的材料,直到民国初年各地有关的习惯仍然多不相同。

在耕地的相邻关系上,一般而言,地广人稀地区往往设置较为宽广的边界,反之则较为狭窄。如黑龙江省龙江县习惯,在两家耕地地垄顶接的地界上要留出二三尺的"礃牛地",以供耕种时牛马转头踩踏。嫩江县的"礃牛地"各三尺,总共为六尺;如果是一户顶另一户的地边,顶接户要留出六尺"礃牛地",另一户也要留出一尺为边界;两户地边相接,各留一尺。但是兰西县则无此种习惯,垄头不留隙地,双方彼此踩踏一段。瑷珲县与嫩江县习惯相近,地边相连要留"地隔"二三尺。而南方人多地少地区地界往往只以垄为界。安徽蒙城县习惯,如果相隔为水沟,即以沟中心为界。湖北竹溪县习惯为一尺左右,麻城却要求十多尺,种植树木要离开五尺;汉阳为五尺到一丈,郧县一二尺(开挖池塘要求一丈)。②

房屋的相邻关系上,河南的开封地区对于屋檐滴水是否应留距离并无习惯要求。山东平度县有"借山不借水"的俗谚,即允许"借用"他人房屋的山墙搭建房屋(与罗马法中的架梁权略近),但不允许檐口的滴水滴入他人的土地,也不得将阳沟排水入他人土地。而嘉祥县的习惯更进一步,建造房屋必须留出滴水地二三尺。聊城县又有要求建造瓦房者

---

① 分别见《民商事习惯调查报告录》,台北进源书局1969年影印本,第74、224、975、752页。
② 同上书,第66、93、124、163、394、571页。

应留出一尺五寸、胡同为界应留出三尺半的"站脚地"之俗。不过同样的"滴水地",在山西平遥县仅为六至八寸。江西乐安县的民俗要求按照地契界限退入二、三尺滴水。福建顺昌县对于相邻距离比乐安要灵活,一般为一二尺,但双方当事人可以约定取决。而福建闽侯县的习惯就有点霸道了:滴水原则上只能在自己的地界之内,但是如果空地盖屋则可以伸至他人地面之上,对方自行盖屋以前不得提出异议,当对方盖屋时则应缩回出檐。山西荣河县居民院墙在地界中点垒起的称"官界墙",退缩在自己地界内垒起的则为"私墙"。湖北郧县建筑房屋要离开二三尺。同为湖北的京山只要尺许即可,广济则要求滴水二三尺,竹山滴水到界。湖南长沙和常德则允许"寄缝",在他人墙上架梁,只要对方墙脚上没有"不许寄缝"的石碑即可。相反甘肃全省都有"过风路"习惯,建造房院必须空出通行道路。安徽贵池"借墙造屋"习俗,但必须要立一"借墙字据"①。

第四节　无主物、遗失物、埋藏物、添附物的处理

在本书导论部分已经说明,在人类社会的早期阶段,有关生产、交换、分配、消费的经济生活习惯是法律起源的一个重要因素。有些地区形成了交换为基础的社会经济格局,有些地区形成了分配为基础的社会经济格局。而在前者,为进行交换需要私有财产的明确边界,自然资源、无主物可以通过先占或者可以经过一定期间和平的、公然的、持续的占有来合法获取所有权,由此会形成"时效取得"的制度,成为取得私有财产的一个重要途径。

而中国传统财产法主要是在生活资料、生产资料分配原则下形成并发展起来的。因此,一切尚未被私有的自然资源、无主的或主人难以判断的人工制造品都被概括地认为是属于国家朝廷的,是其可以用于分配的资源。由此,中国传统财产法在很长的历史时期中没有形成"时效取得"的制度,单纯的、和平的、公然的、持续的占有,并不能形成私有财产合法状态。必须要具有一些法律所认定的理由,才能够成为私有财产。正如我们从以上有关私有土地的形成及发展过程的叙述所看到的,除了由国家向贵族分封土地、或者后来的按照军功爵位分配土地外,其他人只有在向国家申报土地并交纳赋税之后,私人占有的土地才被认为是合法的,同时私有土地的面积还必须在法律规定的身份等级限制之内,以及要按照法律规定维护私有土地周围的公共道路设施。秦以后的朝代仍然延续这些法律原则,如均田制那样坚持以国家分配土地,直到明朝,才在中国财产法史上建立起相当于"先占取得"的法律原则。明朝统治者抛弃了传统的通过分配来明确私有财产边界的原则,不仅对于土地的私有,而且对于遗失物、埋藏物处理等方面的立法规定上,都明确可以通过先占来获取为私有财产。这和明代大力加强君主专制中央集权体制的现象丝毫不矛盾,实际上反映了明代统治者对于历史经验的总结,朝廷不再试图去扮演无所不能全社会

---

① 分别见《民商事习惯调查报告录》,第 216、232、242、255、447、521、539、305、571、586、597、669、955 页。

资源分配者的角色,在保证赋税收入的前提下,尽可能不再干涉民间的经济生活,而是将全部统治力量集中到维护君主专制中央集权的政治任务之上。同时也试图由此防止因贫富差别等经济现象引发的社会矛盾集中反映为民间与朝廷的矛盾。

一、无主土地

按照悠久的"溥天之下,莫非王土"①的传统,历代法律都将一切无主的土地(包括山林、草原、水泽、空荒地、抛荒地、户绝地)认定为属于国家所有,私人只能利用,不能占为私有。上文已经说明,秦汉时期政府向民户授田宅的土地来源就有很多是空荒地。另外秦汉及南朝时,朝廷也经常下令将这些名义上的公田"出假"(出租)给无地或少地的农民。

(一) 无主即为公田

东汉末年战乱导致大量的土地荒芜,大臣司马朗向曹操建议乘势恢复"井田制":"往者以民各有累世之业,难中夺之,是以至今。今承大乱之后,民人分散,土业无主,皆为公田,宜及此时复之。"②可见无主土地被视为公田是当时社会的共识。但是曹操集团没有接受这个建议,而是在这些无主荒地上组织"屯田",将无地农民按照军事编制组织起来,固定于一地垦荒耕种,向国家缴纳连统治者自己都认为是"于官便,与客不便"的、高达收获量60%的地租。③ 三国时,各国都曾组织类似的"屯田",为朝廷提供军粮。

北朝隋唐时实行的均田制,也是将划为国有的无主土地分配给农民。如北魏的均田制规定:"诸远流配谪、无子孙及户绝者,墟宅桑榆,尽为公田,以供授受。"④即把流放外地的罪犯所留下的土地、没有继承人的土地都作为公田来进行授田。

唐以后,无主土地不再按照均田制作为公田向百姓进行授受,但依然被视为国有。朝廷往往在无主的荒地上组织士兵或被拘收的"逃户"进行耕种,号为"屯田"或"营田"。

值得注意的是,北宋还曾强行剥夺产权不清的地产,充作朝廷的"公田"。如北宋末年,宦官杨戬弄权,接受胥吏杜公才的建议,政和六年(1116年)在汝州推行"公田法",以后又推广到京东、京西、淮西、淮北等路。"公田之法,具取民间田契根磨,如田今属甲,则从甲而索乙契;乙契既在,又索丙契;展转推求,至无契可证,则量地所在,增立官租。一说谓按民契券而以乐尺打量,其赢则拘入官而创立租课……所括凡得三万四千三百余顷。"即派出官吏追查民间土地契约,展转追到哪一户人家没有原始契约,就视为是无主"公田",计入官府的公田账册,官府即按照当地一般地租比例向实际占有耕种者收地租。⑤ 1121年杨戬死后,另一太监李彦继续主持推行"公田法","凡民间美田,使他人投牒告陈,皆指为'天荒',虽执印券皆不省。鲁山阖县尽括为公田,焚民故券,使田主输租。佃、本业诉者,辄加威刑,致死者千万。"鼓励民间揭发属于官有的"荒地",没收入官,造成大量诬告,鲁山县全县的土地甚至都被划为公田,官吏将民户所执契约全部烧毁,土地没

---

① 《诗经·小雅·谷风之什·北山》。
② 《三国志》卷一五《魏志·司马朗传》。
③ 《三国志》卷一六《魏志·任峻传》裴松之注引《魏武故事》。
④ 《魏书》卷一一〇《食货志》。
⑤ 《文献通考》卷七《田赋考》。

入官府。① 这种粗暴的做法一直施行了十年,直到北宋灭亡前夕,宋钦宗将李彦"赐死"后才废除。

金朝入主中原后,强调无主荒地为国有土地,作为女真族军人的"屯田"。但每当屯田因为军官的私占而减少或因佃户的逃亡而荒芜时,就派官"拘刷"民田以充屯田。金世宗曾公开宣称:"女真人户自乡土三四千里移来,尽得薄地,若不拘刷良田给之,久必贫乏。"只要当地有"皇后庄""太子务""长城""燕子城"之类的地名,就拘刷为"官田","百姓所执凭验一切不问"②。所以有人认为一部《金史·食货志·田制》几乎全是女真统治者掠夺民田的记录。③

(二)先占取得原则的确立

直至明朝建立后,才真正确立了无主土地按先占原则归开荒耕种者所有的法律。明太祖朱元璋在建立明朝的当年就宣布:"兵兴以来,所在流徙,所弃田,许诸人开垦业之。即田主归,有司于附近拨给耕种,不听争。惟坟墓、房舍还故主,不听占。"私人占有无主土地后只要进行实际开垦就可以获取为私有财产。洪武二十七年(1394年)又颁布著名的"额外垦荒,永不起科"的诏令,规定山东、河南、河北、陕西四省农户,如有余力垦荒,所垦田即为"永业",政府永远不征赋税。其立法的出发点是出于劝农力耕,力图做到"地无弃土"④。

清朝入关后,一方面在北京等地大量圈占民田,作为满洲贵族及八旗军士的"旗地";同时也继承明朝的传统,允许私人在被圈为官田以外的荒地进行耕种,以先占原则获得土地的所有权。顺治六年诏:"无主荒地,州县官给印信执照,开垦耕种,永准为业。"顺治十四年(1657年)又定《督垦荒地劝惩则例》,规定即使是有主荒地,只要是"本主不能开垦者,该地方官招民给予印照开垦,永为己业"⑤。先占原则已完全确立。

二、逃户土地

历代对于因战乱而逃亡的逃户弃田处分比较慎重,并非简单收为公田。立法既要保护原土地所有人的权利,又要维护土地现在的占有者的利益,以图实现政府的土地税收,因此较为复杂。其主要的原则是逃户弃田视为国家代管的财产,现在的占有人必须要向官府"请佃"或"请射"后,作为政府的佃户佃种这些土地,承担向官府缴纳地租的义务。佃种经过一定的时间后,才可以获得土地的所有权。

后周世宗显德二年(955年)的诏令,确立了上述的这些原则:"应逃户庄田,并许人请射承佃,供纳税租。如三周年内本户来归者,其桑田不计荒熟并交还一半;五周年内归业者,三分交还一分;如五周年外,除本户坟茔外,不在交付之限。其近北诸州应有陷蕃人户

---

① 《宋史》卷四六八《宦者传杨戬附李彦》。
② 《金史》卷四七《食货志二》。
③ 参见翦伯赞:《中国史纲要》(第三册),中华书局1966年版,第72页。
④ (明)徐光启:《农政全书》卷三《国朝重农考》引,以后景泰六年(1455年)才在上述四省原垦荒地收税。
⑤ 《清世祖章实录》卷一〇九,顺治十四年四月壬午。

自蕃界来归业者,五周年来者,三分交还二分;十周年内来者,交还一半;十五周年者,三分交还一分;十五周年外来者,不在交还之限。"①

后周的这一立法确立的弃田取得时效在一般地区为五年,在北方地区为十五年,显然是考虑到隔绝在外的逃户难以返乡的因素。宋代依旧继承了这些法律的原则,但立法较为混乱。北宋大大缩短了允许他人占有的时限。太平兴国七年(982年)因蝗、旱灾害相继,流民甚众,下诏:"宜令本府设法招诱,并令复业。只计每岁所垦田亩桑枣输税,至五年复旧。旧所逋欠,悉从除免。限诏到百日,许令归复。违者弃土,许他人承佃为永业,岁输租调,亦如复业之制。仍与要害处粉壁揭诏书而示之。"②规定无主弃田在百日后,他人即可承佃耕种,视为"永业",获得永久占有权。淳化五年(994年)诏:"凡州县旷土,许民请佃为永业,蠲三岁租。"至宋仁宗天圣初年(约1023年)诏书则延长为十年,规定:"民流积十年者,其田听人耕三年而后收(租)。减旧额之半。"可不久又规定"流民限百日复业,蠲赋役五年减旧赋十之八。期尽不至,听他人得耕",仍然以百日为限。③

南宋初年江淮间屡次为大战战场,人民流离失所,朝廷为保持被掳掠到北方的民众归南的信心、劝诱逃往江南的民众回到家乡,立法侧重于流民的归来复业,与北宋立法有所不同。绍兴三年(1133年),"户部言:人户抛弃田产,已诏三年外许人请射,十年内虽已请射及拨充职田者,并听理认归业。官司占田不还,许越诉。如孤幼儿女及亲属依例合得财产之人,委守令面问来历、取索契照。如无契照,句(拘)勒耆保邻佐照证得实,即时给付。或伪冒指占者,论如律。州县沮抑及奉行不虔、隐匿晓示,委监司按治。从之。"土地荒芜三年后才允许他人"请射"占有,占有人要在占有十年后才可能获得永久占有权。但是当有原主的合法继承人前来识认时,还是要放弃占有。而且六年后宗正少卿方庭实又建议再加延长:"宗正少卿方庭实言:'中原士民奔逃南州十有四年,出违十年之限;及流徙避远,卒未能归者。望诏有司别立限年。'户部议:'自复降敕日为始,再期五年,如期满无理认者,见佃人依旧承佃。中原士民流寓东南往往有坟墓,或官拘籍、或民冒占,便行给还。'从之。"临时宽限五年,原主十五年后依旧可以复业,即占有人的取得时效延长为十五年。④ 当南宋社会稳定后,隆兴七年(1170年)规定弃田"召人请射,免税三年,三年之后为世业……归业者别以荒田给之",占有人的取得时效被缩短到三年。⑤

两宋关于逃户弃田的法令前后抵牾之处不少,南宋人洪迈为此在他的《容斋随笔·三笔》中写了"射佃逃田"专条,感叹后周显德二年的诏令"其旨明白,人人可晓,非若今之令式文书盈于几阁,为猾吏舞文之具。故有舍去物业三五十年,妄人诈称逃户子女,以钱买吏而夺见佃者,为可叹也"!

元朝入主中原后,也曾大量掠夺民田为屯田、官田。至元十年(1273年)中书省根据户部的建议,规定:"在逃人户抛下地土事产,拟合召诸色户计种佃,依乡原例出纳租课,毋令亲民

① 《旧五代史》卷一一五《周书·世宗本纪》。
② 《宋会要辑稿·食货一之六五·农田杂录》。
③ 见《宋史》卷一七三《食货志一》。
④ 《文献通考》卷七《田赋考》。
⑤ 《宋史》卷一七三《食货志一》。

官吏权豪之家射佃。"①可见元朝基本沿袭宋朝制度,将无主土地视为官产,召佃收租。

如上所述,明代立法确立无主土地的先占原则,立法着重保护土地的实际开发耕种的占有人的利益。因此将逃户弃田也视为无主物,按照先占原则进行处置。

三、"山野之物"

《唐律疏议·贼盗》"山野物已加功力辄取"条:"诸山野之物,已加功力刈伐积聚,而辄取者,各以盗论。"律疏对此的解释,说明了唐代法律对于认定财产属于私有的一项重要原则:"'山野之物',谓草、木、药、石之类。有人已加功力,或刈伐,或积聚,而辄取者,'各以盗论',谓各准积聚之处时价计赃,依盗法科罪。"山林中的树木、杂草、药材、石料之类并不自动成为私人财物,但是只要经过了人的劳动,诸如收割、砍伐、采摘、收集、堆积等,就视为施加了"功力",由此获得了对这些自然之物的财产权利,任何人有擅自拿取的,构成盗窃罪,要按照财物的时价计算赃值,按照盗窃罪处罚。

从这一法律规定也可以反推出,单纯的占有并不能构成私有财产的合法来源。获得私有财产必须要符合朝廷法律设定的一些途径。而这种"已加功力"就是取得私有财产合法状态的必要条件之一。

这一法律被以后各代沿袭。

四、遗失物和漂流物

私有财产、尤其是私有动产的一个重要来源是先占,但当私有制发展到某一阶段,就有必要对此加以限制。传说周文王之所以能够得到各部族的拥护,就是因为他与各部族达成"有亡荒阅"的协议,彼此检查并送还逃跑或走失的奴隶。②《尚书》所载据说是周初鲁国国君伯禽发布的《费誓》中,宣布"马牛其风,臣妾逋逃,勿敢越逐,祇复之,我商赉尔"。对于走失的马牛、逃跑的奴隶不得自行追逐,拾得人应归还失主或交给君主。说明先占原则已受到了限制。

战国时期还有拾得遗失物归先占者的传统的遗迹。按照吕不韦组织编写的《吕氏春秋·十二纪·仲冬纪》说法,十一月应该是"固闭""蓄积"的时候,"是月也,农有不收藏积聚者、牛马畜兽有放佚者,取之不诘。有能取蔬食田猎禽兽者,野虞教导之。其有侵夺者,罪之不赦。"在这个月内一切未收藏入库的粮食、未圈禁的牲畜都视为委弃物,他人皆可以自行收取。并允许在管理国有山林的官员"野虞"的指导下在山林采集食物、进行狩猎。但严禁抢夺。儒家经典《礼记·月令·仲冬之月》也有类似的说法。这或许是古代先占习惯的孑遗。

(一)"大者公之、小者私之"

儒家经典《周礼·夏官·大司马》说西周时在狩猎活动中,"大兽公之,小兽私之"。

---

① 《通制条格》卷一六《田令·逃移财产》。
② 《左传·昭公七年》。

《周礼·秋官·朝士》也称西周时,"凡得货贿、人民、六畜者,委于朝,告于士,旬而举之,大者公之,小者庶民私之"。拾得遗失物应交官府公告十日,如无人认领,大的归官府,小的归拾得人。这或许是该书成书时的普遍习惯。

直到汉代仍有这样的制度,汉儒郑司农注上引《周礼·秋官·朝士》,称:"若今拾得遗物及放失六畜,持诣乡亭、县廷,大者公之,人、物没入公家也;小者私之,小物自畀也。"其大小物的区分标准不知为何,据上述郑注仅知"谓人民之小者,未龀之岁以下",即开始换牙以前的儿童为"小"。汉代一般以男孩七岁、女孩八岁为龀。也就是说汉代的法律规定在拾得走丢的小奴婢时,当无法找到其主人的情况下,拾得人可以将小奴婢收归己有。

(二)路不拾遗的舆论倾向

然而战国时道德舆论已是倾向于褒扬拾得遗失物一毫不取,《荀子·正论》已提到:"风俗之美,男女自不取于涂(途),而百姓羞于拾遗。"秦汉时"道不拾遗"早已成为一地风俗纯朴的标志性现象,更是"教化大行"的标志。司马迁在《史记·循吏列传》就把"道不拾遗"作为重要的教化成就的尺度,称颂子产治郑"三年,门不夜关、道不拾遗"。西汉宣帝时,黄霸为丞相,要求各地制订"条教"推行教化,在召见各郡上计吏时,规定:"为民兴利除害、成大化者,条其对;有耕者让畔、男女异路、道不拾遗,及举孝子、弟弟、贞妇者为一辈,先上殿;举而不知其人数者,次之;不为条教者在后叩头谢。"①可见"道不拾遗"是重要的教化指标,要有"条教"规定。以后各代无不以能够归还遗失物作为道德高尚的标志。如《北史·张乾威传》:"尝在途见一遗囊,恐其主求失,因令左右负之而行。后数日,物主来认,悉以付之。"以此事例来表现张乾威道德高尚。

循吏使用种种手段推行教化来达到"道不拾遗",而一些沽名钓誉的酷吏甚至会用严刑酷法来实现这个目标。如南齐时王敬则为吴兴太守,"有十数岁小儿于路取遗物,杀之以殉,自此道不拾遗,郡无劫盗"②。这种导向自然会影响到立法。

(三)唐宋元时期的有关法律规定

唐朝律令全面反映了这种道德及舆论的导向。唐代将遗失物称之为阑遗物,《唐律疏议·杂律》"得阑遗物不送官"条规定拾得遗失物必须在五日之内送交官府,否则在遗失物为官物的情况下就构成"亡失官物罪",在遗失物为私物的情况下就构成"坐赃罪"。唐《捕亡令》规定遗失物送官府后公告三十日,无人识认,由官府保存,依然将遗失物的清单公告,一年后无人认领,即没官。拾得人对于拾得的遗失物无任何权利。

对于比较重要的财产比如牲畜,唐代法律另有更详细的规定。《厩牧令》对于阑遗的牲畜的处理更为繁琐:

> 诸官私阑遗马、驼、骡、牛、驴、羊等,直有官印、更无私记者,送官牧;若无官印、及虽有官印复有私记者,经一年无主识认,即印入官,勿破本印,并送随近牧别群放牧。若有失杂畜者,令赴牧识认,检实印作"还"字付主。其诸州镇等所得阑遗畜,亦仰当

① 《汉书》卷八九《循吏传黄霸》。
② 《南齐书》卷二六《王敬则传》。

界内访主,若经二季无主识认者,并当处出卖,先卖充传驿,得价入官。后有主识认,勘当知实,还其价。①

在长安地区发现走失的牲畜,如果牲畜身上带有官府烙印并没有任何私人印记的,必须立即送到官府的牧场。如果牲畜身上有官府印记又有私人印记的,经过一年的公告仍然无人认领的,就加盖官府烙印,但不要破坏原有的印记,送到附近的官府牧场放牧,但应该组成专门的一群进行放牧。以后如果有人报失,就可以到官府牧场来认领,经核实后在牲畜身上加盖"还"字烙印后发还。各地方州县发现走失牲畜的,要在辖区内进行公告,经过两个季节依然没有人来认领的,就可以公开出卖,官府的驿站有收购的优先权,得到的牲畜价值由官府保管,今后万一有人来认领的,经过核实后,就以此笔价值偿还。可见,总的原则是遗失人有几乎无限的追索权,然而拾得人却没有任何将遗失物收归己有的可能,而且遗失人也没有法定义务要向拾得人提供报酬。

同样,作为特殊财产的奴婢主动逃亡,并非一般的遗失物,唐代《捕亡令》也有两条特别的规定。一条规定:"诸捉得逃亡奴婢,五日内合送官司。"送官的时限也是五天。另一条又追加规定,捉得奴婢还可以领取奴婢主人的奖赏。但是如果在五天内送官之前,奴婢又逃走或死亡的,捉获者可以免于处分,但不能得到主人家的奖赏。如果送官后奴婢又逃跑、重新又被其他人抓获的,要按照捉获场所的远近来确定主人家奖赏的分配方法,假如后捉之人捉获场所比较远,"后捉人"可以得到三分之二的奖赏,"前捉人"得三分之一;假如是"前捉人"捉获的场所远,那么分配奖赏的份额就要倒过来,"前捉人"得三分之二,"后捉人"得三分之一。另外,假如逃亡奴婢因为被人追捕而主动回到了主人家里,主人仍然应该支付二分之一奖赏给追捕者。②

很明显,在遗失普通财物以至牲畜的情况下,法律根本就不提有关财物以及牲畜主人的奖赏问题,也故意回避有关财物及牲畜主人如果有悬赏的话应该如何处理的问题。恰恰只对逃亡奴婢的捕捉,明确了主人必须要支付奖赏,而且官府可以"征赏",也就是可以强制要求主人家支付奖赏。究其原因,立法理由很可能出于强化对奴隶制度的保护,确保主人对于奴婢这一特别财产所有权。另外,逃亡奴婢作为有意志的人类,进行捕捉的难度以及风险远高于简单的捡拾遗失物、拦截走丢牲畜,按照唐代注重"施加功力"的立法原则,就必须要给予报酬和奖赏。

唐律令对于漂流物的规定完全不同。据唐《杂令》:

> 诸公私竹木为暴水漂失,有能接得者,并积于岸上,明立标榜,于随近官司申牒。有主识认者,江河,五分赏二分;余水,五分赏一分。限三十日,无主认者,入所得人。③

发生水灾时,官府或私人的竹木之类财物被水流冲到下游,如果有人能够打捞到的,

---

① 以上两条唐令见《宋刑统·杂律》"得宿藏物"门所引,《唐令拾遗》,第659、638页。
② 《唐令拾遗》,第659页。
③ 同上书,第785页。

应该堆积在河岸上,树立标榜进行公示,同时向本地官府报告,寻找失主。失主前来认领时必须要付给打捞人报酬,在江河之类风险较大处打捞到的,失主应该支付五分之二(40%)的报酬;如果是湖面等风险不大之处打捞到的,失主要支付五分之一(20%)的报酬。经过公示三十天后,仍然没有认领的,就归打捞人所有。

显然在这项有关漂流物的规定中,唐代的立法者可能是考虑到拾得遗失物只是"举手之劳",所以无须设定酬劳,而捞取漂流物要付出艰辛的劳动,冒相当大的危险,属于"已加功力"的情况,所以可得到报酬(也是按照捞取时的风险而确定比例),而且还可以获得全部没人认领的漂流物。

唐律令的这些内容被以后的宋元两代沿袭。尤其是元朝有关的立法相当复杂,《通制条格·杂令》专有"阑遗"一门,收有中统五年(1260 年)至延祐二年(1315 年)九条有关法令。元初使用蒙语,将遗失物称为"不兰奚"(或写作孛兰奚),以后法令用语仍改用唐宋惯例,称阑遗。

中统五年圣旨:"诸处应有不兰奚人口、头匹等,从各路府司收拾,仍将收到数目于应收置去处收置。限拾日已里许令本主识认。如拾日已外,作不兰奚收系,每月申部。如有隐匿者,究治施行。"将拾得阑遗物后的公告期限缩短为十日。

元代还在中央设立了专门处理遗失物的机构。元初在大都设立了"不兰奚总管府"(后改称阑遗监),规定各处的"不兰奚"人口、头匹,应该在每年的三月、九月两次发送到大都的"不兰奚总管府"。在大都集中后,经半年无人认领,奴婢"分拨匹配"成户,发付有司当差。牲畜加盖"官"字烙印,并入官府畜群放牧,日后如果本主识认,"本主照依时估,回纳喂过草料价钱",加盖"主"字烙印归还主人。另外,"诸阑遗奴婢私相配合,虽生育子女,有主识认者,各归原主。无本主者,官与收系"。① 走失的男女奴婢如果生有子女的,仍然作为原主人财产的孳息,分别归原主人。没有主人来认领的,则归朝廷。

(四) 明代确立先占取得原则

有关遗失物的法律直到明代才发生重大的变化。《大明律·户律·钱债》"得遗失物"条:

> 凡得遗失之物,限五日内送官,官物还官,私物召人识认,于内一半给与得物人充赏,一半给还失物人。如三十日内无人识认者全给。限外不送官者,官物坐赃论,私物减二等,其物一半入官,一半给主。

明律将唐宋元的"阑遗物"改称"遗失物"。凡是拾得遗失物的,应该在五天内报送官府。遗失物是官府财物的归官府。私人财物经官府公告后前来认领的遗失人必须将遗失物一半赠送给拾得人作为奖赏,失主自己只能收回遗失物的一半。如果经过三十天的公告仍然无人前来认领的,遗失物就全部归拾得人所有。从这项规定来看,也可以说所有权人一旦遗失财物,就必定要失去财物的一半。可见其立法的重点已转移到保护拾得人的利益。

① 以上见《元史》卷一○五《刑法志四》。

拾得遗失物不报官,超过五日就构成犯罪,但处罚要比唐代轻(唐律规定官物以亡失论,而亡失官物又准盗论减三等,最高刑为徒三年;私物以坐赃论,最高刑也是徒三年。而明律官物以坐赃论,最高刑也为徒三年;私物减二等,最高刑为徒二年)。明朝的这一立法是与强调通过先占取得原则的总的民事立法倾向相符合的。该法律后来被清朝全盘继承。

由于明清法律允许拾得人索取遗失物的一半价值为报酬,也可以将无人认领的遗失物合法地归为己有,因此实际上使得拾得遗失物"报官公告"的规定形同虚设。久而久之,形成拾到遗失物即收归己有的陋俗。民间有"见物不取,失之千里"①以及"见者有分,不许独得"②等等俗谚。

五、埋藏物

(一)秦汉时期的习惯

就现有的史料来看,还不能找到唐以前有关发现埋藏物处理的法律条文,只能从一些事例中推求当时的一般情况。

在自己的土地中发现埋藏物完全归自己所有。汉代"买地券"中常有"伏尸男作奴、女作婢"的惯语,③反映了在当时人们的观念上,土地内发现的埋藏物归土地所有人所有。《搜神记》卷三称东汉时上党人鲍瑗听从卜者之言,悬鞭于树,三年后,"浚井,得钱数十万,铜铁器复二万余"。从此大发。该书卷十八称,魏郡张奋,家道中落,卖宅给程应。程应迁入后举家患病,不得已又将宅转卖给邻居何文。何文入宅驱鬼,"按次掘之,得金银五百斤、钱千万贯……由此大富"。卷三又有西晋时故事,隗照临终嘱咐妻子不得出卖住宅,妻子后因贫困难挨,几次想出卖住宅,但"忆夫言,辄止"。后请人筮卦,得知宅内藏金。隗照之所以嘱咐不得出卖住宅,就是为了避免埋藏的黄金落入他人之手。这些神话反映了被普遍认同的自己土地及房屋内发现的埋藏物都归自己所有的观念。

秦汉时在无主荒地中发现的埋藏物很可能是归发现人所有。如《论衡·验符》记载:东汉永平十一年(公元68年),庐江郡皖国(今安徽潜山县)有两个男孩在湖中钓鱼,发现一个装满金块的古铜器。他们的父亲陈贤和邻居们闻讯赶到,在湖中又捞起十几斤黄金。陈贤作过小吏,就向当地官府报告此事。庐江太守派人取走全部黄金,作为"祥瑞",送到京师。第二年,陈贤等人上书汉明帝,抱怨庐江太守未给金价,"贤等得金湖水中,郡牧献讫,今不得直(值)"。汉明帝下诏切责庐江太守,庐江太守上书申辩:"贤等所采金自官湖中,非贤等私渎,故不与直。"但汉明帝又下诏书,明令"视时金价,畀贤等金直"。庐江太守的理由是一切荒地水面都是属于朝廷的,发现金块的无主湖泊即为"官湖",埋藏物的所有

---

① 见明末清初的小说《鼓掌绝尘》第一卷"嫖赌张大话下场头 仁慈杨员外大舍手"。
② 见(明)熊振骥:《杜骗新书·第二类·丢包骗》"路途丢包行脱换"。
③ 买地券是随葬的物件,模仿实际生活中的土地买卖契约表示向土地神买地安葬。传世及出土的汉唐间古文书中多有以玉、铅等制作的"买地券",是为表明墓地系购买所得的冥器。其中汉代的买地券迷信色彩较淡薄,相当程度上反映了当时的土地买卖契约的文字格式。但有些买地券系后人伪造,需鉴别方可引用。参见吴天颖:《汉代买地券考》,《考古学报》1982年第1期。

权应归朝廷;而陈贤、汉明帝的理由是,只要官府未加圈禁利用,湖泊及荒地就是无主的,埋藏物应归发现人。从这个事例来看,或许在当时一般观念上,无主荒地的埋藏物归发现人、而在他人土地发现的埋藏物则归土地所有人。又如著名的"郭巨埋儿":郭巨为奉养母亲,不惜活埋亲生儿子,"乃于野凿地,欲埋儿,得石盖,下有黄金一釜,中有丹书,曰:'孝子郭巨,黄金一釜,以用赐汝。'于是名振天下"。① 郭巨在野地里挖坑打算活埋儿子,结果在地下挖出了一个石头盖子,打开石盖,是一釜黄金,还有"丹书"写着郭巨的名字,说明是神灵为他的孝行感动,特意赐予他"黄金一釜"。且不追究这个故事情节的荒诞,仅就郭巨合法获得野地里挖掘出的"黄金一釜",至少可以说明在当时人们的心目中,无主野地里挖掘到的埋藏物都是可以合法私有的。

(二) 唐宋元时期的法律规定

唐朝律令将埋藏物称之为"宿藏物",《宋刑统·杂律》"得宿藏物"门引唐《杂令》的规定:凡在自己及国有土地内发现的宿藏物均归发现人所有,但如果发现的是古器钟鼎之类形制特别的宿藏物,就应该送官府,"送官酬值",由官府出价收购。凡在他人土地发现的宿藏物,"合与地主中分",发现人和土地所有人各得二分之一。

《唐律疏议·杂律》"得宿藏物隐而不送"条规定,"诸于他人地内得宿藏物隐而不送者,计合还主之分,坐赃论减三等。"律注又规定,如果在自己及国有土地发现"古器形制异而不送官者,罪亦如之"。最高刑为徒一年半。该条的律疏对于出租土地房屋中发现的宿藏物也有具体的规定,凡出租的国有土地房屋里的,发现人应与现承租人"中分";而如果是出租的私人土地房屋里的,则由原业主(所有权人、出租人)和发现人"中分"。这显然保护的是有权租赁国有土地房屋的权势阶层占有人的利益。

唐朝律令的这些规定被以后的宋元继承。

(三) 明清时期的规定

明朝的立法与唐以来的传统又有不同。按照明朝强调先占取得的立法总原则,《大明律·户律·钱债》"得遗失物"条规定:"若于官私地内掘得埋藏之物者,并听收用。若有古器钟鼎符印异常之物,限三十日送官,违者杖八十,其物入官。"无论在官地、私地,挖掘的埋藏物,全都归发现人所有。但是如果挖掘的是属于古代的钟鼎符印所谓的"异常之物",必须在三十天内送到官府,全都归官府所有,没有报酬可言。可以推论明初立法者认定古代文物之类都应该是私人不得拥有的"官物",应该无条件归朝廷。清朝法律沿袭这项规定。

六、添附物

中国古代对于添附于原物而发生的法律问题,仅在土地的淤涨问题上有所涉及,其他方面的添附物问题并未引起立法者的注意,民间有关的习惯也久久得不到规范。

(一) 河岸淤涨土地

从现有史料中还无法找到秦汉时期关于这一方面的立法规定。据《世说新语》卷五记

---

① 《搜神记》卷一一《郭巨》。

载,名士郭璞避乱移居江南暨阳(今江苏江阴市部分地区),将家族墓地置于河边,"去水不满百步",当时人们都认为过于近水,有所不利。而郭璞却说:"将当为陆。"不过几代人,"沙涨,去墓数十里,皆为桑田"。这些"沙涨"而成的桑田显然应该是属于郭氏所有,因为当时在礼教观念上,以祖坟周围不见杂人耕作为孝行。比如《宋书·孝义传》载刘宋时孝子郭原平,"(父母)墓前数十亩田不属原平。每至农月,耕者裸袒。原平不欲使人慢其坟墓,乃贩质家资,贵买此田。三农之月,辄束带垂泣,躬自耕垦"。郭璞预见到河岸的淤涨,将家族墓地选择在河边,可见在当时人的观念上,河岸的淤涨视同为河岸本身的扩张,淤涨的土地自然归河岸的所有人所有。这或许也是当时法律所认可的。

《宋刑统·贼盗律》引唐《田令》,对于河流改道而淤涨的土地有如下规定:"诸田为水侵射,不依旧流,新出之地,先给被侵之家。若别县界,新出依收授法。其两岸异管,从正流为断。若合隔越受田者,不取此令。"即新淤涨的土地应该补给受水侵射之家;若新淤涨的土地位于别县境内,即视为公田,由所在的县作为均田授受之用;如果两县的交界为河流的,以河流的中流确定县界;但在受侵射之家为有隔越受田特权的(如五品以上官员的永业田、城居之人)、或州县重新划界的情况下,仍要归受侵射的人家。

宋代均田制已不再实行,对于添附土地的处理以补偿受侵射人家为主,据《庆元条法事类·农桑门·农田水利》引宋《田令》:"诸田为水所冲不循旧流而有新出地,给被冲之家(可辨田主姓名者,自依退复田法),虽在他县亦如之。两家以上被冲而地少给不足者,随所冲顷亩多少均给。具(其)两岸异管,从中流为断。"其原则是以添附土地补偿原被侵射坍塌之家,在补偿的份额上规定了按照坍塌比例补偿的原则。

元明清时期的律典对于河岸淤涨土地的归属问题没有明确的规定。这在某些土地淤涨较多的地区,引起了不少难以处分的纠纷问题。然而朝廷立法侧重的是有关河岸土地变动带来的赋税征收问题,清雍正十二年(1734年)定例:"凡开垦水田六年、旱田十年、将届升科之期,该督抚委员复加履亩丈勘,果有坍塌冲涨或硗确者,概免升科。违者以官吏不用心从实检踏律治罪。"在土地开垦免税期满前,要再行踏勘,有坍塌情况可以不再"升科"征税。按照《集解》的解释,沿河土地每五年"大丈"一次,"坍塌者除粮,淤涨者升科"。

直到乾隆十三年(1748年),部议复湖广总督塞楞额条奏,定为条例,编纂于《大清律例·户律·田宅》"检踏灾伤田粮"律条后:

> 凡沿河沙洲地亩被冲坍塌,即令业户报官勘明注册。遇有淤涨,亦即报官查丈,照原报之数拨给。此外多余涨地,不许霸占。如从前未经报坍,不准拨给。至隔江远户果系报坍有案,即将多余涨地,秉公拨补。若坍户数多,按照报坍先后,以次照拨。倘补足之外尚有余地,许召无业穷民认垦,官给印照,仍令各属按数造报,统俟五年大丈,再行履勘,造册送部,以定升除。其报坍、报涨在两县接壤之处者,委员会同两邑地方官据实勘验,秉公拨补。如有私行霸占,将淤洲入官,该户照盗耕官田律治罪。地方官不查丈明确,以致拨补舛错,查出照官吏不用心从实检踏律分别议处。①

---

① 此二条条例及其分析均见于(清)薛允升:《读例存疑》卷一〇《户律·田宅》。

这条条例规定,沿河的沙洲被冲塌,业主要报官,由当地官府查勘后注册登记;如果河岸淤涨,也要报官查勘丈量,按照原冲塌登记的数额拨给补偿。多余淤涨土地不准私人霸占,即使确实有过冲塌损失土地的,没有报官查勘登记过的,也不能得到淤涨土地的补偿。隔江土地冲塌,只要报官登记过,依然可以得到淤涨土地的补偿。如果报官冲塌的户数多于淤涨的,要按照报官登记的先后,将新淤涨土地分批次补偿。如果在补偿之后仍然有多余的土地,当地官府可以征召无地人户承包开垦,官府发给印照,经五年后进行丈量,再行查勘,造册上报朝廷户部,确定赋税等级。如果冲塌、淤涨的土地分属不同地方官府的管辖交界处,双方官府应该派出官员会同查勘,公平划拨补偿。如果私人抢占河流中淤涨出的沙洲,土地没收入官,抢占的人户要按照盗耕官田罪处理(一亩以下笞五十,每五亩加一等,罪止杖一百)。

显然,该条例的立法出发点基本与宋代相近,以淤涨补坍塌,但强调了官府的查勘,并以坍塌户报官登记为得到淤涨补偿的要件。另据《户部则例》:"新涨沙地四面临江,附近无应补坍户,谓之'江心突涨',应归公召变,令州县官丈明顷亩。若地处两邑,会同查勘,秉公定价,通详召变,以具呈缴价在先者,准其认买。"则又维持无主土地归公原则,丈量定价后由官府变卖。

民国初年各地民间习惯不同。如奉天(今辽宁省)昌图县凡河岸新淤涨的土地归先占人;如果此岸淤涨、彼岸冲刷,被冲刷者不得"越河找地"。吉林也有相似的"隔河不找地"谚语。山西的垣曲县有"人工地"之说,凡被河流冲刷土地的所有人丧失所有权,如有人在河滩放置石块遏止水流,将来淤涨出的土地即为"人工地",归该人所有。但是江西赣南地区习惯是:土地被河水冲垮的地主,有权占有任何新淤涨的土地,所谓"东塌西成"。湖南沅江流域的习惯颇近古代,淤涨地归沿岸地主。陕西蓝田的习惯则完全以先占为原则,坍塌的沿河土地归先占人。宝鸡的习惯则又近古,淤涨地归连接地的地主。甘肃、宁夏一带淤涨地也以先占为原则,先占三年即获得完全所有权。①

(二)土地上树木与建筑物

另一个问题是在他人土地上加盖的房屋及树木问题。古罗马法曾将此视为添附的一种,"根据自然法,地面上的物品添附于地皮"。以后在共和国后期才发展出"地上权"的观念,保护建筑物所有人的权利。② 由于中国古代法律没有发展出地上权的观念及制度,一般只作为土地租赁的附带问题来处理,民间习惯上往往也将其视为添附,认为在他人土地上建造的房屋、栽种的树木最终应归土地所有人。

民国初年各地民间习惯大多承认"借地不拆屋"。如黑龙江省大多数地区习惯,承租期内地主、房主不得将添建房屋收归己有,但至租期结束时承租人不得拆毁,其费用或从租金中扣除、或在租期结束时由地主、房主一次付给双方酌定的工料费。河南省对于租地盖屋习惯上双方应先于契约明言,期限有的以二十年为最长,不定期的"准交不准取"。而

① 《民商事习惯调查报告录》,第 37、47、299、421、605、644、654、676 页。
② 参见[意]彭梵得:《罗马法教科书》,第 266 页;周枏:《罗马法原论》,商务印书馆 1994 年版,第 194~195 页。

固始、商城等地对于佃户于租地上所植竹木,在退佃时不得砍伐。但是浙江龙泉县的习惯正相反,佃户有权在退佃时"拚木",将竹木出卖砍伐。福建南平县租地起盖房屋应再立契约,估价房屋价值,摊扣地租一二十年。湖南湘西一带却有类似于地上权的"稞地"习惯,承租人明言起屋,载于契约,每年纳租,地主即不得撤佃,且转移至下手亦应受此约束。甘肃全省的习惯则是"土吃木",在他人土地上建造的房屋经一定年限后即归地主,即使房屋所有人继续居住,也要支付租金。热河(今河北北部及辽宁一部)地区也有"借地不拆屋"之谣。①

第五节　对私有财产的保护

一个能够传承千年以上的法律文化传统,其法律肯定有尽可能扩散既得利益感觉、从而能得到社会普遍认可的一些基本原则。古希腊和古罗马社会很早就形成"私有财产神圣不可侵犯"的法律原则,任何人的私有财产都得到法律的严格保护,不容许有任何的侵犯,因此得到社会上有产者的广泛支持与拥护。而中国古代号称"以孝治天下",强调的是家长的权威与利益,将既得利益感觉扩散到每个家庭,由此得到家长的拥护,法律得以深入人心,得到贯彻。古希腊、古罗马法律以及后来的罗马法、普通法等欧洲的传统法律一直严惩侵犯私有财产的行为,而中国的法律则更注重严惩一切侵犯家长权的行为。

一、窃盗罪的处罚

由于中西法律文化传统所注重的对象的不同,中国古代法律中没有形成西亚以及欧洲古代法律那样严格的保护财产私有权的制度。比如未经允许进入他人不动产,只要没有造成损害,中国古代法律并没有明确将其作为要予以严惩的行为;而古希腊、古罗马法律中将这种行为视为对私有财产的侵犯,构成"非法入侵",需要予以处罚。甚至在古罗马的"十二表法"里,夜间到他人土地捡拾麦穗,就构成死罪。② 无论在古巴比伦、古希腊、古罗马,还是在欧洲中世纪时期,窃盗罪都要适用死刑。比如公元前18世纪的古巴比伦《汉谟拉比法典》规定,自由民窃取神或宫廷之财产者应处死,而收受其赃物者亦处死刑。自由民从他人处获取金银、奴隶、牛羊,"或不论何物,而无证人及契约者,是为窃贼,应处死"。③

直到19世纪中叶以前,在大多数欧洲国家的法律里,窃盗行为都作为重罪,达到一定的赃值就要处以死刑,比如19世纪初,在英国盗窃一先令就要处以绞刑。④

与古代西亚以及欧洲法律相反,在中国历代律典中,窃盗罪从无死罪。《晋书·刑法志》称战国时李悝制订《法经》时,认为"王者之政莫急于盗贼",因此《法经》六篇,以《盗法》

---

① 分别见《民商事习惯调查报告录》,第210、219、459、508、603、673、708页。
② 由嵘等:《外国法制史参考资料汇编》,北京大学出版社2004年版,第131页。
③ 同上书,第22页。
④ [美]费正清主编:《剑桥中国晚清史》(上册),中国社会科学出版社1993年版,第206页。

为首。但是值得注意的是，李悝的《法经》只是"立法之经"，是他编撰的作为理想中法典的蓝本，本身并不是法典，可以视之为今天立法活动中的"专家建议稿"。后来商鞅在秦国主持变法，"改法为律"。我们今天可以从湖北云梦睡虎地秦墓出土的秦律条文可以看到，五个人一起行"盗"，盗赃在一钱以上，五个人都要"斩左趾，黥为城旦"（砍去左足前脚板并毁容后再服筑城苦役）；不满五个人一起"盗"的，赃满一钱以上至不满二百二十钱，处以"迁"刑（迁徙至边远地区），二百二十钱以上至不满六百六十钱，"黥为城旦"，赃满六百六十钱以上，每人都黥劓为城旦（割鼻并毁容后再服筑城苦役）。① 六百六十钱，是秦律中"数额巨大"的最高限额，可见秦律中的窃盗罪并没有死罪。

同样，从湖北江陵张家山汉墓出土的汉初《盗律》条文来看，普通的窃盗罪也没有死罪，处刑比秦朝略有减轻。赃满六百六十钱以上，黥为城旦舂；二百二十钱以上至不满六百六十钱，完（保全罪人头发脸面）为城旦舂；一百一十钱以上至不满二百二十钱，耐为隶臣妾（剃去罪人鬓角胡须后配到各官府担任勤杂服役）；二十二钱以上至不满一百一十钱，罚金四两；一钱以上至不满二十二钱的，罚金一两。②

以后历代律典沿袭了窃盗罪不处死刑的刑事原则。《唐律疏议·贼盗》对于窃盗罪规定：窃盗不得财处笞五十，赃满一尺以上处杖六十，赃满五匹徒一年，以上逐步递加至赃满五十匹以上，处加役流（流放到三千里外为当地官府服苦役三年后在当地落户）。宋代以唐律为律典，普通窃盗罪仍无死罪。

元代没有颁布律典，但是从《元史·刑法志》以及其他元代文献中所摘录元代法律条文中来看，窃盗罪也没有死罪。窃盗谋而未行处笞四十七下，已行未得赃处笞五十七下，赃不满十贯处笞六十七下，以上递增，"罪止徒三年"。窃盗处刑外要附加刺字，初犯在罪犯左小臂刺一寸见方的"窃盗"二字。再犯刺右小臂，三犯刺项（头颈后部）。刑满后要为官府充做"景迹人"（官府眼线）。

《大明律·刑部·贼盗》规定：凡百姓偷盗官府财物的，赃满八十贯处绞刑；并且规定凡盗窃或侵害官府财物罪的一律要比照普通的盗窃或侵害财物罪加重二等。但普通的窃盗罪，窃盗已行，笞五十，得赃不满一贯的杖六十，附加刺字（在小臂内侧刺窃盗二字）；以上递加，至赃满一百二十贯以上杖一百流三千里，没有死罪。

清朝入关后立即修改了这项传统的刑事法律。在全面继承明律的同时，顺治四年（1647年）先定条例，规定窃盗赃满一百二十两以上处以绞监候（判处绞刑，罪犯监禁至秋后处决前的最后一次朝廷会审来决定是否执行绞刑）。至康熙十一年（1672年）再次修改条例，仍然明确窃盗赃满一百二十两以上处绞监候。至雍正三年（1725年）修定大清律，正式将条例的内容编入《刑律·贼盗下·窃盗》。③ 这是中国历史上唯一的将窃盗罪最高刑加重至死刑的律典。以后乾隆五年（1740年）颁布的《大清律例》维持了这一条文。

---

① 《睡虎地秦墓竹简》，文物出版社1978年版，第150页。
② 《张家山汉墓竹简》，第141页。
③ （清）吴坛：《大清律例通考》卷二五，见马德云等校注本，中国政法大学出版社1992年版，第713页。

二、强盗罪的处罚

与长期以来律典对窃盗罪不处死刑的情况完全相反,历代律典对于强盗罪一直都规定了死刑,因此李悝"王者之政莫急于盗贼"的说法,更准确的应该是专指强盗罪。

湖北张家山汉墓出土的汉律,凡"群盗",或行盗同时伤人的,或是将人捆绑后"强盗"的,或是盗墓的,身为官吏而盗的,这几种都是加重的"盗"罪,全部要处以"磔"(处死并肢解尸体)。更进一步的是"劫"罪,凡明火执仗的抢劫,只要有了抢劫的图谋或实施了抢劫行为的,无论是否劫到财物,一律都处以"磔",并且连坐其妻子子女,全部处以城旦舂。①

唐律规定:普通的强盗不得财,徒二年;得赃一尺(当时是以绢帛为货币,计算价值都以绢帛的尺寸为标准),徒三年;以上递加至得赃十匹,绞。如果强盗伤人的,无论是否得赃,一律处以绞刑,杀人的处斩。"持仗"(持有武器)的强盗,即使不得赃仍然处流三千里,赃满五匹者绞,伤人者斩。

元代法律规定,强盗不得财,处徒一年半,得赃不满十贯徒二年,以上递增至赃四十贯以上为首者处死刑,从犯处徒三年。如果是"持仗"强盗,不得财处徒二年半,赃满二十贯以上为首者处死。如果伤人,虽不得财,参与者全部处死。②

明律规定强盗罪,如果得到财物,皆斩;伤人的,也是皆斩;未得财物,仍然要处以杖一百流三千里。又专设"白昼抢夺"罪(夜晚抢夺即为强盗罪),未得财物杖一百徒三年,得财物者计赃比照窃盗罪加重二等定罪处刑,伤人者斩。这一罪名的处刑比唐律中的强盗罪还要重。以后的清朝全面继承明朝的法律,但又制定条例,规定对于道路、江河行劫的强盗再加重处罚,一律在行劫场所"枭首"(处死后砍下的脑袋悬挂于高处)。

中国法制史上对于窃盗犯罪与强盗犯罪完全不一样的处刑力度,显示出历代的立法者认为这两个罪具有完全不同的性质。用近代刑法理论来说,就是立法者认定这两种罪所侵犯的是两类完全不同的"犯罪客体"(法律所保护的社会关系)。窃盗罪侵犯的仅仅是私有财产,而强盗罪侵犯的主要是社会秩序,是对朝廷统治秩序的公然蔑视。

三、其他侵犯财产的罪名

在中国古代法律里,有关侵犯私有财产的罪名,还有诈欺、毁损等等,一般都采取比照窃盗罪进行处罚,而以窃盗罪的计赃定罪的方法为基准。

唐以前的法律散乱不全,难以详细展开有关这方面的归纳分析。这里仅就唐以后的法律来进行分析。

《唐律疏议·诈伪律》设定了两条诈欺相关的罪名。第一条"诈欺官私以取财物"具有概况性的立法性质,很简单地规定:"诸诈欺官私以取财物者,准盗论。"并在律文中注明,无论"诈欺百端",都按照这一条处罚。律疏解释说:诈是指"诡诳"(谎言诱惑),欺是指

---

① 《张家山汉墓竹简》,第143页。
② 《元史》卷一〇四《刑法志三·盗贼》。

"诬罔"（欺骗）。通过诈欺官府及私人来谋取财产，全部都"准盗论"，比照窃盗罪名进行处置。但因为是比照，所以不适用窃盗罪的附加刑，比如"除名"（除去官员身份）、"免官"，也不用加倍赔偿，最高处刑也不适用窃盗罪的最高刑"加役流"，而是最高处刑为流三千里。如果诈欺财产未到手，可以减罪二等处罚（最高处刑徒二年半）。收取他人诈欺所得财物，知情者按照坐赃罪处罚（价值一尺以上笞二十，递加至十匹徒一年），如果知情而收买的，坐赃再减一等处罚。

另一条是"诈为官私文书及增减"，即伪造或变造文书来谋取财物。律注说明，官私文书包括官方文件以及私人契券、账册。它也是按照所获得的财物数值计赃准窃盗罪处罚。

《唐律疏议·杂律》有几条关于侵犯他人财物的条文。一条是"于官私田园辄食瓜果"，规定仅仅是吃食、弃毁之类的，按照坐赃罪处罚，如果是取走的，就比照窃盗罪处罚。一条是"弃毁官私器物"，规定凡是故意丢弃、损坏官私器物，以及破坏、砍伐树木或庄稼的，也要比照窃盗罪论处。如果是无意丢失、过失毁坏官物的，比照窃盗罪减三等处罚。但如果无意丢失、过失毁坏私人财物的，"偿而不坐"，不作为犯罪来处理，只需赔偿即可。一条是"毁人碑碣及石兽"，规定破坏他人坟墓的附属设施石碑、石兽，判处徒一年；破坏他人家庙的牌位，要判处徒一年半。这是因为这些行为会导致坟墓及家庙主人被视为"不孝"，因此要严惩。而故意破坏他人普通建筑物，就只要按照维修复原所需要的人工材料费用"计庸"，按照估价"坐赃论"，计赃以坐赃罪（价值十匹徒一年，罪止徒三年）处罚，并且必须维修复原。如果是过失导致的破坏，就不按照犯罪处理，只需责令维修复原即可。

唐律的这些内容，被以后隔代法律所继承，很少有改动。

简 短 的 结 论

中国土地私有化出现于春秋战国时期，国家采用对于私人实际占有土地确定赋税以及公共道路维修义务的途径来承认私有权利，同时也实行按照军功爵位等的授田制度。在金元以前各朝代都存在按照社会等级限制私有土地规模的制度。而对于私有土地的边界设置、田宅的相邻关系等则缺乏具体的成文法规范。

出于"溥天之下，莫非王土"的传统，明以前各代将一切无主土地均视为国有土地，禁止私人直接占有。明代法律确立了先占原则，允许私人占有无主荒地。同样，这一原则也反映在明代法律有关拾得遗失物、发现埋藏物问题的规定，都突出拾得人以及发现人的权利：遗失物的拾得人可以向失主要求相当于遗失物价值的一半的报酬，无人认领的遗失物归拾得人合法所有；一切主人不明的埋藏物均归发现人所有。这些法律均被清朝所沿袭。

第三章 继 承

现代汉语中的"继承"一词与古代汉语的"继承"或"承继"并不完全对应,古代所称继承,主要是指直系卑亲从长辈获得家族内的或社会上的身份。长辈遗下的财产则在卑亲之间分配,称之为"分析"或"析产"。这是在本章开始时先要提醒读者的。

从理论上而言,中国古代继承所获得的是要将其再往下传递的一种对于家族及社会的责任。因此从严格的儒家学说来看,古代的继承是不可放弃的"无所逃于天地之间"的义务。历代的法律及理论界所注重的主要是这种身份的继承,对于财产的"分析"继承则颇为轻视,有意加以回避,以示朝廷倡导教化的导向。从上述的这种继承的意义出发,决定了中国古代的继承法基本是礼制指导下的法定继承,遗嘱继承几乎只是偶一为之的特例而已。而且所谓的继承是以男性家庭为中心的家族香火的传递,财产继承是作为这种传递的附件进行的家庭财产分割,只是在"不正常"的特殊情况下,才可能发生妇女单独继承财产的问题。

本章主要介绍的是财产方面的继承,而在这之前先略微介绍一下身份继承的问题,作为叙述的基础。

第一节 身 份 继 承

古代社会是身份社会,每个社会成员都具有与生俱来的社会及家族等级位置。社会的身份主要是指可以继承的爵位以及可以继承得到的出任官职的资格等;家族的身份主要是指祭祀始祖的主祭权力。

一、先秦时期的"一揽子"继承

中国在很久以前就确立继承长辈身份的只能是一个人,"为后""为嗣",承担祭祀死者及死者祖先的责任。选择这个继承人就是"立嫡"或"立适"。一般都认为在西周以前,家国一体的权力传递主要是实行"兄终弟及",而自西周开始,"父死子继"的嫡长子继承方式逐渐占了上风。

根据儒家学说总结的西周礼制,继承应严格遵循嫡长子继承制,其理想是:父死,由正妻所生嫡长子继承其位置,获得祭祀祖先的权利和义务,以及封国或采邑;如长子先于父死,则由长子正妻所出的嫡孙代位继承;如无嫡孙,则立嫡长子的同母弟为嫡继承;如无嫡长子同母弟,就立其他庶子中的年长者为嫡继承。所谓"立适以长不以贤,立子以贵不以长"①。

在西周时期,身份继承和财产继承几乎是合一的,获得身份也就获得封地。同时按照西周宗法制的原则,在宗族中的身份继承和政治权力的继承也几乎是一回事。因此可以概称为"一揽子继承"原则。

二、后世的嫡长子继承制

在春秋战国时财产私有制得到大发展,"遗产制度以私有制为前提"②,财产继承作为一个单独的继承项目逐渐与身份继承分离。而中央集权的加强,职业官僚制度的建立,使得分封制度已趋于瓦解。处理政务的官位和表示社会地位的爵位也在逐渐分离之中,官职是流动的,不能继承,能够由后代继承的只是爵位。而且爵位的获得者即使被授予封地采邑,也仅仅是获得该地区的赋税收入,并没有实际的统治该地区的权力。因此那种"一揽子"的继承不再是普遍现象。

自秦汉以后身份继承缩小为单纯的家族祭祀及朝廷爵位这两大项。而西周的宗法制度瓦解后,家族祭祀也已没有社会身份、政治地位上的实际意义。作为本宗先祖牌位的祭祀权利的继承,同样实行嫡长子继承原则。立嫡的顺序与法律所要求的没有大的出入。

在以后历代的立法中都一直贯彻了儒家所总结的嫡长子继承的原则。如《唐律疏议·名例》律疏引唐《封爵令》:"王、公、侯、伯、子、男,皆子孙承嫡者传袭。"《唐律疏议·户婚》"立嫡违法"条:"诸立嫡违法者,徒一年。即嫡妻年五十以上无子者,得立庶以长,不以长者亦如之。"律疏解释:"立嫡者,本拟承袭,嫡妻之长子为嫡子……谓妇人年五十以上不复乳育,故许立庶子为嫡。"本条律疏引唐户令:"依令:无嫡子及有罪、疾,立嫡孙;无嫡孙,以次立嫡子同母弟;无母弟,立庶子;无庶子,立嫡孙同母弟;无母弟,立庶孙,曾、玄以下准此。无后者户绝。"这条律文宋元明清均沿用,除明清时将刑罚减为杖八十以外,几乎未加修改。

三、后世的爵位降等继承制度

根据儒家所记述的西周时期制度,由嫡长子继承父亲的爵位,而其他的"诸子"只能等待周王或者继承了父亲爵位的大哥来册封下一等的爵位。

秦汉时期建立的二十等爵位制度,实行的是卿以下的降等继承制度。湖北张家山汉

① 《春秋公羊传·隐公元年》。
② 《列宁全集》(第一卷),人民出版社1985年版,第20页。

墓竹简中的《置后律》明确规定：彻侯嫡长子继承彻侯爵位，关内侯嫡长子继承关内侯，但是"卿"（即大庶长、驷车庶长、大上造、少上造、右更、中更、左更、右庶长、左庶长这9等爵位）的嫡长子只能继承"公乘"爵位（相当于大夫级别的第八等爵位），以下则逐级降二等继承：五大夫嫡长子为公大夫，公乘嫡长子为官大夫，公大夫嫡长子为大夫，官大夫嫡长子为不更，大夫嫡长子为簪袅，不更嫡长子为上造，簪袅嫡长子为公士①。换言之，即使是"卿"这一级别爵位获得者也只不过经过五代的继承就降为平民。

降等继承法具有防止形成强大世袭贵族集团的政治意义，即使是皇室继承也采用这一原则。汉朝皇室除嫡长子继承皇帝大位外，其余皇子都封王，各王嫡长子继承王位。由于汉初各王都有封国，形成与中央对抗的势力，汉武帝时期为分散其势力，实施"推恩令"，各王嫡长子以外诸子都封为列侯，可以有封国。这一"一子承袭、余子降等"的原则基本被后世沿用，一直延续到明清。较有变化的如唐中期后采用"长子降一等、余子再降一等"的承袭王爵制度；而两宋则更进一步，皇子皇孙爵位一律不得世袭，由皇帝临时封授。

后世的功臣之类的非皇室贵族封爵一般改用儒家所总结的西周公、侯、伯、子、男五等爵位，一般都明确仅部分爵位可以世袭原爵，大多数爵位只能降等继承。②

四、"任子"与"袭荫"

除爵位外，历代又有"任子"及"袭荫"的制度，使世袭贵族以外的官僚也有让自己后代做官的途径。不过袭荫只是获得一个选官的出身，并不是直接就去做官。

西汉有"任子"制度，凡是担任二千石以上官职满3年的官员，可以推荐自己的一名兄弟或儿子到朝廷任"郎"。郎是皇帝的随从，不是官职，也没有俸禄，但由于接近皇帝，有获得官职的可能性。唐宋时规定，正一品至从五品为止都可以一子袭荫，这种袭荫只是获得选官的资格，还要经过吏部的考试挑选，并非直接继承父亲的官职。明代规定从正一品至正七品官员都可以一子袭荫。《大明律·吏律·职制》有"官员袭荫"专条："凡文武官员应合袭荫者，并令嫡长子、孙袭荫。如嫡长子、孙有故，嫡次子、孙袭荫；若无嫡次子孙，方许庶长子、孙袭荫。"他们同样也要参加吏部的铨选才可以任官。清律沿袭，但明确规定袭荫只适用于三品以上高级官员，并仅获得在朝廷教育机构国子监的学生资格，号为"荫生"，按照制度可以参加选官。

历史上武官世袭的情况比文官略多。少数民族皇朝统治时期，部族军队的军官都是世袭的。比如女真族建立的金朝，将原来女真族的游猎作战猛安、谋克固定为军职，有战功者往往也授世袭猛安、谋克。蒙古族建立的元朝也将百户、千户、万户之类的军职作为世袭职位。

以后明朝也规定军官都授予"世职"，军官死亡或年满60岁，由嫡长子承袭职位，如果自己没有儿子的，允许兄弟继承。在承袭职位前也要经过骑射测试。清朝则在八旗军队

---

① 《张家山汉墓竹简》，文物出版社2001年版，第182页。
② 参见李治安：《中华文化通志·社会阶层制度志》，上海人民出版社1998年版，第201～212页。

中实行军官世袭。

五、立嗣制度

按照儒家总结的西周的"礼制",凡人都必须要有"后",将来在死后可以得到"后"的祭祀供奉,免得在阴间成为冻饿之鬼。这是家族内部传递祭祀义务的重要法则,所谓"不孝有三,无后为大"①。当没有亲生儿子为"后",就要以法律拟制亲子来传承这项义务,称为"立嗣"。出于传递祭祀义务"承祧"的考虑,这种"立嗣"并不严格是在生前还是生后,也并不强调必须要本人亲自收养,但强调作为"后"的嗣子与所承之人应有一定的血缘关系。儒家经典《仪礼·丧服传》就有"同宗则可为后"的说法。

秦汉法律对于爵位的继承都强调必须是由嫡长子承袭,规定承袭爵位仅限于亲子,孙及其他人不得承袭,并不允许"立嗣"。如《汉书》的王侯及功臣表中,有不少是因为继承人"非子"而被夺爵国除。至西汉末诏令改变为:"诸侯王、公、列侯、关内侯,亡子而有孙、若子同产子者,皆得为嗣。""子同产子"即以兄弟之子为自己的儿子、作为继承人的意思。这条法令实际明确王侯爵位可以由孙子或养子来继承。②这就为无子之人以法律拟制继承人打开了道路。

以后各代法律都允许无子者收养养子来继承。晋代令文规定:收养养子为"以续后者后",限一人。③《唐律疏议·户婚律》引《户令》:"无子者,听养同宗于昭穆相当者。""昭穆"是辈分的意思,这条法令规定的是收养对象必须是同宗亲属中下一辈分。如果收养异姓为子孙,算是一项犯罪,要处徒一年的刑罚。法律只允许收养3岁以下的异姓"遗弃小儿"。生前收养的养子承担和亲生子同样的孝敬义务,同样也有传递祭祀香火的义务,并因此获得死者的财产。户令在有关分配遗产的法条里也明确"继绝亦同",在"户绝"的无子者死后为他立嗣的"继子"(即嗣子)和亲子具有同样的权利。

宋代法律对于被继承人死后的立嗣又加以细分,区别有"立继""命继"两种情况。"立继者,谓夫亡而妻在,其绝,则其'立'也,当从其妻;命继者,谓夫妻俱亡,其绝,则其'命'也,当惟近亲尊长。"④即择嗣的第一顺序是死者的妻子,由她选定同宗的侄辈中一人为嗣子,称为"立继";如果夫妻都已去世,由其族人来选择嗣子的称为"命继"。这种复杂的区分法到明清已经不存。

当为无子者选定嗣子后,嗣子与亲生父母的关系就要降格为伯叔父母与侄子的关系。如果被选定者是独子,一旦出继就要造成本房"户绝"。关于这个问题,即使是儒家著作也是众说纷纭,没有定论。一般认为在这种情况下要优先保障长子"大宗"的继绝,所谓"大宗不可绝,小宗可绝"⑤。唐宋元明时期法律对此并没有具体的规定。清代早期曾规定"独子不准出继",并拟订为条例。以后在乾隆四十年(1775年)改定这条法律,重新制定

① 《孟子·离娄上》。
② 《汉书》卷一二《平帝纪》。
③ 《通典》卷一九《礼二九》。
④ 《名公书判清明集》卷八《户婚门·立继》。
⑤ 《仪礼·丧服·子夏传》。

"独子承祧例",规定允许民间独子出继,同时也不断绝与亲生父母的关系,将来"一人承两房宗祀",称为"兼祧"。但是必须要由寡妇"择其属意之人",并征得出继本房的同意,订立书面"阖族甘结"[①]。

第二节　财产继承的开始时间

现代民法受欧洲法律传统的影响,继承开始时间一般都以被继承人死亡之时为始。然而在中国古代往往是被继承人尚健在,继承就已开始。因此不能生硬地搬用现代民法的概念来看待中国古代的继承。

据儒家所总结的西周礼制,宗法上的继承可分为"继嗣"和"继统"两类。按《仪礼·丧服》注的说明,继嗣是指在被继承人死后继承祖先的血统;而在被继承人未死时就已经立嫡指定了继承人,当被继承人年老体衰时往往将自己的地位传给继承人,这种被继承人尚未去世就已实现的继承称之为"继统"。嫡长子称之为"将所传重者",嫡孙称之为"将上为祖后",在父祖去世前称"非孤";如果父祖已死就称"孤"。这种生前就将地位传给继承人的情况在史书记载中颇为常见。最著名的例子如唐高祖、宋高宗、清高宗等,皇帝未死而传位太子,自称"太上皇"。

在财产的继承上也有这样的情况。战国时秦商鞅变法,规定:"民有二男以上,不分异者,倍其赋。"[②]从立法的目的来说当然是为了增加政府的收入,但其副作用是使原来在家长死后才进行的家产分割提前到了家长的生前。这种处分财产的性质如从现代民法的眼光看来,似乎应该算是赠与。但考虑到实际上这是提前实现儿子们的继承期待权,可以说是具有继承的性质。西汉初年,陆贾以病致仕,将自己为朝廷出使南越所得赏赐千两黄金,平均分给五个儿子,让他们买地经营产业。自己只留下"安车驷马",随身带着十名歌舞奏乐侍者及价值百金的宝剑。和儿子们约好,轮流住儿子们的家,每家十天,如死在哪家,就由那个儿子主办丧事,并得到"宝剑车骑侍从"[③]。在这个事例中,陆贾的财产处分就具有更明显的继承性质,其与儿子们的约定,颇有今日民法中的扶养遗赠协议的含义。陆贾式的提前处分财产、实现儿子们财产继承的方式,在后世受到普遍的赞扬,"陆贾,……古贤达也,所以预为定分"[④]。模仿陆贾方式在生前就让后代实现财产继承的情况也是极为常见的。因此有的研究者将此称为"生前继承"[⑤]。事实上直到今天,民间像这样在被继承人去世以前实现财产继承的现象还是很普遍的。

与上述生前就开始继承的情况相反,另一方面的情况是,财产的继承往往也会在被继承人死亡若干年后才开始。从儒家礼教而言,在居丧期间是绝对不可分家析产的。后世

---

① 《清高宗实录》卷七四二,乾隆四十年乙未闰十月。
② 《史记》卷六八《商君列传》。
③ 《史记》卷九七《郦生陆贾列传》。
④ 《旧唐书》卷九六《姚崇传》。
⑤ 参见叶孝信:《中国民法史》,上海人民出版社1993年版,第157、221页。

的法律也有这样的要求,如《唐律疏议·户婚》:"诸居父母丧生子、及兄弟别籍异财者,徒一年。"明清律依旧有这样的内容,只是将处罚减为杖八十。

总之,中国古代法律对于继承开始时间并不加以僵硬的规定,以父命为主导因素,而以财产的处分能够有利于家族的整体利益、有利于家族的稳定为基本原则。

第三节　财产继承人的范围及其顺序

在绝大多数情况下,身份继承人只限定为一人,而财产继承人的范围则要比身份继承人广泛得多。主要可分为诸子、诸孙、在室女、出嫁女、寡妻、赘婿等几种。如果在法定范围内的继承人都不存在,就是"户绝",遗产全部由国家检校没收。正因为如此,所以古代民间千方百计要为死者设立嗣子之类的继承人,既是为了让死者能够得到后代的祭祀,更是为了防止财产被国家充公。

一、诸子

儿子是当然的第一顺序继承人。但如前所述,中国古代家庭中儿子的分类相当复杂,为此需要一一排列说明。

（一）嫡子

在财产继承中所言的嫡子和身份继承中所言的嫡子有所不同,后者只是一人,如没有当然的嫡子就要在其他的儿子及孙子中"立"一个出来;而前者是指正妻所生养的所有的儿子。而且在财产继承上,嫡子并不分长幼。

（二）庶子

需要说明的是,这里所说的庶子是指妾所生的儿子。而唐以前的法律,在关于身份继承时所提及的庶子,往往意思是指嫡长子以外的所有儿子。在财产继承上,庶子的地位就理论上来说并不劣于嫡子。在历史上似乎从未出现过财产继承上,对于嫡庶子应分别对待的议论。仅金元时法律为一例外。

（三）婢生子（或称幸婢子）

庶子是由妾生育的,而没有妾地位的婢女如果和主人私通生子,那就是所谓的婢生子。这在唐代似乎不成为特别的问题,《唐律疏议·户婚》"以妻为妾"条有:"若婢有子,及经放为良者,听为妾。"婢如果有主人之子,就可以上升为妾,其子自然也就是庶子。金元法律确定婢生子即使其母未经放良、未经家主收为妾,仍可作为第一顺序财产继承人。明清法律对于婢女为妾没有明确规定,但规定婢生子可以和嫡庶子同一顺序平等分析财产。

（四）奸生子（或称别宅子）

奸生子是与人通奸所生之子,即所谓私生子、非婚生子。唐代法律一般不承认被继承人生前未予承认、没有收入自己户籍的奸生子的继承权。如《宋刑统》卷十二《户婚·卑幼私用财》引唐天宝六载(747年)敕:"其百官、百姓身亡之后,称是在外别生男女及妻妾,先不入户籍者,一切禁断。辄经府县陈诉,不须为理。"一概不予受理。一年后又规定王公贵族的在外奸生子也一律不予承认。金元两代的法律则改为承认奸生子的财产继承权,可以和嫡、庶子同一顺序分析家财,只是份额要少于嫡、庶子。明清法律也是如此,并允许在没有其他应继之人时,奸生子可以承继全份。

二、诸孙

孙子既有可能成为财产继承中的第一顺序继承人,也有可能成为第二顺序的继承人。前一种情况发生在某个儿子死于被继承人之前时,就由其子(相对于被继承人是孙子)来顶替。即唐《户令》"应分条"(该条见下文所引)所言"兄弟亡者,子承父分"。恰与现代民法中的代位继承相当。后一种情况发生在第一顺序的诸子全部死于被继承人之前,这时按照法律就要由被继承人的全部孙子来继承,即唐《户令》"应分条"所言"兄弟俱亡,则诸子均分"。这里的诸子对被继承人而言实际上就是诸孙。这既可视为一种特殊形式的代位继承,但由于它是由诸孙越过父辈、不受父辈人数的限制,作为第二顺序继承人直接均分祖父的遗产,所以也有的研究者称之为"越位继承"①。与上述诸子的情况相仿,这里的诸孙也不分嫡庶。

三、嗣子(拟制的亲子)

如果被继承人在生前已经收养了嗣子,自然就与亲子无异,可以全盘继承被继承人财产。如果在收养后被继承人又生育亲子的,原嗣子仍然并列为同一顺序的继承人。

在被继承人死后为其指定嗣子,宋代法律区别寡妇选定的"立继"和族人选定的"命继"两种情况。"立继者,与子承父法同,当尽举其产以与之;命继者,于诸无在室、归宗女诸女,止得家财三分之一。"②立继子和亲子一样为第一顺序继承人,而命继子只得和在室女并列为同一顺序继承人。如无在室女就要和出嫁女并列为同一顺序继承人。继承份额也有限制。明清法律不再有宋代那样的细致区别,简单规定无论立继、命继的嗣子,其继承顺序与所继承的份额都与亲子无异。

四、女儿

中国古代认为女儿只能加入其他家族的体系,本身并不能延续宗祧,所以女儿在继承上的地位就相当低。女儿在法律上分为在室女(未婚女儿)、出嫁女、归宗女(已嫁后因种种原因回到母家居住),其继承的顺序各有不同。

唐代法律将在室女列为和诸子并列的第一顺序的继承人,只是其份额非常低,只为一份嫁妆。如果没有诸子诸孙,即为户绝,但实际上又允许在室女作为下一顺序的继承人可继承全部户绝财产。《宋刑统·户婚·户绝资产》引唐《丧葬令》:"诸身丧户绝者,所有部

① 参见叶孝信:《中国民法史》,上海人民出版社1993年版,第307～308页。
② 《名公书判清明集》卷八《户婚门·立继》。

曲、客女、奴婢、店宅、资财,并令近亲转移货卖,将营葬事及量营功德之外,余财并与女。"此令的目的显然是不允许女儿继承田宅、奴婢等重要财产,必须经转化为普通的货币财产后,才可以由女儿继承。而此令文中的女儿不分在室、归宗、出嫁女的区别,当为统称。宋元明清法律都将在室女列为诸子之下顺序的财产继承人。归宗女的情况和在室女相仿。

出嫁女由于在出嫁时已得到了一份嫁妆,从中国古代财产法的观点来看,她的继承权已提前实现,因此不得在父亲死后再回母家参加家财的分割。唐令文虽不加区别,但开成元年(836 年)敕,已限制出嫁女作为继承人的权利:"自今后如百姓及诸色人等死绝无男,空有女已出嫁者,令文合得资产。其间有心怀觊望,孝道不全,与夫合谋有所侵夺者,委所在长官严加纠察,如有此色,不在给与之限。"①由于当时户绝财产由官府收管,所以官府可以考察出嫁女情况来决定是否给予继承人权利。《宋刑统》将出嫁女正式列为继承人,但只能在既没有诸子及孙又没有在室女及归宗女的情况下才可继承遗产。

明清时法律没有唐宋时复杂。《大明令·户令》只简单地规定:"凡户绝财产,果无同宗应继者,所生亲女承分。无女者入官。"女儿不分在室、出嫁、归宗,都能作为财产继承人,但继承的顺序却排在嗣子之后,只要有嗣子,女儿就不能继承(但一般未出嫁的在室女可以得到一份嫁妆)。清代将其作为条例编入律例。

五、寡妻

湖北张家山汉墓出土的西汉《置后律》中有条文:"寡为户后,予田宅,比子为后者爵。其不当为户后,而欲为户以受杀田宅,许以庶人予田宅。"②意思是寡妇可以继承死去丈夫的户籍,并可以按照"为后者"应继承的爵位由官府授予田宅。如果寡妇因个人原因不得授予爵位(如有前科等),可以按照平民的授田数额授予田宅。显然,当时的寡妇即使无子也有财产继承权。

后世传统礼教鼓励寡妇守节,寡妇可以获得丈夫的遗产,作为守寡的生活费用。唐《户令》"应分条"在提及上述的"兄弟亡者,子承父分;兄弟俱亡,则诸子均分"后称:"寡妻无男者,承夫分。若夫兄弟皆亡,同一子之分(注:有男者,不别得分。谓在夫家守志者,若改适,其见在部曲、奴婢、田宅,不得费用,皆应分人均分)"③,无子的寡妻可以在夫家守寡为条件,作为代位继承人继承应由丈夫继承的遗产,如果发生上述的诸孙越位继承的情况,则可以得到和诸孙同样的一份。但有子就不得单独继承,如果改嫁就丧失原继承的财产。既然寡妻可作为代位继承人,就说明寡妻有继承财产的权利。《宋刑统·户婚》"死商钱物"门所收录的唐及五代敕令,也规定死于外地的客商,如有妻子,就可收认客商的遗产。可见唐宋律令是将寡妻作为有前提条件的、特殊顺序的继承人。但后世法令修改这一原则。如《大明令·户令》:"凡妇人夫亡无子守志者,合承夫分,须凭族长择昭穆相当之

---
① 《宋刑统》卷一二《户婚·户绝资产》引。
② 《张家山汉墓竹简》,文物出版社 2001 年版,第 185 页。
③ 参见《唐令拾遗》第 156 页,引据《宋刑统·户婚》,原文为"寡妻妾无男……",这里的"妾"字,据日本学者中田薰的考证为衍字,当单指寡妻。

人继嗣。其改嫁者,夫家财产及原有妆奁,并听前夫之家为主。"可见寡妻的"承分"不过为过渡而已,已失去真正意义上的财产继承权。

六、赘婿

赘婿及接脚夫在女家的地位恰似妻子在夫家的地位,他是这个家族的外来人,理论上不得加入继承人行列,只能依靠妻子所能得到的财产。但赘婿或接脚夫要承担官府的差役。出于保证官府财政的需要,北宋时法令规定凡承担保甲的赘婿及接脚夫等,可以作为继承人,继承份额为其他继承人份额的一半①。明清法律则将赘婿和嗣子并列为同一顺序继承人,均分家产。

七、"近亲"

上引唐《丧葬令》文在规定户绝资产给女儿之后,又称:"无女,均入以次近亲。无亲戚者,官为检校。"这里的"近亲"依据该令文的原注:"亲依本服,不以出降",即当指五服内亲。可见"近亲"是排在女儿之后的继承人。

《宋刑统·户婚·户绝资产》载北宋初年的立法规定出嫁女为最后顺序的继承人,"其余并入官。如有庄田,均与近亲承佃"。这里的"承佃"是指庄田已归国有,"近亲"只能占有使用,并向国家缴纳地租。这样一来就排除了"近亲"的财产继承人的地位。

北宋中期"户绝条贯"更为详细,将能够继承遗产的"近亲"限定在与被继承人同居已满三年的亲属之内。规定出嫁女继承三分之一后余下的遗产"若亡人在日,亲属及入舍婿、义男、随母男等自来同居,营业佃莳至户绝人亡及三年已上者,二分店宅、财物、庄田并给为主。"如果没有出嫁女,同居的亲属就可以全部继承。"若同居未及三年、及户绝之人孑然无同居者,并纳官。庄田依令文均与近亲。如无近亲,即均与从来佃莳或分种之人。"这里的庄田都另外特别指明归属,当出于"劝农""地无遗利"、增加政府财政收入的立法指导思想。

北宋排除近亲为继承人的法律在实施时还是很严格的。如《梦溪笔谈》卷一一所载的一个案例:"邢州有盗杀一家,其夫妇即时死,唯一子明日乃死。其家财产依户绝法给出嫁女。刑曹驳曰:'其家父母死时,其子尚生,财产乃子物。出嫁亲女乃出嫁姊妹,不合有分。'"兄弟姐妹被排斥于继承人范围之外。

元明清时期不再将近亲属列入继承人范围,立法强调遗产由死者直系卑亲血亲(或拟制血亲)来继承。没有女儿的,户绝财产一律没官。

八、继承顺序

综上所述,中国古代财产继承时大体上的顺序是:第一顺序为诸子及诸孙(包括嫡子、庶子、婢生子、嗣子、奸生子),在室女及特殊情况下的赘婿;第二顺序为出嫁女;寡妻则作为特别顺序。

---

① 《续资治通鉴长编》卷三三二元丰六年(1083年)诏。

第四节　财产继承的份额

从西汉时陆贾分金的事例中就可以知道,中国古代的舆论倾向于均分家庭财产。汉代兄弟均分家产的事例相当多,如东汉田真三兄弟商议分析家财,"金银珠物各以斛量,田产生资,平均如一",就连堂前的紫荆树也想一分为三。后因紫荆枯萎而醒悟,同居如初。① 东汉许武被举为孝廉后,和弟弟分家,把家产一分为三,自己取最好的一份。两个弟弟毫无怨言,被誉为"能让",先后也被举为孝廉。于是许武大宴宾客,宣称当时是为了让兄弟出名,现在目的达到,自己的财产全部送给兄弟。② 这些故事都表明当时民间对于均分已有了共识。后世的法律对于同一顺序的继承人总是以均分为原则。

一、诸子的继承份额

诸子均分在法律上的反映,可见唐《户令》的"应分条":

> 诸应分田宅、及财物,兄弟均分(注:其父祖亡后,各自异居,又不同炊,经三载已上;逃亡经六载已上;若无父祖旧田宅、邸店、碾磴、部曲、奴婢见在可分者,不在分限)。妻家所得之财,不在分限(注:妻虽亡没,所有资财及奴婢,妻家并不得追理)。兄弟亡者,子承父分(注:继绝亦同)。兄弟俱亡,则诸子均分(注:其父祖永业田及赐田亦均分。口分田即准丁中老小法。若田少者,亦依此法为分)。其未娶妻者,别与聘财。姑姊妹在室者,减男聘财之半。③

这个法令并不提及嫡庶之别,完全按亲子数均分。为保证平均,特意将已异居三年及逃亡满六年的儿子排除在外。又特意说明各子妻子的嫁妆不在分割范围之内。遗产中的永业田及赐田实际已转化为私有,可以按子数均分,而口分田是要还官的,所以要按照官府授田时的规定进行分配。还注意到已婚子与未婚子的区别,特意规定要为未婚诸子留出聘财。作为第一顺序继承人的未婚女儿则只能得到未婚诸子聘财数额的一半。

后代法律基本与唐代相同,在继承份额上不分嫡庶之别。但金元时则有所改变,规定:"应分家财,妻之子各四分,妾之子各三分,奸良人及幸婢子各一分。"④庶子继承份额为嫡子的四分之三,奸生子和婢生子则只有嫡子的四分之一。这或许是历史上唯一的在财产继承上区别嫡庶的法条。

明代恢复唐宋传统,《大明令·户令》明确规定:

> 凡嫡庶子男,除有官荫袭先尽嫡长子孙,其分析家财田产,不问妻、妾、婢生,止依

---

① 《太平御览》卷四二一引《续齐谐记》。
② 《后汉书》卷一〇六《循吏传》。
③ 《宋刑统》卷一二《户婚》"卑幼私用财"引唐《户令》。
④ 《元典章》卷一九《户部五·家财》引"旧例",一般认为即金代的法令。

子数均分。奸生之子,依子数量与半分。如别无子,立应继之人为嗣,与奸生子均分。无应继之人,方许承绍全分。

仅奸生子的份额为诸亲子的二分之一,但在没有其他亲子的时候,奸生子可以和嗣子均分遗产。没有嗣子就可以继承全部遗产。清代沿袭。

长期的诸子均分继承方式,使得民间习惯上诸子对于平均分割家产有强烈的期待。后世分家析产习惯采用"拈阄"抽签的方式来进行,将所有的财产按不同种类、品质混合成几份,由继承人当众拈阄确定,以免有不均之弊。如是父祖在生前分割家产,在拈阄前往往要作"阄书",说明财产的来源、均分的方法,有时也会对诸子作出一些伦理道德方面的训谕。

嗣子由于只是一人,一般不再有均分之举。但宋代规定命继子和一般的嗣子不同,按南宋《户令》的"命继子承产条",如果死者没有任何子女,命继子至多只能得到全部遗产的三分之一,而且数额不得超过三千贯,遗产的数额超过二万贯时可得五千贯。如果是和在室女一起分配遗产,就只能得到四分之一,四分之三由在室女继承。和归宗女、在室女同分,则只能得到五分之一,五分之四由在室女和归宗女均分。如果只有出嫁女,命继子得三分之一,出嫁诸女均分三分之一,余下三分之一没官。① 元明清各代的法律没有这样复杂,都明确规定嗣子如同亲子一般,无论是立继还是命继,都可继承全部遗产。如果在立嗣之后又生有亲子,嗣子和亲子均分。

二、女儿的继承份额

按上引唐令的"应分条",在室女在和诸子共同继承时,只能得到一份微不足道的嫁妆。但在没有诸子及孙的户绝情况下,在室女就可以继承并均分全部家产。南宋的法令对此有所修正,提高了在室女在和诸子及孙共同继承时所得份额,有"父母已亡,儿女分产,女合得男之半"的法条。② 上述的南宋《户令》"命继子承产条"规定,在室女在和命继子共同继承时可得到四分之三的遗产。

归宗女因为在先前出嫁时已得到过一份嫁妆,所以在继承时的地位略逊于在室女,在和在室女共同继承时,其份额只可为在室女的二分之一。③ 如果只有归宗女继承,遗产总额的二分之一就要没官,余下的二分之一由归宗女均分。归宗女和命继子共同继承时,先依户绝法,归宗女得遗产总额的一半均分,命继子得总额的三分之一,余下部分(即总额的17%)的二分之一加给命继子,二分之一没官。④

《宋刑统·户婚·户绝资产》的起请条,规定在只有出嫁女继承时,出嫁女只能得到遗产总额的三分之一,余下部分的遗产没官。南宋法令又规定如果出嫁女和命继子共同继

---

① 《名公书判清明集》卷八《户婚门·女承分》"处分孤遗田产"判引。
② 《名公书判清明集》卷八《户婚门·分析》"女婿不应中分妻家财产"判引南宋法令。
③ 《名公书判清明集》卷七《户婚门·立继》"立继有据不为户绝"判引南宋令文。
④ 《名公书判清明集》卷八《户婚门·女承分》"处分孤遗田产"判引南宋令文,并参见叶孝信《中国民法史》第419页对此条的解释。

承时,出嫁女和命继子均分遗产总额的三分之二,余下三分之一没官。宋代这些法令基本被金元两代沿用。

明代将继承法规大加简化,女儿的继承顺序被推到嗣子之后,不能像唐宋时那样明确和诸子同为继承,得一份嫁妆;也不能像宋元时期那样和命继子均分。但从份额而言,无论是在室、归宗、出嫁,只要没有第一顺序继承人,就都能获得全部的遗产加以均分。

三、寡妻的继承份额

如上所述,唐令的"应分条"规定在继承上代遗产时,无子寡妻可代位继承得到丈夫应得的遗产,如和其他越位继承的诸孙同为继承时,可得与其相同的一份。而如果丈夫去世,无子寡妻也应可以继承丈夫的财产。但由于其继承的财产只是供其守寡之用,理论上只是为夫家看管,因此并不能随意处分。南宋有"诸寡妇无子孙,擅典卖田宅者,杖一百,业还主。钱主、牙保知情与同罪"的法律。① 上引明代的法令规定更为清楚,无子的寡妇虽"合承夫分",但有义务为已死的丈夫立嗣,其所继承的财产终究应该移交给嗣子,寡妇自己不得随意处分。另外,上述的唐"应分条"还特意说明,有子寡妇就丧失独立的财产继承权,明清的法律对此虽没有明言,但从强调立嗣来看,自然也具有这层意思在内。

四、赘婿的继承份额

虽然北宋时曾从行政的角度立法承认赘婿的继承权,并规定其继承的份额为其他继承人的一半,但总的来说在明代以前,赘婿并没有明确的法律上的独立继承权利,其继承是依附于妻子的。《大明令·户令》"招婿"条则明确"如招养老女婿者,仍立同宗应继者一人承奉祭祀,家产均分。如未立继身死,从族长依例议立",则赘婿可与嗣子并列均分遗产,至少得到总额的二分之一。

第五节 遗嘱继承

在中国古代法律中,几乎一直都没有确立遗嘱继承优先于法定继承的原则,相反,法律一直强调法定继承优于遗嘱继承。遗嘱继承往往适用于一些特殊的情况。

一、汉代的"先令券书"

湖北张家山汉墓出土竹简有一条《户律》,专门规定了民间立遗嘱的程序:

> 民欲先令相分田宅、奴婢、财物,乡部啬夫身听其令,皆参辨券书之,辄上如户籍。有争者,以券书从事。毋券书,勿听。所分田宅,不为户得有之,至八月书户。留难先

---

① 《名公书判清明集》卷九《户婚门·违法交易》"鼓诱寡妇盗卖夫家业"判引。

令,弗为券书,罚金一两。①

根据这一法律,预立遗嘱分配财产的百姓,要在当地乡一级官员面前进行,由官方见证作出"参辨券"(一式三份的竹木简文书),并立即进行如同户籍登记那样的登记存档。以后有争论财产的,按照"先令券书"进行处分,没有券书的不予受理。分配的田宅可以在没有登记立户的情况下先行占有,到八月份统一申报户籍财产时一起进行登记。对于百姓立遗嘱要求没有及时为其立先令券书的乡官,处以罚金一两的刑罚。根据商鞅变法以来的法律,儿子成年后必须和父母分家,另一条《户律》规定百姓可以随时分予田宅、奴婢、马牛等财产给其祖父母、父母、子孙、兄弟姐妹。

汉代"先令券书"的实例,可见江苏仪征胥浦汉墓出土的西汉元始五年(公元5年)高都里某妪的"先令券书":

> 元始五年九月壬辰朔辛丑亥,高都里朱凌:卢(庐)居新安里,甚接其死,故请县、乡三老、都乡有秩、左里师田谭等,为先令券书。
>
> 凌自言:有三父(夫),子男女六人,皆不同父。[欲]令子各知其父家次:子女以君、子真、子方、仙君,父为朱孙;弟公文,父吴衰近君;女弟弱君,父曲阿病长宾。
>
> 妪言:公文年十五去家,自出为姓,遂居外,未尝持一钱来归。妪予子真、子方自为产业。子女仙君、弱君等贫,毋产业。五年四月十日,妪以稻田一处、桑田二处,分予弱君;波(陂)田一处,分予仙君,于至十二月。公文伤人为徒,贫,无产业。于至十二月十一日,仙君、弱君各归田于妪,让予公文。妪即受田,以田分予公文。稻田二处,桑田二处,田界易如故。公文不得移卖田予他人。
>
> 时任知者:里师、伍人谭等,及亲属孔聚、田文、满真。
>
> 先令券书明白,可以从事。②

这件遗嘱是原籍高都里、寄居于新安里的一位名叫朱凌的老太,在快要病死的情况下,请了当地的县、乡官吏,作了这份"先令券书"。这位老太先后嫁了三位丈夫:第一位是朱孙,与她生下了四个子女:以君、子真、子方、仙君;第二位是吴县人衰(姓氏)近君,生育一个儿子衰公文;第三位是曲阿人病(姓氏)长宾,生有最小的女儿弱君。儿子公文十五岁离家改姓,在外居住,从未持一钱来看望母亲。老太太已经将部分家产分给了子真和子方。因为两个女儿弱君、仙君贫穷无产业,老太太在当年的四月十日,将一处稻田、二处桑田授予女儿弱君,将一处坡田授予女儿仙君,准备在十二月移交。儿子公文因为伤人,被判处徒刑,失去了原来的产业,很可能因为大赦(前一年的二月朝廷宣布大赦天下)或服刑结束恢复了自由,回到原籍。两个女儿因此在十二月十一日接收田产时,一致将田退回。老太太以此先令券书形式将田分给衰公文。这件遗嘱并没有处分全部的财产,只涉及转分的这四处田产,也没有关于其他财物、住宅的分配问题。券后又有很可能是官府的批文

---

① 《张家山汉墓竹简》,文物出版社2001年版,第178页。
② 张传玺主编:《中国历代契约会编考释》(上),北京大学出版社1995年版,第28页。

"先令券书明白,可以从事"。说明其程序完全符合汉《户律》的要求,而且也反映了当时的人们充分注意到田产应由儿子来继承的原则。

二、唐宋时期"户绝"者依遗嘱处分遗产的原则

《宋刑统·户婚·户绝资产》引唐《丧葬令》,该条规定的遗嘱继承的前提条件是"诸身丧户绝者",即在死者无儿孙的情况下,可以按照法律的规定安排遗产的分配,但"若亡人在日,自有遗嘱处分、证验分明者,不用此令",可以依照遗嘱进行继承。换言之,如果死者有儿孙、未户绝,并不一定需要按照其遗嘱来进行遗产的处分。

从一些出土文书来看,当时民间对于遗嘱并无统一的称呼,有的写作"正言",有的写作"唯书"。如敦煌出土的唐咸通六年(865年)尼姑灵惠的"唯书":

> 尼灵惠唯书
>
> 咸通六年十月廿三日,尼灵惠忽染疾病,日日渐加,恐身无常,遂告诸亲,一一分析。不是昏沉之语,并是醒甦之言。灵惠只有家生婢子一,名威娘,留与侄女潘娘。更无房资。灵惠迁变之日,一仰潘娘葬送营办。已后更不许诸亲恡护。恐后无凭,并对诸亲,遂作唯书,押署为验。
>
>   弟   金刚
>   索家小娘子
>   外甥 尼灵饭
>   外甥 十二娘(画指)
> 計計索甥外   侄男 康毛(押)
>   侄男 福晟(押)
>   侄男 胜贤(押)
>   索郎水官
>   左都督成真①

尼姑自然是"户绝"的,这件遗嘱所处分的财产是一名婢女,灵惠将其遗赠给侄女潘娘。虽然从目前的史料来看,唐代法律并不像汉代法律那样强调官方见证遗嘱,不过这件遗嘱的见证者仍有两位有官员的身份。

从敦煌出土唐宋时期文书来看,当时即使没有"户绝",民间仍有制作遗嘱以便财产分配的习惯。如出土的大约10世纪时期的遗嘱"样文"(格式):

> 夫悲世事以哀,然命应南间,气如风烛。人生共寿百岁,七十者希(稀)。暂住世间之生荣,现而鲁电之光炎。死时忽就,无路避逃。固病时渐加深重,吾想此疾,似不成人。留嘱遗言,归他逝路。吾以生存之时,所造家业,一切委付生存。闻吾醒悟,为留后语。吾若死后,或有喧,则依吾嘱矣!更莫相遗,谨例(列)舍田、家产、畜牧等,及

---

① 《敦煌资料》(第一辑),第403页。

忆念录依后耳。

　　长男厶甲、次男厶甲、某女,右通前当自己内分配。

　　指领已讫,后时更不得啾唧。吾自多生辜负汝等,今以劣弱,死路来奔,未及恩怜,便归空道。吾若死后,不许相争,如若不听母言教,愿三十三天贤圣不与善道。春(眷)属不令当恶,坏增百却,他生莫见佛面,长在地狱,兼受畜生。若不听知,于以(此)为报。千万重情,莫失恩颜,死将足矣!

　　时厶年厶月厶日,慈父遗书一道。①

　　这件遗嘱样文显然是为有儿子者准备的。由于是一件样文,没有详细的财产分配清单。但是"指领已讫,后时更不得啾唧"一句值得注意,说明中国古代的这类遗嘱往往在制作的当时就分配了财产,是上文所说明的"生前继承"的方式。

　　北宋天圣四年(1026年)"户绝条贯"仍旧维持"户绝之家"可以依照法律的规定安排遗产分配,但也可以按照遗嘱处分,"若亡人遗嘱证验分明,依遗嘱施行"②。南宋的《户令》则进一步缩小遗嘱继承的适用范围,"诸财产无承分人,愿遗嘱与内外缌麻以上亲,听自陈,官给公凭"③。原来唐代及北宋的"户绝"是指死者没有儿孙、但包括了可能有女儿的情况,而南宋的这一条令文改为"承分人",女儿就是可以分财产的"承分人"之一,因此遗嘱继承的前提缩小为在死者儿女都没有的情况下才能生效。遗嘱应向官府陈述,由官府加以证明,"官给公凭"。南宋对此也有很清楚的司法解释,如《名公书判清明集·户婚门·争业》所载翁浩堂"继母将养老田遗嘱与亲生女"判词中即有:"《户令》曰:诸财产无承分人,愿遗嘱与内外缌麻以上亲者,听自陈。则是有承分人不合遗嘱也!"

　　元明清时期的法律对于遗嘱继承不再提及,从而遗嘱继承失去了法律的依据,只是一种民间的惯行。民间如果是父亲生前分配财产的,一般是将财产分为相等的几份,然后由儿子们抓阄决定获得哪一份财产,父亲在抓阄前会宣读类似于上引的那件敦煌出土的唐宋期间充满道德训诫意味的"样文",一般称之为"阄书"。

三、司法实践中的遗嘱地位

　　在历代的司法实践中,遗嘱也并不得到尊重,法官可以相当随意地解释遗嘱的含义。如南宋《折狱龟鉴·严明》所选编的两则关于遗嘱继承诉讼的案例,就具有典型的意义。

　　第一则案例为西汉时的"何武断剑"。"沛县有富家翁,赀二千万。一男才数岁,失母,别无亲属。一女不贤。翁病困思念,恐其争财,儿必不全,遂呼族人为遗书:悉以财属女,但余一剑,云:儿年十五付之。"后来孤儿长到十五岁时,向姐姐要这把剑,姐姐不给,孤儿向沛郡官府起诉。郡守何武看了遗书后,称:"女既强梁,婿复贪鄙。畏贼害其儿,又计小儿正得此财不能全护,故且付女与婿,此实寄之耳! 夫剑,所以决断。限年十五,力足自

---

① 《敦煌资料》(第一辑),第441页。
② 《宋会要辑稿·食货·六一之五八》。
③ 《名公书判清明集》卷九《户婚门·违法交易》"鼓诱寡妇盗卖夫家业"引。

居,度此女、婿不还其剑,当闻州县,或能明证,得以伸理。"判决所有财产都归儿子,"弊女恶婿,温饱十年,亦已幸矣!"

第二则案例为北宋时的"张咏分财"。杭州有富民,儿子才三岁时自己就将病死,嘱咐女婿代管家务财产,写遗书给女婿:"他日欲分财,即以十之三与子、七与婿。"儿子成年后要求和姐夫分家,女婿持遗书到官府请求按遗书处理。张咏见了遗书,肃然起敬,将酒洒在地上,祭奠这位富民,对女婿说:"汝之妇翁,智人也!时以子幼,故此嘱汝,不然,子死汝手矣。"判决财产的十分之七归子,十分之三归婿。

这两个案例一直被当作有关遗嘱继承的典范,具有很大的影响。可见法官可以不受遗嘱书面文字的拘束,作出与书面文字意思截然相反的判决。这反映出遗嘱继承在中国古代的财产继承中的地位很低。

简短的结论

中国古代成文法所规定的继承制度,采用了身份继承与财产继承分离的原则。在身份继承上一直采用嫡长子继承原则,而在财产继承上则长期采用诸子均分原则。

传统财产继承的一般原则是:田宅由儿子继承,女儿在与儿子同为继承时只能继承作为嫁妆的动产。没有儿子即为"户绝"。唐宋时限制已出嫁的女儿作为第二顺序继承人的继承权利。汉以后无子者可以在生前或死后、由自己或寡妻或亲族尊长"立嗣",经法律拟制继承人来继承遗产。突出的特点是排斥旁系血亲的财产继承权。

在继承开始的时间上,传统社会有生前预先分配财产的习惯。长期以来遗嘱继承并不具备优先于法定继承的地位,唐宋时期法律规定在户绝情况下可以适用遗嘱继承,而明清法律对于遗嘱继承无任何具体规定。

第四章
契 约[①]

中国古代法律并无专门的篇章来集中有关契约方面的法规内容,有关的法条散见于律令各篇。如唐令的《田令》有关于土地转移的规定,《关市令》有买卖交易的规定,《杂令》有关于借贷方面的规定,《唐律疏议》的《户婚》部分有若干关于土地转让、买卖的法条,《杂律》也有一些借贷、寄存等方面的法条。《宋刑统》二一三门《户婚律》有"卖口分田及永业田""占盗侵夺公私田""典卖指当论竞物业",《杂律》有"受寄财物辄费用",都和契约有关。南宋《庆元条法事类》的《财用》《杂》门,汇编了不少关于契约债务的法律条文。明清律《户律》下专设《田宅》《钱债》《市廛》,均与债法有关,并汇编了不少条例。《大清会典事例》以及《户部则例》也汇编有不少有关契约方面的条例和事例。

第一节 契约的形式及成立要件

古代法律对于契约并没有一整套完整的制度,总的立法指导思想是尽可能不去干预民间的一般交易,避免全面规范各类民间的契约活动。如《宋刑统·杂律》引唐《杂令》,称对于民间计息借贷契约活动的原则是"任依私契,官不为理",即政府、法律并不主动干预,即使债权人起诉,官府也不予受理,不可能得到政府司法的帮助实现其债权。后来的法律虽然规定计息债权"官为理",但对于借贷以外的契约活动仍没有积极的立法。另一方面,在民间也很早就形成了主要不依靠法律保护契约的惯例。如吐鲁番、敦煌出土的古代契约文书大多有"民有私约,约行二主"或"官有政法,人(民)从私约"[②]的惯语,这一方面可

---

① 契约一词在古汉语中并非常用的固定词组,表示当事人之间协议一般仅用契、券、约,或契书、券书等称呼,契约两字连用情况不多。如《魏书》卷七九《鹿悆传》"契约既固,未句,综果降。"(唐)白居易《与执恭诏》:"欲求契约,固合允从。"(宋)司马光《涑水记闻》卷九:"武宁节度使王德用自陈所置马得于马商陈贵,契约具在。"近代日本法学界将"契约"专用为法律名词,表示当事人之间就特定权利义务事项所达成的协议,"契约"一词被国内法学界沿用。

② 如前一句可见《吐鲁番出土文书》,文物出版社 1987 年版,第一册,第 187 页;第二册,第 378 页;第三册,第 243 页;第五册,第 53,134 页,等等。后一句可见《吐鲁番出土文书》第六册,第 409、418 页;《敦煌资料》第一辑,第 294、297、311、466 页,等等。

能表明私约和官法具有同样的效力,另一方面也意味着私约与官法的对立,强调的是契约是私人之间的行为,排斥官法的影响,不完全期待得到官法的维护和强制执行。契约的种类、契约的形式、契约的内容、契约的强制力在很大程度上依靠的是民间的惯例,脱离于国家法律体系之外。

根据上述的特点,本节所述内容主要是古代法律中有限的关于契约的制度,并尽可能地叙述民间一般通行的惯例。

一、契约的形式

(一)作为信物的"契""券"

"契"字的本义为刻画,《说文解字·刀部》:"契,刻也。从刀。""约"字的本义为缠绕,《诗·小雅·斯干》:"约之阁阁",疏:"谓以绳缠束之"。《庄子·骈拇》:"约束不以缪索"。由此产生"约束"的词义,《周礼·秋官·司约》郑玄注:"约,言语之约束"。所以契、约这两个字本身就反映了古代人们"刻木记事""结绳记事"①的遗风。

在人类早期的社会生活中,文字并不是人们交流信息的主要方式,人们达成某项特定权利义务关系的协定时,主要依靠的是口头的协议。为了证明以及帮助当事人记忆协议的成立,需要有一定的仪式、双方说一套固定的套话并且有一定的证人在场,并以一块刻有痕迹的竹木片作为这项协议的信物,作为提醒一方履行义务的提示物,这在古代就称之为"契"。

在经济生活进一步发展后,又形成了双方各持一片这种信物或提示物的"券"。《说文解字·刀部》:"券,契也。从刀,券声。券别之以刀,以刀判其旁,故曰契券。"即由双方在一片竹木片的侧面刻出记号后,再"别之以刀",将竹木片一剖为二,双方各持一片有相同刻痕记号的竹木片。当两片竹木片合对无误,即为"合券",一方就应履行义务。在普遍使用文字之前,很多民族都有类似的习惯。如宋代岭南族人民"其要约以木契,合二板而刻之,人执其一,守之甚信"②。元代云南的傣族人民"缔约取一木杖,或方或圆,中分为二,各刻画二、三符记于上,每方各执一片。负债人偿还债务后,则将债权人手中所执之半片收回"③。直到清朝时,海南岛黎族人民依然采用这种方法进行田土交易:"黎民买卖田土,无文契票约,但用竹签一片,售价若干,用刀划数目于签上,对劈为二,买者、卖者各执其半以为信,日久转卖,则取原主之半签合而验之。"④

立券这种民间交易的习惯还影响到朝廷政治及军事制度,如战国时期各国普遍采用可以一分为二的"虎符"作为军令信物,虎符用铜铸成,君主和带兵的将领各持一半。历史上有名的"窃符救赵"的故事就表明了虎符在军队调动中所起的作用。汉唐时代依旧以虎

---

① 后代民间依然有以结绳记事的,(清)屈大均:《广东新语》卷七《黎人》载,海南岛黎族人民"有所借贷,以绳作一结为左券。或不能偿,虽百十年,子若孙皆可执绳结而问之,负者子孙莫敢诿,力能偿偿之,否则为之服役。贸易山田亦如是。"
② (宋)周去非:《岭外代答》卷十《蛮俗门·木契》。
③ [意]马可·波罗:《马可·波罗游记》第二卷,第190章《金齿州》。
④ (清)袁枚:《子不语》卷二一《割竹签》。

符调兵,只是唐朝为避祖先之讳而改为"鱼符"。

将竹木简契券上的刻痕朝向当事人,再从中一剖为二,左边的一片就称之为"左券""左契",右边的一片就称之为"右券""右契"。到底是由双方当事人的哪一方执哪一片,这在古代史籍记载中各不相同。有的记载是由权利人执左券,如《老子》有"是以圣人执左券而不责于人"的说法;《商君书·定分》有"即以左券予吏之问法吏者";《史记·田敬仲完世家》有"公常执左券以责于秦、韩";等等。也有的记载称右券才是权利人所执,如《战国策·韩策三》有"操右券而为公责德于秦、魏之主",宋人鲍彪注:"左券待合而已,右券可以责取";《史记·平原君列传》有"且虞卿操其两权,事成操右券以责,事不成以虚名德君";等等。这可能反映了不同地区、不同时期的民间习俗。不过从战国时期各国国君发兵的虎符大多是右符藏于国君、左符交与带兵将领的习惯来看,①至少在战国时期,民间的契券很可能是由权利人执右券。

(二) 竹木简文字契约"书契"

随着社会经济的发展,人员的流动、交易的频繁使得契约的内容日益复杂,就有必要使用文字记载双方有关特定权利义务的协定,人们开始在竹木契券上书写协议的内容,使竹木契券成为契约本身的载体,而不是仅仅作为提醒当事人回忆口头协议内容的信物,口头契约、仪式契约由此发展为书面契约。为与原来单纯的信物、提示物的契券相区别,古代文献特意将有文字记载的契券称为"书契""券书""书券"等,强调它是书面契约的载体。

据儒家经典《周礼》的说法,这样的文字契约早在西周时期就已相当流行,主要有"傅别""质剂""约剂""判书""书契"等等种类。"傅别"见《周礼·天官·小宰》"听称责以傅别",汉儒郑玄注:傅别是"傅著约束于文书,别为两,两家各得一也……为大手书于一札,中字别之"。即在竹木简上书写协议内容,然后在字行中剖开,双方各持其一,要合券才能读通这个协议。"质剂"见《周礼·地官·质人》:"凡卖儥者质剂焉。大市以质,小市以剂。"郑玄注:"谓两书一札,同而别之。长曰质,短曰剂。"意即在竹木简的两面都写上相同的协议内容,再从侧面剖开,双方各持其一。这种契约有两种,长的叫质,用于田土、牛马、奴婢的买卖;短的叫剂,用于珍奇异物的买卖。"约剂"见《周礼·秋官·司盟》:"凡民之有约剂者,其贰在司盟,有狱讼者,则使之盟诅。"汉儒郑玄注:"剂,谓券书也。"又见《周礼·秋官·司约》:"掌邦国及万民之约剂……凡大约剂书于宗彝,小约剂书于丹图。"这种"约剂"是否就是上述的"质剂"之一,不得而知,从朝廷专设机构管理以及在朝廷的司盟处保留一个副本的规定来看,这应该是一种特别重要的契约形式。"判书"见《周礼·秋官·朝士》:"凡有责者,有判书以治,则听。"注称:"判,半分而合者,故书判为辨。"汉儒郑司农注:"若今时辞讼有券书者为治之。"这或许是借贷契约的形式。"书契"见《周礼·地官·小宰》:"听取予以书契。"然而不能确定此处的"书契"是否是一个总称,抑或是关于"取予"交易的特别文字契约称呼。

---

① 如传世的秦国新郪虎符上的铭文:"甲兵之符,右在王,左在新郪。凡兴士被甲,用兵五十人以上,必会王符,乃敢行之。"

根据现有史料还难以判断以上《周礼》所言的这些称呼是否确实为西周时期的书面契约名称。出土的周代青铜器上的铭文中,有一些是关于民事交易的记载。① 但是出土的青铜器主要为冥器,铭文是当事人向祖先、向鬼神汇报的家族大事记录,其所记录的应当是当时人们进行交易的口头契约或书面契约的主要内容,并非就是商周时代民间通行的交易契约原始文本(难以想象以青铜器作为契约载体)。因此将此作为直接反映商周民事契约文本的资料似乎并不妥当,仅能作为考察研究当时民间交易契约的一种参考资料。

春秋战国时期随着社会经济的发展,人们交往范围的扩大,文字的使用逐渐普及到社会的各个方面,促进了书面契约的普及。战国秦汉时期,民间的书券已相当普及,从居延出土的汉简中可以看到,当时买卖布袍、衣服之类的行为也要作成书券。② 至少在秦汉时已明确凡买卖、借贷、租赁等重要契约必须要作成书面契约形式。然而在这种书面契约中依然存在着过去口头、仪式契约的遗风,比如在现在发现的汉代契券中往往都有"沽各半""沽酒二升"之类的惯用语,③ 说明当时立契时还要进行"成交酒"的仪式,仍旧具有浓厚的仪式契约性质,并需要在契约中说明仪式费用的分担情况。甚至在吐鲁番出土的高昌章和十年(541年)买田券中还有"沽各半"的文字。④

古代成交时的饮酒仪式,直至民国初年在有些地方依然是一项民间习惯,尤其是在北方地区较为常见。比如山西黎城县不动产买卖成交后,双方当事人及中、证等人要吃酒席,称"合食礼",由买方负担费用。襄陵、临汾一带称之为"吃割食"。芮城县习惯上中人并无报酬,仅参加这一宴会而已。夏县则称"会邻割事",要遍请四邻会宴,具有一定的公告性质。江西新建县酒席费用要占到契价的2%。安义县民间订立合伙租佃契约大多为口头契约,为证明契约成立,总要大会地邻、亲属"吃合食"。陕西南郑一带买卖不动产也有"吃割食"的习俗。⑤

(三) 纸质书面契约的书写习惯

东汉发明纸以后,随着人们书写工具的变化,书契的载体逐渐变为纸张,竹木简的契券被淘汰。北朝颜之推《颜氏家训·勉学》引邺下民谚:"博士买驴,书券三纸,未见驴字。"可见当时北方已普遍使用纸张做券。但竹木简书契的习惯依然长久留存,在吐鲁番出土的两晋南北朝时期的契约文书中,尽管都是纸写的契约,但契约里却仍往往写有"券破之后,各不得反悔"的惯语,反映着过去竹木简时代"破券成交"的习惯。也有的把纸写的契券称为"支",也表现了这种竹木简时代的遗风。到北朝后的契约文书才都写作"券成之后,各不得反悔"⑥。

---

① 主要有1976年出土的卫盉、五祀卫鼎、九年卫鼎铭文,以及传世的格伯簋、曶鼎、鬲从盨、攸从鼎、矢人盘(散氏盘)铭文。其交易的性质说法不一,铭文的释读亦有分歧。可见《中国历代契约会编考释》,第3~19页。
② 可见《疏勒河流域出土汉简》,文物出版社1984年版,第43页"西汉神爵二年(公元前60年)节竟宽卖布袍券",第78页"建始二年(公元前31年)张仲功卖单衣券"。
③ 如上述两件书契都有这样的文字,另外在传世的及出土的汉代买地券中也都有这样的文字,可参见吴天颖:《汉代买地券考》,《考古学报》1982年第2期。
④ 前引《吐鲁番出土文书》第六册,第74页。
⑤ 分别见《民商事习惯调查报告录》,第278、817、858、984、999页。
⑥ 前引《吐鲁番出土文书》第一册,第187页,"北凉承平八年(450年)买婢券"。

秦汉时受"破券成交"习惯的影响，大多数契约都采用一式二份的复本契约形式，而到了普遍使用纸张书契的两晋南北朝，大多数契约开始采用单本契形式。借贷、租赁等仍然采用复本契券形式的契约，沿袭过去在竹木简上刻画记号的习惯，往往将两张契纸并拢骑缝划上几道记号、或骑缝写上"合同大吉"、或合体字"卨"字样，便于将来合对证明确属原件。这种记号就称之为"合同"。唐宋时法律仅规定凡典、当契约必须为"合同契"（详见后文），对于其他契约的形式则并无明确规定。明清时的商业交易一般都使用这种有骑缝记号的"合同文书"，简称为合同；而民间的契约绝大多数是单本的，习惯上仍称"契"或"券"。① 凡民间一式几份并具有骑缝记号的书面文件都称之为"合同文书"，并不限于契约文书。

就现有史料来看，对于契约的书写格式，大多数朝代的法律似乎都没有作出明确的规定，仅规定买卖、出典田产房屋的契约必须经过官府加盖官印。在宋元明时期还曾要求使用官府统一印制的契纸（契本），其立约的程序、要件也都有明确的规定，对于其他的契约则没有什么具体的要求。在民间则有约定俗成的书写契约的惯例。由于古代识字的人不多，民间的契约都由一些书契人来代写，这些人创立并交流传播这些书写契约的习惯及格式。从传世或出土的古代文书来看，同一时期各地的书写惯例相当统一，可能就是因为这个原因。在吐鲁番、敦煌出土文书中有不少"样文"，显然是为了供人们立契时仿照用的。这种"样文"使各地的契约格式有可能趋于统一，契约的形式与规则得以相对固定、规范化。印刷术的发明和普及，使得朝廷有可能颁行统一的契约文本，而民间也出现了不少方便人们日常文书写作的文书尺牍类书籍，诸如明代《释义经书士民便用通考杂字》、明末清初《新刻徽郡补释士民便读通考》等。其中有很多"契式"供人们立契时参照。契式的流传使各地的契约书写习惯得以趋于同一，并影响到契约习惯的统一。官府对此一般都予以默认。

现在可以看到的秦汉及隋唐时期的契约文书中，往往有由买方或出贷方所立的"买券"或"出举券"，双方当事人都同样签署。至唐宋时，这种契约逐渐减少，绝大多数契约都是由卖方、借方等在交易中处于经济弱势地位的当事人单方面立契，并在契约上一一签署，由买方、出贷方等在交易中处于主动地位的当事人收执。而且买主、债主、地主等居于经济强势地位的当事人在契约上都只是列个名字，并不签署。明清时期的契式的一般格式是：凡在契约上提到买主、典主、债主等居于经济优势地位的当事人时，要换行顶格或至少是要空出几格后书写（本书在引用时为省篇幅一般不按照原件书写格式）。甚至还要"避讳"，不明确书写他们的名字，只是书写"某宅""某府"或"某姓"，以示尊重。这些当事人也不用签字画押。直到民国初年，江苏、浙江北部各地"乡规"，典、卖交易的买受人或典权人都不用在契约上签署，甚至姓名都不提及。天津借贷契约上债权人只写一姓氏。而

---

① 如（明）凌濛初：《初刻拍案惊奇》卷之一"转运汉遇巧洞庭红 波斯胡指破鼍龙壳"，描写商人交易时写立"合同"，而买房买铺就是立"文契"。近代胡朴文：《俗语典》（广益书局1922年版，上海书店1983年影印）卯集"合同"："今之产业买卖，多于契背上作一大字，于字中央破之，谓之合同文契。商贾交易则直言合同而不言契。"可见民国初年一般的民间交易文书仍称文契。

安徽繁昌等地习惯,债券上没有债权人姓氏,号为"满天飞",以便于债权的转移。类似的习惯还可见于福建晋江等不少地方。浙江平湖买卖、租赁也都不书姓名,只写"某处",重新抬头,号为"平头契"①。相反,相对方就必须连同子女、兄弟等亲属一一画押,还要在契约中作出种种担保,确保权利人实现权益。

对于契约所约定交易的性质,古代民间契约的称呼往往和现代民法的概念不同。有的交易名称的含意比现代民法要广,比如凡是收益权利的转移往往都称之为"买卖",而承揽、雇佣、租赁畜产的行为都混称为"雇",凡是转移担保债务或被视为担保债务财产占有的行为都混称"典"或"质"。也有的交易名称的含意比现代民法所用的概念范围要窄,比如"赁"一般仅指对于房屋的租赁,而对于耕地的租赁一般称之为"夏""租"或"佃";消费借贷、使用借贷,以及消费借贷中计息的和不计息的借贷名称也都不同(详见下文)。另外,古代民间出于某些原因,或者是为了规避法律的限制甚至禁止,在契约的名称上往往会采取伪名虚称,比如以"租佃"掩盖实质上的、被禁止的土地交易,以"收养"掩盖人口买卖等。因此在使用古代民间契约文书资料时必须要仔细鉴别双方当事人的具体权利义务关系,不能仅看当事人在契约上所定的交易名称就断定交易性质。

当事人的表达上,古代契约文书上提到当事人时一般都写上当事人的籍贯,以"某某县、某某里(或某某乡、都、图)、某某人"的称呼表示当事人。这一习俗在秦汉时尤其明显。汉唐时期契约文书尾部的签署处,姓名后也往往附带写有签署人的年龄。明清时则不再有此习惯。

在时间的表达上,古代均以君主在位的年号记年(必须换行顶格书写),往往同时书写干支年份。而在月、日的记载上,西周青铜器铭文一般以"初吉"表示朔日(一日)至七、八日;以"既生霸(或作魄)"表示八、九日至十四、五日;以"既望"表示十五、十六日至二十二、二十三日;以"既死霸"表示二十三日以后至晦日(月底三十日)。②秦汉时期民间契约文书往往以干支计日,书年月后,先书写一个该月朔旦的干支日期,再写立契日的干支日期。如居延汉简中一件西汉本始元年(公元前73年)陈长子卖官袴券:

> 本始元年七月庚寅朔甲寅,楼里陈长子卖官袴,柘里黄子心,贾八十。③

东汉以后民间契约文书一般不再采用干支记日,仅一些"冥契"之类和鬼神迷信有关的文书仍沿袭这种干支记日的方式,书写格式为年、月、朔旦干支、日数、日序干支。④明清时期民间的交易契约的书写,往往仅明确年月,日期一般忽略。

二、契约的副署人

在中国古代的法律以及民间习惯上,契约的第三方副署人的地位比在近代要重要得多,几乎不存在没有第三人参加副署的契约。这种第三方副署人主要有见证人、中介人、

---

① 分别见《民商事习惯调查报告录》,第 313、1031、738、915、1046 页。
② 参见王国维:《观堂集林》卷一《生霸死霸考》。
③ 可见《中国历代契约会编考释》,第 32 页。
④ 参见吴天颖:《汉代买地券考》,《考古学报》1982 年第 1 期。

保人、书契人等等。

在口头、仪式契约时代，立约必须要有一定的证人在场，证明某一协议的成立，并可帮助当事人回忆协议的具体内容。秦汉时期的契约受这一契约习俗的影响，契约的第三方附署人主要是见证人，当时称"时见""旁见""时知券约"等等。后世的民间契约仍长期保留这一习惯，大多数种类的契约都需要有见证人的副署，一般简称为"见人""证人"。

中介活动在古代相当活跃，绝大多数商事交易都是在中介活动的促进下完成的，而民事活动也都有中介人的介入。这种中介的作用有引见交易对象（或由专门引见人副署）、参与价金讨论、说明交易细节等，有时也兼有见证契约、保证契约履行的作用。他们在习惯上称之为"侩""牙人""中人"等等，是主要的契约副署人（详见下文）。

保证人也往往是古代契约不可缺少的副署人。《唐律疏议·名例》有"买卖有保、嫁娶有媒"的说法，强调买卖契约必须要有保人副署。宋以后，保人成为借贷契约的最重要的副署人。如元代武汉臣杂剧《散家财天赐老生儿》对白："你要借钱，我问你要三个人，要一个保人，要一个见人，要一个立文书的人。有这三个人便借与你钱，无这三个人便不借与你钱。"虽然法律上往往明确规定保人对于契约的连带责任，但民间惯例上保人至少负有督促义务人履行契约的义务（详见本章第三节）。

另外任何时代的任何契约都不可缺少的契约副署人是替双方当事人起草、书写契约的书契人，或称"倩书人"。为了表示公平无欺，即使是双方当事人都能写字，也很少会亲自写契，一般都要找一位身份中立的、能为双方信任的书契人来起草、书写契约文本。书契人一般不承担契约是否违法的证明责任，也不负契约的连带责任。

民国初年民间的契约依旧大多由写契人起草书写，他们收取的"笔资"一般为契价的1‰～2‰左右。比如山东滕县代笔的"说合礼"为1‰，陕西商南县买卖契约的"笔资"为契价的2‰。安徽广德的代笔钱则相当少，不到1‰。江西新建县笔资1‰。①

三、契约的签署方式

当事人之间就某项特定的权利义务事项达成协议，作为意思表示，就需要在协议文本上签署，这是今天法律的要求，也是民间普遍遵循的交易惯例。中国古代的也是如此，但是因为制作契约文本的材料以及一些礼仪上习俗上的惯例，签署方式并不完全和当代社会一样。

（一）在简侧刻痕与"下手书"

与契约的制作材料及人们的书写习惯相适应，古代的契约的签署方式也有很多变化。在仅将竹木简作为口头契约提示物的时代，签署的方法就是由双方当事人亲手在竹木简的侧面刻上记号。当人们在竹木简上书写记录契约内容后，自然就可能在竹木简上签名，但更普遍的依然是采用在竹木简侧面刻画记号的办法。如《周礼·地官·质人》"掌稽市之书契"，汉儒郑玄注："稽，犹考也、治也；书契，取予市物之券也。其券之象，书两扎，刻其

---

① 分别见《民商事习惯调查报告录》，第248、938、984页。

侧。"意思是管理市场的官员"质人",需要对市场上人们订立的"书契"进行考察和管理。人们买卖交易市场上的商品需要订立"书契",在竹木简的两面写上交易协议的内容,然后在竹木片的侧面刻上痕迹作为签署(再剖开竹木片分执)。质人要对此进行检查。

作为刻画的代替方法,也可以在写有文字的竹木简的侧面,用毛笔画上几道小横道,这在汉代称之为"下手书"。《周礼·地官·司市》"以质剂结信而止讼",汉儒郑玄注:"质剂谓两书一札而别之也,若今下手书",唐儒贾公彦疏:"郑云若今下手书者,汉时下手书,即今画指券。"这种"下手书"的实例,可见居延汉简中的西汉建昭二年(公元前37年)甲渠塞欧威卖裘券:

> 建昭二年闰月丙戌,甲渠令史董子方买鄣卒欧威裘一领,直(值)七百五十。约至春,钱毕已。旁人:杜君隽。

这件交易是"令史"(边防军队的文职人员)董子方用了七百五十铜钱,向"障卒"(边防士兵)欧威买了一件"裘"(大衣)。而在竹木简契约的旁证人"杜君隽"名字下外侧,隐约可辨认出有三小横笔画的痕迹,很可能就是杜君隽的"下手书"①。

(二)署名与"画指"

契券材料改为纸张后,签署的方法也可以由当事人"署名为信",除了在契券后部签名外,更常见的是由双方当事人在契约提到自己名字的地方署名。②

绝大多数不识字的普通百姓一般采用的契约签署方式,就是所谓"画指"。画指,就是由当事人在契约后部自己名字的下方、或与名字重叠,亲手画上自己一根手指长度的线段,并画出指尖、指节的位置,如F形状。或者是仅仅点出指尖、指节的位置,形成纵向的三个墨点,或者位于签署人的姓名下方,或者就夹杂在签署人姓名的字行间。一般是男画左手的食指、女画右手的食指。有的画指同时附有文字说明,表明是画的哪一根手指,附带说明画指人年岁的也相当普遍,称"画指书年"。③画指的习惯很可能从上述"下手书"习惯转化而来的,在竹木简侧画出代替刻痕的三小笔墨道,依据的很可能就是签署人的指节位置。

从吐鲁番、敦煌出土的两晋南北朝隋唐及宋初的古代文书来看,当时官私文书普遍采用画指的方式签署,有"画指为信"的惯语。④ 另外,9世纪时访问广州的阿拉伯旅行家苏莱曼在《中国印度见闻录》中说:"在商业交易和债务上,中国人都讲公道",在写成契约文书后,"把中指和食指合拢在署名处按上手印"。⑤ 在敦煌出土的一件孙清便粟券,券末的

---

① 《居延汉简甲乙编》上册叁《图版》甲图贰陆,编号一八七;下册肆《释文》一六页上,编号一一六·一。
② 如《吐鲁番出土文书》第一册第189页"义熙五年(410年)道人弘度举锦契",第191页"延昌廿二年(583年)康长受举麦契"。
③ 参见[日]玉井是博:《支那西陲出土の契》,载《支那社会经济史研究》,岩波书店1941年版,第335页。[日]仁井田陞:《中国法制史研究·土地法·取引法》第九章附载《画指文书》。
④ 《陶斋藏石记》卷六载北魏正始四年(507年)买地砖券已有"画指为信"的文字,吐鲁番、敦煌出土文书中多有这一惯语,可见《吐鲁番出土文书》各册、《敦煌资料》第一辑。
⑤ 苏莱曼:《中国印度见闻录》,穆根来等译,中华书局1983年版,第58页。

便粜人和保人姓名后都有拇指印，①说明唐代民间确实有以捺指印签署契约的习惯。但是就现有资料来说，捺指印绝非中国古代普遍的契约文书签署惯例。或许是苏莱曼把"画指"错看成捺指印了。

宋代画指的适用范围逐步缩小，清人梁清远《雕丘杂录》卷九称"宋婢券不能书者画指节"，仅人口买卖时依然采用画指的方式。元代依然如此，如潘泽为山北辽东道提刑按察使，当地有个豪强霸占了一家十七口为奴婢，那户人家含冤起诉，可是豪强拿出一张有那十七人画指签署、自卖为奴的契约为证据。官府无法断案，拖了几年没有结案。潘泽"以凡今鬻人皆画男女左右食指横理于券为信，以其疏密判人短长壮少"，仔细辨认这张契券，发现有一个写明是十三岁的少年其画指的指节长度像成年人的，他就召集了当地十个十三岁的少年，一一用食指比照契券上的那个画指，都相差很远。豪强无法辩解，只得承认败诉，伪契被销毁，十七口大小都获得自由。②

（三）"花押"与"手模"

自唐代起，士大夫之间流行草书连笔署名，号为"花押"。这一风气逐渐普及到社会下层，百姓们在签署契约文书时，开始模仿士大夫草书连笔署名，在自己的名字后面画上一个符号，代表花押。在敦煌出土的14件约为唐末五代宋初时期的契约文书，其中有5件是以画押签署的，4件是画指签署的，4件是盖押印章签署的。③ 到了明清时，官私文书都已普遍使用画押签署。明代官员赴任前先要在朝廷吏部练三天画押留底，以便将来核对往来公文。明代有文化人的花押虽然千变万化，但基本形状都是上下各有一横，据说是取"地成天平"之意。④ 普通百姓的花押一般比较简单，大多为王字形、五字形、七字形的，最为平常的就是画一个十字，即所谓"十字花押"。

古代有关婚姻、继承涉及人身的文书，一般还要在文书的背面打上一个满掌印，称之为"手模"或"手摹"。吐鲁番出土文书中有一件唐贞观年间的"遗言文书"，文书背面打有一个满掌印。⑤ 清代依旧如此，"民间卖买田产，只凭花押；离异等事，方有手摹（掌印），是手摹较花押为更重"。⑥ 手模文书比画押文书更为重要。

虽然私章是古代士大夫必备的身份证明工具，但是却很少用在契约文书上作为一种签署的方法。出土的及传世的契约文书中，很少见到有使用私人印章签署的。这或许是因为古代契约一般是由交易中居于经济弱势一方的当事人出面的，一般居于经济强势一方的士大夫不必签署。另外在士大夫之间的交易中，也往往不屑于在这孜孜于利的交易文书上盖章。

古代法律对于民间契约的签署方式并无统一的规定。所谓"遇笔则押，遇印则印，又何拘焉"？只是"人之交易不能亲书契字而令人代书者盖有之焉，至于着押，最关利害，岂

---

① 《中国历代契约会编考释》，第368页。
② （元）姚燧：《牧庵集》卷二二《浙西廉访副使潘公神道碑》。
③ 参见[日]仁井田陞：《中国法制史研究·土地法·取引法》取引第三部第十章第五节。
④ 参见（明）郎瑛：《七修类稿》卷二五《押字》，（清）赵翼《陔余丛考》卷三三《花押》。
⑤ 见《中国大百科全书·法学卷》彩色插页24。
⑥ （清）董沛：《汝东判语》卷二。

容他人代书也哉"！① 强调要由当事人亲自签署。这可以说是历代官府的态度。

民国初年民间依然主要以画押方式签署契约，如奉天（今辽宁）洮南县民间"凡不动产买卖、典当、各项契约，除当事人及中保人识字较深者画用押记外，其不识字人民概以圈点或十字代押"。甘肃省民间"画押有用十字者，有套字为手押者，有楬箕斗者。凡经画押即永矢弗谖之意，而要以楬箕斗为尤重"。所谓"套字为手押"，是指在自己姓名后画出手掌的轮廓，而"楬箕斗"是指掌印。② 有的地方民间以捺指印取代画押，例如江西赣南一带普遍以捺指印签署契约。可是湖南省民间却以捺指印为奇耻大辱（因奸盗要犯在口供上捺指印），订立契约时往往画一个圆圈代替指印。③

四、契约的成立要件和契约基本条款

（一）契约的成立要件

古代法律所要求的契约成立实质要件与现在并没有什么本质不同，强调成立契约必须由双方合意。这在古代称之为"和同"，"和"指双方自愿，"同"指双方意思表示相同。与之相对的就是"强"，所谓"不和，谓之强"④。

在很久以前强行交易就已遭到指责。《左传·昭公十六年》载郑国大夫子产追述郑国先君郑桓公（？—公元前771年）与商人的盟誓："尔无我叛，我无强贾。"说明即使诸侯也不能强买强卖。在以后的法律中，强行交易一直被视为一项犯罪。从云梦出土的秦简中可以看到，秦律中已有了"强质"的罪名。⑤ 汉律也有"强买"罪名，如《史记·萧相国世家》载，西汉初年，萧何封功臣第一，位极人臣，他为避免汉高祖刘邦的猜忌，听取门客意见，故意以低价强买长安附近的民田民宅，刘邦平定了英布的叛乱后回到关中，"民道遮行上书，言相国贱强买民田宅数千万"。萧何因此被捕下狱。汉律又有"恐猲"罪名，《汉书·王子侯表》载，西汉武帝元狩三年（公元前120年）平城侯刘礼"坐恐猲取鸡，以令买偿，免"。据颜师古注："恐猲取人鸡，依令买鸡以偿，坐此免。"《宋刑统·杂律》引唐《杂令》，规定凡买卖、借贷都必须"两情和同"。后代的法律也都有类似的条文。

古代民间的契约也都有表明契约是合意成立的文句。比如吐鲁番、敦煌出土的古代契约文书多有"二主先和后券""两和立券""两共对面平章（平章即指商议、商量）"之类的惯语，⑥明清时期的各类契式也有类似的表述。

对于契约形式上的要件，就现有的史料来看，古代法律很少有正面的硬性规定，只是没有书面契约文书就不能提起诉讼。民间习惯上一般凡买卖、借贷、典当、租赁等数额较大、性质较重要的交易都要有书面契约。在法律上只有对土地、房屋、奴婢、大牲畜的买

---

① 《名公书判清明集》卷九《户婚门·违法交易》，卷五《户婚门·争业》。
② 《民商事习惯调查报告录》，第33、1245页。
③ 同上书，第962、1158页。
④ 《晋书》卷三〇《刑法志》引晋张裴《律注表》。
⑤ 《睡虎地秦墓竹简》，第214页。
⑥ 如《吐鲁番出土文书》第一册，第187、191页；第二册，第326页；第三册，第243页；第四册，第37、156页；第五册，第20、80页；第六册，第412、414页；第七册，第389、406页；等等。《敦煌资料》第一册，第298、300、312页，等等。

卖、典当规定了契约的形式要件(详见后文)。

(二) 契约的基本条款

古代契约的格式、基本条款主要是由民间自发形成的立约习惯规范的,因此各个时期、各个地区不尽相同,但总体来说,古代契约文书的基本条款与近代契约并无很大差别,都具有标的、数量和质量、价金或酬金、履行期限及地点方式、违约责任这五个部分。当然由于各种不同的契约内容不同,基本条款的侧重点也有所不同。

1. 关于标的

关于标的的确定和说明,在不同的契约有所不同。古代买卖契约的标的说明最为复杂,往往要占到契约文书文字的相当部分,而其他契约有关这一方面的条款相对较为简单。

2. 关于数量、质量

古代的度量衡比近代要复杂得多,所以在契约中往往要说明所使用的度量衡的标准。有关数量的数字表达上,从吐鲁番出土的北朝时期的契约文书来看,使用大写数目字已经相当普遍。后代大多数契约文书都是采用大写数目字来表示数量。有时虽不使用大写数目字,但采用同音字来代替过于简单、容易窜改的普通数目字,比如用"乙"来表示"一"等。

关于标的质量的说明,买卖、租佃、雇佣等契约较为复杂,而借贷、出典等契约一般较为简单。

3. 关于价金、酬金

契约的价金一般都规定为契约订立时期通行的货币,如秦汉时的铜钱,隋唐时期的绢帛,宋元时期的纸币,明清时期的白银等等。

由于古代货币制度较为复杂,民间交易时在契约上往往都需说明所使用货币的标准。如汉朝时民间交易已有以不满一千的铜钱当作一千进行支付、流通的情况,如有的东汉买地券有"钱千无五十"(见上文所引),即表示所交付的铜钱以九百五十文为一千文。东晋南朝时民间往往以不满一百作为一百钱流通,称之为"短钱""短陌"①。唐朝曾立法严禁这种"短陌"交易,但最终承认"与其禁人之必犯,未若从俗之所宜","短陌"(改称"除陌")交易合法,九百二十文可作为一贯(一千文)流通。② 宋代规定七十七钱可作为百钱流通、七百七十钱可作为一贯流通,称"省陌"。但必须在交易契约中注明贯为"足"还是为"省"。使用纸币交易的契约文书则都须注明纸币的"界"期。明清时民间交易更必须说明白银的成色以及所用的衡制,如"九二色、漕平""九七色、广平"之类。外国流入的银元在国内流通时往往也要注明其重量,如"六八佛银(重六钱八分的'佛郎机'银元,即欧洲国家的银币)某某元"。

民国初年货币混乱,民间交易使用的货币种类有钞票、银元、白银、铜钱,以及各类实物。铜钱方面往往仍有短陌现象,如安徽英山习惯以七十钱为百钱,而潜山以七十五钱为

① 《隋书》卷二四《食货志》。
② 《旧唐书》卷四九《食货志下》。

百钱。如契约写作"七十钱一千两",即实数为七百串(理论上一千钱等于一两白银,一串即一吊、一贯之意)。浙江庆元县契约上所写"纹银若干两"实际为银元一元五角,"九七色银若干两"即比照纹银减百分之三,"库平纹银"实际上是指草银,每两仅合铜钱七百文。有的地方还有各类代价券进行交易流通,如安徽安庆习惯以公质局发放的竹牌交易①。

古代酬金的支付往往采用实物支付的方式,因此有关这一方面的条款也比近代一般的民事契约来得复杂。

4. 履行的期限、时间、地点

由于古代经济生活比近代简单得多,很多契约在立约的同时就开始生效,支付价金、移交标的物之类的履行,更多的是以口头约定或当地的习惯进行履行,因此往往在书面契约上关于履行期限、地点、方式方面的内容较为简约(借贷契约偿还期限当然是很明确的)。

5. 违约责任

由于古代的契约主要依靠当事人自力维护其效力,因此古代契约的违约条款相当具体,各类契约一般都有违约责任的条款。但不同的契约往往有着特有的违约责任规定,最常见的、最"通用"的违约责任条款有以下几种。

(1) 悔约责任条款

悔约责任条款几乎是古代各类契约皆备的内容。当事人双方都保证在立约后不再反悔,否则甘愿受约定的处罚,一般为交付预定数额的违约罚金。

从西周青铜器铭文所记载的一些民事契约的立约情况来看,当时立约的当事人必须起誓遵守契约的约定。如周恭王五年(公元前917年)的"五祀卫鼎"铭文、周厉王三十二年鬲攸从鼎铭文、周厉王时期的矢人盘铭文都记载在立约时当事人起誓的情况。②向鬼神起誓遵守契约是很多民族古代法律都有的现象,但值得注意的是,早在西周时,立约时的誓言内容中已经包括了具体的违约处罚内容,违反约定,亦即违反誓言的后果并不是遭到鬼神的制裁,而是按照誓言所包括的违约处罚金内容,接受违约处罚而已。可见起誓的神圣而神秘的色彩已大大褪色,几乎已经成为一种单纯的仪式了。如周厉王时期鬲攸从鼎铭文记载鬲从和攸卫牧因土地纠纷形成诉讼,攸卫牧被迫起誓:"我弗具付鬲从其且(租),射(谢)分田邑,剩(则)放。"保证交付田租、归还所侵占的田邑,否则甘愿接受流放的处罚。③ 另一件周厉王时期的矢人盘铭文记载矢人因入侵散氏地盘失败而割让土地,在巡行田界交割后,矢等发誓:"我殟(既)付散氏田器,有爽,实余有散氏心贼(贼),剩(则)零(隐)千罚千,偪(传)弃之。"其官员也发誓:"我既付散氏□田□田,□又爽□(变),□千罚千。"起誓保证对方的占有,但如果违约的话,是支付罚金。④ 因此可以说自西周时起就已

① 分别见《民商事习惯调查报告录》,第900、1058、901页。
② 可见《中国历代契约会编考释》,第5~6、16、17页。
③ 释文见郭沫若:《两周金文辞大系图录考释》(第七册),科学出版社1955年版,第126~127页。并参见郭沫若:《青铜时代》,科学出版社1966年版,第22页;郭沫若:《中国史稿》(第一册),人民出版社1976年版,第285页。
④ 释文见郭沫若:《两周金文辞大系图录考释》(第七册),第129页。参见王国维:《观堂集林》卷一八《散氏盘跋》、许倬云:《西周史》,三联书店1994年版,第294~295页。

形成了以悔约罚金为主的悔约责任条款传统。

古代以"破券"为立约的成立,"破券"或后世纸券书写签署后再反悔的,就要承担悔约责任。在吐鲁番出土的北朝隋唐时期的契约文书中一般都有"券破(或成)之后,各不得反悔,悔者一罚二入不悔者"的惯语。① 其意思应当是悔约者要向对方交付相当于契约价金一倍的悔约罚金。也有的契约写明悔约罚金的具体种类、数额,从这些具体写明悔约罚内容的契约来看,有的确实高达契约价金的一倍,如北凉承平八年高昌石阿奴卖婢券,契价为"丘慈锦三张半",而悔约罚金为"罚丘慈锦七张入不悔者"。又如高昌延寿十四年(637年)康保谦买园券,"买价银钱贰拾",而"若有先悔者,罚银钱壹佰文入不悔",则悔约罚金数额达到价金的五倍。② 但从敦煌出土的唐末五代宋初的契约文书来看,这一时期这种笼统的悔约罚惯语已较少使用,往往采用指定具体悔约罚内容的方式。如戊戌年(878年?)令狐安定雇工契,雇价每月五斗,"两共对面据审平章,更不许休悔。如先者,罚羊一口,充入不悔人"。又如癸未年(923年?)张修造雇驼契,"两共对面平章,更(当为不之误)许先(反)悔。又(有)人悔者,罚麦壹硕,充入不悔人。"这件契约的骆驼雇价"官布拾个",当在一硕麦价值之上。③

宋元时期有悔约责任条款的契约文书不多见,元明清的各类"契式"中往往没有这一类条款。即使约定悔约罚金条款,罚金数额较少,一般为契约价金的一半。如元代至元三年(1337年)徽州郑周卖山地契,"自成交之后,二家各无言悔,如有先者甘罚契内稻谷贰拾秤,如(与)不悔人用"。该件契约价金为稻谷肆拾叁秤,罚金为一半不到。明代《尺牍双鱼》所载卖房契式有悔约责任条款:"如有悔者,甘罚契内价银一半与不悔人使用。"④ 清代契约中此类条款更为少见。

(2) 唐末五代宋初的恩赦担保条款

在敦煌发现的唐末五代宋初的民间契约文书中,有不少都具有专门排除朝廷恩赦效力的条款。如天复四年(904年)贾员子租田契有"有恩赦行下,亦不在论说之限"的条款;天复九年(909年)安力子卖地契有"或有恩赦流行,亦不在理论之限"的条款;酉年便豆契有"或有恩赦,不在免限"的条款;等等。⑤ 据日本学者仁井田陞《敦煌发现的唐宋交易法关系文书》(载《中国法制史研究·土地法·取引法》取引法第十章)一文的统计,发现具有这一条款的契约共有十五件,其中买卖契约十二件(人身买卖二件,房屋买卖七件,土地买卖四件),借贷契约一件,互易契约一件,典质契约一件。

出现这种特殊类型的契约条款的原因比较复杂。唐末五代政治混乱,短命的皇朝为收买人心,常常会不负责任地颁布一些免除公私债务的赦令,据日本学者加藤繁的统计,

---

① 如可见于《吐鲁番出土文书》第一册,第5页;第二册,第378页;第三册,第244页;第四册,第38页;第五册,第54、75、134页,等等。
② 分别见《吐鲁番出土文书》第一册,第187页;第四册,第37~38页。后者在规定了具体悔约罚金数额后,又照旧写"券成之后各不得返悔,悔者一罚二"。
③ 分别见《敦煌资料》第一辑,第344、338、357页。
④ 分别见《中国历代契约会编考释》,第571、1010页。
⑤ 分别见《敦煌资料》第一辑,第322~323、309~310页。

五代时仅920年至942年的二十二年间,这样的恩赦令就有八次之多。①民间债权人为防止朝廷发布这类恩赦令致使自己的债权落空,故特意在契约中要求债务人作出保证,在朝廷恩赦令发布后依然清偿债务。古代民间出卖土地、房屋之类的产业总是在债台高筑情况下的迫不得已之举,当债务被恩赦诏令取消后,出卖人可能会反悔,尤其是唐宋法律对于计息债权并不加以保护,也并不明确保护以田宅抵消债务的交易(详见后文),因此买受人在契约中要求出卖人保证不因恩赦而取消交易的效力。这样就逐渐形成了一种立约的惯语。

类似唐末五代那样朝廷滥下恩赦的情况在后世不曾发生,恩赦担保条款在后世民间的契约中也就不再是一项必备的条款。

(3) 定金

古代没有定金担保方面的法律,有关的记载也不多。民国初年有些地方有此习惯。如山东海阳县习惯,买方即使抛弃定银、卖方即使返还定银,均不得主张解除契约。山西大同的"押信钱"习惯不同,买卖田宅买方先交付标的十分之一的押信钱,以三月为限,退产者不得请求返还押信钱。武汉三镇地区的习惯是支付定金者可以抛弃定金为条件请求解除契约。②

第二节 买 卖 契 约

买卖契约是中国古代最受重视的契约种类,法律有关契约的内容几乎有一大半都集中于买卖契约。古代法律上认定的买卖只能是所有权的转移,本节也主要介绍涉及所有权的买卖契约的法律及民间习惯。但值得注意的是,中国古代民间文书中的买卖往往并不是单指所有权的转移,即使是典权、租赁权之类的收益权的转移,在民间习惯上也往往称之为"买卖"。有关这种"买卖"的契约将在其他章节加以介绍。

一、买卖行为的合法性

(一) 禁止欺诈行为

历代法律都禁止盗卖他人的财产。至少在汉朝已有"盗卖"的罪名,如西汉武帝元狩五年(公元前118年),名将李广的弟弟李蔡因盗卖阳陵(汉景帝的园陵)三顷土地,身为丞相仍然下狱,结果自杀身死。③后世历代都有盗卖罪名。《唐律疏议·户婚》"妄认公私田"条:"诸妄认公私田若盗贸卖者,一亩以下笞五十,五亩加一等,过杖一百,十亩加一等,罪止徒二年。"该条律疏引《田令》,盗卖与私行买卖田地一样,"财没不追,苗子及买地之财并入地主"。《大明律·户律·田宅》"盗卖田宅"条:"凡盗卖、换易及冒认、若虚钱实契典

---

① 参见[日]加藤繁:《中国经济史考证》第三卷,五十二《中国史中公私债务的免除》。
② 《民商事习惯调查报告录》,第803、809、1101页。
③ 《史记》卷五四《李广传附弟李蔡》。

买及占侵他人田宅者,田一亩、屋一间以下笞五十,每田五亩、屋三间加一等,罪止杖八十、徒二年……田产及盗卖过田价并递年所得花利,各还官、给主。"

历代法律还禁止重叠买卖的欺诈行为。后周广顺二年(952年)的敕条已规定禁止重复买卖,"如违犯,应关连人并行科断,仍征还钱物"①。南宋法律规定:"诸以己田宅重叠典卖者杖一百,牙保知情与同罪。"同时"钱主知情者钱没官,自首及不知情者理还,犯人偿不足,知情牙保均备(赔)"②。《大明律·户律·田宅》"典买田宅"条:"若将已典卖与人田宅朦胧重复典卖者,以所得价钱计赃准窃盗论。免刺。追价还主,田产从原典买主为业。若重复典买之人及牙保知情者,与犯人同罪,追价入官。"清律沿袭。

(二) 价格限制

按照《周礼》的说法,西周时官府对于民间买卖进行严密的限制,除了市场管理制度(详见后文)外,还强调控制买卖的价格。《周礼·地官·贾师》称西周时专设管理物价的"贾师",辨别物品质量确定"恒贾"。

秦汉至唐宋时期,法律对于买卖价格方面的限制相当严格。战国秦汉时官府每月公布指导性的价格"平贾"(或平臧),又称"正贾"。凡交易都应遵循这一价格,否则就要作为犯罪处罚。《汉书·功臣表》载:汉武帝太初四年(公元前93年)梁期侯任当午,"坐卖马一匹,价钱十五万,过平臧五百已上,免"。卖马超过平价不过三百分之一,竟然就被免去列侯爵位。东晋南朝时,法律仍专设有"评价贵"罪名。如刘宋时何承天因"卖荄四百七十束与官属求贵价",以这一罪名"坐白衣领职"(褫夺官服、戴罪留职,见《宋书·何承天传》)。《唐律疏议·杂律》规定市场管理机构的职责之一是每月按旬公布各类物价标准,分为上、中、下三等,称"旬估"。专设"更出开闭、共限一价"(结伙限制议价)的罪名。《宋刑统》沿袭了这一内容。

就礼教伦理标准而言,要求买卖时"市无异价",讨价还价被认为是一种恶俗,是贤者所不屑。在史书的记载中,"市无异价"往往和"道不拾遗"并列为一地教化大行、民风淳朴的标志。③ 有时"市无二价"也会成为朝廷的立法,如宋太祖开宝七年(974年)五月,"诏:市二价者以枉法论"④。按照这一法令讨价还价行为就成为一项重罪。但在以后的宋朝法律中对此并未强调,或许这只是一项心血来潮的立法。

元明清的法律不再有这样硬性的价格限制规定。

二、买卖契约的主要内容

古代的买卖契约内容要件和近代的买卖契约并无什么不同,同样需要具有标的、价金、担保这三个方面的内容。田宅买卖牵涉的问题较多,以下主要介绍田宅买卖契约的主要内容。

---

① 《册府元龟》卷六一三《刑法部·定律令五》。
② 《名公书判清明集》卷九《户婚门·违法交易》。
③ 如可见《史记·循吏传》言子产为政二年"市无预贾",《陈书·蔡景历传》称颂陈霸先为政"市无异价"。(清) 李汝珍:《镜花缘》称赞"君子国"的国民作买卖互相谦让价格。
④ 《宋史》卷二《太祖本纪二》。

（一）关于标的

买卖标的方面以田宅较为复杂，本节主要介绍田宅标的方面的内容，动产标的的问题在担保一节作为质量担保的内容一并介绍。

1. 标的的特定和说明

田房之类的不动产交易标的，首先需要注意的就是坐落、四至范围、面积。古代田宅买卖契约往往以大部分文字记载标的的坐落、四至、面积。如东汉建初六年（81年）武孟靡婴买地玉券：①

> 建初六年十一月十六日乙酉，武孟子男靡婴买马熙宜、朱大弟少卿冢田。南广九十四步，西长六十八步，北广六十五，东长七十九步。为田廿三亩奇百六十四步，直钱十万二千。东，陈田比分，北、西、南朱少比分。时知券约：赵满、何非。沽酒各二千。

在契约中说明四至、面积后一般还会有"四至之内，长不还、短不与"之类的惯语。如吐鲁番出土的高昌延寿五年（628年）赵善众买舍地券：

> 延寿五年戊子岁三月十八日，赵善众从得〔迴〕伯、范庆悦二人边□□城辛场地中舍地，得迴伯右地拾步，即交与银钱肆文；次范悦子边地拾步，与买价钱肆文。钱即日毕，舍地即日付。舍方二人方。东〔诣〕张容奴分垣，南诣善众场地分西共赵海相坞舍分〔垣〕，北共张延守坞舍分垣。肆在之内，长不还，短不与，车行人盗〔道〕依旧通。若后右〔有〕人河〔呵〕盗侵佲〔人名〕〔者〕，仰本主了。三主和同立券，券城〔成〕之后，各不得反悔。悔者壹罚二入不悔者。民右〔有〕私要〔约〕，要行二主，各自署名为信。
>
> 　　　　　　　　　　　清〔倩〕书　　道人酉
>
> 　　　　　　　　　　　时见　　　　范□□
>
> 　　　　　　　　　　　临坐　　　　张师□②

古代法律对于土地房屋买卖四至、坐落的表达方式并无规定，只是唐玄宗天宝五载（746年）曾有诏："自今已后，应造籍账及公私诸文书所言田地四至者改为陌。"③但从出土的唐代文书来看，玄宗后这一法令即失去效力，民间照旧书写"四至"。

土地面积的表达一般以亩、步为单位，按照法律的规定，西周据说是以六尺为一步，一百方步为一亩；秦至隋以六尺为一步，二百四十方步为一亩；唐以后以五尺为一步，以二百四十方步为一亩。但民间实际多以习惯亩计算，丈量所用步弓亦差别极大。南方很多地方以播种量为地积单位，称"把""斗""石"；而北方很多地方以犁地时间为地积单位，称"天""晌"等。④也有的地方概念更为模糊，比如浙江临海县买卖山地及海岸，有"叫山望海"的习俗，契约上仅写"山一片""海一处""人行东西或南北，在山相叫应者为一亩；人立

---

① 参见吴天颖：《汉代买地券考》，《考古学报》1982年第2期。本件买地券即转引自该文。原件抄件见罗振玉：《地券征存》等金石著录著作。

② 《吐鲁番出土文书》第三册，第243～244页。另有这一惯语的契约可见该书第二册，第197页；第三册，第71、363页；第四册，第37页；第五册，第53页等。

③ 《唐会要》卷八五《籍帐》。

④ 参见吴承洛：《中国度量衡史》，商务印书馆1937年版，第75～77、310～314页。

海岸望到海面者为一亩"。①

关于附着于土地房屋的定着物,如树木等的说明,也应是田宅买卖契约有关标的的内容。但大多数情况下民间的惯例是不加以特别说明,默示这些定着物随田宅转移。唐初著名直臣王义方为侍御史,在长安买宅居住,"数日,忽对宾友指庭中桐树一双曰:法(应为此之误)无酬直。宾友曰:树当随宅,别无酬例。义方曰:我只买宅耳,树何所栽?召宅主付之钱四千。"②"树当随宅"一句当为当时俗谚,是为民间当事人所共识。土地买卖也是如此。耕地上的农作物也很少成为田宅契约标的说明的内容,如不特别加以说明,青苗随买卖行为成立的当时转移。

也有的契约会详细开列标的的一切细节项目,如四川新都县的一件清同治十三年(1874年)的卖水田契:

> 立杜卖水田、沟坎田埂、大小水沟、平梁石堰、斜坡陡坎、荒边余地、零星边隅、浮沉水土、砖头瓦块、芦茨茅草一切等项文契。黄益贞、孙绍儒,情因乏银使用,无从措办,是以公孙商议,再三筹妥,愿将己名下先年所置老二甲天星堰起水、由高堰至中二堰引灌水田二段、大小肆块。载粮壹钱柒分捌厘三毛整,在黄世英名下拨册。其田先尽房族,无人承买,甘愿以木金尺五尺八寸弓过丈,熟田起弓、熟田止弓,自行请中证说合,每亩实议作九九色价银肆拾壹两玖钱捌分整,愿杜卖与义和团总领史义山、林中美等承买,耕输管业。随经协同约邻、中证踏界过量,共量计捌亩玖分壹厘肆毛肆丝捌合(忽)。共合田价银叁佰柒拾肆两贰钱叁分整。当即银契两楚、眼同过针,并无低微,亦无下欠厘毛。其田东南底老二甲公田为界,西抵卖主出路为界,北抵曾姓水沟为界,四界分明,毫无紊乱,所有历年放水在□中二堰闸水灌溉,卖主、田邻人等永不得移堰迁沟阻拦。至于卖主房族书押画字一切情礼,并包在田内受价。其余出入路径、桥梁上下、人畜两走,俱照常往来相通,毋得阻挡。以及公田等项,亦系随粮拨交。自卖之后,任随买主挖高填低、阴修阳造、招佃收租,卖主不得异言。此系两家均各情甘意愿,并无货债准折逼勒等弊。一卖千秋,永无赎取。今恐人心不古,特立杜卖文契一纸,交与义和团总领团首赴公税拨铃印,耕输管业,永远收执存照。
>
> 同治十三年三月初五日　　　　　团内人等同在　　刘海山
> 　　　　　　　　　　　　　　　立杜卖水田文契人　黄益贞(押)
> 　　　　　　　　　　　　　　　　　　　　　　　　孙绍儒(押)
> 　　　　　　　　　　　　　　　约:唐国亭、王大明
> 　　　　　　　　　　　　　　　中证:程永昌、万聚兴、刘顺邦③

这是一件相当完整的土地买卖契约,不仅具体开列了不动产的坐落、四至、定着物情况,

---

① 《民商事习惯调查报告录》,第1050页。
② (明)刘宗周:《人谱类记》卷下《凝道》。《新唐书》卷一一二《王义方传》:"买第数日后,爱庭中树,复召主曰:此佳树,得无欠偿乎?又予之钱。"
③ 见鲁子健编:《清代四川财政史料》(上册),四川人民出版社1986年版,第457页。

还具体说明了附随标的的种种地役权：接受灌溉的权利，他人通行的权利等等。这些附随的权利也是古代田宅买卖契约经常予以说明的内容。如北朝隋唐时期的土地买卖契约中一般都有"车行水道依旧通"的惯语。① 民国初年，安徽桐城县土地买卖契约习惯上都必须详细记载用水的范围，有时即使是拥有河流两岸的土地所有权，但仍然不得多开沟渠。②

除了通行权之类的地役权，在土地已出租、并已采用定租制的情况下，收租等收益权的说明成为买卖标的的重要内容，而土地的四至及土地的定着物之类的问题却往往并不提及。如明万历五年(1577年)福建闽清县欧成吾卖地契：

> 立卖契欧成吾，原有承祖阄分民田数亩，坐产闽清县二都漈上云墩里前坪四都宝溪等处，年载租谷贰拾六石玖斗，每石平秤柒拾伍斤。算流粮乙石陆斗贰合，正本色肆升六合五勺，立在升平坊一甲欧成吾名下，自从掌管无异。今因急用，托中游永白，引到詹处，三面言议，本日卖讫，价银柒拾玖两纹广正，其银即日交足明白，其田即听詹家前去会佃掌业，向后永无□□取赎之理，其粮准詹收入詹家本户了纳粮差，不相负累。此系自己承祖阄分物业，与房分伯叔兄弟并无干涉，亦不曾重张典挂他人财物等情。如有来历不明，系成吾出头知当，不得负累买主。其原契载有别都别项田业，不便交付。今欲有凭，立卖契乙纸为照。
>
> 计开：
>
> 一、田坐产漈上，田名后寮桥，载租谷陆石正，佃户陈三耕作。田牲乙只。
>
> 一、田坐产云墩里，田名长芒、笼鱼池，后贰处载租谷肆石正，佃户罗规耕作。田牲乙只。
>
> 一、田坐产前坪，田名洋头，载租谷捌石伍斗，佃户□五耕作。田牲乙只。
>
> 一、田坐产四都宝溪，田名上下银楼等处，载租谷捌石肆斗，佃户邓□□。田牲乙只。
>
> 万历五年四月二十日
>
> 　　　　　　　　　　立卖契人　　欧成吾(押)
> 　　　　　　　　　　中人　　　　游永白(押)
> 　　　　　　　　　　林若臣(押)　张尔孚(押)③

这件契约没有一般土地买卖契约详尽的土地四至情况，代之以对于佃户、租谷以及其他的收益权情况的说明。

2. 标的移交时间

古代土地房屋买卖交易中，关于田宅标的的移交时间往往和动产买卖契约相同，都约定为在接受价金的同时、立约的同时，如上引高昌延寿五年赵善众买舍地券中"钱即日毕，舍地即日付"的语句，是吐鲁番出土的北朝隋唐时期土地房屋买卖契约中的惯语。④

---

① 可见《吐鲁番出土文书》第二册，第197页；第三册，第71、363页；第四册，第37页；第五册，第53页等。
② 《民商事习惯调查报告录》，第389页。
③ 转引自傅衣凌：《明清农村社会经济》，三联书店1961年版，第158页。
④ 可见《吐鲁番朝廷文书》第五册，第53～54、74～75页；《新疆文物》1986年第1期；吴震：《麴氏高昌国土地形态所有制试探》所引日本大谷探险队所发现的这一时期几件土地买卖契约文书。

宋元以后的田宅买卖契约文书一般只书写价金当日领取,并不明确交付田宅的时间。民国初年各地民间的惯例是在立契日后的若干时间里进行交付。如直隶(河北)清苑、容城一带、河南开封一带、山西洪洞县、江苏阜宁县、甘肃省等地有"典三卖四"的习惯,出典契约立约后的三个月内、出卖契约立契后的四个月内进行交付。①

(二) 关于价金

1. 价金的交付

关于价金的交付时间,古代的田宅买卖一般都是当场付清。汉代土地买卖契约中往往有"钱毕已"的惯语,如上举汉长乐里乐奴卖田契;或"钱即日毕"。

从元明清时代的田宅买卖契式来看,通常也是在交易当日付清价金。如元代的典卖房屋契式:

> 厶甲厶都姓厶　右厶有梯己承分房屋一所,总计几间几架,坐落厶都、土名厶处。东至、西至、南至、北至。系厶人住坐。今因贫困,不能自存,情愿□到厶人为牙,将上项四至内房屋,寸土寸木不留,尽底出卖(或云典)与厶里厶人为业。三面言议,断得时直价中统钞若干贯文。系是一色现钞,即非抑勒准折债负。其钞当已随契交领足讫,更无别领。所卖(或云典)其屋的系梯己承分物业,即非瞒昧长幼、私下成交,于诸条制并无违碍等事。如有此色,且厶有自用知当,不涉买(或云典)主之事。从立契后,仰本主一任前取管(典云:约限几年备元钞取赎,如未有钞取赎,依元管佃),永为己物。向后子孙更无执占收赎之理。所有上手,一并缴连,赴官印押。共约如前,凭此为用。谨契。
>
> 　　年　月　日
>
> 　　　　　　　　　　　　出业人　姓厶　号契
> 　　　　　　　　　　　　知契　　姓厶　号
> 　　　　　　　　　　　　牙人　　姓厶　号
> 　　　　　　　　　　　　时见人　姓厶　号②

后世的买卖交易一般都习惯在当日交付价金,即使有时实际上并不当场交付,但在契约上往往习惯仍旧书写"随契交足",在日后交付时再由卖方给出一个收据。

2. 赊买

除了上述即日交付的买卖习惯外,从古代民间的买卖契约文书来看,从很早开始民间就出现了先交付买卖标的、后交付买价的赊买。

汉代的赊买行为已很普遍,在居延汉简中就有几件赊买契约,如汉宣帝神爵二年(公元前60年)卖布袍券:

> 神爵二年十月廿六日,广汉县廿阵里男子节宽竟,卖布袍一,陵胡隧长张仲孙。

---

① 见《民商事习惯调查报告录》,第 28、230、268、367、1250 页。
② 《新编事文类要启劄青钱》外集卷一一《公私必用·头匹》。

所贾钱千三百,约至　正月□□□,任者□□□。

（简的背面又有）正月,责付□□十。时在旁：侯史长子仲,戍卒杜忠知券。□沽旁二斗。①

这件契约中,来自广汉的士兵节宽竟,卖了一件布袍给"隧长"（小军官）张仲孙,交易时在十月二十六日,但布袍的卖价一千三百文,约定在来年的正月交付。在木简的背面,有交付价钱时的记录,确实是在正月里。有两个见证人,并且还进行了"沽酒"的仪式。

汉代贳字与赊字相通,《说文解字》："赊,贳买也。"汉儒郑玄注《周礼·地官司徒·司市》："民无货,则赊贳而予之。"赊买在形式上是买方收受了财物却没有交付价金,也可认为是买方因此而对卖方负有了债务,在古代的法律及习惯上也常被视为借贷契约的一种形式,称之为"赊贷"。

由于赊买是先转移占有然后才交付价金,很容易被一些权豪世家用来强取豪夺,所以赊贳在舆论上往往是贬义的。汉武帝时酷吏宁成负罪逃回老家,宣称："仕不至二千石、贾不至千万,安可比人乎！"于是就在家乡"贳贷买陂田千余顷,假贫民,役使数千家。数年会赦,致产千金。"②有时朝廷也会采用这种方式,汉武帝元狩二年（公元前121年）,匈奴浑邪王率部众来降,朝廷发车二万乘前往迎接,为此"从民贳马",赊买民间马匹,关中百姓不愿,纷纷藏匿马匹,汉武帝大怒,欲斩长安县令,被汲黯劝阻。③

虽然民间以买卖当日交付全部价金为正当,而视赊买为强取豪夺的交易方式,但赊买形式确实是社会经济必需的交易。汉以后赊买在民间依然相当常见,如敦煌出土的唐大中五年（851年）僧光镜买钏契：

> 大中五年二月十二日,当寺僧光镜,缘阙车小头钏交停事,遂于僧神□边买钏一枚,断作价直布壹佰尺。其布限十月已后于俫司恒纳。如过十月已后至十二月勾填,更加贰拾尺。立契后,不许休悔,如先悔,罚布壹匹入不悔人。恐后无凭,答项印为验。
>
> 　　　　　　　　　　负俫布人　　僧光镜（画押并盖私印）
>
> 　　　　　　　　　　见人　　　　僧龙心（画押）
>
> 　　　　　　　　　　见人　　　　僧智（画押并盖私印）
>
> 　　　　　　　　　　见人　　　　僧智恒达（画押）④

本契约中的"俫布"在唐代是作为货币的。按秦汉以来的传统,赊买如交付价金逾期,就要罚息,此件契约约定的罚息为20%,尚不算多。因买主未当场交付价金,所以落款处写作"负俫布人"而不是买主,由买方提出种种保证。

也有的赊买契约是约定先交付部分价金,余款在约定的期限内交付。如敦煌出土的

---

① 见《疏勒河流域出土汉简》,第43、78页。
② 《史记》卷一二二《酷吏列传宁成》。
③ 《史记》卷一二〇《汲郑传》。
④ 《敦煌资料》第一辑,第285页。

北宋淳化二年(991年)韩愿定卖妮子契：

> 淳化二年辛卯岁十一月十二日,立契押衙韩愿定,伏缘家中用度不摄,欠阙疋帛。今有家妮子名媲胜,年可贰拾捌岁,出卖与常住百姓朱愿松妻男等,断偿人女价生熟绢伍疋。当日现还生绢叁疋,熟绢两匹限至来年五月尽填还。其人及价交相分付。自卖已后,任承朱家男女世代为主。中间有亲性〔姓〕眷表识认此人来者,一仰韩愿定及妻七娘子面上觅好人充替。或遇恩赦流行,亦不在再来论理之限,两共面对商议为定,准格不许翻悔,如若先悔者,罚楼绫壹疋,仍罚大羖羊两口,充入不悔人。恐人无信,故勒此契,用为后凭。(押)其人在患比〔病?〕,至十日已后,不用休悔者。(押)
>
> 　　　　　　　　　　　买〔卖〕身女人　　　媲胜(押)
> 　　　　　　　　　　　出卖女人娘主　　　七娘子(押)
> 　　　　　　　　　　　出卖女人郎主　　　韩愿定(押)
> 　　　　　　　　　　　同商量人　　　　　袁富深(押)
> 　　　　　　　　　　　知见　　　　报恩寺僧丑(押)
> 　　　　　　　　　　　知见　　　龙兴寺乐善安法律(押)
>
> 内熟绢壹匹断出褐陆段、白褐陆段,计拾贰段,各丈〔长〕一丈二。比至五日〔月〕尽还也。(押)①

这件契约中出卖女奴的卖方在交易的当日只得到了三匹生绢,余价熟绢两匹约定在六个月后交付。在立约后,又补充条款,规定其中的一匹熟绢改为支付十二段褐布。作为一件人口买卖的契约,这件契约并没有经过唐代法律所规定的"过贱"程序,现存史料中也未发现宋代法律有"过贱"的法定程序要求。

唐以后的民间交易中,赊买的现象依然很多,尤其是在商业贸易中,更是广泛采用"赊账"的方式,在约定的期限进行彼此结算、实际支付交割。宋代商业贸易普遍以"赊"的方式来进行结算。② 如《东坡奏议》卷十一称:"商贾贩卖,例无见钱。若用见钱,则无利息,须今年索去年所卖、明年索今年赊,然后计算得行,彼此通济。"直到明清时商界仍然有此惯例,赊买货物一般不计算利息。如明末小说《禅真后史》(作者方汝浩)第二回"醉后兔儿追旧债　夜深硕士受飞蕾"描写商人之间因一笔已长达十年的赊买债务发生纠纷,一方只愿还货物本钱一千两银子,宣称:"我与耿家生意往来,又非私债,怎么算得利息?……外要甚么利钱,一毫休想。不然,任你告理,宁可当官结断!"而众邻舍也一齐说道:"我们做店户的拖欠客银,此是常例。要像卢老丈肯还冷帐的,千中选一……若到官时,连本也送了休怪!"

3. 预买

先交付价金、后交付标的的预买契约,在古代民间也很多见。较为典型的如吐鲁番出土的唐总章元年(668年)左憧憙买草契:

---
① 《中国历代契约会编考释》,第523~534页。
② 参见[日]加藤繁:《宋代的商业习惯"赊"》,《中国经济史考证》第二卷之三十一,商务印书馆1963年版。

总章元年六月三日,崇化乡人左憧憙交用银钱肆拾,顺义乡张潘堆边取草玖拾束。如到高昌之日不得草玖(疑漏一拾字)束者,还银钱陆拾文。如身东西不到高昌者,仰收后者别还。若草好恶之中,任为左意。如身东西不在者,一仰妻儿及保人知当。两和立契,获指为信。如草□高昌……。

钱主　　左
取草人　张潘堆(画指)
保人　　竹阿阇利(画指)
保人　　樊曾□(画指)
同伴人　和广护□①

这件契约中,左憧憙交用银钱四十文,约定收购张潘堆九十束草。约定交付九十束草的地点是在高昌城,因此实际上四十文银钱还包括了运费。买方先交付了全部价金,而卖方则以后要在指定地点交付标的,所以是一件预买契约。这样的交易行为在当时应当是很常见的,所以契约本身并不复杂,也没有比一般买卖契约更复杂的担保内容。

后世关于预买也没有明确的法律规范,民间习惯上对此也没有特殊的担保条件。

(三)关于违约责任

古代买卖契约中有关违约责任的条款相当重要,除了上节已经介绍的悔约责任、恩赦担保等外,主要是出卖人对于出卖标的及行为所作的担保,其担保的种类大概有占有担保、绝卖担保、质量担保等等。

1. 占有担保

出卖人向买受人担保买卖标的所有权不存在任何异议,保证在标的转移后不至于被第三人追夺,是古代买卖契约最常见的一种担保条款。目前史料中可以发现的最早载有这一担保文句的是东汉光和七年(184年)平阴县樊利家买田铅券:

光和七年九月癸酉朔六日戊寅,平阴男子樊利家从雒阳男子杜谓子、子弟□买石梁亭部桓千东比是佰北,田五亩,亩三千,并直万五千。钱即日异〔毕〕。田中根土著。上至天,下至黄,皆□□行田,南尽佰〔陌〕北,东自比谓子,西比羽林孟□。若一旦田为吏民秦胡所名有,谓子自当解之。时旁人杜子陵、李季盛。沽酒各半。钱千无五十。②

本件契约较难全部解读,但基本内容是清晰的,尤其是卖方所作的担保:当无论是何许人对本件契约的标的土地提出"名有",即宣称拥有所有权时,由卖方出面解决。在吐鲁番、敦煌出土的买卖契约文书中,一般有"呵盗认名(有时讹成"寒盗"或"何道"等等),仰本主了"的惯语,意即有人声称本件买卖是盗卖、要求确认所有权的情况下,要由卖方出面了结。如上引高昌延寿五年赵善众买舍地券即有这一惯语,即为卖方作出的占有担保③。

---

① 《吐鲁番出土文书》第六册,第424页。
② 转引自吴天颖:《汉代买地券考》,《考古学报》1982年第2期。
③ 另可见《吐鲁番出土文书》第一册,第187页;第二册,第197~198页;第三册,第243~244页;第四册,第37~38页;第五册,第74~75、134页;等等。《敦煌资料》第一辑,第295~296、456页,等等。

唐中叶后随着"名有"概念逐渐被淡忘,一般改称"有人忓恡识认,一仰卖人知当",或"他人称为主记者,仰卖人支当"等。如敦煌出土的吐蕃未年(约827年)敦煌安环清卖地券:

> 宜秋十里西支地壹段,共柒畦拾亩(东道,西渠,南索晟,北武再再)。未年十月三日,上部落百姓安环清,为突田债负,不办输纳,今将前件地出买(卖)与同部落人武国子。其地亩别断作斛斗汉斗壹硕陆斗,都计麦壹拾五硕,粟壹硕,并汉斗。一卖已后,一任武国子修营佃种。如后有人忓恡识认,一仰安环清割上件地佃种与国子。其地及麦当日交相分付,一无悬欠。一卖□□,如若先翻悔,罚麦伍硕入不悔人。已后若恩赦,安〈环〉清罚金伍两纳入官。官有政法,人从私契。两共平章,书指为记。
>
> 　　母　　安　　年五十二　　　　地主　安环清　年廿一(画指)
> 　　见人　张良友　姐夫安恒子(画指)　师叔　正灯(押)①

本件契约内容是,安环清江自己一块面积十亩的耕地出卖给同乡人武国子,地价确定为每亩一硕(石)六斗粮食,总价为麦子十五硕、粟一硕。这件契约约定的占有担保是要求卖方在发生所有权纠纷时,卖方应提供同样的土地供给买方(原文似脱漏一"同"字,应为"一仰安环清割同上件地佃种与国子")。

除了上文所提到的担保文句外,作为占有担保的组成部分还包括随契约提交对方的"上手老契",即过去购买该标的田宅的契约;或者是当初继承所得的"阄分文书",作为拥有合法所有权的证明。如上引的元代卖地契式,就要求出卖方交出所有的"上手"。一般如果没有在契约中提及"上手老契"或"阄分文书"的,即往往表明在实际交易中已经提交了诸如此类的所有权证明文件。而如果是分片出卖原先购买或继承所得田宅;或者是在原有契约已经不复存在、出卖方无法提交证明文件的情况下,就需要在契约中说明不能提交证明文件的原因,如上文所引的福建闽清欧成吾卖地契。

占有担保虽然很普遍,但是根据民国初年民商事调查,也有些地方民间契约习惯上并没有这项担保条款,如河南确山、洛宁一带民间买卖土地,"仅由卖主书立契约,所有上手老契及近年粮串(纳税凭据)均不交出"②。

2. 绝卖担保

这一担保条款主要见于田宅的买卖契约。上文已经提及,古代买卖的概念较现代民法而言并不严格。典权形成后,土地的买卖经常和出典混为一谈,朝廷法律和民间的契式都将典、卖作同样的规定,导致民间田宅的买卖行为、买卖契约往往实际上是出典行为、出典契约。如敦煌发现的北宋太平兴国七年(982年)吕住盈兄弟卖地契:

> 清城北宋渠中〔上〕界有地壹畦,北头壹畦,共计肆亩。东至□□,南至地亩。于时太平兴国柒年壬午岁二月廿日,立契赤心〔乡百姓吕住盈及弟〕阿鸾,二人家内欠

---

① 《敦煌资料》第一辑,第293~294页。这一转变约发生在9世纪中叶,尚可见《敦煌资料》第一辑,第288、304、311页,等等。

② 《民商事习惯调查报告录》,第228页。

少,债负深广,无物填还,今□□与都头令狐崇清,断作地价每亩壹拾贰硕,通□□当日交相分付讫,无升合玄〔悬〕欠。自卖余〔已〕后,任□□有住盈、阿鸾二人能辩〔办〕修渎〔收赎〕此地来,便容许。□兄弟及别人修渎〔收赎〕此地来者,便不容许修渎〔收赎〕。□便入户。恩赦流行上,亦不在论理。不许休悔,[悔]者壹匹,充入不悔人。恐后无信,故立此契,用……〈后缺〉①

本件契约主要内容是,吕住盈兄弟将四亩耕地"卖"给令狐崇清,地价每亩十二硕粮食。该契约明言交易性质为"卖",但却又规定出卖人得以原来获得地价来收赎交易标的,显然又和出典相似。

这在后世被称为"活卖",其性质实际上应归于出典。在南宋时已形成惯例,真正意义上的买卖契约必须写有"永卖""绝卖""杜卖""断卖""根卖"之类表明彻底放弃所有权意思的字语,才算是有效。单写为"出卖"的都算是"活卖",出卖人依然可以收赎原标的。官府在审理案件时也按此判断,如南宋《名公书判清明集》多见如此判语:"今游朝之契,系是永卖";"所有定僧父判官契内田,必有陈□断卖骨契";"绝卖已及一年,初无词说"等等。② 与此相应,出卖人也必须在契约内保证将来"永不收赎",这样就形成了"绝卖担保"的条款。如上文所引元代卖地契式有不再收赎的文句,明代卖地契式也有"尽根正卖"的说法,就是绝卖担保条款的表示。

清代法律规范了这一方面的交易。雍正八年(1730年)正式规定条例:"如契未载绝卖字样、或注定年限回赎者,并听回赎。"确认了活卖的交易。乾隆十八年(1753年)定例:"嗣后民间置买产业,如系典契,务于契内注明回赎字样;如系卖契,亦于契内注明绝卖、永不回赎字样。"③因此绝卖担保成为田宅买卖契约的法定必要条款。民间的土地买卖契约往往写作"永远割藤拔根杜绝"文契。④

直至民国初年,民间依然有此习惯,如河南偃师县"凡买卖土地契约内仅书卖字者,无论远年近月,卖主仍可向买主回赎"。甚至如苏北的溧阳县从来以绝卖契约附加一份"折据"为实质上的典契。福建漳平县习惯绝卖契约必须写"一卖百休""断肠洗绝,永不许异言找赎"⑤。

3. 质量瑕疵担保

上述的占有担保及绝卖担保也可以说是对于标的权利瑕疵的担保,而在动产买卖契约中,对于标的质量瑕疵方面的担保也很重要。

《唐律疏议·杂律》规定,凡买卖奴婢、牛马、骆驼、骡、驴等大牲畜,并且"立券之后,又旧病者,三日内听悔",即在三天之内,如发现所买卖的奴婢及牲畜有"旧病"者,买方可以悔约。卖方如不愿意接受,要处以笞四十的刑罚。也就是说卖方必须担保标的质量。

---

① 可见《中国历代契约会编考释》,第520页。
② 《名公书判清明集》卷四《户婚门·争业》,卷九《户婚门·取赎》,卷九《户婚门·违法交易》。
③ 见(清)吴坛:《大清律例通考》卷九《户律·田宅》"典买田宅"条。
④ 如《明清苏州工商业碑刻集》,江苏人民出版社1981年版,第67、88页。
⑤ 《民商事习惯调查报告录》,第225、376页。

在吐鲁番出土的唐代买卖契约文书中也可以看到，当时民间也确实有这样的习惯，如唐咸亨四年（673年）西州前庭府杜某买驼契：

> 咸亨四年十二月十二日，西州前庭队正杜□□，交用练拾肆匹，于康国兴生胡康乌破延边买取黄敦驼壹头，年十岁。其驼及练，即交想（相）付了。若驼有人寒盗（呵盗）偬佲（认名）者，一仰本主及保人酬当。杜悉不知。三日不食水草，得还本主。待保未集，且立私契，保人集，别（立）市契。两和立契，获指□验。
>
> 驼主　　　　康乌破延（画指）
> 买驼人　　　杜
> 保人都护人　敦（签名）
> 保人同乡人　康莫匡（画指）
> 知见人　　　张轨端①

这件契约的主要内容是杜某向来自西域康国的"兴生胡"（外国人）康乌破延买了一头十岁的黄毛骆驼，交付了十四匹"练"（丝织品）。双方当场交割。卖方作出占有担保之外，还保证，骆驼如在三日内"不食水草"，买主可以归还骆驼。按照唐代法律"买卖有保"的规定，双方交易时没有能够凑齐保人，因此约定等约齐了保人，在市场管理机构"市司"的见证下再立"市契"。

唐宋以后的法律对于动产买卖标的质量担保条款没有明确的规定。民间的买卖契约上对此一般也不多加笔墨，如牲畜买卖契约的"契式"也只是"其马好歹，买主自见"而已。②

三、田宅买卖的程序

古代虽没有不动产之语，但历代法律一直将"田房物业"作专门的规定。古代法律最重视土地房屋的买卖行为，对此设定了严密的程序。在民间的交易习惯上，土地房屋的买卖也受到高度重视，不仅都要求订立书面契约，而且在契约的程序上也多有要求。由于各个朝代这一方面的法律规定以及各个时期的民间习惯有所不同，只能大致排列如下进行介绍。

（一）经官批准

传说西周时实行"井田制"，有所谓"田里不鬻"③的法律，禁止土地的买卖。从西周的青铜器铭文来看，实际上当时仍有转移土地的现象，但土地的转移确实是一件大事，要经过朝廷的批准和繁琐的程序。如1976年出土的卫盉铭文所记载的周恭王三年（公元前919年）一个名叫裘卫的贵族转移土地的交易情况：

---

① 《吐鲁番出土文书》第七册，第389页。又同书第410页，龙朔元年（661年）高昌县左憧憙买奴券，也有"叁日得悔"字句。同书第六册第180页唐赵荫子博牛契（残件）也有"不食水草，任还"及"保集日别立市劝（券）"的字句。
② 《天下四民利用便观五车拔锦·契式》。
③ 《礼记·王制》。

> 隹(惟)三年三月既生霸壬寅,王再再旂于丰。矩白(伯)庶人取堇章(瑾璋)于裘卫,才(财)八十朋,氒氒寅(厥贮),其舍田十田;矩或(又)取赤虎(琥)两、麀羍(韎)两、𩊚(贲)韐一,才(财)廿朋,其舍田三田。裘卫乃𣇃(矢)告于白(伯)邑父、焚(荣)白(伯)、定白(伯)、𤖁白(伯)、单白(伯)。白邑父、焚白、定白、𤖁白、单白乃令参(三)有嗣(司):嗣土(司徒)散(微)邑、嗣(司)马单旂(旗)、嗣工(司空)邑人服,罩(逮)受田:燹、趄,卫小子□,逆者其乡(飨)。卫用乍(作)朕文考惠孟宝般(盘),卫其万年永宝用。

此件铭文据唐兰译文,意为:

> 三年三月既生魄(霸)壬寅,王在丰邑举行建旂的礼。矩伯庶人在裘卫那里取了朝觐用的玉璋,作价贝八十串。这租田,可以给田一千亩。矩又取了两个赤玉的琥、两件鹿皮披肩,一件杂色的椭圆围裙,作价贝二十串,可以给田三百亩。裘卫详细地告知伯邑父、荣伯、定伯、𤖁(音亮)伯、单伯等执政大臣,大臣们就命令三个职官:司徒微邑,司马单旗,司空邑人服,到场付给田。燹扶、卫小子□,迎接的人举行宴会。卫用来作我的父亲惠孟的盘,卫一万年永远宝用。①

即矩伯取了裘卫的玉器、朝服等以参加周王的建旂礼,向裘卫转移总共一千三百亩土地作为代价。这场交易要向执政大夫报告,并由三有司监督交付。另外的"五祀卫鼎""九年卫鼎""格伯殷"等青铜器的铭文所记载的土地交易情况也都是有周王室的官员参加的。可见当时土地转移都必须得到朝廷的批准同意。

战国时期秦国商鞅变法,允许土地买卖。但当时土地买卖是否就是如同后世一般完全由当事人自由作主,根据目前史料尚难以断言。在北朝隋唐时期及元朝时,法律明确规定土地买卖必须先经过官府的批准。

北朝隋唐时期实行均田制,原则上不允许土地的自由买卖。北魏均田令规定允许私人永久占有的桑田买卖要在限额之内,"盈者得卖其盈,不足者得买所不足,不得卖其分,亦不得买过所足"②。这种买卖也应经过官府的批准。如吐鲁番出土的高昌国延昌十七年(577年)史天济求卖田辞:

> □□□七年丁酉岁正月十七日,史天济辞:济……薄,匮乏非一。今见任苟蹄有常田少亩于外,……惟□颜矜济贫穷,听□□取,以为永业。谨辞。
>
> 　　　　　　　　　　　　　□下校郎高庆　传
> 令:听□□　③

---

① 见《中国历代契约会编考释》,第3~4页。关于此件交易的性质,学术界尚有争论,唐兰释为"租",张传玺释为"典",但典权概念出现相当晚,"寅"字的释读又多有歧异,还是笼统释为"土地转移"为稳妥。
② 《魏书》卷一一〇《食货志》。
③ 见《吐鲁番出土文书》第四册,第248页。此件整理人员定为"买田辞",然而从史天济辞语气来看,是因贫穷而欲出卖土地,所提到的任苟蹄之田当与史天济之田接壤,因此任苟蹄"矜济贫穷",表示愿意买史天济的土地。因此应该是"卖田辞"之误。

《通典·食货二·田制下》引唐开元二十五年《田令》强调土地买卖必须先经批准的制度："凡卖买(田地)皆须经所部官司申牒,年终彼此除附。若无文牒辄卖买,财没不追,地还本主。"在吐鲁番、敦煌出土的唐代文书中还没有找到这类申请文牒的文书,但吐鲁番出土的一件唐总章元年(668年)西州高昌县左憧憙申请公验文书或许可提供一定的参考作用:

  总章元年七月　日　高昌县左憧憙辞:张渠蒲桃(葡萄)一所,旧主赵徊。县司:先租佃上(件)桃(当指上述葡萄园),今……恐屯桃人并比邻不妥。谨以辞陈。□□公验,谨辞。①

在这件文书中,似乎是先租后买者左憧憙提出申请,其申请是向县司提出的。这种公验或许就是唐代律令中提到的文牒之一种。

元朝时为了防止土地房屋买卖的欺诈行为及为增加官府契税收入,于元贞元年(1295年)规定:"已后典卖田地,须要经诣所属司县给据,方许成交,随时标附,明白推收,各司县置簿附写。"大德四年(1300年)又补充规定:"凡有诸人典卖田地,开具典卖情由,赴本管官司陈告,勘当得委是梯己民田,别无规避,已委正官监视,附写原告并勘当到情由,出给半印勘合公据,许令交易典卖。"所谓"半印勘合",就是盖有骑缝印章、一式二份的公文。如果不经这一程序,作为犯罪处罚,犯人笞五十七下,"买主、卖主俱各断罪,价钱、田地一半没官,没官物内一半付告人充赏"。②如福建晋江发现的元至正二十六年(1366年)蒲阿友出卖山地公据:

  皇帝圣旨里　泉州路晋江县三十七都住民蒲阿友状告:祖有山地一所,坐落本都东塘头庙西。今来阙银用度,就本山拨出西畔山地:东至自家屋基、西至墙、南至路、北至本宅大石山及鱼池后为界,于上一二果木,欲行出卖。缘在手别无文凭,未敢擅便,告乞施行得此行。据三十七都里正主首蔡大卿状申:遵依兹去呼集亲邻人曾大等,从公勘当得蒲阿友所告前项山地的□□□□物,案中间并无违碍。就出到□人执□文状缴连申乞施□。得此合行,给日字三号半印勘合公据,付蒲阿友收执。□□□□问亲邻愿与不愿,依律成交,毕日赍契赴务投税,毋得欺昧税课违错。

  所有公据须至出给者。

  至正二十六年　月　日

              右付蒲阿友　准此

从这件公据来看,当时申请公据的程序是由出卖人提出申请,经由当地的里正等乡官出面踏查后,再予以所有权的证明。③出卖人如果没有"上手老契"(原来购买该项财产时的文契),为向买受人保证所有权无瑕疵,一般会主动提出申请公据。公据由官府预先印制,并编有《千字文》为序号的编号。

---

① 见《吐鲁番出土文书》第六册,第257页。
② 均见《元典章》卷一九《户部五·典卖》。
③ 见《历史研究》1957年第9期,第79页。

明朝建立后可能考虑到这一制度会使贪官污吏多一个敲诈的机会,因此废除了这项制度。清朝也没有这项制度。

(二) 先问亲邻

古代在进行土地房屋买卖时,亲戚、邻居往往具有先买权,这是民间很早就流行的习俗。所谓"卖田问邻,成券会邻,古法也"①。王莽改制实行"王田制",占田百亩限额外的部分应分给"九族、邻里、乡党"②。北魏实行均田制,"诸远流配谪、无子孙及户绝者,墟宅桑榆尽为公田,以供授受。授受之次,给其所亲,未受之间,亦借其所亲"③。可见习惯上亲邻具有田宅的优先取得权,并且这种权利得到法律的默认。

五代时很可能已经有了田宅买卖必须征求亲邻意见的法律,或至少是法律确认民间的这一惯例。如《旧五代史·晋书·高祖本纪》载:

[晋高祖石敬瑭于后唐应顺元年(934年)时为河东节度使,镇常山]常山有属邑曰九门,有人鬻地,与异居兄议价不定,乃移于他人。他人须兄立券,兄固抑之。因诉于令,令以兄弟俱不义,送府。帝(石敬瑭)监(鉴)之曰:"人之不义,由牧长新至,教化未能及,吾甚愧焉。若以至理言主之,兄利良田,弟求善价,顺之则是,沮之则非,其兄不义之甚也,宜重笞焉。市田以高价者取之。"上下服其明。

在这个案例中,值得注意的是"他人须兄立券",出卖他人必须要经过兄的同意,可见已实际存在亲邻的先买权、先问亲邻的情况。

后周正式制定土地房屋买卖必须先问亲邻的制度。后周广顺二年(952年)规定:"请准格律指挥:如有典、卖庄宅,准例房亲、邻人合得承当,若是亲邻不要及著价不尽,方得别处商量,和合交易。"④这一法令所提到的"例"究竟是指民间的习惯、惯例,还是在这之前已有这样的法律,现在还搞不清,但至少是从此确立了不动产买卖必须先问亲邻的原则。

宋代先问亲邻的法律多有变化。宋初法典《宋刑统》的《户律》"典卖指当论竞物业"规定:"应典、卖、倚当物业,先问房亲;房亲不要,次问四邻;四邻不要,他人并得交易。房亲著价不尽,亦任就得价高处交易。"北宋以后的敕条又明确规定了问亲问邻的顺序:"凡典、卖物业,先问房亲;不买,次问四邻;其邻以东、南为上,西、北次之,上邻不买,递问次邻。四邻俱不售,乃外召钱主……二邻则以南为上,南北二邻则以东为上。"⑤但至神宗熙宁、元丰年间变法,先问亲邻之制被废除。哲宗"元祐更化"恢复旧制,不几年"绍圣绍述"又进行变革,绍圣元年(1094年)敕条以"遍问四邻,乃于贫而急售者有害"为由,规定只需问"有亲之邻"就可以了,"应问邻,止问本宗有服亲、及墓田相去百步内与所断田宅接者。仍限日以节其迟"⑥。这一制度一直沿用至南宋。南宋《庆元重修田令》规定:"诸典、卖田

① 《折狱龟鉴》卷六《核奸》。
② 《汉书》卷二四《食货志》。
③ 《魏书》卷一一〇《食货志》。
④ 《册府元龟》卷六一三《刑法部·定律令五》。
⑤ 《宋会要辑稿·食货三七之五六·市易》。
⑥ 《文献通考》卷五《田制考》。

宅,四邻所至有本宗缌麻以上亲者,以账取问。有别户田隔间者非。其间隔古来河沟、及众户往来道路之类者,不为邻。"不问亲邻就出卖者,亲邻在三年内有起诉请求赎回的权利。因此"如有亲而无邻、与有邻而无亲,皆不在问限"。①

北方的金、元两朝,继承的却是北宋初年的制度。元前至元六年(1269年)中书省户部札付太原路:

> 照得田例:诸典、卖田宅及已典就卖,先须立限,取问有服房亲(先亲后疏),次及邻人,次见典主。若不愿者,限三日批退;愿者,限五日批价。若酬价不平,并违限者,任便交易。限满不批,故有遮占者,仍不得典、卖。其业主亦不得虚抬高价及不相本问而辄交易。违而成交者,听亲邻、见典主百日内依原价收赎,限外不得争告。欺昧亲邻、见典主故不交业者,虽过百日,亦听依价收赎。若亲邻、见典主在他所者,令以次人请问(谓亲邻、典主以次之人),若无人、并行程过百日者,不在告争之限。若遇饥馑灾患、丧凶争斗之事,须典、卖者经所属陈告给据交易。仰依旧例,行下各路照会施行。②

这里所提及的"田例"或"旧例",显然应该是金朝的法律。而金朝这一法律又明显是从北宋初年的制度继承而来,明确按照五服亲疏顺序,先问亲,再问邻,然后再问典权人。限定征求购买意见的时限为三天、出价期限为五天。如果未经问邻程序直接出卖的,亲、邻、典权人在交易后的一百天以内可以原价赎回,但限满之后就不得再要求赎回。如果是卖方故意欺骗、瞒着亲邻及典权人进行交易的,就不受百日之限。又详细规定如果亲邻及典权人在交易时期不在本地的,可以跳过不在的亲邻及典权人询问下一轮的亲属或老邻居或典权人。该法律还设定了一项但书:在发生灾荒、饥馑、丧葬、与亲邻及典权人有争斗及怨恨不方便询问的情况下,可以直接请求官府出具"公据"来跳过先问亲邻及典权人这一程序。

元朝在以后还曾对这项制度加以修改,首先是对"邻人"的概念进一步规范,明确相邻的佛道寺观不得为应问的地邻。"照得田例:官人百姓不得将奴婢、田宅舍施、典、卖与寺观,违者价钱没官,田宅、奴婢还主。其张广金(寺院住持)虽是地邻,不合批问成交。"元贞元年(1295年)的立法再一次强调:"僧道寺观常住田地既系钦依圣旨不纳税粮,又僧俗不相干,百姓军民户计,虽与寺观相邻住坐,凡遇典、卖,难议为邻。"③其次是延长了亲邻批退、批价的时限,并以刑罚处罚违反者。延祐二年(1315年)法令:"凡典、卖田宅,皆从尊长画字给据,立账取问有服房亲、次及邻人,典主。不愿者限一十日批退,如违限不行批退者,决一十七下;愿者限一十五日批价,依例立契成交,若违限不酬价者,决二十七下……其亲邻、典主故行刁蹬,取要画字钱物,取问是实,决二十七下。如业主虚抬高价,不相由问成交者,决二十七下,听亲邻、典主百日内收赎。"④将询问购买意向的期限延长到十天,还将违反这一规定的行为作为犯罪来处理,使用笞刑十七至二十七下。

---

① 《名公书判清明集》卷九《户婚门·取赎类》。
② 《元典章》卷一九《户部五·典卖》。
③ 同上。
④ 同上。

元代这种先问亲邻的账式,可见泉州发现的晋江《丁姓家谱》所载元后至元二年(1336年)麻合抹卖园契的附件:

> 泉州路录事司南隅排铺住人麻合抹,有祖上梯己花园一段、山一段、亭一所、房屋一间及花果等木在内,并花园外房屋基一段,坐落晋江县三十七都,土名东塘头村。今欲出卖,□钱中统钞一百五十锭。如有愿买者,就上批价,前来商议;不愿买者,就上批退。今恐□□难信,立账目一纸,前去为用者。
>
> 至元二年七月　　日　账目
>
> 　　　　立账出卖　　孙男　麻合抹
>
> 　　　　同立账出卖　母亲
>
> 　　　　时邻
>
> 　　　　行账官牙　　黄隆祖
>
> 　　　　不愿买人：姑　忽鲁舍,姑　比比,姑　阿弥答,叔　忽撒马丁①

明朝废除了先问亲邻制度,但民间仍有此习惯。明代卖田、卖房的契式中都有"投请房族,无人承买"的惯语②。安徽祁门《洪氏誊契簿》保留的一百零三件明代地契,同宗之间交易的有六十三件,占了61%;地邻八件,占8%;亲邻合计占三分之二以上。③清代土地买卖中的亲族关系有所减弱,据清康熙至嘉庆四朝刑档中土地纠纷案件统计,所涉及的总共十九个省区、七百二十七件土地买卖,同姓之间的占32.6%,不到三分之一。徽州几种族谱所载的一百五十七件清代地契,亲族之间的交易占19.11%,不到五分之一,同姓之间的合计略过三分之一。苏州的《沈氏族谱》保留的五百九十五件清代地契,同姓之间的仅占14.6%。④但实际成交买卖中亲族交易的减少并不排除在交易进行过程中曾有过征求亲族意见的情况。

直到民国初年,民间依然有先问亲族的习俗,如保存于四川新都县衙档案的一百九十六件嘉庆元年至宣统三年的晚清地契中,仍有一百六十三件地契写有"先尽房族,无人承买"⑤。民国初年进行的民商事习惯调查发现,很多地区民间有着田宅买卖先问亲邻的习惯,如河南中牟县"凡出卖田地须尽四邻先买,若四邻不愿承买,始听卖主自便";确山县"买卖土地以四邻为凭,若四邻不到场即不能成交";山东的大多数地区有出卖田宅先问同族服亲、再问四邻的习俗;安徽泗县、来安县,福建闽清习惯上出卖田房应先问亲族。⑥

（三）税契印契

对于买卖行为征收交易税的制度始于东晋南朝。《隋书·食货志》载:"晋自过江,凡货卖奴婢、马牛、田宅有文券,率钱一万,输估四百入官,卖者三百,买者一百。无文券者,

---

① 见《历史研究》1957年第9期,第76页。
② 《释义经书士民便通考杂字》,转引自《明代社会经济史料选编》下册,第44～45页。
③ 参见叶显恩:《明清徽州农村社会与佃仆制》,安徽人民出版社1983年版,第58页。
④ 参见江太新:《略论清代前期土地买卖中宗法关系的松弛及其社会意义》,《中国经济史研究》1990年第3期。
⑤ 熊敬笃编纂:《清代档案地契史料》,四川省新都县档案局档案馆。
⑥ 分别见《民商事习惯调查报告录》,第223、227、245、395、513页。

随物所堪,亦百分收四,名为散估。历宋、齐、梁、陈,如此以为常。"这种"估税"按照买卖价金数额的4%征收,出卖人缴纳3%,买受人缴纳1%。同时的北朝各代并无这一税种。隋朝统一南北,取消估税。然而估税却成为后世契税的滥觞。

唐末政府财政窘急,曾一度仿照估税之制,开征"除陌税"。建中四年(783年)又加重税率:"天下公私给与贸易,率一贯旧算二十,益加算为五十。给与他物或两换者,约钱为率算之。"①即原来按2%税率征收交易税,现提高为5%。这时可能已经仅由买受人纳税。由于当年发生朱泚兵变,唐德宗被迫下诏废除此税。

五代时又恢复交易税,改称契税,但只限于田房之类的不动产交易。同时为防止交易作弊,减少纠纷,又规定凡田房交易的契约都必须经由官府审查,加盖官印,既证明交易合法,又表示已缴纳契税。因此"税契"和"印契"合一。后唐天成四年(929年)建言:"京城人买卖庄宅,官中印契,每贯文抽税契钱二十文。"②后周广顺二年(952年)又进一步加强印契对于田宅交易的证明作用,规定:"印税之时,于税务内纳契日,一本务司点检,须有官牙人、邻人押署处,及委不是重叠倚当钱物,方得与印。"③从此税契及印契成为土地房屋买卖的法定程序。

宋朝进一步完备税契和印契制度。宋开宝二年(969年)"始收民印契钱,令民典买田宅,输钱印契,税契限两月"④。印契具有一定的公证性质。因为官牙人也要到场证明,往往由牙人代征契税并同时征收牙钱,所以契税又与之合称"牙契钱"。加盖了官印的地契称之为"红契""赤契""朱契",是合法产权证书,在涉讼时可以具有法律上的证明力。相反没有加盖官印的地契就称之为"白契",仅具有乡规俗例上的证明力。没有"红契"往往可能丧失所有权,如上文提及的北宋末年杨戬"公田法",就是一律以"红契"为所有权证书,没有"红契"的就作为公田收归朝廷。南宋时,有些"奸民密知人有产无契、若有契未印、若界至不明,辄诈作逃、绝乞佃"⑤。

然而,印契制度对契约的证明作用并非这项制度的主要目的,官府的着眼点毕竟在于增加财政收入。五代时的立法强调买卖双方和牙人都到场印契、缴纳契税,而北宋初年的立法只要求买受人在两个月之内缴纳契税即可,公证的意义不如五代。随着宋皇朝财政的紧张,契税的税率也是有增无减。北宋初年契税很可能沿袭了五代2%的税率,但庆历四年(1044年)"始有每贯收税钱四十文省之条",实际税率为3.6%,⑥嘉祐年间提高到6%,到南宋时高达10%,还要增收1%的"勘合钱"、2.1%的"头子钱"⑦。南宋末年,"大率民间市田百千则输于官者十千七百有奇,而请买契纸贿赂胥吏之费不与"⑧,税率竟然达到了17%。

---

① 《旧唐书》卷四八《食货志》。
② 《册府元龟》卷五〇四《邦计部·关市》。
③ 《册府元龟》卷六一三《刑法部·定律令五》。
④ 《文献通考》卷一九《征榷考六·牙契钱》。
⑤ (宋)陈襄:《州县提纲》卷二。
⑥ 《文献通考》卷一九《征榷考六·牙契钱》。
⑦ 参见《文献通考》卷一九《征榷考六·牙契钱》及(宋)俞文豹《吹剑录·四录》"牙契钱"。
⑧ (宋)李心传:《建炎以来朝野杂记》甲集卷一五《财赋·牙契钱》。

官府以契税为财源,民间自然以逃税对付。只要认为自己可以保证所有权就不去纳契税,即使没有官印证明也在所不惜,因此使用白契的情况极为普遍。宋代法律规定逃税者的处罚为加倍征收契税,罚"倍税"。宋朝廷为了征到税钱,一方面加重对匿税、逃税者的处罚,一方面又经常网开一面,频频宣布凡有白契者只须自首即可免倍税之罚。据《宋会要辑稿·食货七·钞旁定帖杂录》的不完全统计,仅南宋建炎元年(1127年)至乾道八年(1172年)的四十五年间,朝廷就发布了十三道自首免倍罚的赦文。

元朝入主中原,将税契、印契的范围扩大到人口、马牛、船舶的买卖契约。契税据《元典章·户部八·杂课》所载至元四年(1267年)的案例:民人土地买卖契价三十一锭,中书省批示"银三十一两取要税钱"。元代一锭合银五十两,三十一锭征收税钱三十一两,说明契税的税率为2%。这一税率当沿袭了金朝的制度(很可能系承受北宋初年契税税率而来)。后改为依照商税的税率"三十分取一"①。凡匿税,处以笞五十,契内价金一半没官。② 对于缴纳了契税的买受人,除加盖官印外,并出给收据。上述泉州发现的晋江《丁姓家谱》所载元后至元二年(1336年)麻合抹卖园契一起发现的有买主阿老丁纳契税的收据:

皇帝圣旨里　泉州路晋江县　今据阿老丁用价钱中统钞六十锭买到麻合抹花园、山地。除已验价收税外,合行出给者。

至元二年十月初三日给

右付本阿老丁　　　准此③

明朝将契税依然限定于田宅的交易,税率确定为2%。《大明律·户律·田宅》"典卖田宅":"凡典、卖田宅不税契者,笞五十,仍追田宅价钱一半入官。"基本沿袭了元代法律的内容。在纳税的程序上也有不同。明初规定每十年"大造黄册",清查、登记户口及田产、应纳的赋税,同时各地的税课司局即印造缴纳契税的收据"契尾",出榜通知百姓将十年来所立地契携至税课司局纳契税、并粘连契尾、加盖官印,即为"红契"④。宣德年间将各地税课司局大多裁撤,税契事务逐渐由各州县衙门直接受理。

清朝入关把税率定为3%。"顺治四年定:凡买田地房屋,增用契尾,每两输银三分。"⑤清代不再十年大造黄册,强调买主应在成交后当年携契到当地州县衙门缴纳契税、加盖官印。制度上应由州县长官受理,"田房税契,例应州县衙门填给契尾,经管征收。查各处竟有由佐杂官征收者,亦宜统归正印官经管"⑥。印契的公证性质更为淡薄,民间普遍使用白契。而地方豪绅和官府的书吏衙役勾结,往往偷盖官印,或于官员离任时请求预先在空白契纸上加盖官印。契税的收入也微不足道。"州县离任之时,绅衿讨情、衙役

① 《元典章》卷二二《户部八·契本》。
② 《元史》卷一〇四《刑法志三》。
③ 见《历史研究》1957年第9期,第91页。
④ 参见韦庆远:《明代黄册制度》,中华书局1961年版,第81页。
⑤ 《清通典》卷八《食货八·赋税》。
⑥ 《清朝文献通考》卷三一《食货·征榷六》。

乞恩,以田房二契用白印者。此陋弊处处皆然,不可破也。以大县田房交易何日无之,日以百金计,岁即数万,计税银不下千金。今州县一年报税,竟尔寥寥,其隐漏可胜言乎?"①清末由于财政困难,逐步提高契税税率,光绪年间提高到6%,以后又进一步提高至9%。②

(四)过割赋税

土地买卖后,土地所负担的国家赋税自然应该随之转移,缴纳土地赋税的义务自然应该转移至买受人一方承担。这种转移的程序在古代称之为"过割",过即"过户",将原主的赋税转移登记至买方户头上;割即"割除",将原主有关的赋税登记予以取消。

古代地主豪强往往掠夺贫民土地,致使贫民"产去税存"。唐朝自"两税法"改革后,法律强调土地所负担的税赋必须随买卖行为而转移,唐宣宗大中四年(850年)制:"青苗两税,本系田土;地既属人,税合随去。从前敕令累有申明,豪富之家尚不恭守,皆是承其急切,私勒契书。自今已后,敕州县切加觉察,如有此色,须议痛惩。"可见过割早已有制度。三年后,唐宣宗赐其小舅子郑光两处庄宅,欲特意下敕免除其两税及科差色役,不料遭到中书门下的反对。中书门下的反对理由是:"据地出税,天下皆同;随户杂徭,久已成例。"唐宣宗接受劝谏,收回成命。③但现存史料中还未发现唐朝对于买卖土地不转移赋税行为如何"痛惩"的法令。

在现存的古代土地买卖契约文书中,较早在契约中明确土地赋税同时转移的是敦煌出土的唐天复九年(909年)安力子卖地契:④

〈前缺〉

□和渠地壹段两畔,共五亩:东至唐荣德,西至道、氾温子,南至唐荣德及道,比(北)至子渠兼及道。又地壹段两畔,共贰亩:东至吴通通,西至安力子,南至子渠及道,比至吴通通。已(以)上计地四畔、共柒亩。曰:天复玖年己巳岁十一月七日,洪润乡百姓安力子及男揭攞等,为缘阙少用度,遂将本户口分地出卖与同乡百姓令狐进通,断作价直(值)生绢一疋、长肆仗(丈)。其地及价当日交相分付记,一无玄(悬)欠。自卖以后,其地永任进通男子孙息侄世为主记。中间或有回换户状至次,任进通抽入户内。地内所著差税河作,随地祇(支)当。中间若亲姻兄弟及别人诤(争)论上件地者,一仰口承人男揭攞兄弟祇当,不忓(干)买人之事。或有恩赦流行,亦不在论理之限。两共对面平章,准法不许休悔。如先悔者,罚上耕牛一头,充入不悔人。恐人无信,故立私契,用为后验。

地主　　安力子

〈后缺〉

---

① (清)黄六鸿:《福惠全书》卷六《杂课部》。
② 参见徐达:《土地典卖税契制度考略》,《平准学刊》(第四辑上册),光明日报出版社1989年版,第513页。
③ 《唐会要》卷八三《租税》。
④ 《敦煌资料》第一辑,第309~310页。唐皇朝于天复四年改元天祐,并于907年灭亡,敦煌地区地处偏远,故沿用天复年号。

类似这一契约对于赋税转移的特别记载"地内所著差税河作,随地祇(支)当",在以后各代的土地买卖"契式"中都可以看到。

宋朝法律规定:"人户典、卖田宅,准条具帐开析顷亩、田色、间架、元(原)业税租、免役钱数,均平取推,收状入案,当日于簿内对注开收讫,方许印契。"如有违反,田宅产业"给半还元(原)业人,其价钱不追,余一半入官"①。过割成为印契的前提,过割登记的义务人为买受人,如不过割即丧失所买受的田宅以及已经交付的价金。

金朝土地买卖无禁,"但令随地输租而已"②,但其"随地输租"、即过割的制度细节尚不清楚。双方如未过割如何处理,史无明文。元朝将买卖土地不过割税赋的行为视为犯罪,处以刑罚。"诸典、卖田宅,从有司给据立契,买主、卖主随时赴有司推收税粮。若买主权豪,官吏阿徇,不即过割,止令卖主纳税;或为分派别户包纳;或立诡名;但受分文之赃,笞五十七。仍于买主名下验原价追征,以半没官,半付告者。首领官及所掌吏断罪罢役。"③过割义务人仍然为买受人,如不过割不仅丧失所买受的田宅,而且还要受笞五十七下的刑罚,并罚相当原买价一半的钱财。与之勾结的官吏也要受罚。

明清律规定,买卖田宅"不过割者,一亩至五亩笞四十,每五亩加一等,罪止杖一百。其田入官"。其处罚比元代略有减轻,但重于对于不纳契税行为的处罚,同时还附带田产全部没官。一般是先纳契税,后过割赋税。

理论上官府在进行过割以及上文所述的印契税契时应该无偿,但实际上基层衙门的书吏、衙役都视此为一项财源,印契要收"心红银",税契、过割要收"笔墨钱"之类的手续费。如清乾隆年间江南名幕汪辉祖在乾隆五十七年(1792年)记载:"民间田产交易,开除过户,例每亩制钱十文。吾邑(其家乡浙江萧山)旧规亩一百文,除七收三,勒有碑记。三十年前……加至三百文一亩。甲辰、乙巳间(1784~1785年)亩至五、六百文。数年来,乡民愿而闇者,必在千文以外,即士绅亦非五、六百文不可。"④

(五)使用官印契本

从五代开始的印契制度在立法原意上具有防止欺诈交易的性质,当时只是在民间自行书写的契纸上加盖官印。以后随着印刷术的流行,官府又有可能要求田宅交易一律使用官印契纸,以防伪冒,并防止逃匿契税,契税也是官府的一项收入。

北宋太平兴国八年(983年),有人向朝廷建议:"庄宅多有争讼,皆由衷私妄写文契,说界至则全无长尺,昧邻里则不使知闻,欺罔肆行,狱讼增益。请下两京及诸道州府商税院,集庄宅行人众定割移典、卖文契各一本,立为榜样。"⑤这一统一民间契约文本格式的建议得到采用。再进一步就是由官府直接印制契约文本,出卖给民间使用。北宋元丰年间(1078~1085年)已开始"民有交易则官为之据,因收其息"。崇宁三年(1104年)正式立法:"诸县典、卖牛畜契书,并税租钞旁等印卖田宅契书,并从官司印卖,除纸笔墨工费内,

---

① 《宋会要辑稿·食货六一之六五·民产杂录》。
② 《金史》卷四五《食货志一》。
③ 《元史》卷一〇四《刑法志三》。
④ (清)汪辉祖:《汪龙庄遗书·病榻梦痕录》卷下。
⑤ 《续资治通鉴长编》卷二四,太平兴国八年三月乙酉。

外收息钱,助赡学用。"①强调所有的重要的交易都必须使用官印的契本。所谓"息钱"就是指利润,在这之前已有各地自行印制契本的情况,至此则一律收归朝廷,除了收工本费外,还明言要收息钱,作为一项财政收入。

宋代的官印契本制度据《文献通考·征榷考六·牙契钱》:"逐州通判用厚纸、立千字文为号印造,约度县分大小、用钱多寡,每月给付。诸县置柜封记,遇人户赴县卖(当为买之误)契,当官付给。"即由各州印制,由州通判主管。契本用厚纸印制,编有千字文为序的号码,按月份发各属县。县应以专门的柜橱加封收藏,人户有买卖交易、需要契纸时,到官府买契纸。实际上民间大多先行立草契,在至官府缴纳契税时再转抄于官契纸,由官府加盖官印,成为"红契"。这一制度通行两宋,只是南宋绍兴二十七年(1157年),"诏人户买卖耕牛并免投纳契税"②。既然免税,也就无须使用官印契纸。使用官印契纸的主要是田宅交易的契约文书。

金元两朝继承了北宋的制度,规定田宅以及奴婢、大牲畜、船舶等较重要的买卖都要使用官印契纸。"诸人典买田宅、人口、头匹、舟船物业,应立契据者,验立契上实值价钱,依例收办正税外,将本用印关防。每本宝钞一钱。"官印契纸称契本,由朝廷户部统一印造,江南四行省、四川由户部发给契本铜版,自行印制。以后契本价格又调整为宝钞三钱一本。③

明初沿袭元代之制,《大明令·户令》:"凡买卖田宅头匹,赴务投税。除正课外,每契纸一本,纳工本铜钱四十文。"但官府印制契纸往往并不及时,有时地方官府契纸用完,只得印制一些已收契税的收据,粘连在当事人自立的契纸之后,骑缝加盖官印,付买主收执,以代替官印契纸作为买卖程序合法的证据。这种收据因粘连于契纸后部而称"契尾"。这种情况早在元代就已出现,元朝还曾下令禁止,但不久即弛禁,默认契尾合法。明初地方官府即往往以契尾作为正式契本未到之前的临时措施,如洪武二十四年(1391年)徽州祁门县税课局契尾:

> 徽州府祁门县税课局 今据西都谢翊先用价宝钞三贯四百文,〈买〉到在城冯伯润名下山地为业,文契赴局印兑,除已依例收税外,所有文凭须至出给者。契本未降。右付本人收执。准此。
>
> 洪武二十四年七月 日
>
> 攒典 蔡斗生(押) 税课局(押)

明中叶开始朝廷不再印制契纸,而改由户部印制契尾。但朝廷印制契尾发放至各地依旧相当麻烦,因此各地官府仍然自行印制契尾,起先尚且注明"户部契尾未降",以后就自行其是,府、县均印制契尾。明朝廷户部于万历四十八年(1620年)发文规定契尾由各府印制。其形制大多改为有骑缝暗号的"勘合"(或称鸳鸯)两联单,编有千字文序号,上载

---

① 《文献通考》卷一九《征榷考六·牙契钱》。
② 同上。
③ 《元典章》卷二二《户部八·契本》。

关于契税的律文及有关说明,开列土地字号、坐落、契约价金、应纳契税额等空格,由官府书吏填写后,一联粘连当事人原契,骑缝及在上述的填写处加盖官印后给付买主收执;另一联同样填写后存档。清朝入关后基本沿袭这一制度,只是规定由各省布政使司印制契尾,契尾"编刻字号,于骑缝处钤印发各州县填注业户姓名、价值。一存州县,一同季册报司"①。

明清两代仍有不少地方官府自行印制官契纸,如四川新都县档案保存的一百九十六件晚清地契中,使用官印契纸的就有一百件,称呼亦不统一,如道光年间印制的称"新都县契格",光绪年间的有的称"新都县契式",有的为"正契式",宣统年间的则又称"正契格"②。这种官契纸的格式和民间的私契并没有什么不同,其目的主要在于征收契税。

(六)离业

除了上述的几个程序外,在宋朝时还曾强调土地买卖契约成立后卖方必须"离业",即卖方必须转移土地的占有,不得自己充当买方的佃户,依然耕种原地,向买方交租。北宋皇祐年间(1049~1053年)规定:"凡典卖田宅,听其离业,毋就租以充客户。"南宋开禧元年(1205年)再次重申这一法律。③ 南宋时期这一法律一直有效,如南宋《名公书判清明集》中提到"在法:应交易田业并要离业,虽割零典卖亦不得自佃赁。"④官府在处理田产纠纷时注意的主要是两大要点:一是否有红契;二是否交业。"田产典、卖须凭印券、交业,若券不印、未及交业,虽有输纳钞(缴纳田赋两税的凭据)不足据凭。"⑤

宋代这一立法的出发点可能是防止自耕农数量减少,于朝廷赋役不利,并防止豪强控制农民人身,也有助于减少土地纠纷。然而在元明清时期,法律对此不再有明确的规定,实际上民间出卖土地后即成为买方佃户依旧耕种原田地的情况比比皆是。直到民国初年时,各地民间大多有这样的习惯。如湖南安仁县有"卖田存耕",出卖人仅每年向买受人交租谷,田地由出卖人"永佃",在买卖契约订立同时买受人即出给"布耕字"一纸。⑥

四、动产买卖制度

(一)市场的管理

宋以前各代对于民间动产买卖的场所有着严格的控制。买卖行为只能在官府管理的封闭式的"市"内进行。据《周礼·地官》的有关内容,西周时的"市"设有司市、贾师、司虣等官员,开市的时间、商品的摆放、商品的质量、交易的价格等都有严格的制度。从云梦出土的秦简来看,秦时"市"的制度依然相当严密,如《金布律》规定,凡价值一钱以上的商品都必须公开标价,布匹的长度、门幅必须符合标准。⑦

---

① 以上参见周绍泉:《田宅交易中的契尾试探》,《中国史研究》1987年第1期,第100~110页;《皇朝政典类纂·榷征二·杂税·田房税契》。
② 熊敬笃编纂:《清代档案地契史料》,四川省新都档案局档案馆。
③ 《宋史》卷一七二《食货志一》。
④ 《名公书判清明集》卷四《户婚门·争业上》。
⑤ (宋)陈襄:《州县提纲》卷二。
⑥ 分别见《民商事习惯调查报告录》,第605页。
⑦ 《睡虎地秦墓竹简》,第56、57页。

现存史料中这种封闭式市制最为典型的是唐朝的制度。唐代的法律规定："诸非州县之所，不得置市。其市，当以午时击鼓二百下，而众大会；日入前七刻，击钲三百下，散。"①必须是在州县政府所在地才能设市，供人民进行交易买卖。市是一个围有高墙的封闭式的大院落，平时关闭，只是在正午时分，由官府击鼓为号，宣布开市，买卖人等才可入内交易。市内各种不同的商品分肆排列，建标立候，表明商品名称、价格。各肆有肆长管理。到日落前7刻（约合下午4～5时）由官府鸣钲为号，宣布闭市，所有人员都必须离开。市司还要维持市场的秩序，检查市内商品的质量；每年八月至当地州县官府校正市内使用的度量衡具，私人的度量衡具要经市司加盖官印才能够在市内使用。

《唐律疏议·杂律》严格禁止欺行霸市，"诸买卖不和，而较固取者，及更出开闭、共限一价，若参市，而规自入者，杖八十。"律疏解释"较固"是指"强执其市，不许外人买"；"更出开闭、共限一价"，已见本节上文解释；"参市"是指"人有所买卖，在旁高下其价，以相惑乱"，即与一方串通，故意误导相对方作出错误决定。

《唐律疏议·杂律》对动产买卖行为的规定相当具体，如买卖的标的必须质量合格，合乎标准："诸造器用之物及绢布之属，有行滥、短狭而卖者，各杖六十；得利计赃重者，计利准窃盗论。贩卖者，亦如之。"律疏解释："行滥，谓器用之物不牢、不真；短狭，谓绢匹不充四十尺，布端不满五十尺，幅阔不充一尺八寸。"并规定："行滥之物没官，短狭之物还主。"质量不合格的商品要由官府没收，不符合标准的商品要退还原主。此外还要求所有的商品必须标明生产者的姓名，一些较为特殊的商品还要求按照官府设定的标准生产。《唐六典·两京诸市署》提到："其造弓矢、长刀，官为立样，仍题工人姓名，然后听鬻之。诸器物亦如之。"

后世的法律大多沿袭了唐律的规定，如明清律的《户律·市廛》"把持行市"条："凡买卖诸物两不和同而把持行市、专取其利，及贩鬻之徒通同牙行，共为奸计，卖物以贱为贵、买物以贵为贱者，杖八十。若见人有所买卖，在旁高下比价，以相惑乱而取利者，笞四十。若已得利物计赃重者，准窃盗论，免刺。"对于商品质量的规定比唐律为简："凡民间造器用之物不牢固正实，及绢布之属纰薄短狭而卖者，各笞五十。"

（二）契约的形式

现有史料中还没有发现秦汉时期法律对于动产买卖契约形式的要求。据《唐律疏议·杂律》，凡买卖奴婢及买卖马、牛、驼、骡、驴之类大牲畜，必须在买卖行为后的三天内在市司的监督下订立"市券"。所谓市券就是盖有市司官印的契约，必须要有保人副署。按照《杂律》的规定，不立市券者算是犯罪，卖方笞二十、买方笞三十。如上引吐鲁番出土的唐咸亨四年（673年）西州前庭府杜某买驼契有："待保未集，且立私契，保人集，别（立）市契。"不过到了唐中叶，这一法令已相当松弛，民间买卖牲畜并不一定再立市券，仅立私契即可。如吐鲁番出土的唐开元二十一年（733年）石染典买马契：

---

① 《唐会要》卷八六《市》。

马壹疋骝敦六岁

　　开元廿一年正月五日,西州百姓石染典,交用大练拾捌疋,今于西州市买康思礼边上件马。其马及练,即日各交相分付了。如后有人寒〔呵〕盗识认者,一仰主、保知当,不关买人之事。恐人无信,故立私契,两共和可,画指为记。

　　　　　　　　　　　　　　　练主
　　　　　　　　　　　　　　　马主　别将康思礼年卅四
　　　　　　　　　　　　　　　保人　兴胡罗世那年
　　　　　　　　　　　　　　　保人　兴胡安达汉年□五
　　　　　　　　　　　　　　　保人　西州百姓早寒年五十①

这件买马契是在西州市内立的,却并没有关于市券的说明,说明这时牲畜买卖应立市券的制度已经松弛。

后世法律对此没有具体规定。一般来说,仅要求奴婢、大牲畜的买卖以书面契约形式。

（三）奴婢买卖程序

对于奴婢的买卖,有的朝代法律规定有特别的程序。如唐朝法律对于奴婢买卖除了上述的订立市券外,又为防止卖良为贱,还规定凡奴婢买卖必须经过县级官员盘问,验明正身,称之为"过贱"。唐末天复元年(900年)改元赦文引:"旧格:买卖奴婢,皆须两市署出公券,仍经本县长吏,引检正身,谓之过贱,及问父母见(现)在处分,明立文券,并牒太府寺。"②在吐鲁番、敦煌出土的有关奴婢买卖的契约文书中,可以验证这些程序,只是似乎并不需要经过太府寺,而是由当地州、郡官府的丞或市令当面询问奴婢情况,在被买卖者承认确实是奴婢后,发给市券(即公券),加盖州、郡官印。在奴婢父母不在的情况下,则要有五名以上的证人出面证明奴婢身份并副署契约。如吐鲁番出土的唐开元十九年(731年)高昌商胡米禄山卖婢市券:

　　开元拾玖年贰月　日,得兴胡米禄山辞:"今将婢失满儿、年拾壹,于西州市出卖与京兆府金城县人唐荣,得练肆拾匹。其婢及练即日分付了,请给买人市券者。"准状勘责问口,承贱不虚。又责得保人石曹主等伍人,款保不是寒良诱诱等色者。勘责状词,依给买人市券。

　　　　　　　　　　　　　　　练主
　　用西州都督府印　　　　　　婢主　兴胡米禄山
　　　　　　　　　　　　　　　婢　　失满儿年拾贰
　　　　　　　　　　　　　　　保人　高昌县石曹主年六
　　　　　　　　　　　　　　　保人　同县曹娑堪年八
　　　　　　　　　　　　　　　保人　同县康薄鼻年五十五

①　见《吐鲁番出土文书》第九册,第48页。
②　见《唐大诏令集》卷五《帝王改元》下。

保人　寄住康萨登年五十九
保人　高昌县罗易没年五十九
史
丞上柱国玄亮　　　　　　　券
史　　竹无冬①

同样的程序尚可见于吐鲁番出土的唐开元二十年(732年)高昌田元瑜卖婢市券、唐中期敦煌行客王修智卖胡奴市券等。②

另外奴婢"视同牛马",所以也与买卖牲畜的契约类似,也有瑕疵悔约的期限。如吐鲁番出土唐龙朔元年(661年)左憧憙买奴契残件:

> 龙硕元年五月卅日高昌县崇化乡人、前庭府卫士左憧憙,交用水练陆匹、钱五文,柳中县五道乡浦昌府卫士张庆住边,买奴壹人,字申德,年拾伍……不……奴及练,到日交相付……叁日得悔。……者,壹仰……为信。
> (后缺)③

此件虽为残件,但足以说明当时奴婢买卖契约和牲畜买卖契约一样往往约定有三天的悔约期。

自宋朝以后,封闭式的市制被打破,对于动产买卖的诸多限制也随之逐步废除,至明清时,动产买卖已无严格的制度,只需私人立契即可。

五、找价契约

买卖契约成立后,出卖人获得价金、交付标的,交易至此即告结束。可是在明清时期,民间习惯上在买卖结束后出卖人还可以向买受人要求支付若干价金,这称之为"找价""找贴""加价""尽价""加添""加叹"等。形成这种现象的原因一是古代典、卖经常混淆,活卖后可以加若干价金改为绝卖,或可以原价收赎,也就可以出典一样加价。另一原因是明清时土地流转速度较快,地价亦涨落频繁。如清人钱泳在所著《履园丛话》卷一回顾上海地区明末清初的地价:

> 前明中叶,田价甚昂,每亩值五十余两至百两,然亦视其田之肥瘠。崇祯末年,盗贼四起,年谷屡荒,咸以无田为幸,每亩只值一二两,或田之稍下,送人亦无有受诺者。至本朝顺治初,良田不过二三两。康熙年间,长至四五两不等。雍正年间仍复顺治初价值。至乾隆初年,田价渐长,然余五六岁时,亦不过七八两,上者十余两。今阅五十年竟长至五十余两矣!

出卖人总是在迫不得已的情况下才忍痛出卖土地,当地价上涨时,出卖人就向买受人

---

① 见《吐鲁番出土文书》第九册,第26页,此为文契。
② 可见《中国历代契约会编考释》,第205~206、209~210页。后一件券后有"市令秀(李?)昂给券"。
③ 见《吐鲁番出土文书》第六册,第410页。

提出当初卖价过低,要求补充。另外也有人认为是当初海瑞巡抚江南时允许"小民"起诉豪绅,以致养成刁民敲诈之风。"田产交易,昔年亦有卖价不敷之说,自海公以后则加叹杜绝遂为定例。有一产而加五六次者,初犹无赖小人为之,近年则士类效尤,腆然不顾名义矣。"①这一风气在明代已经相当盛行,明人谢肇淛《五杂俎》卷四称:

> 俗卖产业与人,数年之后,辄求足其值,谓之尽价,至再至三,形之词讼,此最薄恶之风,而闽中尤甚。官府不知,动以为卖者贫而买者富,每讼辄为断给。不知争讼之家,贫富不甚相远,若富室有势力者,岂能讼之乎?吾尝见百金之产,后来所足之价反逾其原直者。

找价也要订立契约,称之为"找约""加价文约""叹契"等,如徽州清顺治十年(1653年)的一件加价文契:

> 立加价文契人何大受同弟大才等,前于崇祯十五年将原芥字等号上土库楼屋二所、四围厢房、门前田地等项,土名厂里并新屋等处,原契得受价纹银四百四十两,收足无异。今复具词加价,亲族劝谕公议,增价银一百一十两。其银当即收足,伍股均得清楚,俱已心服,嗣后并无生情异说。今恐无凭,立此文契永远存照。
>
> 顺治十年九月二十四日　　　　　　　立加价文契　何大受
> 　　　　　　　　　　　　　　同弟何大才、何大德、何大本、侄何顺生
> 　　　　　　　　　　　　　　居间　吴心字等②

这件加价契约立契时间距原出卖时间十一年,加价达到原卖价的四分之一。

在清代法律上找价也是违法行为,不过也承认"活卖",允许活卖后可以找贴一次。如雍正八年(1730年)户部议复侍郎王朝恩条奏定例,进一步区分活卖和绝卖:

> 卖产立有绝卖文契、并未注有找贴字样者,概不准贴、赎。如契未载绝卖字样者、或注定年限回赎者,并听回赎。若卖主无力回赎,许凭中公估找贴一次,另立绝卖契纸。若买主不愿找贴,听其别卖,归还原价。倘已经卖绝,契载确凿,复行告找、告赎,及执"产动归原""先尽亲邻"之说,借端掯勒,希图短价,并典限未满而业主强赎者,俱照不应重律治罪。

所谓"不应重律"是指应从重处罚的"不应得为"罪,应处杖八十。清末法学家薛允升的《读例存疑·户律·田宅》对该条例有所批评:"首先,该条未载入《户部则例》,检索困难。其次,原奏有'原主不得于年限未满之时强行告赎,现业主亦不得于年限已满之后藉端掯勒',最为明晰。此例及执'产动归原'二语,似系指原业主而言;下'借端掯勒',又似系指现业主而言,语意并未分明。"而且"'产动归原''先尽亲邻'之说,原奏并无此层"。薛允升认为应该将该条分为三层意思:已绝卖不得找、赎,出典年限未满不得强赎,年限已满典主不得掯勒。

---

① (明)范濂:《云间据目抄》卷二。又(明)李绍文:《云间杂识》卷二亦持此说。
② 转引自刘森:《明清间徽州的房地产交易》,《平准学刊》第五辑上册,第208页。

有的地方官府也会出告示禁止找价,如光绪六年(1880年)江苏青浦县衙门刻石立碑严禁找价加叹的告示:"查绝产加叹,最为地方恶习,本干例禁。本县访闻青邑此风甚炽……嗣后倘有已绝之产业、经将契投税者,遇有前项情事,许该业主立即扭交该保解候,从严惩办。"①

但是法律、告示在民间的习惯面前显得苍白无力,民国初年各地找价之风依旧盛行,如苏南地区,"吴下向有一卖三贴之例"②。同样江苏阜宁县民间习惯上,土地买卖易手后,要经过三次"加杜"才算是完全取得所有权。而福建的南平县有"九尽十八借"之谣,找价再"尽价",尽价再借钱,有的会达十余次。但也有的地方无此风气,如福建建阳县民间习惯"一找即绝",而且找价仅能为原价的2.5%而已,是为"对拗"。不过同省的平潭县却是"一典九尽",除了不得超过原典价外,对找价次数并无限制。最为恶作剧的如浙江平湖县"牌位回门"陋俗:房屋的出卖人欲加价而无理由,即将本家牌位用红布包裹带至原已卖出的房屋,号称"牌位回门",买受人不得已给若干钱财。甘肃皋兰县又称"吃盖棱",因当地将地界称呼为"盖棱",寓意吃完了土地吃地界。③

第三节 借贷契约

借贷契约也是中国古代最受重视的契约种类之一,历代法律对此有相当多的条文。正如上文所提及的,古代法律以及民间意识上所谓的"债"往往仅仅指借贷之债。

一、借贷契约的分类

据《周礼》的说法,早在西周时期,就已经有了完整的借贷契约的制度,在地官司徒之下专门设有"司约""司盟"之类的官员,负责保管诸侯、贵族之间的契约及盟约,又有"司誓",负责监督立约人的盟誓。并且还提到各种借贷的形式,如"称责""取予""贷""属责"等等。

据说"称责"是指计息的借贷。《周礼·地官·小宰》:"听称责以傅别。"据汉儒郑玄注:"称责谓贷子、傅别谓券书也。听讼责者以券书决之。"唐儒贾公彦疏:"称责谓举责生子,彼此俱为称意,故为称责,于官于民俱是称也。"其他的古籍中"称责"或作"称贷",如《孟子·滕文公上》称农民"将终岁勤勤,不得以养其父母,又称贷而益之"。"取予"据《周礼·地官·小宰》"听取予以书契"的贾公彦疏,"此谓于官直贷不出子者",是官府的无息放贷。而据《周礼·地官·泉府》,"贷"一般指计息的借贷,而官府对于民间经营活动的计息放贷也称之为"贷","凡民之贷者,与其有司辨而授之,以国服为之息"。汉儒郑玄注:"贷者,谓从官借本贾也,故有息,使民弗利。以其所贾之国所出为息也,假令其国出丝絮,

---

① 见《上海碑刻资料选辑》,上海人民出版社1980年版,第156页。
② 见《明清苏州工商业碑刻集》,江苏人民出版社1981年版,第49页。
③ 《民商事习惯调查报告录》,第366、508、541、498~499、1162页。

则以丝絮偿；其国出缔葛，则以缔葛偿。"因为是放贷给商人做买卖的本钱，所以要收取利息。利息的形式是商人所行商地区的土特产。利率据郑玄的说法是借一万、息五百。"属责"是指债务关系的转移。《周礼·秋官·朝士》："凡属责者，以其地傅而听其辞。"汉儒郑玄注："属责，转责使人归之，而本主死亡，归受之数相抵冒者也。以其地之人相比近、能为证者来，乃受其辞，为治之。"唐儒贾公彦进一步疏解："谓有人取他责，乃别转与人，使子本依契而还本主。本主死亡者，转责人或死或亡也；受责之人见转责者死亡，则诈言所受时少，是归受之数相抵冒也。"据此，属责是指债务人转责他人代为偿还债务，当债务人或死亡或失踪，受委托人所归还的数额和原债务不符，就是抵冒。发生诉讼时要召集了解情况的地邻为证。

上述的这些借贷形式是否确实是西周的真实情况，根据现有的史料还难以辨明，但用以推测春秋战国时期的借贷契约发展情况，大约是有根据的。至少可以说明，在《周礼》一书成书时，社会上的借贷契约已相当的复杂。这种将使用借贷和消费借贷、有息借贷和无息借贷加以区分的传统在后代也依然延续。在很长的时期里，汉字中的"借""贷"各有具体含义。

"借"一般用于表示使用借贷，据清末法学家沈家本考证：这一概念在汉代以前一般是用"假""藉"字来表示，以后才形成"借"字。① 元人徐元瑞在《吏学指南》一书的"钱粮造作"中也认为："借字从人、从昔，假各人道，所以不能无也。凡以官物假人，虽辄服用观玩，而昔物犹存，故称曰借。"

"贷"据沈家本考证，原专指出借、贷出的行为，而获得的行为称之为"貣"。但以后逐渐混淆，而"貣"不再通用。其字义据元人徐元瑞在《吏学指南》一书的"钱粮造作"中解释："贷字从代、从贝，凡资财货贿之类皆从贝者，以其所利也……又从代者，谓以物替代也。"即归还的是原物的替代物，和近代民法概念中的消费借贷意义相同。

"贷"是消费借贷的总称，其中又分为计息、不计息。计息的一般称之为"举"。"举"字古代具有"生"的意思，如《汉书·王吉传》"贫人不及，故不举子"。古人将原本生息视同于人畜生子，故以"举"为计息借贷名称。而不计息的消费借贷一般称"贷"，唐代往往称为"便"。

汉唐时期对于借贷关系的分类也基本是按照是否原物归还、是否计算利息来区分的。沈家本总结唐律关于"借、贷"的用法："凡货财之类，贷之以济缓急，或有息、或无息，而不必以原物还主者，谓之贷"；"凡物之偶然借用而仍以原物还主者，谓之借"。②

元明清的法律以"借贷"一词作为各类借贷行为的统称，但民间的称呼仍然按照是否计息而有区别。明清时期民间一般以"揭"（借的一音之转，表示特别的借）表示计息的借贷。③ 即使到民国初年时，很多地方的民间习惯依然以不同的称呼表示有息或无息借贷，

① 《寄簃文存》卷四"释贷借"，见《历代刑法考》第四册，第2149~2153页。
② 同上书，第2152页。
③ 如（明）陆人龙：《型世言》第三二回，主人公任天挺"还揭下许多债负"，被迫以田地"推抵"。《清夜钟》第三回"开人帐的或是揭欠债尾，多年冷帐。"《杜骗新书·第二类·丢包骗》"揭借纳官"，《第五类·伪交骗》又做"接"。（清）李绿园：《歧路灯》第三〇回"谭绍闻护脸揭息债　茅拔茹赖箱讼公庭"载民间俗谚"揭债要忍，还债要狠"。

比如甘肃省民间以"借约"称呼不计息的借贷契约,而以"揭约"称呼计息的借贷契约。同样的称呼习惯还可见于河南开封及洛阳、山西的广灵、阳城、湖北的郧县、陕西的武功等地。奉天锦州、通化等地将无息金钱借贷称之为"摘(债的一音之转,表示特别的债)钱",但"摘钱不过月",过月即需计息。山东青城县民间将计息借贷称之为"找钱"。①

不同借贷关系的法律后果并不一致,至少在汉唐时期,法律所保护的主要是使用借贷债权和不计息的消费借贷债权。计息的消费借贷债权"任依私契,官不为理",主要依靠私人的自力救助来实现债权。元明清时期的法律不再作这种细致的区分。

二、违契不偿的刑事责任

中国古代法律一直将欠债不还视为一项犯罪行为进行处罚。至晚在秦汉时代,已有"不偿人债"的专项罪名。如《汉书·高惠高后文功臣表》载西汉文帝三年(公元前177年)河阳侯陈信"坐不偿人债过六月,免"。又据《汉书疏证·外戚恩泽侯表》东汉"永平时,诸侯负责,辄有绌削之罚,其后皆不敢负民"。

后世法律将这一罪名定为"违契不偿"。如《唐律疏议·杂律》专设"负债违契不偿"的罪名,债务额"一匹以上、违二十日,笞二十;二十日加一等,罪止杖六十。三十匹加二等,百匹,又加三等。各令备(赔)偿"。但必须注意此处的"负债"是指无息的借贷,并不是所有的借贷债务都构成这一罪名。律疏所谓:"负债者,谓非出举之物,依令合理者。"而唐《杂令》又规定私人借贷计息债务的"出举"交易"任依私契,官不为理",但"若违法积利、契外擎夺、及非出息之债者,官为理"。另一条《杂令》令文又规定:"诸出举两情和同,私契取利过正条者,任人纠告,本及利物并入纠人。"(《宋刑统·杂律》"受寄财物辄费用门"引)可见计息债务中的利息债务"违契不偿",官府并不会追究其责任,相反如果债权人有违法行为反而会被追究罪责。唐朝法律的这一原则在宋朝依然存在,《宋刑统》有关的内容即《唐律疏议》的原文,对于违契不偿行为的处罚一如唐律。

元明清时对于计息债务违契不偿也予以刑罚惩治,如《大明律·户律·钱债》"违禁取利"条规定:"其负欠私债,违约不还者,五贯以上,违三月笞一十,每一月加一等,罪止笞四十;五十贯以上,违三月笞二十,每一月加一等,罪止笞五十;二百五十贯以上,违三月笞三十,每一月加一等,罪止杖六十。并追本利给主。"清律沿袭。

三、对于借贷利息的限制

(一)汉唐时期对利息的限制

至少在汉朝的法律中已有对于借贷利息的明确限制,并设定专门的"取息过律"的罪名。《汉书·王子侯表》载汉武帝元鼎元年(公元前116年)河间献王子、旁光侯刘殷"坐贷子钱不占租,取息过律,会赦,免"。又成帝建始元年(公元前31年),梁敬王子、陵乡侯刘䜣"贷谷息过律,免"。但其具体制度据现有史料尚难以判明。从一些史料看来,汉代的利

---

① 分别见《民商事习惯调查报告录》,第1244、781、842、853、1147、755、793页。

率水平并不低。司马迁在《史记·货殖列传》中列举各类商业经营需要的资本,提到"子贷金钱千贯"。并说"佗杂业不中什二,则非吾财也"。假设司马迁说的"什二"(即20%)是当时一般行业的利润率,而"子贷金钱"的放贷业,利率普遍都在月利三分(3%)、年利36%以上。①

至晚从北魏开始,法律对于利息总额加以限制。北魏时法律明确禁止"收利过本及翻改初券",即累计征收利息不得超过原本,如有这样的情况,"依律免之,毋复征责"②。

唐律令确立了法律不保护计息债权的原则,《宋刑统·杂律》"受寄财物辄费用门"引唐《杂令》:"诸公私以财物出举者,任依私契,官不为理。""诸以粟麦出举、还为粟麦者,任依私契,官不为理。"出举即计息的债务,这类债权只凭私人契约确定,其强制力只能依靠权利人的自力,官府并不受理债权人提起的要求实现债权的诉讼。又《唐律疏议·杂律》"负债违契不偿"条律疏:"负债者,谓非出举之物,依令合理者;或欠负公私财物,乃违约乖期不偿者。"可见官府所受理的只是不计息债务的诉讼,保护的是不计息的债务,所追究的违契不偿的责任也只限于不计息的债务。

根据这一原则,唐律令主要从利率及利息总额两个方面对借贷利息进行限制。唐《杂令》规定出举债务的利息"每月取利不得过六分,积日虽多,不得过一倍……又不得回利为本";出举粟麦粮食的债务"仍以一年为断,不得因旧本更令生利,又不得回利为本"。限制利率为月利6%(合年利72%),利息累计总额不得超过原本,不得计算复利,粟麦计息债务只能在年内结算。在唐中后期的敕格中,进一步降低了限制利率。据《宋刑统·杂律·受寄财物辄费用门》所载,唐文宗开成二年(837年)敕规定私人出举"不得五分以上生利",则月利限制在5%以下;又有不知何年的唐户部格敕规定,"天下私举质,宜四分收利,官本五分收利",提供财产质押私人计息债务的限制月利为4%。

但是必须注意的是,唐代法律上述的限制债务利息的内容并不适用于官府所放贷的官债。唐初朝廷允许京师各府司置"公廨本钱",挑选商人为"捉钱令史",经营放贷"公廨钱",为官府赚取利息,"人捉五十贯以下、四十贯以上……每月纳息四千,一年凡输五万"③。法律对此有特别规定,上引《杂令》在累计利息不得过一倍的规定之后,又规定:"若官物及公廨,本利停讫,每计过五十日不送尽者,余本生利如初。不得更过一倍。"可见官债计息可至300%。这种官营高利贷经营机构一直至唐后期依然存在,如唐武宗会昌元年(841年)敕各州县仍置公廨本钱经营,"量其大小、各置本钱,逐月四分收利"④。

从唐代史料分析,唐代官府对于计息官债的保护不遗余力。《文苑英华·赦》卷四四二载唐宪宗元和十四年(819年)赦文:"公廨及诸色本利钱,其主、保逃亡者,并正举纳利十倍已上,摊征保人纳利五倍已上,及展转摊保者,本利并宜放免。"当债务人纳利已达原本的十倍以上,保人代纳利息已达原本的五倍,官府竟然还在追征原本。如果没有这一赦

① 如张家山汉墓出土的《算数书》,举例"息钱:贷钱百,息月三"(见《张家山汉墓竹简》,第257页)。《九章算术》卷三《衰分》例题"今有贷人千钱,月息三十"。
② 《魏书》卷一一四《释老志》。
③ 《唐会要》卷九一《内外官料钱》。
④ 《唐会要》卷八六《市》。

令,不知要追征到何年何月。又如该书卷四四一载唐文宗太和八年(834年)德音:"在京诸司、诸使食利钱,其元(原)举人已纳利计数五倍已上,本利皆放。其有人户逃、死,摊征保人,其保人纳利过两倍已上者,其本利亦并放免。"

除了保护官营高利贷之外,在很多情况下,官府对于民间私人的计息债权并不是完全不予受理。吐鲁番出土的唐咸亨五年(674年)王文欢诉酒泉城人张尾仁违契不偿辞牒残件,其中提到王文欢与张尾仁于上一年立契,出举银钱贰拾文,"准乡法和立私契","拾文后……钱贰文",说明是计息的债务。一年后,张尾仁依然未清偿债务,债权人只得向官府起诉。可惜的是这件辞牒较为残破,无法得知这一案件是如何处理的。① 官府也往往根据债权人的要求,替债权人追征计息债务。如《唐会要》卷八八载唐敬宗宝历元年(825年)敕:"应京城内有私债十年已上、曾出利过本两倍,本主及保人死亡,并无家产者,宜令台府勿为征理。"另据《唐大诏令集·政事·恩宥六》所载唐懿宗咸通八年(867年)德音:"举、便、欠负,未涉重条,如闻州县禁人,或缘私债及锢身监禁,遂无计营生……又辄不得许利上生利及回利作本,重重征收。如有违越,勘会奏闻。"可见无论是举取、便取、欠负的债务,官府有时会按债权人的请求进行追征,甚至还会关押债务人,还曾允许债权人利上生利、回利为本。

对于计息债务的担保方式,按照"任依私契,官不为理"的原则,唐律不允许官府替私人追征债务,也不得经债权人的起诉牵掣债务人的家产。债权人原则上只能依靠自力救济,实现债权。计息债务的担保方式虽没有官府的帮助,但依然有"牵掣财物""役身折酬""保人代偿",以及民间通行的"违限罚息"等。

唐朝法律所规定的限制利率似乎并没有在民间得到遵守。从吐鲁番、敦煌出土的大量借贷契约文书来看,出举契中约定的利息都高过法律的限制利率。如吐鲁番出土的唐麟德二年(665年)卜老师举钱契:

> 麟德二年正月廿八日,宁昌乡人卜老师,于高参军家人未丰边举取钱拾文,月别生利钱壹文。若未丰须钱之日,本利俱还。若身东西不在,一仰家妻儿收后上(偿)钱,听拽家财,平(评)为钱直。两和立契,获指为信。
>
> 钱主　　高未丰
> 举人　　卜老师(画指)
> 保人　　翟子隆(画指)
> 知见人　翟贞信(画指)
> 保人　男　石德(画指)

这件举取钱契中的月利为十分之一,远远高于唐律令所限制的利率。举债人卜老师还要以自己的全部家财作为担保,"听拽家财,平(评)为钱直",并声明在自己死亡时由妻儿以及"收后"(办理后事)者来清偿。在契约最后署名的"男　石德",应该就是债务人的

---

① 《吐鲁番出土文书》第六册,第525～527页。

儿子卜石德。由此看来,这样的违法交易在当时民间似乎已成惯例。

(二)宋元明清时期对利息的限制

宋朝的法律基本继承了唐律令的精神,依然在保护有息债权问题上持暧昧的态度。北宋中期王安石变法,推行"青苗法",春季禾苗尚青时由官府向百姓放贷钱财,帮助百姓度过春荒,夏秋时取低息收债。因该法允许官府放贷取息,因此受到广泛的批评。如山阴县令陈舜俞的上书最具代表性:"祖宗著令,以财物相出举,任从书契,官不为理,其保全元元之意深远如此。今诱之以便利,督之以威刑,方之旧法异矣!"①可见法律及官府不应保护有息债权是相当多官员的共识。

按照上述原则,宋代的立法中保留了唐律令的不少内容,如《庆元条法事类·杂门·出举债负》引南宋庆元《关市令》:"诸以财物出举者,每月取利不得过四厘;积日虽多,不得过一倍。"②即月利仍被限制于4％以下。对于米谷之类的借贷又规定:"元(原)借米谷者止还本色,每岁取利不得过五分(注:谓每斗不得过五升之类),仍不得准折价钱。"粮食借贷的年利率被限制在50％以下。而且加重了对于债权人收取复利违法行为的处罚,《庆元条法事类·杂门·出举债负》:"诸以财物出举而回利为本者,杖六十。以威势殴缚取索,加故杀罪三等。"③与唐朝法律规定官债利率可高于民间限制利率的做法不同,宋代官府放贷的官债利息比民间限制利率低。如上述王安石的"青苗法"放贷取息为"二分"④,即年利20％,合月利为1.67％,远低于4％的限制利率。青苗法招致批评主要是在于推行时强制摊派的弊病,利率本身对于债务人是有利的。

随着商品经济的发展,宋代民间通行的一般"中制"利率往往低于限制利率。南宋人袁采在其《袁氏世范·治家》中称:

> 假贷钱谷,责令还息,正是贫富相资不可阙者……今若以中制论之,质库月息自二分至四分(此处所言当按民间以分为1％表示利率的惯例),赁钱月息自三分至五分,贷谷以一熟论自三分至五分取之,亦不为虐,还者亦可无词。而典质之家至有月息什而取一者,江西有借钱约一年偿还而作合子立约者、谓借一贯文约还两贯文,衢之开化借一秤禾而取两秤,浙西上户借一石米而收一石八斗,皆不仁之甚!然父祖以是取人,子孙亦复以是而偿于人,所谓天道好还,于此可见。

取息超过月利5％就是要受到民间舆论谴责的行为,是要遭到报应的。另外南宋的《名公书判清明集·户婚门·库本钱》"背主赖库本钱"判中也提到"湖湘乡例:成贯三分,成百四分,极少亦不下二分"。

---

① 《宋史》卷三三一《张问传附》。
② 古代民间习惯在表示利率时以分为1％,与平时一般意义上以分表示十分之一的用法不同。而宋朝《名例敕》规定:"诸称分者,以十分为率;称厘者,以一分为十厘。"(《宋刑统》卷二六《杂律·受寄财物辄费用门》引)故宋朝的法律言及利率一般以分为十分之一,以厘为1％。但宋代民间表示利率时一般依然习惯用法。其余各代法律都按民间惯例以分为1％表示利率。
③ 按:故杀为死罪,无加重之法,此处当为"加斗殴三等"之误。《宋刑统·斗殴律》:"诸以威力制缚人者,各以斗殴论,因而殴伤者,各加斗殴伤二等。"
④ 《文献通考》卷二〇《市籴考》。

值得注意的是，宋代法律已区分以消费为目的的借贷行为和经营性质的借贷行为，对之采用了不同的利率。南宋的《名公书判清明集·户婚门·库本钱》"质库利息与私债不同"判中引用南宋淳熙十四年（1187年）的随敕申明："若甲家出钱一百贯，雇倩乙家开张质库营运，所收息钱虽过于本，其雇倩人系因本营运所得利息，既系外来诸色人将衣物、金帛抵当之类，其本尚在，比之借贷取利过本者，事体不同，即不当与私债一例定断。"经营资本的借贷营运，收息已是利润，不是一般的借贷利息，可以不受收取利息不得过一倍的限制。

金元时的法律进一步降低了限制利率，"诸以财物出举者，每月取利，不得过三分，积日虽多，不得过一倍，亦不得回利为本及立倍契"①。但在元朝初年，这一法律并未发生效力，享有特权的西域商人以复利方式计息放贷，年利高达100%，"官民贷回鹘金，岁加倍"，号为"羊羔儿息"。"州郡长吏多借贾人银以偿官，息累数倍，曰羊羔儿利，至奴其妻子犹不足偿。"元初重臣耶律楚材向元太宗窝阔台汗建议"令本利相侔而止，永为定制。民间所负者，官为代偿之"，得到了批准。② 元世祖忽必烈在位期间，多次申明这项法律。"一本一利"就是指利息累计不得过原本，它是北朝以来的法律的另一种表达方式。至元六年（1269年）又因重臣刘秉忠的建议，重申"一本一利"，并规定"还过元（原）本者，并行赦免"③。至元十九年（1282年）再次加重对于违法取息行为的处罚："今后若取借钱债，每两出息不过叁分……若有似此违犯之人，许诸人陈告，取问是实，即将多取之息追还，借钱之人本利没官，更将犯人严行断罪。"

明清沿袭了元朝的制度，《大明律·户律·钱债》"违禁取利"条："凡私放钱债及典当财物，每月取利并不得过三分，年月虽多，不过一本一利，违者笞四十。以余利计赃重者，坐赃论，罪止杖一百。"清律沿袭该条条文，并在律文之后附注："如借银一两，按每月三分取利，积至三十三个月以外，则利钱已满一两，与本相等，是谓一本一利，虽年月之多，不得复照三分算利，即五年十年，亦止一本一息。此债当取利之限制也。"这一制度一直沿用至清朝灭亡。

严格意义上而言，违禁取利之罪在明清时是一项重罪，也是各地方官政绩考核的指标之一。如清代则例规定："兵民违禁重利放债，文武官查拿、有职族长首报，均每案纪录一次。文武官知情纵容，降三级调用；失察及有职族长失察，均罚俸一年。若族长首告，文武官捏作查出谎报，降二级调用。"④

除了律典、条例的规定外，明清时各地官府也往往制订地方条例，限制借贷利息。尤其是对于经营放贷的典当业，经常有明确的利息限制规定。如嘉庆八年（1803年）苏州的元和、长洲、吴县三县衙门联合发布告示，"严禁重利盘剥"，并在虎丘头门刻石立碑。规定："嗣后如有外来流民，在苏放私债者，一两以内，三分取息；五两以内，二分八厘取息；五

---

① 《事林广记·第一》引元至元《杂令》，一般认为《至元令》系照搬金朝的令文，参见［日］仁井田陞：《唐令拾遗·序论·唐后令》。
② 《元史》卷一四六《耶律楚材传》。
③ 《元史》卷一五七《刘秉忠传》。
④ 《大清律例会通新纂》卷一三《户律·钱债》引。

两以外,二分五厘取息;十两以外,二分取息。其在百两以上,本钱愈重,其利亦当递减。且只许按月计利,不准本利滚盘。倘敢故违,照律惩治。如有无籍棍徒,举放印子、鞭子等钱,恃强逼索重利,致累病民,或被告发、或经访闻,悉拿究办,以苏民困。"①

尽管历代对于借贷利息有明确的限制,但是并没有对民间的高利贷行为形成事实上的压力。实际上民间的借贷利息主要由经济因素决定,并非直接受法律规范的影响。比如据陈支平对于福建闽南龙溪县及闽北福州郊区两地明清时期民间借贷契约的研究,两地民间银钱借贷的利率基本相同,平均年利都是35%,与法律所规定的"月利三分"基本相同。但两地谷粮借贷利率差别很大。龙溪为偏僻的山区,商品交换不发达,粮食依靠自给自足,"谷粮借贷的利息与银钱借贷的利息大体上是相同的";而在商品交换较发达的福州郊区,人口密集,依赖外地输入粮食,谷粮借贷的年利率一般都在50%左右。②

不过限制利息的法律规定对于民间仍有一定的影响。根据元代杂剧、明清小说,提到的利息一般都在法律规定的限制之内。如元关汉卿杂剧《山神庙裴度还带》"多蒙长老管待,又与我两锭银子,今日本利还四锭";《感天动地窦娥冤》"从去年间我借了二十两银子,如今本利该还银四十两";"我问他借了十两银子,本利该还他二十两"等等。③ 这或许并不是民间真实情况的反映,但至少说明限制利息的法律对于写书人的描写还是有影响的。

古代民间借贷利息最高的往往是所谓的"京债",或称"官吏债",即上京铨选官职的官员在赴任前向放债人借的高利贷。按《典故纪闻》的记载,明朝法律规定,知州赴任,给三十五两"道里费",知县为三十两。赴任时不得使用朝廷的驿站系统,只有赴任里程在一千五百里以上,才可以由驿站提供脚力;赴云南、贵州、四川、陕西边远地区的州县官也可以由驿站提供交通工具:陆路驴车一辆,水路红船一艘,但仍旧不得由驿站提供伙食。清朝依然沿袭了这些规定,并又允许赴任的文武官员在部预支俸银、"养廉银"。然而这些待遇实际上远远不够旅途费用,赴任的官员只好举债。形成一批专门放这种"京债"的高利贷者。"京债"或官吏债的利率都高于法律所规定的限制利率,比如明代小说《金瓶梅》的主人公西门庆就是"放官吏债"起家的,月利为5%。④ 或者采取预扣利息、再按月计息的手法来规避限制利息的法律。一般至少是"九扣"起算(预扣10%)的本钱,然后再按年"加三"(每年递增30%)或"加四"、或月息三分的利率计息。另外官吏债一般都是利上滚利。⑤

地方官上任伊始就欠下巨额债务,为官自然要贪赃枉法。为此明清两朝都曾下令严禁赴任官员举借"京债",明朝《问刑条例》规定:"听选官吏、监生等借债,与债主及保人同赴任所取偿,至五十两以上者,借者革职,债主及保人各枷号一个月发落,债追入官。"清律

① 《明清苏州工商业碑刻集》,第187~189页。
② 陈支平:《清代福州郊区的乡村借贷》,载《清代区域社会经济研究》(下册),中华书局1992年版,第818页。
③ 分别见《全元曲》,中州古籍出版社1996年版,第59、118页。
④ 如《金瓶梅》第三十一回,西门庆的朋友吴典恩选上一个驿丞官职,求应伯爵帮忙向西门庆借债,写的文契上"借一百两银子,中人就是应伯爵,每月利行五分"。
⑤ 清小说《歧路灯》第八十四回:"说起这一官利(吏)债,三个月一滚算,作官的都是求之不得,还要央人拉纤(介绍说合)的。犯了原要过刑部治罪,其实犯的少,拉的多。"

沿袭。乾隆二十三年(1758年)又定例:"放债之徒,用短票扣折。违例巧取重利者,严拿治罪,其银照例入官。受害之人,许其自首免罪,并免追息。"①

但明清这方面的立法实际上毫无实效。如清乾隆四十八年(1783年)张有蕴案:贵州举人张有蕴,经"大挑"选得山西的知县缺,为赴任向放京债的商人马廷璧借"四扣三分"利的京债,名义上是七百两,实际到手的仅为"四扣"二百八十两,还要按照七百两本金每月三分计息。张有蕴署任灵丘知县后,马廷璧闻讯赶来逼债,要求一次清偿本利债务。张有蕴"忧郁莫释",上吊自杀。按照法律,"违禁取利"之罪最高不过是徒三年,刑部认为"不足蔽辜",另外比照"军民人等因事逼迫本官致死"罪(绞刑)减一等,处马廷璧"发遣黑龙江给披甲人为奴"②。

乾隆五十年(1785年),又因山西放债人逼死湖北黄陂县典史任朝恩,乾隆帝特意发布上谕:"前闻康熙、雍正年间,外官借债即有以八当十之事,已觉甚奇。今竟有三扣、四扣者,尤出情理之外……似此已非一案,实属不成事体。"但解决的办法仍不过是强调原有条例而已:"嗣后赴任各官,务宜各知自爱,谨守节用,勿堕市侩奸计之中。若有不肖之员,不知节俭,甘为所愚,仍向若辈借用银两,亦难禁止,但总不准放债之人随赴任所。并令各该督抚严行查察,如有潜赴该员任所追索者,准该员即行呈明上司,按律究办。倘隐忍不言,即致被逼索酿成事端,亦不官为办理。庶可杜市侩刁风,而不肖无耻之员,亦知所儆戒。钦此!"③

(三) 民国初年民间借贷利息习惯

民国初年各地民间借贷的利率均由当地经济状况决定,法律的限制作用并不明显。在有些地区,民间的一般借贷利率与法律的限制利率接近。比如河南省有"三分利饱煞人,五分利饿煞人"之谣,即放三分利的债比较保险。山东齐东、嘉祥等县利率少则二分、多则三分。海阳县商人之间借贷利率至多不过一分,非商人至多三分。山西的神池、朔县、山阴等县有"钱不过三,粟不过五"(金钱借贷利率不得过月利三分,粮食借贷年利不得过五分)之谣。江西赣南普通利息"三分者十之二;自二分至二分五者,有十之七;不及二分者,仅十之一"。福建顺昌"钱债利息多在三分以下、二分以上"。湖北汉阳、五峰、竹溪等县利率一般在二分左右。陕西眉县将二分半利、兴平县将二分利叫"公平利"。陕西的神木有"一本一利"习惯。甘肃全省一般借贷利率为二分,"若过二分,则民间视为不义"。伏羌县债务人可以请求债权人立"消约",止息还本。④

但是民间的高利贷依然很活跃。尤其是小额短期借贷,利率往往较高。如天津的"印子钱"和"转子钱",前者以日计息,每日1%,每日收讫在一折据上打一印戳,至百日为止必须清偿;后者一般以十月为期,加三或加四的利息,每月归还本利总额的十分之一,除去一"期条"。印子钱之称至晚在清初已有,各地几乎都有这样的习惯。如河南开封的印子

---

① 《读例存疑》卷一六《户律·钱债》引。
② 《大清律例会通新纂》卷一三《户律·钱债》引刑部成案。
③ 《读例存疑》卷一六《户律·钱债》引。
④ 分别见《民商事习惯调查报告录》,第753、794、803、807、859、963、1089、1103、1197、1232、1245、1265页。

钱,一般是六十日为期;另有"大加一"(预扣 10% 利息)。奉天的洮安县"抬粮"习惯,十月为期,借一石还一石五、六斗,或折换为一倍半的银钱。吉林全省除省城银号借贷有一二分计息的,其余各县乡间借贷利息一般都在三四分、五六分之间,甚至有到七八分的。苏北"打印"习惯,与印子钱相同。安徽舒城等地印子钱均先行扣除利息,其余与天津习惯相同。含山县叫"包子钱"。湖北黄安叫"荡子钱",月息 10%。湖南常德称"打钱"。陕西岐山等地的"印子钱"又称"月日钱""打儿钱",三十日本利全还。①

为规避重利盘剥之名,民间往往以本利总和数额写一个分期清偿的借据,称"期条",河南开封、杞县一带称之为"满腰转",沘源(今唐河县)称之为"旗杆利钱",山东平原、汶上等县称之为"搭钱",荣城县叫"本利贯",山西介休县叫"本利并偿",安徽天长叫"本利不分",江西进贤叫"包息凭票",湖南武冈叫"九出十归",朝邑县叫"找头账"。②

历代法律都禁止复利,但民间也惯用另立新契的办法来规避,如河南有"对年交利换票"习惯,每年换契,将未清之利息算作本金。山西五寨县"驹子生息",逾期不还即滚利入本。安徽全省都有至期不偿滚利为本的习惯。湖北通山、广济、谷城三县习惯也是如此。湖南武冈县习惯一年不还息即滚利入本,重立借据。陕西长安也有这样习惯,而潼关称之为"滚盘磊算"。甘肃皋兰、大通一带有"羊羔生息",年满息不清,即可滚利入本再行生息。③

四、债务担保方式

中国古代历朝法律允许的以及民间惯常采取的债务担保方式,除了提供财产担保的方式(详见下文)比如"质""指抵""抵当"外,法律上还有"牵掣"(扣押债务人财产),"役身折酬"(劳役抵偿),保人代还;以及民间常用的"违限罚息"。

(一)对"以身质债"的禁止与民间的"典雇"

在世界古代文明的早期阶段,民事债务大多是以债务人的人身来进行担保的,债务人往往要向债权人提供人质,如果不能按期偿还,人质就沦为债权人的奴隶;或者是不能清偿的债务人沦为债权人的奴隶。④ 在中国古代也可能采用这种方法,春秋战国时期各国之间的盟约普遍要提供人质,这也许就是当时以人质担保债务习俗的反映。西汉时淮南地区有"赘子"习俗,债务人将自己的子女交给债权人为人质,如果在三年内不能清偿债务,人质就沦为债权人的奴隶。⑤ 唐朝时,韩愈为袁州(今江西萍乡及新余以西的袁水流域)刺史、柳宗元为柳州刺史,他们都曾下令废除当地民间以子女为人质借钱的习俗。⑥

然而就法律而言,中国早在战国时期就已明确禁止以人质为债务担保。从云梦出土

---

① 分别见《民商事习惯调查报告录》,第 740、775、773、778、864、926、941、1144、1189、1195 页。
② 同上书,第 778、785、795、805、838、948、1007、1188、1201、1203、1212 页,
③ 同上书,第 782、847、895、1123、1188、1264 页。
④ 如公元前 18 世纪两河流域的《汉谟拉比法典》第 116 条,允许以债务人的家属为人质;第 117 条,不能清偿的债务人为债权人奴隶,奴役期为三年(转引自林榕年:《外国法制史》,中国人民大学出版 2003 年版,第 16 页)。古罗马《十二表法》规定债权人可将不能清偿的债务人出卖或杀死(周枏:《罗马法原论》,商务印书馆 1994 年版,第 365 页)。
⑤ 《汉书》卷六四《严助传》如淳注。
⑥ 《旧唐书》卷一六〇《韩愈柳宗元传》。

的秦简的"法律答问"中有:"百姓有责,勿敢擅强质,擅强质及和受质者,皆赀二甲。廷行事:强质人者论,鼠(予)者不论;和受质者,鼠(予)者□论。"①双方合意提供人质的都要受罚。当然禁止的只是自由人,如果是奴隶,作为一件财产,历史上一直允许作为质押品担保债务。《唐律疏议·杂律》专设"以良人为奴婢质债"条,规定以良人为奴婢质债的,按良人自相出卖罪减三等(徒二年)。宋朝法律规定:"诸以债负质当人口(虚立人力、女使雇契同),杖一百。人放还,债不追。"②

但是唐宋时期民间又有"典身"或称"典雇",与人身质债的传统相近。敦煌出土的唐末五代时期的契约文书中有几件这样的契约文书,较为典型的如癸卯年吴庆顺典身契:

> 癸卯年十月廿八日,慈惠乡百姓吴庆顺兄弟三人商拟,为家中贫乏,欠负广深,今将庆顺己身典在龙兴寺索僧政家,见取麦壹拾硕、黄麻壹硕陆升(斗?),准麦叁硕贰斗;又取粟玖硕,更无交加。自取物后,人无雇价、物无利头,便任索家驱驰,比至还得物日,不许左右。或若到家被恶人勾卷、盗切(窃)他人牛羊、园菜、麦粟,一仰庆顺祗当,不干主人之事。或若兄弟相争、延引抛功,便同雇人,逐日加物叁斗。如若主人不在,所有农(具)遗失,亦仰庆顺填倍(赔)。或痘出病死,其物本在,仰二弟填还。两共面对商量为定。恐人无信,故立此契,用为后凭。
>
> 又,麦壹硕、粟贰斗,恐人不信,押字为凭。叔　吴佛婢
>
> 　　　　　　　只(质)典兄　　吴庆顺(画押)
> 　　　　　　　同取物口承弟　吴万升(画押)
> 　　　　　　　同取物口承弟　吴庆信(画押)
> 　　　　　　　口承见人房叔　吴佛婢(画押)
> 　　　　　　　见人　　　　　安寺主(画押)③

这件契约中"人无雇价、物无利头"的惯语,是当时典雇契约的套语(另一件"乙未年赵僧子典儿契"亦有此语),其实际含义是出典人以自己在债权人家的劳役来抵偿债务的利息,至期偿还了债务的原本,才可"赎身"。这件契约对于出典人来说条件相当苛刻,出典人的人身生命安全风险责任完全自负,甚至死后依然还要同立契的兄弟归还原典价。也有的契约是规定典期的,赵僧子典儿契就规定典期为六年,但如果不能归还原典价,出典人的人身就无法获释,因此典期的实际意义并不大。但这种典身契约毕竟要比过去"以身贴钱""质身"的形式更可能恢复人身的自由。唐宋法律对此种契约没有任何规定,依然只是作为一种民间的"私契"。而元朝法律就明确允许"典雇"。

《至元杂令》专有"典雇身役"条,明确规定:

> 诸良人典雇身不得过五年,若限内重立文约、增加年月者,价钱不追,仍听出离。或依元立年限准克已役月日转典雇者听。其典身限满无可赎者,折庸出离。或典数

---

① 《睡虎地秦墓竹简》,第214页。
② 《庆元条法事类》卷八〇《杂门·出举债负》。
③ 《敦煌资料》第一辑,第331页。另该书第329页"乙未年赵僧子典儿契"的内容与之大同小异。

口内有身死者,除其死者一分之价。即典奴婢,不在折庸之例,内有身死者,收赎日并出元价。其官户及奴婢并不得典雇良人,亦不得典雇监户、官户,违者元价不追。

典雇年限一律规定为五年,禁止以另立契约的方法增加年限,转典雇也只能在五年之内。如果典雇期满后仍然无法清偿债务,典雇人继续在债权人家服役,但其劳役得以抵折债务。如有数个典雇人,其中在典雇期间死亡的典雇人的债务份额(典雇人均债务额),可以免除。典雇人为奴婢的,如在典雇期间死亡,不得免除债务,而债权人也必须向债务人支付死亡奴婢的身价。这些规定显然是将原来在民间通行的习惯加以规范而成,并加以若干限制。

明朝法律回到了唐宋法律的传统,并不正面规范典雇行为,《户律·婚姻》只是禁止"典雇妻女",至于男子能否以典雇质债则毫不提及。由于民间类似的情况大多采用"收养"、童养媳"婚书"之类的契约形式规避法律的限制,实际上禁令并无作用。

(二) 扣押债务人财产

扣押债务人的财产在古代称之为"牵掣",就这两个字的字义来看,显然扣押的应该是债务人的动产。《唐律疏议·杂律》"负债强牵财物"条律疏"公私债负违契不偿,应牵掣者,皆告官司听断。若不告官司而强牵掣财物若奴婢、畜产过本契者,坐赃论。"可见牵掣的前提是经由官府裁判,牵掣的财产只能相当于债务的原本。强行牵掣债务人财产超过原本的就构成犯罪。在出土的唐代借贷契约文书中一般都有"听掣家资财物,平为钱直(值)"的惯语。①

虽然《宋刑统》基本沿袭了唐代的律令,不过在"牵掣"方面,南宋的《庆元令》并未正面规定债权人可以"牵掣"债务人财产。后世的法律均明文禁止债权人扣押债务人财产。如元朝《通制条格·杂令》规定债权人"并不得将欠债人等强行扯拽头匹、折准财产,如违治罪"。《大明律·户律·钱债》"若豪势之人不告官司,以私债强夺去人孳畜、产业者,杖八十。若估价过本利者,计多余之物坐赃论,依数追还"。因此从理论上而言,"牵掣"扣押债务人财产已成为一项犯罪行为,被完全禁止。

(三) 劳役抵偿

以债务人的劳役抵偿债务,实际上是以人身为债务担保的古老习俗的变种,在唐代称之为"役身折酬"。从云梦出土的秦简中的《司空律》规定:凡"有责于公"、欠下官府债务者,如无法清偿,就要为官府服役,每劳役一天,抵偿八钱债务,如果是由官府提供饭食的,每日只算六钱。债务人也可以出奴婢、牛马或请他人代役,但手工业工匠、商贾不准他人代役。劳役抵债人在每年的农忙季节可以回家二十天。②汉朝法律也允许劳役抵债,王充《论衡·量知》中提到:"贫人负官重责,贫无以偿,则身为官作,责毕乃竟。"唐《杂令》规定债务人不能清偿债务,经过牵掣后"家资尽者,役身折酬,役通取户内男口。"③只能以男

---

① 如《吐鲁番出土文书》第六册,第 404、412、422 页;第七册,第 526、430 页;《敦煌资料》第一辑,第 466 页。
② 《睡虎地秦墓竹简》,第 88 页。
③ 《宋刑统》卷二六《杂律·受寄财物辄费用门》引唐《杂令》。

性劳役抵偿债务。

如上所述,至晚在南宋的法律中已不再正面确认劳役抵偿债务的合法性。但元代法律对此又有所变化。元初的《至元杂令·质债折庸》中规定:"诸负债贫无以备(赔),同家眷折庸。""折庸"与唐之"折酬"同义,以债务人及其家属的劳役抵折债务,但是并未明确规定只能以男劳力劳役抵偿。仅规定在折庸的良人死亡的情况下,"其债并免征理"。尤其是官债必须以劳役抵偿,如预借了官粮的军人,要在下发的衣粮中扣还,"家属不在抑折庸之例"。据注解,积欠官府赋税租课的也同样要折庸抵偿。

明清律不再正面承认劳役抵偿的合法性,相反《户律·钱债》规定,因私债"准折人妻妾子女者,杖一百;强夺者,加二等;因而奸占妇女者,绞。人口给亲,私债免追"。但是民间类似的情况仍然相当普遍,一般会采用另立"收养"或"雇佣"契约的办法来规避。禁令的实际作用几乎没有。

(四) 保人代偿

保人代偿是指由保证人负担连带债务。上引唐《杂令》又有:"负债者逃,保人代偿。"然而值得注意的是,从出土的唐代契约文书来看,当时在契约上副署的保人大多是债务人的亲属,在契约后画指的"保人男""保人女"就是指债务人的儿子、女儿。而且借贷契约中几乎都有债务人表示"如身东西不在,一仰妻儿收后者偿"的惯语,①所谓"身东西"就是死亡的隐语,所以唐朝的"保人代偿"可能只是"父债子还"的一种说法。

从出土的唐代契约文书来看,当时民间往往是结合使用上述这些债务担保方式的,但一般没有"役身折酬"的约定,可说是民间惯例上已经确立了以债务人的财产而不是人身为债务担保的原则。较为典型的如吐鲁番出土的唐麟德二年(665年)赵丑胡贷练契:

> 麟德二年八月十五日,西域道征人赵丑胡,于同行人左憧憙边贷取帛练叁匹。其练回还到西州拾日内,还练使了,到过其月不还,月别依乡法酬生利。延引不还听拽家财杂物平(评)为本练直。若身东西不在,一仰妻儿还偿本练。其练到安西得赐物只还练两匹;若不得赐,始还练叁匹。两和立契,获指为验。
>
> 钱主 左
> 贷练人 赵丑胡(画指)
> 保人 白秃子(画指)
> 知见人 张轨端(画指)
> 知见人 竹秃子(画指)

本件契约中债务人赵丑胡与债权人左憧憙一起应征前往西州,赵丑胡向左憧憙"贷取"了三匹练,约定在抵达西州的十日内偿还三匹练(契约最后说明,在到达西州后如果得到朝廷的赏赐,就只需要偿还两匹练)。契约明确适用三种担保方法:第一是违约罚息,在清偿期满的一个月后就要开始计算利息;第二是允许扣押财物"听拽家财杂物平(评)为

---

① 如可见于《吐鲁番出土文书》第六册,第414、430页;第七册,第453、526页;第八册,第287页;等等。

本练直";第三是债务人死亡情况下由债务人妻儿连带偿还。至于署名为"保人"的白秃子的责任,则根本没有提及。

又如同年的张海欢贷银钱契:

麟德二年十一月廿四日,前庭府卫士张海欢于左憧憙边贷取银钱肆拾捌文,限至西州十日内还本钱使了。如违限不偿钱,月别拾钱后生利钱壹文入左。若延引注托不还钱,任左牵掣张家资、杂物、口分田桃(或为葡萄之误),用充钱直取。若张身东西没洛者,一仰妻儿及收后保人替偿。两和立契,画指为信。

同日,白怀洛贷取银钱贰拾肆文,还日,别部依上券同。

	钱主		左
	贷钱人		张海欢(画指)
	贷钱人		白怀洛(画指)
	保人		张欢相(画指)
	保人		张欢德(画指)
海欢母替男酬钱,若不上(偿),依月生利。	大女		李台明(画指)
	保人	海欢妻	郭如莲(画指)
	保人		阴海欢(画指)①

这件契约也是左憧憙在放债,他向张海欢贷出十八文银钱。同样适用了三种担保方法。只是在违约罚息条款中明确了罚息的利息"月别拾钱后生利钱壹文",并且将"口分田桃"也作为牵掣的对象,可见民间扣押财物往往也可以包括田宅。而保人中明列了债务人的妻子郭如莲还不算,债务人母亲"大女李台明"也都要在契约上明确担保责任,保证替儿子张海欢还债。三个在契约上署名的"保人"张欢相、张欢德、阴海欢应承担何种责任同样没有任何说明。

虽然《宋刑统》沿袭了《唐律疏议》的有关内容,但宋朝的立法强调的是借贷债务的保人责任。王安石变法时推行"青苗法",由官府放贷低息农贷资金,规定百姓要有三人为保人才可以举借青苗钱。南宋《庆元条法事类·杂门》"出举债负"条引南宋《庆元令》:"诸负债违契不偿,官为理索。欠者逃亡,保人代偿。"可见到南宋时,牵掣及役身折酬的债务担保方式都已不再得到法律的承认,保人代偿已成为主要的债务担保方式。金朝、元朝入主中原,依然沿袭这一原则:"若欠户全逃,保人自用代偿。"②

值得注意的是,"保人代还"的立法原则在实际经济生活中经常被当事人故意回避或排斥。如元朝民间的借贷契约文书"借钱批式":

某里某都住人某,今托得某人作保,就某都人、宅揭(借)得铜钱若干贯文,归家应急用度。约在某月内,备本息一并归还,不敢少欠。如有东西,且保人甘伏代还无词。

① 《吐鲁番出土文书》第六册,第412、414页。
② 《事林广记·第一》引元至元《杂令》,一般认为《至元令》实即金《泰和令》,参见[日]仁井田陞:《唐令拾遗·序论·唐后令》。

今恐无凭,立此为照者。

借钱人姓某押批　　保人姓某押批

这件"借钱批式"中值得注意的是,保人仅在债务人"东西"(亡故的隐喻)的情况下才"甘伏代还无词",也就是说,如果债务人健在的情况下不愿或不能偿还债务,保人并没有代还的责任。因此这个"借钱批式"并不像法律所要求的那样,债务人不能清偿的就应该"保人代还"。很显然,民间在实际交易活动中,使用类似于这"借钱批式"的方法来规避保人的连带责任。

元明清各代法律基本都沿用了"保人代还"这样的原则,而民间的借贷契约文书尽管也有保人附署,但是实际上民间通行的仍然是"父债子还"的惯例,第三者保人一般并不承担连带清偿责任。民间普遍流传的俗谚所谓"媒人(或者是中人)不挑担,保人不还钱"①,就是指这种情况。一般情况下,只要副署契约的保人没有明确说明愿意承担连带清偿责任,当债务人未及时清偿时,债权人就无法要求"保人代偿"。而债务人的后代子孙即使并未作为保人在契约上副署,也仍然要承担连带无限清偿责任,所谓"父债子还"。

民国初年保人担保仍然是主要的债务担保方式,不过一般仍然必须是在契约上明言保人承担债务的保人才承担连带责任,一般性的保人并无此项义务,最多只是承担督促债务人还债的责任。如天津民间借契上写明"担保承还人"的保人负有连带偿还债务的责任。清苑县民间习惯上在借据上写明"代保代还"的保人才有代负清偿之责。山东无棣、聊城有"保人不保钱"及"人钱两保"两种,后者才负有清偿责任。新泰县将后一种保人叫做"野猪还愿"。山西平鲁的"保债还钱"更为苛刻,只要清偿期限一满,保人就要还钱。祁县叫"代还保人""垫还保人"。偏关县的习惯则是列名的保人都有代还义务。福建南平县凡"保票人"有代偿义务,但如果仅称担保,则只有督促义务。陕西澄城县习惯上写有"人银两保"字样的保人才负担清偿义务。甘肃天水、渭源等地还钱的保人称"承还保"。②

相反在民国初年的民间习惯上,债务人的晚辈亲属往往依旧被当作是当然的无限责任保人,即使晚辈亲属并未在契约上署名为保人。如山西汾阳县有"父债子还,子债父不问"之谚。荣河县借贷契约习惯上以债务人之子名立约,即使子尚在襁褓。福建连城县也有"父债子还"谚语。湖北汉阳、五峰、鄖县以及京山等地习惯上无论父子是否分居,都应"父欠子债当还"。陕西渭河"子孙债",债权人不仅可以向债务人讨债,还可以将利息滚入本金,接管指抵的田宅。③

债务人的长辈则一般不负责晚辈亲属的债务,即所谓"子债父不问"。大多数情况下儿子只能立一个"待父天年"后偿还债务的字据,河南巩县、山西潞城等地称之为"孝帽债",南方一般叫"麻衣债",山西怀仁叫"听响(哀乐吹鼓)还债",甘肃平凉一带叫"父没交产"。也有的地方习惯允许"子债父还",如湖北汉阳习惯,只要父子未分居,儿子的债主即

---

① 《俗谚》上册,第236页;(明)《三宝太监下西洋》第十二回。
② 分别见《民商事习惯调查报告录》,第734、751、797、798、822、830、833、1068、1255页。
③ 同上书,第810、414、848、1072、1105、1126、1203页。

可径自向父追讨。①

由于古代缺乏破产制度,债务实在无法清偿的情况下,债权人往往要求债务人承担无限期的清偿责任,比如山西平定县的"子孙债",债主往往等到债务人子孙家境较好时讨债。又如江苏江宁县、江西玉山县的"兴隆票",债务人无法清偿,即立此票,保证将来兴隆之日完全偿还。湖北通山、宜昌等县民间的"兴隆字"则有暂停债务的功能,立字后原契约退回,停止计息,但债务人依然负担在兴隆之日偿还债务的义务。②

(五)违限罚息

除了法律所规定的这三种债务担保方式外,从出土的古代文书来看,古代民间还普遍实行违限罚息的担保方式。原本不计息的债务,如果债务人不能按时清偿债务,就要开始计算利息。如敦煌出土的酉年曹茂晟便豆种契:

> 酉年三月一日,下部落百姓曹茂晟,为无种子,遂于僧海清处便豆壹硕捌斗。其豆自限至秋八月卅日已前送纳。如违不纳,其豆请陪(倍),一任掣夺家资杂物,用充豆直。如身东西,一仰保人代还。中间或有恩赦,不在免限。恐人无信,故立此帖两共平章,书指为记。
>
> 豆主
> 便豆人　　　　　　　　曹茂晟(画指)
> 保人　　男　沙弥法　年十八(画指)
> 见人
> 见人　　僧　慈灯③

这件契约中"其豆请陪(倍)"是当时无息消费借贷契约文书中常见的条款,有时还明言所倍的具体数额,如另一件某年僧神寂便麦契:

> ……年三月六日,僧神寂为负债,今于当寺佛账所内□麦两硕陆斗(并汉斗)。其麦限至秋八月内送纳……寺足。如违,其麦请陪(倍)伍硕贰斗。仍任将契……领六(疑为令律之误),牵掣房资什物,用充麦直。有剩……论限。如身东西,一仰保人等代还。恐人无信,□□此契,画指为记。
>
> 便麦　僧神寂　年廿(印章二)
> 保□　僧净心　年卅
> 见人　惠云
> 见人　道远④

后世也有逾限计息的习惯。如民国初年直隶清苑县有"月拨子钱"的银钱交易,只要每月结清,即不计算利息,如有拖欠才计息。山西大同县"一满加利",以十月为期的无息

---

① 分别见《民商事习惯调查报告录》,第784、812、821、1156、1260页。
② 同上书,第826、867、1001、1135、1149页。
③ 《敦煌资料》第一辑,第357页。
④ 同上书,第391页。

借贷,满期即需计息。甘肃陇西、武山一带的"赠约"文书,央中说合,有"赠钱不过三月"之谣,逾限"照例行息"。①

第四节 寄 存 契 约

寄存行为应该是起源很早的民事行为,至隋唐时期寄存委托保管的行业已相当兴盛。专营保管寄存外地客商货物的有"邸舍"。保管寄存之外又兼营批发的有"邸店",《唐律疏议·名例》律疏:"邸店者,居物之处为邸,沽卖之处为店"。另外还有"寄附铺",也是经营寄存业务的。寄存、保管现钱的则称为"柜坊"。

一、唐代有关寄存的法律

现存最早关于寄存的法律可见于《唐律疏议·杂律》的"受寄财物辄费用"条。"诸受寄财物而辄费用者,坐赃论减一等;诈言死失者,以诈欺取财论减一等。"律疏解释坐赃论减一等即赃一尺笞十,一匹加一等,罪止徒二年半;诈欺取财论减一等即赃一尺笞五十,一匹加一等,罪止徒三年。这条法律只是刑事方面的处分,律疏又设问答对此做了扩大解释。"问曰:受人寄付财物,实死失,合偿以否?""答曰:下条云,亡失官私器物,各备(赔)偿,被强盗者不偿。即失非强盗,仍合偿之。以理死者,不合备(赔)偿;非理死者,准《厩牧令》,合偿减价。"显然如果受寄人没有过错,就不必赔偿寄存物的遗失、毁损。

然而这些法律都没有涉及寄存物孳息归属问题,也没有关于寄存费用的规定。按照唐律关于坐赃致罪的规定,孳息物都算是"正赃",《唐律疏议·名例》律疏:"生产蕃息者,谓婢生子、马生驹之类",但"若是兴生出举而得利润,皆用后人之功,本无财主之力,既非孳生之物,不同蕃息之限,所得利物,合入后人。"据此推断,则凡寄存于柜坊等营利机构的财物经贸易出举经营的利润就不算是孳息,不用归还本主,大大有利于这些行业的经营者。

关于寄存物孳息的归属问题,隋唐时期有两个被后世称为范例的案例。

《旧唐书·良吏传张允济》载:张允济在隋大业年间(605～617年)为武阳县令,以政绩闻名。邻县有人将母牛寄存岳父家,八九年后母牛产犊十多头,但分家时岳父只归还老母牛一头。那人在本县起诉,几年不能断决。那人越境到武阳县起诉。张允济将那人捆缚,用布衫包住脑袋,带到其岳父家所在村落,声称是越界追捕盗牛罪犯,集中全村耕牛,追问来历。其岳父唯恐盗罪加身,赶紧声明"此是女婿家牛也",张允济拉去那人头上的布衫,说"此即女婿,可以归之"。其岳父只得照数归还。

唐代笔记《朝野佥载》记载一个唐朝的著名寄存纠纷案例:卫州新乡县人王敬戍边,将自己的六头母牛寄存于舅舅李琎家,五年后,母牛共产犊三十头。王敬回乡,李琎只归还四头老牛,说另外两头已病死。王敬就此起诉。县令裴子云下令以盗牛罪逮捕李琎,并

---
① 分别见《民商事习惯调查报告录》,第744、809、1266、1271页。

将王敬蒙上头带到庭上装扮为指扳李琎的盗贼。李琎辩解称冤,说三十头牛是外甥寄养的母牛所产,裴子云拉去王敬头上的蒙布,说:"即当还牛,更欲何言?"并又判决:"五年养牛辛苦,与牛五头。余并还敬。"

这两个案例都暴露出隋唐法律有关寄存物孳息归属的漏洞。但在司法实践中,法官却都以诈术回避了这个漏洞。

后世的法律对于寄存契约的规定依旧与唐律一样留有很多的漏洞,表现"任依私契"的特点。《宋刑统》依然沿袭唐律的规定,没有进一步具体规范。

元代民间有"寄在不寄失"的俗谚,①意即非因受寄人过错,受寄人对于寄存物遗失或毁损不承担责任。在现存的元朝史料中,也仍然沿袭唐宋的法律。

二、明清时期有关寄存的法律

《大明律·户律·钱债》"费用受寄财产"条:"凡受寄人财物、畜产而辄费用者,坐赃论减一等;诈言死失者,准窃盗论减一等;并追物还主。其被水火盗贼费失及畜产病死有显迹者勿论。"清朝沿袭,但将明代的一些律注小字夹注于律文之内:"凡受寄人财物、畜产而辄费用者,坐赃论,(以坐赃致罪论)减一等(罪止杖九十、徒二年);诈言死失者,准窃盗论减一等(罪止杖一百、徒三年,免刺);并追物还主。其被水火盗贼费失及畜产病死有显迹者,勿论。(若受寄财畜而隐匿不认,依诓骗律。如以产业转寄他人户下而为所卖失,自有诡寄盗卖本条)"这些规定依然没有对寄存财物的孳息问题作出明确的规范。

明清的条例中也有一条是有关寄存的:"亲属费用受寄财物,大功以上及外祖父母得相容隐之亲属,追物给主,不坐罪;小功减三等,缌麻减二等,无服之亲减一等。俱追物给主。"

对于具有寄存性质的典铺、染铺的寄存责任,清朝法律仅对火灾、被窃等情况下应承担的赔偿责任,作了进一步较为详细的规范。乾隆三十四年(1769年)定例,规定典当行与染坊在发生火灾的情况下的赔偿责任,下文是关于染坊赔偿责任的规定:

> 至染铺被焚,即著开单呈报地方官,逐一估计。如系自行失火者,饬令照估赔还十分之五;邻火延烧者,饬赔十分之三。均于一月内给主具领。其未被焚烧及搬出各物,仍听当主、染主照号取赎。倘奸商、店伙人等于失火时有贪利隐匿、乘机盗卖等弊,即照所隐之物,按所值银数计赃准窃盗论,追出原物给主。若只以自己失火为邻火延烧,希图短赔价值者,即计其短赔之值为赃,准窃盗为从论,分别治罪。如典铺、染铺及店伙人等,图盗货物、或先有亏短,因而放火故烧者,即照放火故烧自己房屋盗取财物、及凶徒图财放火故烧人房屋,各本律例从重问拟。

这条条例规定染坊在遭遇火灾后应该开具火灾损失清单,呈报地方官府,进行估价。如果是染坊自行失火的(其责任较大),按照损失财物估价的二分之一进行赔偿。如果是

---

① 见(元)高文秀:杂剧《黑旋风双献功》第二折。

邻火延烧(染坊责任较轻),按照损失财物估价的十分之三进行赔偿。应该在火灾后的一个月以内赔偿结束。被抢救出来的财物仍然按照原来与顾客的约定处理。如果有奸商、店伙等在失火时故意隐匿财物、乘机盗卖作弊的,按照所隐匿财物估价作为赃值,准窃盗罪("准"是比照意思,比照窃盗罪处罚但赃值累加再高不处死刑,赃一百二十两以上杖一百流三千里)处罚。追出原来的财物归还原主。如果染坊自行失火而伪称邻火延烧,企图"短赔价值",也要按照"短赔之值"(按法应赔偿价值与实际赔偿价值之间的差价)计算为"赃值",比照窃盗罪的从犯论处(比首犯可减刑一等)。如果染坊主人及店伙人等,为了盗窃财物、或者为了掩盖亏损,故意放火烧毁财物的,就要按照"放火故烧自己房屋盗取财物"(首犯处斩监候)、"凶徒图财放火故烧人房屋"(不分首从皆斩监候)的法律从重严厉处罚。

道光二十三年(1843年)对该条例再加修订,并增加了一条有关被窃被劫的赔偿责任的条例:

> 染铺被窃,照地方官估报赃数,酌赔十分之五;如系被劫,酌赔十分之三;均令于一月内给主收领。如赔赃之后,起获原赃,给予该铺具领,由地方官出示晓谕,令原主归还所得赔赃之资,将原物领回,仍查明已染、未染,分别给付染价。倘奸商、店伙人等,于失事后有贪利隐匿、乘机盗卖等弊,即照所隐之物,按所值银数计赃准窃盗论。若只以窃报强、希图短赔价值者,即计其短赔之值为赃,准窃盗为从论,分别治罪。①

染坊被窃后,也应到地方官府报案并进行损失财物的估价,赔偿被窃财物的十分之五;如果是被劫,赔偿被劫财物的十分之三。也应在案发后一个月内赔偿结束。如果在赔偿之后案件破获,追到的原赃给予染坊收领,更远赴告谕原主,原住归还染坊的赔偿银两,染坊归还原财物,分清已染、未染,已经染色的,原主还应支付染价,才能取回。如果有奸商、店伙等乘遭窃遭劫故意隐匿财物、乘机盗卖作弊的,按照所隐匿财物估价作为赃值,准窃盗罪处罚。如果被窃伪称遭劫,企图"短赔价值",也要按照"短赔之值"计算为"赃值",比照窃盗罪的从犯论处。

民国初年民间寄存契约习惯有记载的资料尚不多见。如福建顺昌县习惯,牛羊猪之类的畜产保管多用口头约定,保管期间孳生的幼畜保管人和所有人均分;桃李果树及茶树之类的植物也可寄存保管,其契约必须用书面,其果实双方三七或四六分成。②

第五节 租赁契约

除了上述的买卖、借贷、寄存契约之外,其他的契约在中国古代都是"任依私契,官不为理",契约的强制力主要依靠当事人的自力救助及民间的习惯,法律的明确规定相当稀少。其中最为普及、最为重要的是租赁契约。

---

① 以上两条条例均见《读例存疑》卷一六《户律·钱债》"费用受寄财产"。
② 《民商事习惯调查报告录》,第1091页。

《唐律疏议·名例律》律疏对于赁的解释是："赁,谓碾硙、邸店、舟船之类,统计赁价为坐。"即赁是指租赁这些财物的行为。唐代的租赁契约的形式及内容都呈现多样化,大致上可分为耕地租赁(中国古代一般称之为"租佃");土地以外的不动产如房屋及法律上视为与土地房屋同样性质的碾硙、邸店、舟船(往往也称之为雇)的租赁,以及被视为土地附着物的树木的租赁;被称为"雇"或"庸"的对于马牛之类畜力的租赁;另外还有一种以租赁为名但并非租赁的性质的"贴赁"。

一、租佃契约

租佃契约即耕地租赁契约。佃字的本意为耕种,《史记·苏秦传》:"(燕)北有枣栗之利,民虽不佃作而足于枣栗矣。"《汉书·韩安国传》注:"佃,治田也。"《广韵》:"佃,作田也。"《集韵》:"佃,治土也。"转意为租种他人土地。在史书记载上,租佃契约关系中的出租人一般称为"地主""田主",承租人一般称之为"佃人""佃客""客户"等。租佃是农村最常见的契约关系,但古代法律对此的规范相当稀少。

(一)宋以前的租佃契约

汉晋时期国家往往将国有荒地出租给民间佃种。如汉高祖二年(公元前 205 年)下令"故秦苑囿园池,令民得田之",颜师古注:"田,即后世佃之。"①汉武帝时在各地设立农官,"往往即郡县比没入田田之"②,将官府没收的土地租给农民耕种。两汉又多有"假田"的法令,"假"字即有租赁、借用的含意。西汉宣帝地节元年(公元前 69 年)"诏假郡国贫民田",三年又"诏池籞未御幸者,假与贫民。流民还者,假公田,贷种食,勿算事(免除赋税)"③。西汉元帝永光元年(公元前 43 年)大赦令也有"无田者皆假之,贷种食如贫民"的语句。④东汉和帝永元五年(公元 93 年)诏:"自京师离宫、果园、上林、广成囿,悉以假贫民,恣得采捕,不收其税。"注:"假,犹租赁。"⑤类似的诏书在两汉史籍中相当常见。耕种朝廷所"假"田的农民要向官府缴纳地租性质的"假税",其税率当高于一般私田负担的"三十税一"的田租税。据学者统计,西汉宣帝时(公元前 73~49 年),全国私田所缴纳的田税及人头税合计为四十余万万钱,而"假税"的收入为八十三万万钱,也就是说国有土地的出租收入超过土地税与人头税的总和一倍还要多。⑥

由于"假田"关系中地主一方是国家政权,具有强制性,并不是双方地位完全平等的契约关系。农民往往因此对国家有依附关系。东汉末年连续不断的战乱中,曹操接受枣祗的建议,在中原推行"屯田",各地设典农校尉、典农中郎将,将流民按军事编制编为"屯田客",耕种荒地,使用官牛的收成按官六农四比例分成,不使用官牛的为"五五分租"。当时

① 《汉书》卷一《高帝纪》。
② 《汉书》卷二四《食货志》。
③ 同上。
④ 《汉书》卷九《元帝纪》。
⑤ 《后汉书》卷四《和帝纪》。
⑥ 参见黄今言:《汉代田税征课中若干问题的考察》,《中国史研究》1981 年第 2 期。

人已称这一租率是"于官便、与民不便"①。

三国鼎立时各国都有类似的制度,如长沙出土的东吴竹简有东吴嘉禾六年(237年)官府佃田账目:

> 旱丘男子黄郡,佃田八町凡廿一亩,皆两年常限。其十五亩旱则不收布,定收六亩,为米七斛二斗,亩收布二尺,凡为布一丈二尺,准入米七斗五升。六年正月十七日付仓吏张曼周栋。其旱田不收钱,孰(熟)田亩收钱八十,凡为钱四百八十,五年十一月付库吏潘顺。
>
> 嘉禾六年二月二十日,田户吏张惕校。②

由此可见当时佃种官府的土地要缴纳田租外,熟田还要缴纳租布和现钱。二十一亩地收租七斛二斗,合每亩三斗四升多。其地租当有旱田、熟田不同的标准,但与东汉建安九年(204年)所定"亩四升"的土地税标准③相比,或是与西晋五十亩"课田""收租四斛"④的标准相比都要高很多。前燕慕容皝统治时(约320年前后)曾"依魏晋旧法"实行类似的制度。⑤宋孝武帝孝建二年(455年)诏:"诸苑禁制绵远,有妨肆业,可详所开弛,假与贫民。"⑥北方地区从北魏开始施行的均田制,也具有一定的出租公田的性质。

无地的农民被迫租种地主的土地,缴纳地租,也是由来已久的现象。《汉书·食货志》载董仲舒之言:"或耕豪民之田,见税十五。"可见至少在西汉时,地租已高达耕地收获量的50%。秦汉及三国两晋南北朝时期,租佃往往并非单纯的契约行为,佃农租佃地主土地往往附带有人身的依附性质,往往失去自己的人身自由。

当然在很多情况下佃农仍然得以保留自己的独立身份。这一时期这样保持佃农独立身份的租佃契约,吐鲁番出土的唐贞观二十二年(648年)索善奴佃田契较典型:

> 贞观廿二年十月卅日,索善奴□夏孔进渠常田肆亩,要径(经)□年。别田壹亩与夏价大麦五斛,与……到五月内偿麦使毕;到十月内偿□毕。若不毕,壹月麦秋壹斛上生麦秋壹□。若延引不偿,得拽家资,平(评)为麦直。若身□西无者,一仰妻儿及收后者偿了。取麦秋之日,依高昌旧故,平袁(圆)斛中取。使净好,若不好听向风常取。田中租课,仰田主;若有渠破水滴,仰佃……指为信。
>
> 田主　　赵
> 佃田人　　索善奴(画指)
> 知见人　　冯怀助(画指)
> 知见人　　刘海愿(画指)⑦

---

① 《三国志》卷一六《魏·任峻传》注。
② 见1997年2月2日《新民晚报》第12版《撼世吴简》一文引。
③ 《后汉书》卷九《献帝纪》。
④ 《初学记》卷二七引《晋故事》。
⑤ 《晋书》卷一○九《前燕慕容皝载记》。
⑥ 《宋书》卷六《孝武帝纪》。
⑦ 《吐鲁番出土文书》第五册,第18页。

地主即出租人一方在契约中明显占据主动地位,而承租人处于较为不利的地位。佃种人要向地主保证按时交租,如果交租迟延,就要按照10%的比例支付滞纳的罚金,"壹月麦秋壹斛上生麦秋壹(斗)"。地租债务的担保是佃种人的家产,"若延引不偿,得搜家资,平(评)为麦值"。佃种人的家属负有连带担保责任,"若身东西无,一仰妻儿及收后者偿"。佃种人要保证地租的质量,"使净好,若不净好,听向风常取(由地主自行扬谷)"。佃种人还要负责耕地的水利设施,"租(指官府的税收)输百役,仰田主了;渠破水滴,仰耕田人了"。这些都是唐代的租佃契约中的惯语。① 而从其他的一些租佃契约文书来看,地租的形式也较多,既有实物分成地租,也有实物定租及货币地租。至于这些租佃契约中的"风破水旱,随大乚例"或"风虫贼破,随大乚例"条款的性质,②很可能是当地民间有关意外事件处理的某种惯例。

唐朝法律对此的规定并不多,仅唐令的佚文中有一条涉及租佃的问题。这条唐令据日本学者仁井田陞的考证,应为唐开元七年(719年)的《田令》:"令其借而不耕,经二年者,任有力者借之。即不自加功分与人者,其地即回借见佃之人。若佃人虽经熟讫三年之外不能种耕,依式追收改也。"③可见在立法上,租佃行为又或称为"借"。其立法的出发点似乎是强调对于土地的利用,允许私人承租国有荒地,也允许转租于人,但要求在三年内必须耕种。

吐鲁番出土的有些租佃契约与上述的唐《田令》所规定转租国有荒地的内容相符,如吐鲁番出土的唐垂拱三年(687年)杨大智佃田契:

> 垂拱三年九月六日,宁戎乡杨大智交□小麦肆斛,于前里正史玄政边租取逃走卫士和隆子、新兴,张寺潢口分田贰亩半。其租价用充隆子兄弟二人庸缏直。如到种田之时,不得田佃者,所取租价麦,壹罚贰入杨。有人恡护者,仰史玄(政)应当。两和立契,画指为记。
>
> 　　　　　　　租田人　杨
> 　　　　　　　田主　　史玄政(画指)
> 　　　　　　　知见人　侯典仓(画指)④

这件契约中,主动的一方明显是承租人杨大智,违约罚归于承租人,有意外事件发生应该由出租人"了",尤其是末尾是由地主画指,而承租人竟然只写姓而不名,显然不同于一般的租佃契约中地主居于主动地位的情况。地租被用以上缴逃亡的原受田人应负担的代役费。

(二)宋以后的租佃契约

宋代佃户的地位有所上升,北宋天圣五年(1027年)公布"易佃法",规定:"自今后客户(指佃户)起移,更不取主人凭由,须每田收田毕日,商量去住,各取稳便。即不得非时衷私起移。如是主人非理拦占,许经县论详。"⑤至少在法律上佃户的人身依附关系有所减

---

① 可见《吐鲁番出土文书》第二册,第326页;第三册,第177页;第四册,第142页;第五册,第18、20、240页等。
② 除上述的契约文书外,另可见《吐鲁番出土文书》第三册,第177页;第五册,第81页等。
③ 见《唐令拾遗》第571页《田令》,其引据日本《令集解·田令》。
④ 《吐鲁番出土文书》第七册,第406页。
⑤ 《宋会要辑稿·食货一之二三·农田杂录》。

弱，佃户可以在退佃后自由离开，无需由地主出具"凭由"。

至元朝时，租佃关系已是比较单纯的契约关系。元代《新编事文类聚启札青钱·杂题·交易契书》载"佃田文字式"：

> 某里某都住人姓某，今托得某人作保，就某里某人、宅，承佃得晚田若干段，坐落土名某处，计几亩。前去耕作，管得不致抛荒，逐年到冬实租白米若干，挑赴某处仓所交纳，不致少欠。如有此式，且保人甘当代还无词，今主佃榜为用者。
>
> 　年　月　日
>
> 　　　　　　　　　　　　　　　　　　佃人姓某押文字　保人姓某押

与唐朝时相比，当时的租佃契约已基本排除了人身的担保关系。其格式及基本的契约要件一直到明清时依然没有本质上的变化。如明吕希绍《新刻徽郡补释士民便读通考》一书所载的"佃约"样文：

> 立佃约人某，今佃到某都、某名下、土名某处田若干耕种。议定每年秋收交纳租谷若干，每秤几十斤净称，其谷务要干洁，不致短少。如遇年程水旱，请田主临田监割，几分田租、几分力粪。如无故荒芜田地，自甘照约内交纳租数赔偿。立此佃约。

明清律对于农村极其常见的租佃契约并没有直接的具体规定，民间的租佃关系几乎完全依靠习惯维持。不少地主在地租之外另行规定"节礼"或"节牲"，花样繁多。比如清刑部档案中的一件乾隆二十五年（1760年）的租佃契约：

> 立认耕字人谢仕生，今赁到田主周以诚名下、坐落土名滩下水田、塘、屋宇、鱼塘一处，屋背并垅里直至以下下角一大丘，共赁租一十八石一桶正，赁得在手耕作，每年实还精好谷送河交量，大小二熟俱无添减，不敢少欠升合。如有此情，任凭田主另批另耕。每年节鸭二只，餐席照常。今欲有凭，立赁耕字为照。
>
> 乾隆二十五年二月二十九日
>
> 　　　　　　　　　　　　　　代笔人　　吕永茂（押）
>
> 　　　　　　　　　　　　　　立耕字人　谢仕生（押）①

明清时租佃契约的名称复杂多种，如上述的这件为"赁耕字"，而地主出租的土地契约则称之为"批耕字"。有的地方将地主出种籽的租佃称"揽约"，如清刑部档案中的一件乾隆二十七年（1762年）揽约：

> 立揽约人史金武，今因田地不足耕种，央中说合，今揽到史旭名下地五十亩。彼日言明，地主出种，二人籽粒、烧柴一应均分。内有湾地十亩麦根在地，其余俱是空地。自揽之后，不许荒芜。系是两家情愿，并无逼迫等情。恐口无凭，立此存照。
>
> 乾隆二十七年二月初五
>
> 　　　　　　　　　　　史林仓（押）　史从结（押）　史鹿鸣（押）②

---

① 中国第一历史档案馆、中国社会科学院历史研究所：《清代地租剥削形态》（下），中华书局1982年版，第782页。
② 《清代地租剥削形态》（上），第153页。

明清很多地方押租制盛行,即承租的佃农必须向地主预先缴纳一笔押金"顶首",才能够获得土地的租赁权,这也称之为"买耕",也有的地方称"租票"。如清刑部档案保存的一件江苏丹阳县的租票:

> 立租票人江潮宗,今情愿租到张□名下、推字号田四亩四分。当日凭中言定,交租田顶首价银十六两二钱正。其银随契一并清交。凭中议明,向后银不起利,每年纳租钱二千文正。欲后有凭,立此租票存照。
>
> 乾隆三十四年八月
>
> 立租票人　江潮宗(押)
> 中见人　　江有潮(押)①

本件契约采用货币地租形式,顶首银价格也较高,并强调顶首银不得计息。虽然契约没有明言,但习惯上地主如不归还顶首银,就不得撤佃,有可能成为一项"一田二主"式的"田皮权"。

(三)民国初年各地民间租佃习惯

民国初年各地民间的租佃契约习惯仍有很大的差异,也有不少地方采用口头契约形式。

大多数地区地租依然采用实物分成或固定地租,一般都约定按中等质量的谷物交租,如黑龙江的龙江县、纳河县、青岗县等地有分成租、定租习惯,均以中等质量谷物交租。南方地租率往往高于50%,如福建连江县在荒歉的情况下才主佃"对穗公收",各得一半。②

不少地方盛行押租制。如黑龙江庆城县习惯租地在二三十响者应交押租。巴彦县凡租佃必须缴纳押租钱数吊,以后交租短欠,即从押租钱扣补,但佃户及时交租,也有权扣留一二斗租粮以为押租钱利息;退佃时应交还押租钱。苏北的海门县佃地习惯上都应预付顶首银,如果欠租累计与顶首银相等,地主可以撤佃"推仓"。福建闽清县承佃要缴纳"锄头根银",并有人作保。甘肃省武都县有押租习惯,租清退地,给还押租钱,否则即扣抵地租。奉天的锦州地区习惯上也要有押租,数额为田产价值的四分之一左右。同省的东丰、西安县习惯上曾有押租的,地主应于地租扣去若干作为押租钱的利息。安徽芜湖县押租称"羁庄钱",如果是租种荒地,退佃时地主还要酌给"搬迁费"。来安县称"押板银"。江西叫做"押脚"。陕西洋县等地叫"顶手钱""寄庄钱""扯手钱",遇有欠租即扣除之。③

大部分地区民间习惯上禁止转租,然而有些地方允许转佃(即使不存在永佃权),如苏南奉贤县佃户可以转让佃权,并向新承种人索取"脱脚费"。福建闽清在承佃期内如得到地主允许可以转佃。湖南汉寿县佃户在收取下手承担人的"沉潭费"(因永不归还而得名)后可以转佃。④

租佃契约的期限各地也有不同。在河南固始、商城等地,习惯上不得少于三年六季。

① 《清代地租剥削形态》(下),第459页。
② 分别见《民商事习惯调查报告录》,第65、79、83、346、703页。
③ 同上书,第136、150、528、760、761、894、930、983、1199页。
④ 同上书,第360、528页。

撤佃的时间上也多有限制,如苏北江都县有"二八月不辞主,二八月不辞佃"的谚语,农历二月至八月的农忙期间不得撤佃、退佃。江西萍乡又有所谓"春不退耕、冬不退店"之谚,习惯禁止在春季退佃。福建顺昌县的长期租佃契约都在一、二十年,地租为收成的六、七成,短期仅三年左右。①

二、房屋租赁契约

从现有史料来看,古代法律没有关于民间房屋租赁方面的条文,民间租赁活动完全依靠习惯调整。

出土的古代文书中年代较早的房屋租赁契约中,较为典型的如吐鲁番出土的约为隋唐之际的尼高参等赁舍残契:

> 卯岁五月十二日,女……尼高参二人,从索寺主……赁,二人各赁舍壹坚(间)……赁价钱贰文,高参□赁价钱叁文。二人要径(经)壹年……不得病死,若有病死者,罚钱……与钱壹文……二主和同立券,券成之后,各不得返悔……要行二主,各自署名为信。
>
> (后缺)②

这件契约中的"不得病死"条款当属迷信方面的禁忌。而吐鲁番出土的约为唐高宗后期的杜定欢赁舍契就没有此项条款:

> □□元年六月廿日,高昌县崇化乡人杜定欢,从证圣寺三纲僧练伯边,赁取里舍中、上、下房伍口……有门壹具。其舍中并得……钱叁拾文……钱拾五文□到二年二月卅日与钱拾伍文。其舍□□年用坐。立契已后,不得悔,若□□钱肆拾文入不悔人。两和□□,画指为验。
>
> 舍主　　僧
> 赁舍人　杜定欢
> 知见人　索宝悦③

后世民间的房屋租赁契约文书较为简单,如明《尺牍双鱼》中所载的赁房契式:

> 立赁房契人某,今因无房居住,情愿凭中赁到某名下(草、瓦)房几间,家火几件,逐一开载明白。每年该赁房银若干,其银陆续支用。自立契之后,如有房屋倒坏,俱在主人承顾。若门户、器用稍有失错,赁房人自当赔偿。今恐无凭,立此赁房契为照。

上引吐鲁番出土文书中有关出租房屋的修缮责任没有任何规定,而此件明代的赁房契式则明确房屋的结构性损害由房主负责修缮,承租人只承担房屋装修、家具的维修责任。不过明清时普通的租赁房屋契约往往并不如此详细。如清道光九年(1829年)山阴

---

① 同上书,第219、519页。
② 《吐鲁番出土文书》(第三册),第199页。
③ 《吐鲁番出土文书》(第六册),第587页。

县的一件"认租屋票"：

> 立认租屋票人高华昌，今因缺屋居住，情愿挽中认租到族处台门西边平屋两间，面议每年租价钱肆千文正。约致（至）上冬一并交清，不致拖欠。恐后无凭，立此认租屋票存照。
>
> 道光九年十二月日　　　　　　　　　立认租屋票人　高华昌（押）
> 　　　　　　　　　　　　　　　　　见中　　　　　高文瀛
> 　　　　　　　　　　　　　　　　　代笔　　　　　王大川（押）①

在出租营业性房屋及其设备时，契约条款要复杂得多。如清顺治八年（1651年）徽州休宁县吴氏租水碓房契约：

> 立租约人吴氏，今自情愿央中，租到族叔祖许　名下先年故夫卖过土库屋壹所，坐落大溪边，得银四两整。原议屋将皂结树壹株、栗树壹株，已交管业，递年准租银。今年春夏间，因水碓遭洪水发涨，尽行漂流，今修理水碓欠缺备办木料并工匠使用，复央原中加于故夫卖契内价银陆两整。其银当日随手收足。凭中三面议定，每周年加租利银贰两乙钱陆分。递年听屋东陆续春谷，以碓分银准租赁，每袋谷计五硐、议开贰分五厘算。两边情愿，不致增减。恐后无凭，立此租约议墨存照。
>
> 顺治八年七月初一日　　　　　　　　立租约人　　吴氏
> 　　　　　　　　　　　　　　　　　原中人　　　许朋石
> 　　　　　　　　　　　　　　　　　代书亲房人　许际可
>
> 顺治十一年七月初八日，因碓车又遭水推损坏重修，复央中将原契内加价纹银捌两，递年交屋赁利贰两捌钱捌分，并前屋价银，共利伍两零肆分。以后碓分每袋作叁分算，退还租赁。其四千八百卅二号余地并栗树、皂结树，又加契价银贰两，并前银肆两，二共陆两，议不起利，听买主管业余地、树木。凭中再批。
>
> 　　　　　　　　　　　　　　　　　立租约人　吴氏同男许圣寿
> 　　　　　　　　　　　　　　　　　原中　　　许朋石
> 　　　　　　　　　　　　　　　　　代书亲　　许元秀②

这是一件比较复杂的复合式契约。契约标的水碓屋原来属于吴氏故夫所有，后出卖给了族叔祖，但实际上依旧由吴氏占有，算是承租。该契约实际具有三个内容：其一是就原卖契加价，因水碓遭灾破坏，由吴氏修理复原，所以要求加价（原卖价才四两，前后加价两次，加价达十二两）。其二是原出卖的两棵树木及屋旁"余地"，先是允许使用，准折租金，后加价二两，买主可以管业使用。其三是增加房租，但以房东春谷抵充，每袋（重五硐，按照徽州惯例，一硐一般为二十斤）谷先是折银二分五厘，后加高为三分。

民国初年民间的房屋租赁习惯各地也不同。如东北索伦地方房屋租金一般分二、八

---

① 《中国历代契约会编考释》，第1559页。
② 同上书，第1547页。

月预先交纳,在此半年内房东不得增租,房客如迁移也不得索回租金;房屋坍塌大修责任归房东,平时小修责任归房客。而大赉县民间习惯则是大小修责任全归房东。呼兰县习惯上修缮的物料由房东出、人工及吃食由房客出。庆城县有关租赁房屋修理责任有"上苫房东、下抹房户"之说。但瑷珲县、林甸县的习惯则是修理责任一律归房客,无须在契约上明言,所谓"自修自住"。热河(今河北北部及辽宁一部)地区则有"修外不修内"的习俗,渗漏、墙倒由房主修理,内装修由房户修理。奉天营口有"大修归房东,小修归住户"之说。江西玉山县习惯"上漏下湿"时,房东负责修理的工价、物料,租户负责工人的饭食。福建福清出租房屋习惯又有不同,每年房东收十一个月的房租,剩一个月租金作为修理费用,房东即不再负修理之责。①

在房屋租赁上,不少地方要求承租人先交押金,如福建建瓯县的押金高达月租金的五至十倍,退租时归还。天津房屋租赁应有顶首银,如因房户不慎致使房屋毁于火灾,业主起造,顶首银即不退还;如果是邻火延烧,业主起造,三股还一。奉天绥中县将房屋押租称之为"烂楂",每年抵算租金若干,直至抵算完结。苏州、吴江等地习惯上押金为十个月房租数额,房租有欠,或房户失火,即以押租抵偿。丹徒县称为"榷租",与苏州习惯相同。长沙租赁房屋也必须交付押租,失火毁屋,租户不负责任,房东也不再交还押租。②

房屋租赁权的变动涉及房客的家居生活,要求比较稳定。各地民间习惯一般都承认未定期限租赁契约的房客具有长久的租赁权,只要房客不拖欠房租,房东不得收回房屋。如黑龙江呼兰等地有"许住不许撵"之谚,肇东县叫"许辞不许撵"。河南开封、山西介休等地称之为"来由主、去由客"。山东临淄等地叫"主不辞客",房东自用或变卖房屋才可收房。天津也有"许客辞主、不许主辞客"的习惯。陕西长安称"只准客辞主,不得主辞客"。甘肃叫"只准房客退房,不准房东夺回"。③

与租佃契约中的"永佃"相仿,房屋承租人既然能够长期租赁,往往也会转租房屋,成为"二房东"。民国初年已有不少地方有此习惯。如山东烟台习惯,未在租约内明言禁止,房客即可转租。江西全省城镇中只要租房契约上未明言"不得转租",房客即可转租他人。福建漳平县租赁铺面,如果承租人歇业,即可将铺面转租他人,号为"流替",流替的承租人要向其缴纳"小税",甚至流替多手。湖南长沙自清末以后商业逐渐发达,铺面紧张,很多承租的租户乘机"顶空",转租铺面,形成风气。④

三、树木、山林的租赁契约

古代树木、山林也往往单独作为租赁契约的标的。现在可以看到的租赁山林契约,最早的是吐鲁番出土的高昌延寿二年(625年)田磣吉夏树券:

□□二年乙酉岁三月二日,田磣吉从赵明儿边夏……株,到六月十五日,上夏树

---

① 分别见《民商事习惯调查报告录》,第 101、107、117、135、165、166、707、767、1002、1094 页。
② 同上书,第 551、734、766、868、874、889、1185 页。
③ 同上书,第 116、170、214、839、244、734、1205、1249 页。
④ 同上书,第 253、973、1081、1161 页。

偿银钱捌文。不得斤府(斧)上林。若……月,拾钱上生钱壹文。若前却不上(偿),听扣家财,平为钱直。□身东……券,券成之后,各不得返悔,悔者□罚二入不悔者。民右(有)私要(约),行二主。各自署名为信。

           倩书人 赵愿伯

           时见 张屯富①

这件契约残破较多,基本内容应该是田碏吉租赁赵明儿的山林,以银钱支付租金,培植山林树木。但不清楚的是承租人从此项租赁契约中得到什么好处,其租金的对价或许是得到山林砍伐后部分林木的所有权。

明清时徽州一带盛行山林租赁。拥有山林的山主将山林出租给农民种植、养护,得以获得林木的成林。农民获得"栽苗工食"和"兴养工食",可以获得部分山林种植物或部分林木。这种契约往往是"合同"文契,称之为"山批"或"管约",如徽州契约文书中的明天顺四年(1460年)"山批":

  十一都江振宅、江寄社、江永□等,□□讨到吴景祯名下山地一片……前去拨作锄种粟、麻,粟分准作栽苗工食;麻分请本主到山看倪,照例抽分。其山于火地内密种杉苗,遍山务要盒遍,无得花答。如有花答、不得盒遍,愿自甘罚白银一两五钱,另行雇人锄钽,今恐无凭,立此山批为用。

  天顺四年九月初四日

               (江振宅等四人押)……②

又如另一件万历三十一年(1603年)的"承约":

  西都冯长元、陈三、程三友等,今承到谢文凤名下、土名言家坞,前去拨作栽苗,无间平栈,五尽四株。初年粟山、麻山以准栽苗工食。三年后请主点青,如无苗木及不行隔截,所追迭年花利。候木成林,主得八分,力得二分。今恐无凭,立此存照。

  万历三十一年八月十八日

       立承约人 冯长云(押) 陈三(押) 程三友(押)

       代笔房东 谢志仁(押)③

结合这两件契约,可以看到当时山林租赁契约的一般规则是,承租人栽种树苗,获得在山间空地上栽种粟、麻的收获权,作为"栽苗工食"。其中粟米为承租人的口粮,全归承租人;而麻往往要和山主分成。第二件还约定承租人将来可以获得20%的林木。

比上述两件更为复杂的山林租赁契约可见徽州一件明万历三十九年(1611年)的承管合同:

---

① 《吐鲁番出土文书》(第五册),第132页。
② 原件藏中国社会科学院历史研究所,转引自陈柯云:《明清山林苗木经营初探》,《平准学刊》第四辑上册,光明日报出版社1989年版,第164页。
③ 《明清山林苗木经营初探》,《平准学刊》第四辑上册,第164页。

立承管合同包约人郑廷玉、廷侃等，今承到吴当、郑英二家名下、两半均业山一片，土名屋基后，其山四至照原旧长管。为因本山原有乡例贴头，因吴当用价佃回，自因往外生意，未能照管，近年以来即被内外人等恣入本山盗害无厌。今商议，山主自情愿召与本身七人名下承管长养。柴薪栖枝，每三春出拵。规议定则：硬包柴价文银吴当、郑英各该一两七钱五分整。其山原吴用价佃乡例贴头，原价每三春该一两五钱，今自愿不能经管，只议硬包文银八钱。至逐轮三春满出拵之日并柴价共银四两三钱整，交足山主，方许入山砍研。其在山长养逐年松杉杂苗等木，见根长养。当年砍研柴薪，不许乘机混砍。如有此等，见桩见一罚十，以作监守自盗理论，仍听经公理治无辞。长养成材木植之日，砍研见数，每百根硬扒一十六根与七人均分，仍着一听山主照时价□银，听照前四两三钱则派二家均分。其长养本山柴薪木植茂盛之日，山主笃念勤心长蓄，亦议原价不许另□外人。倘有内外人等入山盗害，拿获刀斧，报知山主，经公陈治，议赏白米三斗与拿获之人，亦不许私自卖放。如有等情故违合约，甘罚五石入众公用。今恐无凭，立此合同永远存照。

　　万历三十九年三月廿七日

　　　　　　　　　　　　　　　立合同承管人　郑廷玉（押）……①

　　该件契约的目的是为了"长养"即培育山林，承租人的义务主要是看管、保育山林，其"长养工食"主要来源于每年山林的柴薪收入，只要每年向山主缴纳"硬包柴价"四两三钱，就可以将山林柴薪出卖，但不得砍伐成材的林木，否则要查看树桩，见一罚十。林木成材可以砍伐后，承租人还可以得到16%的林木收益。

　　山林的出租和一般的租赁有别，明代的一位山主为此告诫他的子孙："盖山木与田租不同，田租岁有定额可考，非若山木之无常数而难治也。治山者往来经理，情弊多端，必须法制严明，赏罚必信，此议方为有益。苟逐年因循，互相容隐，则一法立、一弊生，且虚糜众谷，反为怀私者之资矣！栽垄兴养，治山者必要佃与近山能干之人，便于防盗放火。间有计酒食之丰啬、馈送之有无，乃舍之而之彼者。斯人惟顾花利，不思栽苗，纵有所栽，火盗难防，犹无栽也。治山者众罚，仍追出佃山者递年花利，另人兴养。"②

　　清代租赁山林的情况更为普遍。根据罗洪洋博士对于贵州清代黔东南锦屏地区人工林业中财产关系调研，当时贵州地区有很多外乡人来租赁山林经营林业。如下面的"租帖"：

　　立租帖人蒋玉山，今租到文堵寨姜国柱、姜大集、姜廷理、姜映辉、姜光长、姜通圣等之山，坐落地名眼安山，挖山栽杉。限至五年一概栽齐，不得荒废。若有荒废，自愿将到先年租栽姜廷理等番列之山栽手之分作抵，任从营业，蒋姓不得异言。恐口无凭，立租佃字是实。

　　外批：此山照依木客所砍之处耕种，又不得越界妄种，又不许在山内起坐屋。

　　　　　　　　　　　　　　　凭中　姜大相、光士
　　　　　　　　　　　　　　　代笔　杨霞东

---

① 《明清山林苗木经营初探》，《平准学刊》第四辑上册，第162～163页。
② （明）佚名：《窦山公家议》卷五。

嘉庆十八年八月初六日①

山林租赁长期没有任何法律规范。由于承租山林的多为外来人户，聚集深山，搭棚居住，号为"棚民"，被明清两代统治者视为影响统治秩序的不稳定因素。为维持统治秩序，先后有不少针对棚民的条例。雍正年间的条例规定广东、浙江、江西、福建等省的棚民要编察给牌，当地保甲要经常检查户口，"如有不赴官报明、径自搭寮居住者，照盗耕田亩律治罪。山主不经官验准，私令批佃搭寮者，照违令律治罪"。清嘉庆十二年（1807年）定例：

> 凡租种山地棚民，除同在本山有业之家公同画押出租者，山主、棚民均免治罪外，若有将公共山场一家私召异籍之人搭棚开垦者，即照子孙盗卖祖遗祀产至五十亩例，发边远充军；不及五十亩者，减一等，租价入官；承租之人不论山数多寡，照强占官民山场律，杖一百流三千里；为从并减一等。父兄子弟同犯，仍照律罪坐尊长。族长、祠长失于查察，照不应重律科罪。至因召租、承租酿成事端，致有抢夺、杀伤者，仍各从其重者论。

清末法学家薛允升在引这一条例后评论道："此专为将公共山场私招异籍之人、因其混招异籍之搭棚开垦，以致外来匪徒聚集日多。扰害居民，是以特严其罪。"②清末《大清现行刑律·户律·田宅》依然保留了上引嘉庆年间条例，只是将私自出租、承租公共山场罪名的刑罚改为依照"盗卖官田宅律"处罚（最高刑为杖一百徒三年）。对于承租山林的行为本身并没有做任何规范。

民国初年各地租赁山林依然由民间习惯调整。如河南确山"典当山地"习惯：山主将山地定期出当，约定至期"以几大树木归当户，以几大树木归业主"。当期内山林的孳息归当户。福山县习惯：承租荒山栽种果树的佃户，在果树结果前所种杂粮一律不用交租，称之为"白租"。安徽宣城县招佃看山林，按照契约将林木做对半或四六分，而柴草统归看林人。浙江云和县"租山养树"习惯上没有地租问题，由双方约定林木出卖时的分成，山主得二、三分，佃户得七、八分。寿昌县习惯与之相近，号为"永远常揽"。常山县承租山场要立"揽字"给山主，自己收执"布字"，基本内容与上述各地习惯略近。江山县将承租山场称之为"山皮"，向山主所缴纳的"骨租"一年不过几百文而已。福建闽清县山地果园的租赁，于正二月间出价"批扑"，也以果实分成为主，三七或五五分成。浦城县承租山林有两类：荒山栽种"应佃六主四、或七三、八二"，本有林木则商议分成。椑、桐、茶、竹及料笋孳息收入也要分成，一般分为大小年，大年十分之三四，小年十分之二。福清县山场租赁期一般为十到二十五年，山主"抽分山利"二至四分。湖南辰州各县习惯是山主将山林的收益权一次出卖给买主，二三十年为期，买主栽种养育，砍伐后还山。陕西商南县漆林租赁也称"出拚"，准许承租人五年割三次漆，但老树归山主。岚皋县称之为"烂山"，出租人收取"烂山钱"，允许承租人在预定年限里获得山林的收益。山西怀仁县"包买果树"，在预定的三或五年期限内，买主得到果树的收益。湖北汉阳等地山林租赁区分林木及收益种类，承租

---

① 转引自罗洪洋：《清代黔东南锦屏地区人工林业中财产关系的法律分析》，博士论文（未刊稿），承蒙罗博士惠赠。
② 以上见《读例存疑》卷十《户律·田宅》"盗卖田宅"及卷二二《兵律·关津》"盘诘奸细"。

人一般只有砍伐柴薪、杂树权利，林木本身及木耳之类的产品的收益也归山主。也有的地方这种租赁权可以转移，如江西靖安县"山佃批租"，在承租人交付一笔"批金"并每年租金不欠情况下，可以转租。陕西商南的习惯又不同，承租漆林的租户退租时有"三年归主、五年归客"之谚，三年前的漆树归山主，五年前的漆树归承租人。①

四、牲畜租赁契约

《唐律疏议·名例律》律疏："庸，谓私役使所监临及借车马之类，计庸一日为绢三尺。"可见唐律是将人力及畜力的租赁都统称为"庸"，而民间则普遍将这些契约称之为"雇"。雇与庸字义在这方面相通。按照现代民法的观点，雇佣与租赁是两种不同的契约，而中国古代则往往都称之为"雇"或"庸"。在此姑且按现代民法的分类法将畜力的"雇契"置于本节之内，而将人力的"雇契"置于雇佣契约一节。

敦煌文书中多有租赁牲畜的契约，较为典型的有壬辰年（932年？）雇牛契：

> 壬辰年十月生六日，洪池乡侄百山乙阙少牛畜，遂雇同乡百姓雷粉□□黄自牛一头年八岁。十月至九月末，断作雇价每月一石，春□被四月叁日。若是自牛并（病）死者，不关雇人之是（事）；若驮□走煞（杀），不关牛主诸事。两共对面平障（章），不许休悔，如先悔者，一驮……
> （后缺）②

从此件契约可见，租赁牲畜的风险是分别承担的，牲畜病死的情况下，由出租人承担损失；如果是使用不当造成牲畜倒毙的，则由承租人承担赔偿。这样的约定似乎比较含糊。也有的牲畜租赁契约对此有更明确的约定，如敦煌出土的癸未年（923年？）张修造雇驼契（乙）：

> 癸未年七月十五日，张修造王（往）西州充使，欠阙驼弃（乘），遂于押衙价延德面上雇六岁父驼一头，断作驼价官布拾个，长二丈六、七。使入了，限三日便须田（填）还，更不许推言。或若路上贼打，看为大礼（例）。或若病死，舌（舍）却雇价，立为本驼。若是驼高走煞，不〔关驼〕主诸事，一仰修造之（支）当。两共对面平章，更（不）许先悔，又（有）人悔者，罚麦壹硕，充入不悔人。恐人无凭，故立司（私）契，用为后验。
> （后缺）③

这件契约中约定，租赁的牲畜如果在途中因遭强盗伤害，要按照"大例"（当为当地的民间某种有关意外事件的惯例）处理。如果牲畜病死，原先支付的租赁费用归还租赁人，但要赔偿骆驼。骆驼丢失的责任要由租赁人负担。如果是使用不当导致死亡，就要由租赁人负赔偿责任。据同时出土的另一件当年四月十五日张修造雇驼残契（甲），"驼若路贼

---

① 分别见《民商事习惯调查报告录》，第229、234、399、485、491、494、497、525、533、556、600、634、667、813、1114、1009、1222页。
② 《敦煌资料》第一辑，第343页。
③ 同上书，第338页。

打、病死,一仰要同行见",骆驼有意外死亡,要有同行人的证明。①

后世的法律依然没有关于牲畜租赁的法规。根据民国初年进行的民商事习惯调查,各地民间有一些牲畜租赁方面的习惯。比如甘肃全省习惯:羊群主人将羊交给他人放牧分养,每年孳生羊羔及剪得羊毛双方均分。如羊只短少,牧户要赔偿。如系天灾,牧户可将羊皮送还。山西兴县的"租牛俸羊"契约可算是典型:

> 立租牛约人甲某,今在　乙某名下租到黄㹀牛一条,作本价银若干两。若后生犊,除本以外,两家利益均分。言明每年纳租粟若干石、斗。租成交还,不许短少。恐口难凭,立租约为证。
>
> 　年　月　日
>
> 　　　　　　　　　　　　　立租约人甲某押　　中人某某、某某押

> 立俸羊约人丙某,今于丁某名下俸到绵羊一群,计若干只,随带小羔若干只。仝中言定,作本价洋若干元。若后生羔,除本以外,两价利益均分。如羊只有损失,倘无头皮耳角作证,由俸羊人赔补。恐口难凭,立俸约为证。
>
> 　年　月　日
>
> 　　　　　　　　　　　　　立俸约人丙某押　　中人某某押②

非畜牧业区域也有牲畜租赁的习惯。如安徽来安县驴、骡、马、牛均可租养,孳生幼畜归原主,有牲畜因意外灾害死亡,承租人不负赔偿责任;因盗遗失则应赔半价。望江县猪亦可租。福建惠安县还有马匹出租业,专门出租马匹收取租金。孳生的马驹如有特约归马主,无特约归承租人。湖南常德一带的"借鸭还鸭"习惯,鸭主将雏鸭群出租给承租人,一年后照数收回大鸭,而一年中的蛋产及雏鸭收益归承租人。③

第六节　雇佣契约

雇佣契约关系在中国古代很早就出现,一般称之为"雇"或称"取庸""买庸""卖庸""佣赁""取客""赁作"等等。雇用人一般称"雇主"或称"主人"。被雇人一般称"庸""庸夫""庸保""佣客"等等。上文已经提到,值得注意的是古代将所有出资役使、以人力、畜力为标的的交易都称为"庸赁",因此在察看古代文书中以"雇佣"为名的契约时要注意鉴别。

一、雇佣劳动者的身份

至少在战国时期,雇佣关系已经相当普遍。比如公元前284年齐国发生内乱,齐湣王被杀,王子法章"变姓名,为莒太史庸夫"④。《韩非子·外储说右下》记载齐桓公(公元前

---

① 《敦煌资料》第一辑,第338页。
② 《民商事习惯调查报告录》,第673页。
③ 同上书,第932、945、1083、1164~1165页。
④ 《战国策·齐策六》。

685~公元前643年)微服视察民间,偶入庐舍,见一老人独立料理生活,"问其故,对曰:臣有子三人,家贫,无以妻之,佣未及反"。这一故事可能是战国时期社会生活的写照。《韩非子·五蠹》称"泽居苦水者,买庸而决窦"。雇主的身份并非都是高官富豪。《管子·治国》:"耕耨者有时而泽不必足,则民倍贷以取庸矣。"为了抢农时而不惜借高利贷雇人车水,应该是普通的农民。据《商君书·垦令》,商鞅至秦主持变法时曾建议禁止一般的农业雇工,以强迫农民自耕,防止富豪之家营缮无度:"无得取庸,则大夫家长不建缮,爱子不惰食,惰民不窳,而庸民无所于食,是必农。"《吕氏春秋·上农》也有"农不上闻,不敢私籍于庸,为害于时也"的议论。看来秦国的传统舆论倾向于否定雇工。

战国时期雇佣契约的具体内容现在只能从若干史籍记载中间接推求,比如《韩非子·外储说左上》:

> 夫卖庸而播耕者,主人费家而美食,调布而求易钱者,非爱庸客也。曰:如是,耕者且深、耨者熟耘也。庸客致力而疾耘耕者,尽巧而正畦陌畦时者,非爱主人也,曰:如是,羹且美、钱布且易云也。

这一段大概意思是:主人家为了春耕播种雇人,会耗费家财制作美食,想方设法调剂布匹去换现钱(支付"庸客"工价),这并不是因为爱惜"庸客"。主人会说,只有招待好,"庸客"才会深耕土地、将土块反复耘细。而"庸客"卖力地快速耕作,想方设法使耕地整齐,也不是因为爱护主人,"庸客"会说:只有这样工作,主人才会提供美味的羹汤、支付的也是市场上容易兑换的现钱。可见当时的雇佣契约在报酬、待遇、工作的质量等等问题上都有明确的约定。佣工和雇主之间的关系纯然是契约关系,并无人身的依附约束关系。

至秦汉时,雇佣关系依然是单纯的契约关系,受雇人虽然贫穷,但都是平民身份。如秦朝时,陈胜尝与人庸耕,辍耕之垄上,怅恨久之,曰:苟富贵,毋相忘。庸者笑而应曰:若为庸耕,何富贵也?陈胜后被征发服役,说明他是平民,并非奴婢贱民。[①] 西汉兒宽,先师从孔安国学经,"时行赁作,带经而鉏(锄)",后来出仕为官。[②] 佣工还具有告发权。丞相周亚夫雇工造作,待雇工苛刻,还吝啬工钱,"取庸苦之,不予钱"。佣工得知其犯法盗买朝廷物品,怒而上告周亚夫盗买尚方禁物,周亚夫因此家破人亡。[③] 甚至不少原来的贵族败落后也沦为佣工。《汉书·高惠高后文功臣表》载,汉宣帝时命令官府寻找败落的功臣公侯后代,"求其子孙,咸出庸保之中"。颜师古注:"庸,卖功庸也;保,可安信也,皆赁作者也。"有爵位者之间也会形成雇佣契约关系。如居延出土的一件雇工契约:

> 张掖居延库卒、弘农郡陆浑河阳里大夫成更,雇同县阳里大夫赵勋年廿九,贾二万九千。[④]

此件契约双方当事人都是第五等爵位的"大夫",说明受雇佣并不构成身份的差别和

---

① 《史记》卷四八《陈涉世家》。
② 《汉书》卷五八《兒宽传》。
③ 《史记》卷五七《绛侯世家》。
④ 《居延汉简甲乙编》下册肆《释文》,第115页下。

降等。平民雇工仍有可能得到上升为官吏的机会。如东汉时的循吏第五访,"少孤贫,尝庸耕以养兄嫂",后得以被察举为官。① 梁鸿"为人赁舂,每归,妻为具食,不敢于鸿前仰视,举案齐眉"。主人惊异:"彼庸,能使其妻敬之如此,非凡人也。""举案齐眉"传为千古佳话。②

后世雇佣契约依旧保持着这一特点,受雇人和雇佣人虽然在经济地位上是不平等的,但是在法律身份上却是平等的。

值得注意的是,明清律中的"雇工人"虽以雇为名,但和主人却有着名分关系,并不是单纯的雇佣关系。一般是指与主人之间以"靠身文书"卖身、作为"义男"的家仆。他们可以有自己的家庭,主人不能将他们出卖。他们与其他的平民有人身上、财产上的侵害都同样处理,并不像唐律中的部曲那样要加重或减轻一等处罚。但是雇工人和主人之间有"主仆名分",加害主人的行为都要加重一等处罚,如果是人身侵害加重幅度更大(但轻于奴婢),殴打主人及其尊长亲属都要处杖一百徒三年(奴婢斩、绞),谩骂主人及其尊长亲属杖八十徒二年(奴婢绞),但谋杀主人则和奴婢同样处以凌迟。而主人即使杀死雇工人也不过是杖九十徒二年半而已。③

这种卖身性质的"靠身文书"基本格式如下:

> 某都、某人,今亲生男立名某,年登几岁。为因家贫,日食无措(或因欠少官粮),情愿托中引到某宅,得酬劳银若干,立契之日,一并交足。本男即听从银主抚养成人,与伊婚娶,终身使用。朝夕务要勤谨,不敢躲闪懒惰。如有此色,出自某支,当跟寻送还。倘有不虞,系自己命。本男的系亲生,并无重叠来历不明等事。今欲有凭,立文契并本男手印为照。④

这件契约的文字看起来是模仿了买卖契约,亲生家长要做出"权利瑕疵担保",说明孩子确实是自己亲生的,交易后孩子就归"银主"抚养,指配婚娶,"终身使用。朝夕务要勤谨,不敢躲闪懒惰"。亲生家长要为孩子的行为负责,有懒惰不听使唤的情形,由亲生家长领回(自然还要赔偿原本的身价银以及抚养费用)。转让的孩子连命也归了主人,发生伤病之类,"倘有不虞,系自己命"。

不过同样值得注意的是,明代民间所言"雇工人"往往依然是指单纯的雇佣劳动者,如明《世事通考·外卷·文约类》载"雇工人文约"契式:

> 立雇约人某都某人,今因生意无活,自情托中帮到某都某名下替身农工一年,议定工银若干。言约朝夕勤谨,照管田园不懒惰。主家杂色器皿,不敢疏失。其银归按季支取,不致欠少。如有荒失,照数扣算。风水不虞,此系天命。存照。

---

① 《后汉书》卷一〇六《循吏传第五访》。
② 《后汉书》卷一一三《逸民传梁鸿》。
③ 参见李治安:《中华文化通志·社会阶层制度志》,上海人民出版社1997年,345页。
④ (明)黄惟质:《释义经书四民便目杂字通考》外卷,转引自谢国桢:《明代社会经济史料选编》下册,福建人民出版社1981年,第84页。

这件契约中双方的权利基本对等,雇工的劳作义务相当详尽,不得损坏或丢失主人家财物,而且意外事件的风险要自行承担,雇佣条件相当苛刻。但主人也承担及时支付工银的义务,雇佣时间也仅一年。明清法律明确规定凡雇工未写"靠身文契"、雇佣期在一年左右的,都只是单纯的雇佣关系,并不构成法律上的"雇工人",与主人没有明确的身份约束的"名分"关系。

明清时雇佣关系已极为常见。凡雇佣期在一年以上的一般称之为"长工",一年以下、按月计酬的称"短工"或"忙工"。有些是采用换工的办法。如松江一带"农无田者,为人佣耕,曰长工。月暂佣者曰忙工。田多而人少者,倩人为助、已而还之曰伴耕"。苏州地区"吴农治田力穑,夫耕妇□,犹不暇给,雇倩单丁,以襄其事。以岁计曰长工,以月计曰忙工"。①

民国初年民间的雇佣契约依然沿袭古来的习惯。山东嘉祥、文登等县农业长工有的自正月十一就要上工,到年底下工。也有的是从清明上工、到十月初一下工。②

二、雇佣契约的报酬约定

雇佣契约的工资报酬,古代一般称之为"庸值""雇价(或作贾)""雇资"等。从现有史料来看,汉代法律对于受雇人月工资和一般商品的物价一样,有法律的明确限制,称之为"平贾"。如西汉成帝河平元年(公元前28年),王延世主持堵塞黄河决口成功,朝廷赏赐"治河卒非受平贾者,为著外繇六月"。据苏林注:"平贾,以钱取人作卒,顾(雇)其时庸之平贾也。"如淳注:"平贾,一月得钱二千。"③

后世不再有像汉朝那样对雇佣工资作出限制规定的法律。即使这种每月二千的"平贾"似乎在民间也并不通行。如东汉崔寔《政论》一书中说地主经营产业,"假令无奴,当复取客。客佣月一千"④。战国时一般认为一个自耕农可养活五至十人,如《吕氏春秋·务大》:"上田,夫食九人;下田,夫食五人。"西汉时一个自耕农可养活七人,如《汉书·贡禹传》:"中农,食七人。"而东汉时著名孝子郭巨"与母居客舍","夫妇佣赁"以供养老母,生了孩子,唯恐影响到母亲的生活,以至于打算活埋幼子。⑤ 两个成年雇佣工人难以供养一老一小,可见东汉时佣客的工资水平确实下降,难以和自耕农相比。南朝仍然如此,刘宋孝子郭世道,"家贫无产业,佣力以养继母。妇生一男,夫妻共议曰:'勤身供养,力犹不足,若养此儿,则所费者大。'乃垂泣瘗之。母亡,负土成坟。亲戚或共赒助,微有所受,葬毕,佣赁倍还之"。⑥ 同时代的孝子吴逵,因遭饥荒时疫,父母及亲属共十三口相继遇难。吴逵"昼则庸赁,夜则伐木烧砖",为死者做棺起坟。出葬时,邻里帮助"一无所受,皆佣力报答焉"⑦。雇佣工资足以供养父母的往往是一些较为特殊的劳动,如印刷术发明前为人抄写

---

① 《古今图书集成·职方典》卷六九六《松江府部》、卷六七六《苏州府部》。
② 《民商事习惯调查报告录》,第805页。
③ 《汉书》卷二九《沟洫志》。
④ 《群书治要》卷四五引《政论》遗文。
⑤ 《搜神记》卷一〇。
⑥ 《宋书》卷九一《孝义传郭世道》。
⑦ 《宋书》卷九一《孝义传吴逵》。

书籍的"佣书"工资较高。如南梁沈崇傃,年幼丧父,"及长,佣书以养母"①。北魏崔亮自小与叔父同居,"家贫,佣书自业"②。刘芳书法精美,"昼则佣书以自资给,夜则终夕诵读不寝……常为诸僧佣写经论,笔迹称善,卷直(值)以一缣,岁中能入百余匹。如此数十年,赖以颇振"③。

敦煌发现的唐宋之际农业雇佣契约,报酬除了雇资外,还包括种种劳动待遇的约定,如后梁龙德四年(后梁于末帝龙德三年已亡,实应为后唐庄宗同光二年,即公元924年。敦煌因在边陲故仍遵后梁年号)张乙甲(此当为虚拟名字,本件应为一件样文)雇工契:

> 龙德肆年甲申岁二月一日,敦煌郡乡百姓张乙甲,为家用阙少人力,遂雇同乡百姓阴乙甲。断作雇价,从正(当为二之误)月至九月末造作,逐月壹馱。见分付多少已讫,更残到秋物……之时。收领春衣一对,长袖并□军。皮鞋一量(两,即双),余外欠阙,仰自排枇(花费?)。入作之后,比至月满,便须兢心,勿□二意,时向不离。城内城外一般获时造作,不得□抛涤工夫。忽忙时不就田畔蹭蹬闲行,左右直北。抛工一日,克物贰斗。应有沄身使用农具兼及畜乘,非理失脱损伤者,陪(赔)在乙甲身上。忽若偷盗他人麦粟牛羊鞍马逃走,一仰乙甲亲眷□当。或若浇溉之时,不慎睡卧,水落在□处,官中书罚,仰自祇当。亦不得侵损他□田亩,针草须守本分。大例贼打输身却者,无亲表论说之分。两共对面平章为定,准法不许翻(反)悔,如先悔者,罚上羊壹口,充入不悔人。恐人无信,故立明文,用为后验。
>
> 雇身乙甲　口丞人乙甲
> 甲乙人见　甲乙人见④

这一时期农村雇佣契约的雇资约定大多为实物,与这些雇佣契约文书所规定的雇工待遇相比,官府奴婢的待遇似乎还要略好一点。如据《唐六典·刑部·都官郎中》载官奴婢的待遇:

> 春衣每岁一给,冬衣二岁一给,其粮则季一给。丁奴春头巾一,布衫、裤各一,牛皮靴一量(两)并毡。官婢春给裙、衫各一,绢裈一,鞋二量;冬给襦、复裤各一,牛皮靴一量并毡。十岁已下男春给布衫一、鞋一量,女给布衫一、布裙一、鞋一量;冬,男女各给布襦一、鞋袜一量。官户长上者准此。

明清时商品经济较为发达地区,农业雇工的比例相当高。雇工的报酬、包括口粮均按照白银支给,如浙江湖州地区据明人涟川《沈氏农书》称:

> 长年一名,工银三两;吃米五石五斗,平价六两五钱;农具三钱、柴酒一两二钱;通十二两。计管地四亩,包价值四两……又有田壅短工之费,以春花稻草抵之,俗所谓

---

① 《梁书》卷四七《孝行传沈崇傃》。
② 《魏书》卷六六《崔亮传》。
③ 《魏书》卷五五《刘芳传》。
④ 见《敦煌资料》第一辑,第333页。本件文书当事人都称乙甲,当为一件雇佣契约文书的样文。

"条对条"。毫无赢息,落得许多早起宴眠、费心苦力。特以非此碌碌,不成人家耳。而乡地尽出租、宴然享安逸之利,岂不甚美?但本处地无租例,有地不得不种田,种田不得不唤长年,终岁勤动,亦万不得已而然。

种桑地区的长工工价略低,明人庄元臣《曼衍斋草》称:

> 凡桑地二十亩,每年雇长工三人,每人工银贰两贰钱,共银六两二钱。每人算饭米二升,每月该饭米乙(一)石八斗,逐月支放,不得预支,每季发银贰两,以定下月,四季共发银八两。

明清时雇工工资的发放也有预支的,如明代小说《醒世恒言》二十九卷"卢太学诗酒傲公侯"描写主人公卢柟:"那卢柟田产广多,除了家人,顾(雇)工的也有整百,每年至十二月中预发来岁工银。到了是日,众长工一齐进去领银。卢柟恐家人们作弊,短少了众人的,亲自唱名亲发,又赏一顿酒饭。"

在工资之外的待遇,民间习惯各地不同。涟川《沈氏农书》所载最为详细:

> 供给之法亦宜优厚。炎天日长,午后必饥罢;冬日严寒,空腹难早出。夏必加下点心,冬必与早粥。若冬月、雨天捻泥,必早与热酒。饱其饮食,然后责其工程。彼既无词谢我,我亦有颜诘之。至于妇女丫环,虽不甚攻苦,亦须略与滋味,曾有经月不知肉味而能无染指侵克者?古云"善使长工恶使牛",又云"当得穷,六月里骂长工",主人不可不知。
>
> 旧规:夏秋每人朝粥二合,昼饭七合,点心饭二合半,粥二合;春冬每人朝粥二合,昼饭七合,点心粥三合,夜粥二合半。一年牵算,每日一升五合,妇人半之,猫犬别加料。
>
> 旧规:夏秋一日荤、两日素,今宜间之,重难两日荤。春冬一日荤、三日素,今间二日,重难生活多加荤。
>
> 旧规:不论忙闲,三人共酒一构。今宜论生活,起重难者每人一构;中等每人半构;轻者、留家及阴雨全无。
>
> 旧规:荤日鲞鱼每斤食八人、猪肠每斤食五人、鱼亦五人。今宜称明均给,于中不侵克短少足矣。
>
> 旧规:素日腐一块,值钱一文。当年一文,值钱九毫。豆一石,值价五钱。今钱值减半,豆值差倍,是今腐五块才抵前一块,岂得以旧例行之?今后假如合与人吃腐,不须付与腐钱,而多与油水,令工人勤种瓜菜以补其不足。
>
> 旧规:生活人供酒,斗米买三十构,谓之长行酒。水多味淡,徒为店家生息。若以斗米自作曲酒,当有二十四两。以十二两抵长行一构,滋味力量竟是加倍。所虑者自作易于消耗,若顿发于领袖作工之人,计日筹给,似亦甚便。与其利归店家,孰若加厚长年。若买糟养猪,尚有烧酒卖,岂不可供给长年也!

民国初年民间关于雇佣报酬的习惯各地不同,天津民间习惯是在劳务结束时支付报酬,如果约定按期支付报酬的,则在各期结束时请求支付。雇佣人解除雇佣契约的,如劳务期间未满,仍要支付未终了之前的报酬。而如果是受雇人解除的就只须支付其经过期间的报酬即可。而福建顺昌县雇工论年称长工、论月称短工,"长工多于上工时支付工资,短工多于下工时支付工资"①。

三、风险的承担

从上文所引的几件古代雇佣契约文书中可看到,在雇佣关系中,风险的承担显然是不平等的。受雇人要担保按质按量完成工作,保证没有偷盗或遗失等侵害雇佣人利益的行为发生,凡发生此类事情的,都要负责赔偿。这可说是古代雇佣契约的通例。如吐鲁番出土的高昌午岁雇赵沙弥放羊残券:

> ……廿五日赵沙弥为武城诸人放羊……中羊三口,与粟一斗。从未岁正月到未岁十月卅日,羊五口与……正月内偿放羊价钱使毕。羊朋(奔)大偿大,朋(奔)小偿小。若羊……折骨,仰放羊儿。若……卅日,羔子入郡(群),与大麦一斗。若羊迳(经)宿完具(俱)死,放羊儿悉不知……上有破坏处,仰大放羊儿了。诸人和可后为卷(券)要,卷(券)……不得返悔。民有私要(约),要行二主,……羊儿放羊儿悉不知……②

这虽然是一件残券,文字也不通顺,但对于受雇人的责任规定还是可以辨明,如规定羊只走失(奔)要赔偿,羊只受伤(折骨)也要赔偿。

工作中发生对第三人的侵害行为,无论是故意或是过失,一般也都由受雇人承担赔偿责任。如上文所引张厶甲雇工契中所谓"忽若偷盗他人麦粟牛羊鞍马逃走,一仰厶甲亲眷□当。或若浇溉之时,不慎睡卧,水落在□处,官中书罚,仰自祗当。亦不得侵损他□田亩,针草须守本分。"

有些情况下应该由雇主自身承担的特定的法律义务及其风险也会转移由受雇人承担。比如吐鲁番出土较多的唐代雇人上烽契约的条款就是如此。上烽是指至边境烽火台服役守望。唐朝在边境线上每隔三十里设烽候(烽火台)一座,以报边警。《唐六典·兵部·职方郎中员外郎》:"凡烽候所置,大率相去三十里(若有山冈隔绝,须逐便安置,得相望见,不必要限三十里)。"烽候的守望人员则征发当地百姓充当,称之为烽子。据《唐令拾遗·军防令》引日本《令集解》:"《唐令》烽条云,取中男配烽子者,无杂徭故也。"可见烽子是征发当地中男(十五至二十岁的男子)充当的,因为中男不承担朝廷正式的徭役,也不承担地方官府征发的杂徭。唐律令严禁卫士防人冒名顶替,但并不明文禁止烽子雇人代役。烽子轮番上烽,每期十五日。很多农民都雇人上烽,这种雇人上烽契较为典型的如吐鲁番出土的唐西州高昌县武城乡张玉捶雇人上烽契:

---

① 《民商事习惯调查报告录》,第738、1093页。
② 《吐鲁番出土文书》第五册,第155~156页。

……正月廿八日,武城乡……银钱八文,雇同乡人解知德当柳中县……壹次,十五日。其钱即日交相付……。若烽上有逋留、官罪,壹仰解知德当,张玉堆悉不知。□有先悔者,一罚贰入不悔人。□□指为记。

      钱主   张玉堆
      受雇人 解知德(画指)
      保人   张板德(画指)
      知见人 张仁丰(画指)①

  由这件文书可以看到,上烽的雇价很低,但受到官府责备惩罚的风险都由受雇人承担。所谓逋留,是逗留逋逃之人的缩略语,按《唐律疏议·捕亡律》对逃亡者"过致资给"(律疏解释:"谓指授道途,送过险处,助其运致,并资给衣粮")者也要按逃亡者的罪名减一等处刑。又《卫禁律》规定:缘边城戍候望者不觉"外奸内入、内奸外出"、或奸人出入"不速告及告而稽留",都要处徒刑一年半。官罪当指《卫禁律》所规定的:"应举烽燧而不举、应放多烽而放少烽者,各徒三年;……以故陷败户口、军人、城戍者,绞……即不应举烽燧而举,若应少放烽而多放烽,及绕烽二里内辄放烟火者,各徒一年。"按《唐六典·兵部·职方郎中员外郎》,烽候望见敌军尘烟即应放烽,根据敌军的多少,分别燃放一炬、二炬、三炬、四炬,具体多少敌军燃放几炬则有专门的"式"加以规定。因此受雇人承担的是很大的风险,很有可能遭到法律的处罚。

  另外,如果一旦发生意外事件,如上文所引的张厶甲雇工契所言的"大例贼打"②及明代雇工契式所言的"风水不虞",都只能是受雇人自认倒霉,雇佣人不承担任何责任。

四、雇佣经理人的契约

  古代工商业的经营形式往往都是家庭式的,父子兄侄为主要的经营者。但是随着工商业规模的扩大,利用专门的商业或其他专门行业"伙友"或"伙计"(经理人)进行经营的情况逐渐增多。对此朝廷法律只是"任依私契",并没有正面的规范。

  从明代小说《金瓶梅》来看,当时商业经营活动普遍由伙计来进行。比如西门庆自己家传的生药铺就是由"傅伙计"经营的,小说第九回"西门庆偷娶潘金莲 武都头误打李皂隶"提到:"那傅伙计是个小胆的人,见武二发作,慌了手脚,说道:'都头息怒,小人在他家,每月二两银子雇着,小人只开铺子,并不知他们闲账。'"看来伙计的月工资并不高。小说第二十回"傻帮闲趋奉闹华筵 痴子弟争锋毁花院"西门庆开当铺,雇了贲第(贲四)为伙计。小说第三十三回"陈敬济失钥罚唱 韩道国纵妇争锋"西门庆开绒线铺,雇了伙计韩道国,"其人五短身材,三十年纪,言谈滚滚,满面春风。西门庆即日与他写立合同"。伙计经营时间长了,也可能以经营能力入股东家的企业。比如小说第五十八回"潘金莲打狗伤

---

① 见《吐鲁番出土文书》第五册,第164页。另有较完整的上烽契,可见该书第24、111、142页等。
② 敦煌雇佣文书中多有此类条款,可见《敦煌研究》1987年二月号第87页引后晋天福四年(939年)姚文清雇工契,王永兴:《隋唐五代经济史料汇编校注》第一编下册第699页引丁巳年贺保定雇工契等。

人 孟玉楼周贫磨镜"西门庆开设生丝铺,由甘伙计经营,"当下就和甘伙计批了合同"。另外两个伙计韩道国和崔本一起入股,"得利十分为率:西门庆五分,乔大户三分,其余韩道国、甘出身与崔本三分均分"。三个伙计合计占股十分之二。

雇佣经理人契约的形式,可以见清末台湾的一件契约文本:

> 立亲押约字人薛荣耀(即薛狮记)。兹因旧东捷记号停罢,截止薪金,狮现家务伙食浩繁,曾托王兰哥、石福泉兄二君诱荐利路。幸蒙东家裕昌谢老爷景我翁全诺提拔,雇理内外买卖、并代出官讯案各事。狮当竭力向前当理,不敢推诿。议明每月薪金六八银五元,逐月照给,不得多侵。蒙先赐六八银五十元,别还前款,实叨德深。狮宜认真勉力营为,以图报效,毋敢怠慢。倘有越(二)心、由(有)交关诸人移借银物等弊,即向保荐人是问。恐口无凭,今欲有凭,亲花押约字一纸,送执为炤。
>
> 光绪十八年十月 日
>
> 　　　　　　　　　　保荐人　　　王兰哥、石福泉兄
> 　　　　　　　　　　亲立约字人　薛荣耀即薛狮记亲笔①

这件契约除了一般的工作、报酬方面的规定外,值得注意的是规定了受雇人有管理经营买卖业务的权力,还可以代表商号到官府进行诉讼活动。

由于业务经理人地位重要,在缺乏明确法律规定的情况下,主要依靠的是社会关系的担保。其受雇都要由专门的"荐头"推荐,并由专门的保人担保承担连带清偿责任。如清末台湾的"推荐书式"和"保单书式":

> 兹有请者:来人某某,向在小行当帮司理之职,曾历四年。据称实行欲请一司理人,特托弟代为推荐。其人品行举止极为可靠,且忠信勤慎,极顾颜面。倘阁下欲请其司事,自当力为推举,想将来相得益彰,阁下有任用得人之乐也!此恳,即请大安!
> 某某行某某仁翁大人阁下
>
> 　　　　　　　　　　　某年某月某日　教弟某某顿首
>
> 立保单人某某,兹某某充当某行司理之职,弟与他相识多年,素知其人品行端方、忠厚、诚实,勤谨任事。至买卖货物经手数目、来往银项,弟敢保其妥当。日后倘某人有亏空银项货物情事,弟甘愿代为填还,毋有异言。合立保单一纸,付执为据。
> 某某行照
>
> 　　　　　　　　　　　某年某月某日　立保单人某某笔②

各地都有类似的习惯,如"福州商业各店,雇用伙友有卷逃情事,介绍该伙友入店之介绍人应负赔偿责任"③。

---

① 《台湾私法·商事编》,《台湾历史文献丛刊》第9辑第167册,台北大通书局1986年版,第87页。
② 同上书,第88、89页。
③ 《民商事习惯调查报告录》,第1077页。

第七节　合伙契约及"会"

　　合伙是商品货币经济发展到一定阶段的产物,中国古代民间虽然很早就出现了合伙交易,但很少有这一方面的法律,长期是依靠民间的习惯调整。另外与合伙类似的"合会",虽然在法律上没有任何规范,却是古代民间融资的重要途径,是一种极为重要的民事习惯。民国初年起草民法典时,对于这一民事习惯进行了一定的调查研究,不过最终仍然没有将其纳入法律规定,依旧作为民间习惯存在因其与合伙有一定的类似之处,所以在本节加以介绍。

一、商业合伙契约

　　《周礼·秋官·朝士》有:"凡民同货财者,令以国法行之,犯令者刑罚之。"所谓"同货财",据汉儒郑司农的注解,就是指合伙:"同货财者,谓合钱共贾者也。以国法行之,司市为节以遣之。"这种合伙应该接受市司的节制。但是汉儒郑玄的注解则以为:"同货财者,富人蓄积者,多时收敛之,乏时以国服之法出之,虽有腾跃,其赢不得过此。以利出者与取者,过此则罚之。若今时加贵取息坐赃。"将"同货财"理解为是一种限制利息制度。唐人贾公彦疏,也取郑玄之说:"同货财者,谓财主出债与生利还生,期同有货财。今以国法,即以国服为之息利。"所谓"国服"是《周礼》所言西周官府放债取息的利率:国中二十而一、近郊什一、远郊二十而三。这些说法究竟在多大的程度上反映西周的情况,目前还难以断言。

　　至晚在春秋时,民间的合伙交易情况已相当普遍。如著名的"管鲍之交"故事:管仲(? ~公元前645年)曾回忆:"吾始困时,尝与鲍叔贾,分财利多自与,鲍叔不以我为贪,知我贫也。"①两人合伙做买卖,管仲多分红利,鲍叔牙体谅他家中贫寒,并不就此认为管仲是个贪心的人。可见当时民间关于合伙出资及分红的比例已有一些惯例。

　　目前可以见到的最早的具有合伙性质的契约是1974年湖北江陵凤凰山汉墓出土的西汉某年"中服共侍约":

> ……年三月辛卯,中服=长张伯、□晃、秦仲、陈伯等七人相与为服约。入服钱二百。约二=会钱备,不备勿与□服。即服,直行共侍。非前谒病不行者,罚日卅;毋人者庸贾;器物不具,物责十钱。共事凡器物毁伤之及亡服共负之。非其器物擅取之,罚百钱。服吏令会不会,日罚五十。会而计不具者,罚比不会。为服吏全器物及人。服吏秦仲。

　　这件约文载于一块木牍上,正面书有"中服共侍约"标题,背面为上引约文。由于对简

---

① 《史记》卷六二《管晏列传》。

文的释读及对"中服"的理解不同,这件约文的性质多有歧见。有人认为是合伙做买卖的契约,有人认为是合伙运输契约,有人则认为是分期服役的约定,或是管理物资的合作组织。① 但无论如何,约文规定有入服的资格、共同承担风险、不守规则的处罚等等内容,至少是具有合伙的性质。

唐宋时期商业繁盛,商人之间应该有很多合伙的行为,但可惜的是在目前能见到的唐代契约文书中还不能发现商业方面的合伙契约文书,唐朝的法律对此也没有任何的规定。

明清时的商业合伙已极为常见,在各类文书大全之类的书籍中常常可以看到合伙契约的契式。一般称之为"合约""合同",采用一式多本、骑缝划记号或文字的"合同契"形式。如明徽州的"同本合约格式":

> 立合约人:窃见财从伴生,事在人为。是以两同商议,合本求利,凭中见各出本银若干,同心揭胆,营谋生意。所得利钱,每年面算明白,量分家用,仍留资本,以为渊源不竭之计。至于私己用度,各人自备,不得支动店银,混乱账目。故特歃血定盟,务宜苦乐均受,不得匿私肥己。如犯此议者,神人共殛。今欲有凭,立此合约一样两纸,存后照用。②

可见合伙契约的内容有关于出资、分红、公积金的约定,但都没有关于偿还合伙债务方面的条款,也没有关于合伙字号、合伙经营问题的约定,特别是没有关于股份转让的规定。从现代民法来看,这还不能算是完整的合伙契约。实际的契约应该有着进一步明确细节的"合同议单"之类的附件。不过为避免"晦气"和讨吉利,合伙契约一般确实并不明言有关债务的清偿问题,也没有转股的限制性约定。总的来说强调的是"一团和气",并不预先设定发生问题的处理方式。民间也有"伙计(指合伙人)如夫妻——和气为主"的俗谚。③

民间习惯上,股份与一般的财产相似,可以用来买卖、抵押。如台湾一件光绪十九年(1893年)的"卖股字":

> 亲立卖在股饷典字人李品记,因前乏项,曾将所存在德源饷典半股,向林英记胎借母银九百五十元,又利息银二百十五元。今因无力赎回,愿将此半股托中引向林英记找卖,三面议定,估值佛银一千四百元。兹将对抽分得利外,再找出六八佛足银二百三十五元,合共一千四百元。银主与中当面许诺会完,其银即日同中交收足讫。其德源每年得利应归英记掌管,日后德源生理兴隆,品记无干。所有股字并结册,因年前有卖过英记半股,已经缴还。口恐无凭,合立卖股字一纸,付执为炤。
>
> 光绪十九年四月　日
>
> 　　　　　　　　　　　　　　为中人:王湘记、陈善记
> 　　　　　　　　　　　　　　立卖股字人　李品三自笔④

① 见《中国历代契约会编考释》,第71～72页。
② (明)吕希绍:《新刻徽郡补释士民便读通考》,见谢国桢:《明代社会经济史料选编》下册,福建人民出版社1981年版,第275页。
③ 明末清初小说《欢喜冤家》第7卷"乖二官偏落美人局"引。
④ 《台湾私法·商事编》,《台湾文献丛刊》第9辑第167种,台湾大通书局1987年版,第226页。

这是李品记处分自己在"德源饷典"(典当行名称)的一半股份的交易,先是"胎借"(即上文所提到的"指抵")了九百五十元本金,以后利息累计达二百十五元,无力偿还,只好再将这份股份"找价"出卖给债权人林英记。因原先已经将另一半股份也卖给了林英记,因此实际上这家典当行已经全归了林英记。

民国初年民间的合伙仍然完全依靠传统习惯调整。比如江西赣南地区习惯,合伙可请经理人经营业务,经理人从第二年开始盘查货底及现金、资产负债情况。商业最繁盛的赣州,商业合伙相当发达。合伙要立"合伙字"或"合同字","各股东议定股本若干及其抖出股本之方法、期间(方法除出资外,又有以店房、家具、货物等抵作股本者;期间或定一次收齐,或定数期缴纳不等),与红利如何分摊。又,各股东中如已推定某人经理店务、某人担任银钱来往,均必于字据内载明,以资遵守"。小本经营者不立合伙字,仅在记账的"鸿发簿"上记载。福建南平的合伙契约一般规定营业要经由全体合伙人的同意。建阳县的合伙契约内容则都明言,"生理盈亏则就各人所出资本程度比例分配"。湖北汉阳、竹溪、兴山、麻城、潜江、巴东等县的习惯更进一步:如合伙财产不够偿还债务,而合伙人中有一人毫无资力,其债务份额由其他合伙人平均分担。但是五峰、谷城、京山县的习惯不同,其他合伙人只能帮同借贷、从旁维持,绝无分担代还之事实。襄樊的习惯接近后者,合伙人"按股份担无限责任",但合伙人中有逃亡、财产不足,其他合伙人不代为负责。湖南沅陵合伙贸易契约也要有中人参加,并另立内部权义关系章程。湘阴习惯,合伙成立要立合伙字,拆伙也要立"分伙字""下成字"。①

二、农业合伙契约

经营农业也会有合伙的情况,主要有应付某些公共性开支、进行水利建设、开垦荒地等情况。

1973 年河南偃师县出土的东汉建初二年(公元 77 年)"侍廷里父老僤买田约束石券"就是一件具有农业合伙意义的契约。

> 建初二年正月十五日,侍廷里父老僤祭尊于季、主疏左巨等廿五人共为约束石券。里治中涹以永平十五年六月中造起僤,敛钱共有六万一千五百,买田八十二亩。僤中其有訾(赀)次当给为里父老者,共以客田借与,得收田上毛物谷实自给。即訾(赀)下不中,还田转与当为父老者,传后子孙以为常。其有物故,得传后代户者一人。即僤中皆訾(赀)下不中父老,季、巨等共假赁田。它如约束。单侯、单子阳、尹伯通、锜中都、周平、周兰、〈父老?〉周伟、于中山、于中程、于季、于孝卿、于程、于伯先、于孝、左巨、单力、于雅、锜初卿、左伯、文□、王思、锜季卿、尹太孙、于伯和、尹明功。②

本件"约束"合伙的性质相当明显:侍廷里二十五名具有出任父老(汉代无俸禄的乡官)资产资格的居民,组成"父老僤(团体)",共同出资六万一千五百钱,合伙购买了八十二亩土地,约定凡被挑选担任父老者可占有该项田产,获取全部土地收益,用以补贴担任父

---

① 分别见《民商事习惯调查报告录》,第 966、984~985、1068、1080、1118、1140、1153、1160、1187 页。
② 见《文物》1982 年第 12 期,第 17~18 页。

老的经济损失及公用开支。如果因家产评估为中、下等而丧失担任父老的资格,应将该项田产转交另一担任父老职务者。僤中有人去世,其权利得由其一名后代继承。如果二十五户都丧失了担任父老的资格,即共同将该田产出租他人,地租理应由二十五户平分。

在吐鲁番出土的文书中也有一件农业租佃方面的合伙契约可供分析。这就是唐龙朔三年(663年)张海隆"合佃契":

> 龙朔三年九月十二日,武城乡人张海隆,于同乡人赵阿欢仁边夏取叁、肆年中,五年六年中,武城北渠口分常田贰亩。海隆、阿欢仁二人合佃食,其耕牛、麦子仰海隆边出,其秋麦,二人庭分。若海隆肆年、五年、六年中不得田佃食者,别钱伍拾文入张;若到头不佃田者,别钱伍拾文入赵,与阿欢仁草玖围。契有两本,各捉一本。两主和同立契,获指□记。
>
> 田主　　赵阿欢仁(画指)
> 合佃人　张海隆(画指)
> 知见人　赵武隆(画指)
> 知见人　赵石子(画指)①

这件契约虽然以租佃契约的形式,但究其实质,很明显应归是一件合伙契约,实际上是张海隆与赵阿欢仁两人合伙耕种即"合佃",张海隆出耕牛、种子,而赵阿欢仁出土地,两人平分所收的粮食。没有地租方面的约定。契约的末尾双方各自画指,与一般的租佃契约中地主并不画指的情况不同。在契约契纸的背面有合同记号,又明言为复本契,双方各持一本,即后代所言的"合同契"。但是据现有史料尚不能确定当时凡类似的合伙契约都是采用这种合同契约形式。

水利是农业的命脉,而水利工程建设费用浩大,建成后也需要专业的管理,往往只能依靠农户合伙投资、共同受益。因此建设并管理水利工程应该是相当重要的一种农业合伙契约,但是早期的这类契约材料不多,清末台湾的民事习惯调查资料中却有相当多的水利合伙契约可供分析。当地将从事水利工程建设及管理的专业户称之为"圳户""埤长",农户合资委托"圳户"筑埤(水坝)开圳(水渠),并由圳户负责水渠的日常管理,受益农户向其缴纳"水租"。如一件道光十五年(1835年)"永远认纳水租合约字":

> 同立永远认纳水租合约字人太旗尾庄佃人陈兴、陈维桃、陈盛、陈万福、林候、林安邦、林跳、林黄怀、林仲语、林喜浪、陈炭、林邦,同圳户万长春等。缘兰地收入版图,蒙分府宪准给万长春充当东势十六结等庄圳户,其间筑埤开圳,接引大溪水源,通流灌溉禾稻,工本浩大,前经各结佃人具帖立约,相安久年,均无违悖,洵堪嘉尚。候等佃众承垦大旗尾埔地,苟无水源流溉,终不成业。因仰圳户万长春芳观,爰是义集结内佃众,议纳水租,均各一词称善。于是具帖金请圳户,仍再砌筑圳道,引流灌溉。但工程浩费,实难胜数。候等公同约议,每甲官戈(丈)愿贴工资番银一十七元正,以为

① 见《吐鲁番出土文书》第五册,第117页。

圳户开凿埤圳、张设徙门、及修理溪头软埤之费；而每甲民丈递年永远照例配纳水租谷三石，按作早七晚三，佃人自备干圆好谷完纳，取给完单为凭。仍每甲再纳巡圳埤长辛劳谷二斗，情愿早季完纳清款，不在早七晚三之议。至候等大旗尾结下埔地凡可开田者，均属万长春水流通灌，尤当一体照纳水租。原议银元贴出，决不敢借口推卸、取诸阴沟水尾之水、希图抗纳各情弊；如有此情，任听圳户主对水禀追，候等均不敢反悔异言。其大公圳一条，历年修理，系自埤头起，至三结福德祠田止，此一带乃属圳户之事。其余圳道汴下开岐小圳，历年凡应修之处，俱系佃人自理，与圳户无干。此系两愿，各无抑勒。口恐无凭，同立约字三纸，圳户一纸、佃人一纸、存案一纸，各存炤。

即日公同立合约字是实，批炤。

道光十五年十一月　日

代笔人　郑南辉（下略）①

这是一件较为典型的农业合伙契约，十二户农户（佃人在此当指具有土地永佃权的农户）合伙委托圳户建设并管理水利事业，合伙费用分为一次性支付的"工资番银"和以后每年"早七晚三"支付的"水租"。其合伙出资的份额按照受益土地的面积（甲为台湾的土地面积单位，一甲约合十五市亩，官丈、民丈则是指明丈量土地所用的弓丈标准）确定。

水利合伙方面除了农户合伙外，圳户以及管理水利设施的"埤长"往往也是采取合伙形式的。如台湾一件清咸丰十年（1860年）的"卖杜绝尽根契字"：

同立卖杜绝尽根契人翁适、翁万山等，有承祖父亲自开垦之北势埤一口，当时议筑此埤长竖有八股，祖父亦得一股。但是此埤之水本为八股之埤长灌溉田园满足，然后议将此埤水卖与别人田园灌溉，其银项应留为后日修造埤岸之费，八股埤长不得侵渔。又公议：后日埤底之税银二十大元，八股埤长各轮值一年，彼此不得恃强霸收。此系当时立埤之约，乃万年不朽之规也。今适等因乏银费用，托中引就，愿将此一股之埤长份卖与郡城内宗叔翁攀鹤出头承买，三面言议着时价银三十大元。其银即日同中见收讫，其埤份随即踏交银主前去掌管，灌溉田园，不敢异言生端，后日子孙亦不敢言找言赎。保此埤份系适等自己应份之业，与别房亲人无干，亦无重张典挂他人以及来历交加不明等情为碍；如有此情为碍，适等自出头抵挡，不干银主之事。此系二比甘愿，各无反悔，并非抑勒。口恐无凭，合立卖杜绝尽根埤长份字一纸，付执为炤。

即日同中见收过卖埤长水份银三十大元完足，再炤。

咸丰十年二月　日

为中人并代书人　　　　翁雅
知见人　　　　　　　　徐代
同立卖杜绝尽根埤契字人　翁适、翁万山②

---

① 《台湾私法物权编》，《台湾文献丛刊》，台北大通书局1987年版，第1181页。
② 同上书，第1272页。

这件契约本身是一件买卖契约，但是前半段却提及原有的"埤长"合股契约内容，可以作为参考材料。看来是八股合伙开埤，每年的"埤底之税银"当即"水租"，由八股轮值收取；灌溉本埤田园后有余的水流可以卖给其他的农户，收入作为维修费用。与其他的合伙情况相仿，转让合伙股份并不一定要获得其他合伙人的同意。三十三年后，本契买主又以二十五元的价格将埤份转卖给了苏姓。①

三、盐井合伙契约

在手工业、矿业领域，也应当有活跃的合伙经营形式，但可惜现在所能见到的史料中，古代既没有有关这一方面的法律条文，民间也缺乏有关这一方面的契约文书资料。而在四川自贡地区的盐业档案中，却保留了不少清代及民国时期的开凿盐井的合伙契约，可以作为参考材料。

四川地层下多有盐层，又有天然气，至晚从汉代起，当地人民就开始开凿盐井，抽取盐水煎熬成食盐。盐井深达数十丈至数百丈，开凿时间长达数年、数十年，需要长期的投资，而且并不一定能够打到地下盐脉，具有相当的风险，显然采用合伙方式较为合适。这种合伙有地主与投资开凿人的合伙，也有投资人之间的合伙，其具体方式也多种多样。

地主和投资人开凿盐井的合伙方式主要有"客井"（或称年限井，出盐后经一定年限井即归地主）、"子孙井"（双方的合伙股份永久保存）两种方式。契约大多以"租佃"为名。较典型的客井合伙契约，如一件乾隆四十四年（1779年）合约：

> 立凿井合约人蔡灿若等，今凭中佃到王静庵名下已填如海井大路坎上地基壹埠，平地捣凿同盛井壹眼。比日言定：王姓出地基，蔡姓出工本，井出之日，地主每月煎烧柒天半昼夜，蔡姓等每月煎烧贰拾贰天半昼夜。倘井出腰脉水壹、贰口，以帮捣井用费；如出壹、贰口外，地主愿分班同出工本，以捣下脉。俟井出大水之日为始，蔡姓等煎烧拾壹年为率。倘若出火，亦照股均分。其有天地二车、灶房、廊厂，报开呈课，照股摊认。蔡姓煎满年份，天地二车、廊厂尽归地主，至于家具物用，验物作价。恐口无凭，立合约二纸为据。
>
> "咸泉上涌"　　　　　　　　　　凭中　杨念慈、王圣泽同在
> 　　　　　　　　　　　　　　　　代笔　李淑培
> 乾隆四十四年十月二十一日立佃井合约人　蔡灿若、万丹亭②

这件契约中术语较多，所谓"腰脉水"，是指卤水显示；"出大水"是指达到盐水主脉；"口"是指卤水或天然气的计量单位，每口卤水四十担（有的地方以三百碗为一担）、每口天然气以足供一昼夜煎烧二百六十斤盐之用。这件契约基本含义是地主出地基、投资人出开凿费用，合伙开凿盐井。有卤水显示后所得食盐作为继续开凿投资，不分配，地主并再加入投资开凿工本，在盐井凿成后共同承担向官府申报税课（因盐为古代政府专卖，四川

---
① 《台湾私法物权编》，第1273页。
② 《自贡盐业契约档案选辑》，中国社会科学出版社1985年版，第310页。

虽然允许私人开凿盐井,但必须按厂灶登记上税)。出产后的利润分成按烧煎天数分配,地主每月煎烧七天半、投资人每月煎烧二十二天半。十一年后盐井及生产建筑物全部归地主,但工具等器物应作价。

自贡地区的"客井"合伙大多如此,只是投资人年限各有不同、利润分成比例不同(以后虽然仍称按三十日或按二十四锅煎烧,实际只是划分为三十股或二十四股,并不真正分日或分锅煎烧)。在一定年限或"井枯水干"后盐井及其生产建筑物全归地主,所谓"客来起高楼,客去主人收"①。

但也有的契约还规定投资人开凿前必须向地主缴纳"押租钱",进一步保证地主的利益,实际上具有一定的单纯出租土地的性质。

"子孙井"的合约如嘉庆元年(1796年)合约:

> 立合约人刘坤伦、张仕奂,情贰人合伙承首同办,写得谢晋照名下天井坝,平地开凿新井壹眼,取名天元井。照厂规:贰拾肆口开锅水份,谢姓出井基、车基、过江等地得去地脉水份陆口;余有开锅水份壹拾捌口,交与承首贰人管放。今凭中邀伙罗廷彪名下,认作开锅半口,子孙永远管业。议定:每半口当出底钱陆千文整。吊凿之日,每半口每月出使费钱捌百文、壹月壹齐,如有一月不齐,将合约退还承首人,另行邀伙承办,不得言及先使工本。其使用来齐,或停工住凿,承首人得壹还贰。家伙滚子全水归承首人管受,贰拾肆口人等不得争占。修立天地贰车以及车房、车基等费,拾捌口均出,不与地脉陆口相干。井出微水、微火,以帮做井使用,地主不得分班。至大水、大火,停工住凿起推,贰拾肆口各出使费,并各立名承课注册,子孙永远管业。恐口无凭,立合约为据。

> "咸泉上涌"

> 凭中同伙人:罗天碧壹口,罗开礼壹口,林振伦壹口,林振斌壹口,林振先壹口,林文英半口,林常德半口,沈成浩半口,沈成彪半口,黄玉顺壹口,周光祥半口,刘荣富壹口,罗廷榜半口,唐德良半口,黄金林贰分五,钟仁旺贰分五,邓汉卿壹口。

> 代笔:颜世昌

> 嘉庆元年岁次丙辰十二月十六日立合约人　刘坤伦贰口,张仕奂叁口②

这是一件更为复杂的合伙契约,既包括与地主的合伙,又包括与投资人一方的合伙。地主占四分之一的股份,两名"承首"(发起人及主持人)招股的合伙投资人占四分之三的股份。投资方的合伙又以"半口"为单位,共有十七人(占股十二口);承首以"家伙滚子"(凿井工具)入股,当占股六口,号为"全水"。每半口先出资金六千文,以后每月出资八百文为开凿费用,不按时缴纳视为退股,不得追回已交股本。而承首收齐开凿费用而"停工住凿",就要一还二赔偿。在未至满意产量前所开凿出的"微水微火"(卤水或天然气),作为开凿投资,并不分配。至有足够产量,起建生产建筑物也由投资方出资。但正式生产后

---

① 《自贡盐业契约档案选辑》,第91页。
② 同上书,第332页。

的注册纳税费用则分股均摊。以后各股东都永远为业。

根据研究者对于自贡盐业契约的研究,当19世纪中期因太平天国阻拦了长江盐运道路后,四川的井盐大量运销到两湖地区,大大促进了四川盐业的发展,投资旺盛,"子孙井"形式的开凿合约比重大增,成为主要的合伙方式。而且地主的权利也减少,实际上已成为设定地上权的契约。契约的名称也主要为"出佃"或"承佃"井基约,如下列同治八年(1869年)契约:

> 立出佃子孙盐井基约人李洪兴,今凭中证,佃与王晖吉名下,邀伙承办新当地名河嘴上平地开挖盐井壹眼,更名涌海井。每月每昼夜净日份叁拾天:主人占日份肆天半地脉内,拨出贰天半付与佃井人邀伙承办,以作费心之资;客人出资捣井,占日份贰拾五天半,共成叁拾天。此系子孙基业。比日三面言定:押山铜钱叁拾串文整,即日亲收入手明白,并无少欠分文。自佃之后,壹井叁基,随客修造,牵篾下锉,主人不得阻滞。俟见功之日,牛马进出路道、抬锅运炭、堆渣放卤、取石取土、安笕过水、盐水出路、人畜吃水、推牛滚水堰塘、风篾打桩,主人业内不得阻挡。井见水火油之日,除修置廊厂、牛只、家具、门户课银,随井办纳,余有红息,叁拾日均分均派。井老水微,复行下锉,将井缴井。如不敷用,客人派逗,不得派及主人。后有红息,仍照前规均分。此系二家甘愿,并无勒逼等情。恐口无凭,立承、出佃二纸,各执一张存据。
>
> "水火既济"　　　　　　　　　凭中　吴松坪　钟心田　宋焕章　同在
>
> 余耀春　笔
>
> 同治八年己巳岁三月初八日立出佃子孙盐井约人　李洪兴①

这件契约地主的合伙成分已很淡薄,地主不承担风险,分成的比例也仅有"贰天",另外"贰天半"仍然给承租的投资方。预先所收的押租才30串,而以后土地的利用完全交付给投资方。因此从今天民法的角度来看,它基本上可以看作是一件设定地上权的契约。

与其他类型的合伙契约相似,自贡盐业合伙在习惯上允许合伙人自由转让其合伙股份。尤其是因为开凿盐井风险大、时间长,难以预计到井成收益的时间,相当多的投资者在盐井尚未开凿成功,就已无财力支持下去,但不情愿完全退股,于是就出现了自贡地区特有的"上中下节约"。据《富顺县志·盐政新增》"上中下节井规":

> 或井久不见功、抑或仅见微功,尚须往下捣锉,有力不能逗钱者,即将所占日份、锅份出顶与人,即名为上节,承顶人即名为下节,以后做井工本归下节派出。或将钱绝顶,日后此井成功时,上节不得分息;如未绝顶,上节工本未经收回,日后井成功时,上节有仅归工本若干者、有与下节人各分一半鸿息者、有上节仅分二三成、下节多分至七八分者。盖上节捣井浅、费本无多,即少分鸿息;下节捣井深、费本甚巨,即多分鸿息。如井久不成功,下节力又不支、转顶与人接办,则前此之下节作为中节,现在出

---

① 《自贡盐业契约档案选辑》,第342页。

钱锉井人为下节。井成时，中节亦有归本若干者、或共分鸿者。①

转让股份的合伙人"绝顶"，就是一次性完全让出；不是绝顶，就有点像买卖中的活卖，出让人仍然保留若干将来参与分成的权利。当然顶价也会较低。如上述的乾隆四十四年地主王静庵和投资人蔡灿若的合约，后来因蔡姓无力承办，转顶万丹亭、谢玉符；而万、谢开凿后又因无力再转顶寇恒丰；寇姓还是没有能够开凿出能得到满意产量的盐井，不得已再转顶喻义和；喻姓接手后仍未开凿成功，以致将井荒废。七十五年后的咸丰四年（1854年）王姓地主后人王晓亭"照厂规（当地盐业惯例）"重新和蔡姓后人蔡先年等五人立"退还井约"，收回盐井。"地主王晓亭愿与蔡姓提留工本每月昼夜净日份三天半，以井见大水火起班之日为始，年限十二年为满……其余转顶后后客万、谢、寇、喻等姓所有工本字约，一力有蔡姓承认，蔡姓应还后客工本银钱，在提留日份内偿还，均不得问及地主。"②

四、合会契约

"合会"是古代民间一种互助性质的融资交易。入会者定期缴纳一定的资金，然后可以采用抽彩、拈阄或轮流坐庄等方式获得融资。这种交易形式的起源已不可考，或许是从宗族合资及族产收益的分配转化而来。明末清初民间合会交易已经相当普及。③至民国初年，在全国各地都有这种民间习惯。

根据民国初年先后进行的民商事习惯调查，全国各地城乡几乎都有起会的习惯，按其性质可分为互助性和融资性两大类。

互助性质的合会主要是指民间为了筹措婚姻、丧葬之类的大笔开销，因事而起的会约，性质类似于合作社。比如山东历城的"长寿会""红礼会"，德平、临沂等地的"板社""储恤会"，平原的"房社"；山西盂县、稷县的"老人会""媳妇会"，闻喜的"帮会"；安徽贵池的"老人会"；陕西华阴、朝邑等地的"孝义会""孝衣会""赒老会"，等等。一般都由若干会友定约，每遇会约所定事项发生，即起会敛钱，给发生事项的会友费用。每位一或两次，直到所定事项不再发生。比如"长寿会""储恤会""老人会""孝义会""孝衣会""赒老会"等，都是在某一会友的直系长辈去世，即全体会友支出固定的金钱份额给丧主会友，充作丧葬费用。"板社"是预定棺材本钱数额，每有会友长辈去世，即敛钱支给。"红礼会""媳妇会"都是会友轮流互相出资帮助子女结婚费用的。"房社"较有特色，"每十家、八家结一小社，每遇社友应修房屋，合力出资，轮流帮工。各以修葺一次为限"。"帮会"也是互助性质的，"民间因有急需，延请交好多人，各按资力帮助，名曰帮会。受帮助之人，谓之会首。既帮

---

① 转引自《自贡盐业契约档案选辑》，第70页。
② 同上书，第73、311页。
③ 明末清初小说《欢喜冤家》第七卷"乖二官偏落美人局"，讲明天启年间余杭商人故事，提到"有一银会，明年六月方有，是坐定的银子，倒有一百的"。《五色石》第五卷"撰哀文神医善用药　设大誓败子猛回头"讲明嘉靖年间戒赌故事，也谈到为经商凑本钱，"于亲友处拉一银会"。清初小说《连城璧》第二卷"老星家戏改八字　穷皂隶陡发万金"，讲明成化年间漳州府衙门皂隶的故事，讲到要为买票筹钱，"何不约几个朋友，做个小会"。可见以合会方式融资在当时已很普遍。

之后,有无须偿还者,有分年偿还无须利息者"。①

融资性的合会名目繁多,如直隶保定的"积金会";奉天西安一带的"请钱会""七贤会",沈阳的"请钱会";山西黎城、昔阳的"请喜会";江苏各地的"十贤会""至公会",苏南松江、上海的"请会""标会""摇会";安徽天长一带的"七贤会";江西赣州的"银钱会",南康的"四不盖会";福建厦门的"义会";湖北五峰一带的"缩截半钱会""七星会";陕西的"请会",等等。② 其会期长的每年一会,短的十天一会,一般为一个月或一季度一会。合会聚钱散发的方式大概有以下三种。

其一是采用竞标方式决定得会(即得到每期集资)人顺序,往往称之为"拔会"或"画会"。其习惯较为典型的如奉天西安的"请钱会":以十一人起会,会首召集起会,约定会资一百元与拔会的规则及间隔时间。首次集会所得会资百元全部归会首。第二次集会,"除会首已拔不计外",其他的与会者"各密写认利若干之纸条一纸,卷成小团,置于碗内,然后当众同时将条揭开,以认利最多者得会"。如以十一人起会,"乙写认利六角,丙、丁以下只写五角、三角不等,此会即应归乙拔去,计乙实得洋九十四元六角(因乙既认利六角,则丙、丁等九人只应各出洋九元四角,共八十四元六角,又加会首甲应出洋十元,计得此数)。再过若干日拔第三次之会,除会首及乙已拔不计外,丙、丁等九人亦依第二次密写认利若干字条办法,如揭条丙认利九角为最多数,则此会即应归丙拔去。计丙实得洋九十二元八角(因丙既认利九角,则丁、戊等八人各出洋九元一角,共七十二元八角,加会首及乙各出洋十元共二十元,总计此数)。第四次以下类此,至拔至第十一次期满,为会期终了。"③

其二是采用掷骰方式随机决定每一会期的得会人,往往称之为"摇会"。起会后第一次集会的会资仍全部归会首,第二次开始则改以掷骰子决定得会人,以点数高者得会。凡已得会者(包括会首)不得参加下一次掷骰竞会,但必须出应出份额的会资。剩最后一人时则不必再掷骰,直接获得全部会资。如保定的"摇会"有"五请三拔""三请二拔"之类的名目,参会者要交五、三吊钱的"老会钱",即所谓的"五请""三请",作为每次聚会会餐"吃会"、茶水之类的开支费用,结会后如有余退还会友。每次的会资为三吊钱的就是"三拔",二吊钱的就是"二拔","人数计在百名上下,期限不能过十年完会"。"其'三拔'云者,系以三吊钱为限,白签入两吊以上;黑签入三吊。遇每月摇会,以二十四点为最高,得会者即将一会内黑白签所入之钱全数取受。若届下会,以先得过会者均为黑签。每月入钱三吊,即三拔也。入钱以完会时为止,不得会者仍为白签。最后完会之一白签遂将全会之黑签所入之钱均行收用。此种摇会之习惯不能以赌博论之,因其方法便于经济界之流通,核以请会入会之人两有利益毫无损失。"④

其三是采用预定得会顺序,会友轮流得会,一般称之为"轮会"或"七贤""八仙""十贤"

---

① 分别见《民商事习惯调查报告录》,第 786、789、799、808、819、953、1020、1021、1229 页。
② 同上书,第 750、764~765、850、860、952、989、1014、1107、1173 页。
③ 同上书,第 763 页。
④ 同上书,第 750 页。

之类名目。如江苏各地的"十贤会":"除会主外尚有会友十人,故名……例如第一年由会友十人共出钱二百千文,付与会主。次年,会主仍将所得之款按年吐还,以会友十人得尽为止。以阄定次序之先后、定出赀之多寡,出赀多者得会之期早,出赀少者得会之期迟,惟每届得会之人当年不出赀,由会主以应吐出之钱偿补其数。"又如松江的"挨会",得会顺序"均由首会商请各人先行认之,登明会簿,各自签押。并在各会户中推举一人,作为会证,以资信守"。①

合会为民间的融资提供了一个途径,然而也具有一定的风险,假如会友中有的人在得会后发生经济困难,不能继续出资,或有意赖账,合会就发生问题。各地民间对此几乎没有什么有效的防御机制。较为严格的如上述的江苏"十贤会",当发生会友出资不能时,"即谓之散会,会主对于已出赀之会友负逐年偿还会款义务(俗名打桩)。其他已收会款之人对于出赀之人亦同负有偿还之义务也"。上海地区的习惯,首会之下又有几个分会会总,未得会的会友"只能对于所隶属之会总行使其请偿权,不得径向首会索款,各会总始得就自身暨本人名下各散会(指未得会的会友)所应收回之会款,对于首会请求偿还"。江西南康的"四不盖会",一个首会下设四个子会,首会的会首在得会后,"即须交不动产契据付与各子会,依次轮执,故子会中如有应届不届、不足额者,其依次应领之子会即惟首会是问。故首会对于各子会又负有连带债务之责任"。②

第八节　中介契约

居间和行纪在古代也是极为常见的契约形式。至晚在汉代就已出现了专门从事行纪中介活动的商人,号为"侩",从事牲畜交易的中介商称"驵侩",《史记·货殖列传》:"节驵侩……亦比千乘之家。"注:"侩者,合会二家交易者也。"专门的行纪也是可以富比封侯之家的大行业。《后汉书·逢萌传》注:"侩,平会两家买卖之价。"可见当时这一行业的主要作用是接洽并帮助议价,其性质应为现代民法所谓的居间性质。

一、牙行经纪

唐代这种中介商被称为"牙人""牙郎",据说原来是称"互郎",后来是因为民间习惯书写互的异体字以至于以讹传讹改称为牙郎。据《类说》卷五六引宋刘攽《贡父诗话》:"刘道原(恕)云:今有人谓驵侩为牙,本谓之互郎,主互市事也。唐人书互相亙,以亙似牙,因转为牙。"如安禄山原为"互市牙郎"③。唐中期后法律强调牙人对于契约的连带责任,如果当事人有违反法律、规避法律的行为,牙人都要承担连带责任。如《旧唐书·食货志》载元和四年(809年)敕,规定牙人对于违法使用货币有检举义务;《宋刑统·杂律》引唐长庆二

---

① 分别见《民商事习惯调查报告录》,第860、865页。
② 同上书,第870、1014页。
③ 《旧唐书》卷二〇六《安禄山传》。

年(822年)敕,规定牙人对于违法交易要承担连带赔偿责任。

宋元明清时代法律规定商业贸易都要有牙人中介,官府发放"牙帖"指定官牙行,垄断商业交易的接洽议价。《大明律·户律》专设"私充牙行埠头(水路交易的中介商)"条,规定:"凡城市乡村诸邑牙行及船埠头,并选有抵业人户充应,官给印信文簿,附写客商船户住贯姓名、路引(通行证)字号、物货数目,每月赴官查照。私充者杖六十。所得牙钱入官。"清律沿袭该条。民间则一般称之为"经纪"。明清时牙行必须要领取"牙帖"、交纳"牙税"才能开业。工商业每行都有专门的牙行接洽贸易,往往形成半封闭式的牙商集团,垄断贸易。如现存的"吴县纱缎业行规条约碑"规定:

一、议得给帖原□一人执业,止可传之子孙。若兄弟婿侄等辈,不得在内越卖,渐□明充暗顶之□。违者罚。

一、议得我行同业在外营生,遇有无帖擅行夺卖之人,即系光棍,立即邀众□逐。如有暗行故□、不即声扬共逐者,察出罚。

一、议得我辈同业者,不与现在行家弟兄亲戚以及管账之人合伙合业,以防明充暗顶之渐。违者公罚。

一、议得同业之中或有不愿营生歇闲者,应将原帖缴付行头,俟有顶替之人,当官禀明交替,通知□□众友,出具同行互保外,议还给帖所费。违者罚。

一、议同业中在前原有印帖、后经缴出更替者,不得仍旧在行执业。违者罚。①

二、中人居间

宋元明清时期民间的民事交易大多依靠中人接洽,所谓"买业不明,可问中人;娶妻不明,可问媒人"②。在借贷及租佃、租赁契约中,中人往往又同时起到保人的作用,合称"中保";在买卖等契约中,中人往往同时又是见证人,合称"中见"。中人大多是由当事人聘请当地有一定声望的民间人士担任,与专业的牙行经纪不同。在明清的法律里,中人要对契约的合法性负责。中人所得的报酬称"中资"或"说合钱""鞋钱"等名目,一般并不在契约中说明具体数额。按照民间惯例,即使契约以后因当事人的合意或因一方当事人的违约而取消,中资并不退还。法律对此虽然没有明确规定,但在司法实践中一般都默认这一民间的惯例。如清刑部题本档案中的一件乾隆三十一年(1766年)安徽霍丘县因租佃纠纷导致的杀人案档案上,刑部的批示是:"佃田已二载,伊欠租不清,致田主退佃……所给中资,理无退还。"③

清末法律仍然强调牙行与中人、见证人的作用。如光绪二十年(1894年)直隶布政使司颁布的《写契投税章程》规定:

民间嗣后买卖田房,务须令牙纪于司印官纸内签名。牙纪行用与中人、代笔等

---

① 《明清苏州工商业碑刻集》,第15页。
② 《俗谚》(中册),第153页。
③ 《清代地租剥削形态》(下册),第420页。

费,准按契价给百分中之五分,买者出三分、卖者出二分。系牙纪说成者,丈量立契,准牙纪分用二分五,中人、代笔分用二分五。如系中人说成者,丈量立契,祗准牙纪分用一分。如牙纪行人等多索,准民告发,查实严办。

民间置买房地契后,牙纪盖用戳记,准买卖两家亲友酌添数人,以免牙纪拈持而为日后证据。①

牙行可得到契价的2.5%,中人、代书人也可得到2.5%。仅有中人参加的契约,中人可得到契价1%的报酬。

民初时期,在引进的西方法律原理的指导下,法律已强调当事人双方的意志才是订立契约的关键,不再鼓励第三方参与交易,各地的官牙行大多撤销,但是,民间交易中这些契约的副署人依然极为重要,没有第三方参与的交易依然是不可想象的。

根据民国初年进行的民商事调查,在各类民事交易中,中人等第三人极其活跃,仍然起着诸如见证契约成立、引见介绍、商量议价、督促履约等重要作用。中人一般并不是职业的,而是由双方邀请民间有声望的、经常被邀请担任中人的人士来出面主持交易。比如徐向前元帅回忆他父亲作为一个乡间教师,在地方上有正直名声,经常被乡邻邀请做交易的中人。② 有的地方习惯上先由卖方和中人立一"请中字据",说明委托中人出卖某项田宅,这样一来,中人中介性质就从居间行为改变为委托代理行为了。而湘西地区将中人分为介绍说合的"引领人"和交付价金见证的"见钱人"两类。③ 不过大部分地方民间只是以口头约定邀请中人参加交易。

民国初年民间中人的报酬由双方当事人按照惯例,根据契约价金的一定比例支付。支付情况并不在契约中说明,大多是口头的约定。中介买卖、出典之类田宅交易的中人报酬较高,一般为契价的3‰~5‰,但具体比例及双方分担情况各地习惯不同。如山东滕县买卖交易时,说合人可以得到契价2‰为"说合礼"。陕西长安县则有"当一卖二"的习惯,出典交易中人报酬为1‰,买卖交易中人报酬为2‰;商南县买卖中人报酬为3‰;南郑县"中三代二"。山西全省民间习惯一般为"成三破二",中人报酬的总额为契价的5‰,其中3‰由买方(成)负担,2‰由卖方(破)负担。安徽的广德县买卖田房中资为田房价5‰,全由买方负担,其中3‰给付中人,2‰给付当地的董事、地保;而邻近的舒城县5‰的中资,中人接受后转交2‰的笔资给代笔人,实得中资3‰;颍上县"买三卖二",5‰的中资买方负担3‰,卖方负担2‰;天长县、当涂县有同样的习惯。江西南昌"田三屋四",买卖土地的中资3‰,房屋则为4‰,全由买方负担;新建县"中三笔一酒二分",中人所得3‰中,1.5‰归主要的"正中",其他"散中"平分所余。赣县也是"买三卖二"。福建晋江县借贷契约的中人可得到第一个月的利息为中资;闽清县买卖交易中资"兴(买)三败(卖)二";顺昌县交易"中书见礼银"习惯:不动产为5‰,买方负担;牲畜买卖按头"抽仲",牛则每斤铜元

---

① 《中国历代契约会编考释》,第1467页。
② 徐向前:《历史的回顾》(上册),解放军出版社1984年版,第3页。
③ 参见《民商事习惯调查报告录》,第640页(陕西沔县习惯),第1166页。

一枚；南平县也是"买三卖二"。湖北全省的不动产"谢中钱"习惯也各不相同：兴山、汉阳等地"买三卖二"；而郧县、竹溪等地"中三笔二"；谷城为3％；潜江房屋"买六卖四"，土地"买三卖二"；广济房屋"中五笔三"，土地"中三笔二"；巴东"中五笔一"，负担为"买四卖二"。湖南长沙"买三典四"，买卖不动产为3％，出典为4％，双方当事人各出一半。绥远一带有"成三破二"习惯。①

简短的结论

传统社会中契约的形式及效力长期依靠民间习惯规范，值得注意的是民间所立契约的名称以及用语往往与实际交易性质有所不同，这既是由于各地习惯的差异造成的，同时也有的是为了规避某些朝廷的禁令。

历代法律对于田宅买卖契约的效力、程序等问题有较为明确的规定，唐宋之交形成先问亲邻、印契税契、过割赋税、卖方离业等制度。明清法律对此有所简化，主要强调保证官府财政收入的印契税契和过割赋税两项制度。明清法律也简化了牲畜买卖制度。

古代法律将借贷分为计息与不计息两大类，唐宋法律明确不保护计息债权（"出举"），并限制月利不得超过6％，利息累计总额不得超过原本。明清法律没有明确区分这两类借贷，但将限制利率改为月利3％，仍然维持计息不过本的"一本一利"原则。在借贷债务的担保方面，唐宋法律允许扣押债务人财物，债务人劳役抵偿和保人代还这样三种方式，而保人代还主要是指债务人的亲属后代"父债子还"。明清法律仅允许保人代偿。

古代法律对于寄存、租赁、雇佣、合伙、中介等契约的具体规定相当稀少，几乎完全依靠习惯调节，发生纠纷时往往需要根据各地习惯来处理。

---

① 分别见《民商事习惯调查报告录》，第248、623、633、1234、817、950、959、979、984、986、1066、1071、1091、1097、1131、1183～1184、1282页。

第五章
财产担保

以财产担保债权,是各个古代文明形成之初就出现的担保方式。中国古代至晚从战国时秦国的法律开始,就禁止以债务人的人身为债务担保,财产担保债权成为主要的债权担保形式。这些担保方式中近似于现代民法担保物权性质的,主要有向债权人提交某项动产作为担保的"质押",指定土地房屋作为担保的"指抵",以及指定土地房屋在若干时间内的收益作为担保的"抵当"。其中只有"质押"有一些成文法律的规定。

第一节 有关用字的字义演变

中国古代的财产交易因长期为民间自主行为、很少得到法律的统一规范,所以其用语出现不少一词多义、或多词一义的现象,在今天解读文献时往往会导致误解。因此在本章开始以前,先就一些古代财产交易中经常出现的用语做一解释,揭示其字义的演变过程。

一、表示担保的"质""贽""贴"

唐以前史籍中记载债务人在借贷契约成立的同时,向债权人提交某项动产或以人身作为债务的担保,一般称之为"质",或称"贽""贴"。《说文解字·贝部》:"质,以物相赘。""贽,以物质钱,从敖贝。敖者,犹放贝当复取之也。""贴,以物为质也。"显然,至少在东汉人许慎编《说文解字》时,这三个字被认为是基本同义的。但是从各类史籍分析,实际上这三个字原来的字义是有所不同的,经过了很长的演变,即使在许慎这本著名的字书流行后,这三个字仍然还有一点差别。

(一)质

"质"字在先秦古籍中已是多义字,除表示本体、本质外,还表示诚信、箭靶等。而用于表示"人质"的情况非常普遍,比如《左传》一书中使用"质"字的50处中,表示"人质"的,就有45处,而表示提供物品为担保的只有两处。秦汉时期法律已禁止债务人提供人质为债务担保。湖北云梦睡虎地秦墓出土竹简的"法律答问"部分有:"百姓有责(债),勿敢擅强质。擅强质及和受质者,皆赀二甲。廷行事:强质人者论,鼠(予)者不论;和受质者,鼠(予)者□论。"意思是私人债务不得强行索取人质,强行索取人质的以及合意提供人质的,同样作为犯罪,罚出两副护身甲。又根据司法成例,在对方强行索取人质情况下提交人质的一方可以不处罚,但是如果是合意提供人质的,就都要按照法律处罚。①

三国两晋南北朝隋唐时期的史籍中广泛使用"质"作为提供财物或人身为债务担保行为的总称。如《宋书·孝义传郭原平》记载刘宋著名孝子郭原平为收买父母墓前的数十亩耕地,"贩、质家资",家中财产不是出卖,就是质押殆尽。《南齐书·王敬则传》载南齐初年人头税负担沉重,"丁税一千",百姓只得"质妻卖儿,以充此限"。这一时期出现了以收取质押财物放债取息的营业性机构,也称之为"质库"。这一用语习惯一直保留到隋唐时期。

(二) 赘

"赘"字有连缀、多余的字义,而且在战国秦汉时往往用于贬义。比如《汉书·贾谊传》收录的贾谊的《政事疏》,里面提到秦国原来的民间风气"家贫子壮则出赘",家里贫穷的壮年男子到有钱人家去当倒插门户的上门女婿。据后人对这句话的解释,这是因为家中没有财产可以充当聘礼,只好以自己的人身为质押,算是欠下女家的债务。另外汉承秦制,法律应该也禁止提供人质作为债务担保,但民间仍然流行这种担保方式,只是名称改为"赘子"。《汉书·严助传》如淳注:"淮南俗,卖子与人作奴婢,名为赘子,三年不能赎,遂为奴婢。"

"赘"字用于表示提供担保财物的情况在史籍中并不多见,或许是从其连缀的字义引申而来。《说文解字》将这个字与质字作同义解释,并从字形上作了分析。但在以后的书籍中用赘字表示质押的情况仍然很少见。

(三) 贴(帖)

在三国两晋南北朝隋唐时期的史籍中多有关于"贴"的记载,而"赘"已很少见。虽然《说文解字》将"贴"与"质"作了同义字的解释,不过仔细分析史籍记载的行文,可以体会出"贴"并不完全等同于"质",两者之间有着细微的差异。

一般来说"质"是一种总称,而"贴"为"质"的一种。提供"质"的财物本身并不会自然升值或创造出新的价值。而史籍中所记载的"贴"这种行为的对象,往往是专指具有创造新价值能力的人身。如《宋书·何承天传》记载:"时有尹嘉者,家贫,母熊自以身贴钱,为嘉偿责。坐不孝当死……嘉母辞自求质钱,为子还责。"尹嘉的母亲熊氏,为了替儿子还债,以自己的人身去"贴钱"。应该就是自愿到债主家中劳役,以此担保债务。后来尹嘉受到"不孝"的指控,熊氏到官府说明,自己是自愿去"质钱"。《南齐书·周颙传》载"滂民"因为朝廷徭役繁重,不得不"贩佣贴子,权赴急难"。《虞愿传》载:"陛下起此寺,皆是百姓卖儿贴妇钱。"《孝义传公孙僧远》载:"弟亡,无以葬,身贩贴与邻里。"

一般来说,"质"所担保的或产生的都是计息债务,而"贴"的人身或财物在"贴"的期间所创造的新的价值收益归属债权人,因此担保的债务本身往往并不计息。如《昭明文选·奏弹刘整》载刘寅以一名奴婢"贴钱七千",后来又以钱七千赎回。

---

① 《睡虎地秦墓竹简》,第214页。

另外,以财产"贴"或"帖"的情况下,一般指的是土地房屋之类、占有者能够获取收益来抵消利息的财产(详见下章)。

唐代法律仍然以"质"作为转移担保财物的交易行为的专用语。《宋刑统·户律》引唐《杂令》:"诸家长在(原注:在,谓三百里内非隔阂者),而子孙弟侄等不得辄以奴婢、六畜、田宅及余财物私自质举,及卖田宅(原注:无质而举者亦准此)。其有质举、卖者,皆得本司文牒,然后听之。若不相本问,违而辄与、及买者,物即还主,钱没不追。"该条中的"举"是唐代法律专用语,指计息的借贷契约。"质举"即指债务人向债权人提交质押财物作为债务担保的计息借贷交易。凡是质举、出卖奴婢、六畜、田宅,只要家长在三百里以内,就必须要由家长在场亲自进行、并且还要经向官府申请批准。如果子孙弟侄私下质举、出卖奴婢、六畜、田宅者,都视为违法行为,标的物归还原主,债务取消。

另外,唐代法令中也保留了"贴"的用法,仍然是指占有者能够从所占有的土地上获取收益来抵销利息的交易行为,主要表现为有关"贴赁"的一些规定(详见下章)。

二、典字字义的演变

典字为"册"置于架子上的象形,原字义当为尊贵、权威的书册,因此后世有"典籍""典章"等词语,指重要的书籍文章。

典字有"典籍"之意,在古籍中作名词解时又大多指成文的或不成文的制度、准则,如《尚书·舜典》"慎微五典,五典克从";《诗·荡之什·荡》"虽无老成人,尚有典刑";《清庙之什·维清》"维清辑熙,文王之典";《孟子·万章上》"太甲颠覆汤之典刑";《尚书·五子之歌》"有典有则,贻厥子孙";《周礼·天官大宰》"掌建邦之六典"等。或指故事、成规,如《左传·昭公十五年》"数典而忘其祖"。《管子·宙合》:"一典品之不极一薄,然而典品无治也。"进而指法律制度,如《管子·君臣上》"则又有符节印玺典法筴籍以相揆也",《庄子·外篇·田子方》"典法无更,偏令无出"。因此《尔雅》将"典"与"彝、法、则、刑、范、秩"等字并列,释为"常也";又称"典,经也"。后世遂合称"经典"。

作动词解时,古籍中的典字一般指掌管、使用、管理,如《管子·侈靡》"法制度量,王者典器也",《任法》"国更立法以典民则祥"。《史记·季布传论》:"季布以勇显于楚,身屡典军。"因此往往又成为在表现官职时的前缀字,如《韩非子·二柄》提及有为君主"典衣"之官和"典冠"之官;《亡征》篇提到朝廷如果"相室轻而典谒重",就属于"内外乖","可亡也"。《周礼》一书更是载有大量以典为名的官职。秦汉以后仍多有以"典"为名的官职,如"典客""典属国""典膳""典御"等。史籍记载中也有大量的以"典"某某事务的用词。

仔细检阅现有的唐以前的史籍,"典"字的用法主要是作为典章、经典的名词以及作为管理、控制的动词,与上述的先秦、秦汉时的古籍使用方法相同,并不表示与财产的抵押、转移有关的意思。

三、"典"与"质""贴"的合流

由"典"字的掌管、使用、管理的意思进一步发展,大约自唐代中期开始,民间逐渐习惯于以"典"作为动词表示财产交易,来表示一方向相对方提交某项财产并由相对方控制以担保债权的意思。"典"成为与原来质、赘、贴之类专用字语的同义词。

但从字义上来说,又有细微的差别:质、赘、贴的原字义都是指提交财产的行为,是从财产的提交方而言的;而"典"的原字义是财产的占有、掌管、使用的行为,是从财产的接受方而言的,可以表明接受方对于财产的占有、掌管、使用是正当的。因此"典"字似乎更具有"权利"的意思在内,从而能够被社会接受,使用频率越来越高,逐渐取代了原来的"赘",成为最重要的财产交易用字。

以"典"代"质"的开始,很有可能是为了避唐高宗李治的音讳。李治于649年登基,683年去世,以后武则天又长期执政至705年,夫妻两人的统治时间长达56年。李治登基继位的当年,"秋七月丙午,有司请改'治书侍御史'为御史中丞,诸州'治中'为司马,别驾为长史,'治礼郎'为奉礼郎,以避上名。以贞观时不讳先帝二字,诏有司。奏曰:'先帝二名,礼不偏讳。上既单名,臣子不合指斥。'上乃从之"。① 大臣建议将朝廷中所有带"治"字的官职全部都改换名称,来为李治避讳。可是有人认为唐太宗时代并不对带有"世"或"民"两个字的官职避讳,因此现在也没有必要为了避讳变更官职名称。李治要求臣下讨论,最后大臣上奏,声称唐太宗时"世"、"民"是两个字,按照礼教原则"礼不偏讳",双名的不用避讳其中一个字。可是现在皇帝是单名,官职有"治"字就是在指名斥责皇帝了。唐高宗批准了这个上奏,于是这一法令正式施行。

从此以后,高宗、武后两朝文书凡提到"治"都改用"理"。《唐律疏议·职制》规定:"诸上书若奏事,误犯宗庙讳者,杖八十;口误及余文书误犯者,笞五十。"可见,需要避讳的不仅是文字,也包括了上奏时口误,说出了应该避讳文字的读音,这同样也要判刑。也就是说唐代法律规定的避讳,不仅要避字,也要避音。

民间文书犯讳并不构成重罪,但是唐代社会沿袭两晋南北朝以来极其重视避讳的传统,字讳音讳都很强调。因此民间尽可能不使用与"治"同音的文字,转而以其他字来表示"质"的交易,经历两代人时间的演变,逐渐形成了新的用字习惯。即便是该避讳法令已经过时,民间仍然习惯于以"典"代"质",或者两字混用。

从现存盛唐时期以后唐人的诗句中可以发现很多以典代质的习惯用法,说明"典"字已普遍成为表示质押的通用字。检索《全唐诗》,以"典"表示财物质押的诗句有三十二例。最早的是杜甫的《曲江二首》之二:"朝回日日典春衣,每日江头尽醉归。酒债寻常行处有,人生七十古来稀。"②诗句将"典衣"与"酒债"相对,显然是表示质押衣物来借钱买酒浇愁。

以后"典衣"成为唐代诗人创作诗句的一个惯用手法。比如王建《维扬冬末寄幕中二从事》诗有"典尽客衣三尺雪,炼精诗句一头霜"。③ 刘禹锡《武昌老人说笛歌》中"往年镇戍到蕲州,楚山萧萧笛竹秋。当时买材恣搜索,典却身上乌貂裘"。④ 元稹《酬翰林白学士

---

① 《旧唐书》卷四《高宗本纪上》。
② 《全唐诗》卷二二五《杜甫》。
③ 《全唐诗》卷三〇〇《王建》。
④ 《全唐诗》卷三五六《刘禹锡》。

代书一百韵(此后江陵时作)》"绿袍因醉典,乌帽逆风遗"。① 白居易《效陶潜体诗十六首》"日日酒家去,脱衣典数杯";《晚春酤酒》"卖我所乘马,典我旧朝衣。尽将酤酒饮,酩酊步行归";《渭村退居,寄礼部崔侍郎、翰林钱舍人诗一百韵》"朝衣典杯酒,佩剑博牛羊";《初到洛下闲游》"诗携彩纸新装卷,酒典绯花旧赐袍";《府酒五绝·自劝》"忆昔羁贫应举年,脱衣典酒曲江边";《醉送李二十常侍赴镇浙东》"靖安客舍花枝下,共脱青衫典浊醪";《问诸亲友》"占花租野寺,定酒典朝衣"。② 姚合《秋日闲居二首》之二"爱诗看古集,忆酒典寒衣"。③ 周贺《赠李主簿》"对酒妨料吏,为官亦典衣"。④ 林宽《寄省中知己》"花开封印早,雪下典衣频"。⑤ 皮日休《苦雨杂言寄鲁望》"儿饥仆病漏空厨,无人肯典破衣裾";《奉和鲁望药名离合夏月即事三首》"衣典浊醪身倚桂,心中无事到云昏"。⑥ 李咸用《寄所知》"名流古集典衣买,僻寺奇花贯酒寻"。⑦ 方干《中路寄喻凫先辈》"送我尊前酒,典君身上衣"。⑧ 郑谷《故少师从翁隐岩别墅乱后榛芜感旧怆怀遂有追纪》"立朝鸣珮重,归宅典衣贫"。⑨ 杜荀鹤《维扬冬末寄幕中二从事》"典尽客衣三尺雪,炼精诗句一头霜"。⑩ 鱼玄机《和人》"茫茫九陌无知己,暮去朝来典绣衣"。⑪ 齐己《假山》"典衣酬土价,择日运工时";《哭郑谷郎中》"朝衣闲典尽,酒病觉难医"。⑫

"典衣"外,其他的财物也可以"典"。白居易《杜陵叟》诗句:"典桑卖地纳官租,明年衣食将何如";⑬将"典"与"卖"对称,而"桑"往往和"桑梓"连称,在古代一般指家宅,与"地"对称;显示了田宅不动产也可以是"典"的标的。孟郊的《雪》诗句有"将暖此残疾,典卖争致杯",⑭也将"典"与"卖"对称,足以说明在当时人的心目中,"典"和"卖"一样是必须立即交付标的物的行为。

白居易《劝酒》"归去来,头已白,典钱将用买酒吃";《雪中晏起偶咏所怀兼呈张常侍、韦庶子、皇甫郎中》"东家典钱归碨夜,南家贳米出凌晨";⑮都表现出在中唐时期,典物换钱已是极其常见的现象。又如林宽《献同年孔郎中》"炊琼爇桂帝关居,卖尽寒衣典尽书";以及张乔《赠友人》"典琴赊酒吟过寺,送客思乡上灞陵";郑谷《赠咸阳王主簿》"自与山妻春斗粟,只凭邻叟典孤琴";李洞《赋得送贾岛谪长江》"筇携过竹寺,琴典在花村";罗隐《寄张侍郎》"无路重趋桓典马,有诗曾上仲宣楼";⑯尽管可能这里的"书""琴""马"等等只是

---

① 《全唐诗》卷四〇五《元稹》。
② 分别见《全唐诗》卷四二八、四二九、四三八、四八八、四五一、四五四、四六〇。
③ 《全唐诗》卷四九八《姚合》。
④ 《全唐诗》卷五〇三《周贺》。
⑤ 《全唐诗》卷六〇六《林宽》。
⑥ 《全唐诗》卷六一六《皮日休》。
⑦ 《全唐诗》卷五四五《李咸用》。
⑧ 《全唐诗》卷六四八《方干》。
⑨ 《全唐诗》卷六七五《郑谷》。
⑩ 《全唐诗》卷六九二《杜荀鹤》。
⑪ 《全唐诗》卷八〇四《鱼玄机》。
⑫ 《全唐诗》卷八四三《齐己》。
⑬ 《全唐诗》卷四二七《白居易》。
⑭ 《全唐诗》卷三七五《孟郊》。
⑮ 《全唐诗》卷四四四《白居易》卷四五三。
⑯ 分别见《全唐诗》卷六〇六《林宽》、卷六三九《张乔》、卷六七七《郑谷》、卷七二一《李洞》、卷六五八《罗隐》。

诗人的比喻，但至少也可以说明，可以用作"典"的财物范围是相当广泛的。

相反，检索《全唐诗》，诗人使用"质"字来表示提供财物担保的借贷，较为明确的仅有一例，载于《全唐诗》卷三九六元稹《赛神》："楚俗不事事，巫风事妖神。事妖结妖社，不问疏与亲。年年十月暮，珠稻欲垂新。家家不敛获，赛妖无富贫。杀牛贳官酒，椎鼓集顽民。喧阗里闾隘，凶酗日夜频。岁暮雪霜至，稻珠随陇漼。吏来官税迫，求质倍称缗。"诗中描写江淮地区民间赛神的风俗，民间自发结社祭祀一些不被朝廷认许的鬼神，每年到了十月底就大肆张罗这种在统治者看来是"淫祀"的活动。无论贫富都要参加，甚至不惜杀了耕牛来换酒（当时施行酒类专卖，民间必须要到官酒坊来买酒），或者赊买。赛神时酗酒成风。为此花光积蓄在所不辞。到了官府来征税时，不得不提供质押品来举债。

两宋以后民间在提供质押品的交易文书中"典"的使用频率越来越高，元明时期法律用语一般也使用"典"来取代"质"。

四、关于"当"

当字原具有"相对""相向"的字义，《说文解字·田部》："当，田相值也。从田，尚声。"段注："值者，持也，田与田相持也。"从而引申为"对等""相当"的字义，《玉篇·田部》："当，直也。"又进一步可引申为"当作"，以某事物当作另一事物，比如《三国志·吴·韦曜传》言韦曜不胜酒力，吴主孙权为照顾他，在宴会时"密赐茶以当酒。"因此，当字在汉唐时期的法律用语中经常具有"抵消""顶替"的字义。比如《隋书·刑法志》载：南陈律规定"五岁、四岁刑，若有官，准当二年……其三岁刑，若有官，准当二年。"隋律亦规定了"以官当徒"，"犯私罪以官当徒者，五品已上一官当徒二年，九品已上一官当徒一年，当流者三流同比徒三年"。这里的当字明显作动词解，表示"抵消""顶替""代替"的意思。唐宋法律均有"以官当徒"的规定。而当时民间也常将当字用于表示顶替、代替的意思，如唐代诗人白居易《长庆集》卷七一《自咏老身示诸家属》诗中就有："走笔还诗债，抽衣当药钱。"唐宋之际的倚当、抵当均由这一字义而得名。

另外，当字又具有"相当""对等"的字义，也从很早开始就用于表示抵押，以人或物为抵押品。《左传·哀公八年》："以王子姑曹当之而后止。"杜预注："复求吴王之子以交质。"这里的当字就表示是提供人质。但值得注意的是在唐宋时期当字的这一用法还远远不如上述"抵消""顶替""代替"的用法普遍。

唐宋时期习惯以典、质表示抵押，当字很少和典、质混用。但宋代以官办的"抵当所"与民间质库竞争，取质放债（详见下文），"当"字由此也逐渐与"典""质"的字义靠近。至元代，民间已普遍混用典、当二字，如郑廷玉《看钱奴买冤家债主》第二折唱词："或是有人家典缎匹，或是有人家当镮钗。"

实际直到明清时期，"当"用以表示抵押，往往依然被认为是一种民间的俗例，如明代编著的《正字通·田部》："当，凡出物质钱，俗谓之当。"在正式法律上典当连称，始见于《大明律·户律·钱债》"违禁取利"条："凡私放钱债及典当财物，每月取利并不得过三分，年月虽多，不过一本一利。"由此看来，典、当的字义相同，可彼此互相换用，应该是比较晚近的事。明清时典当和原来的质库完全同义,典铺、当铺、典当等等之类的名称才开始普遍使用,民间也普遍以典当作为同义字使用。①

五、关于"抵"

抵字原具有推、距、触等字义,《说文解字·手部》:"抵,挤也。从手氏声。"《广雅·释诂三》:"抵,推也。"同时又具有接近于"当"字的抵偿、抵消含义的字义。如《小广雅·广言》:"抵,当也。"《吕氏春秋·分职》:"受赏者无德,而抵诛者无怨。"高诱注:"抵,当也。"《汉书·高帝纪》汉高祖刘邦入关,与秦民"约法三章",其中"伤人及盗抵罪",颜师古注:"抵,当也。"

从上述的解释可以看到,与当相比,抵字表示这种接近于"当"的字义的时候,一般是用于表现后果较为消极的、被动的场合,比如抵罪、抵诛等。唐以前很少用于表示财产交易,唐代民间以及后来的法令逐渐以"抵"来表示以财产来抵偿未清偿的债务,最后与"当"同义、并结合使用。

六、关于"押"

"押"字原义是指签署文件,在文书上署名或盖章。如曹魏时魏帝曹芳(后被司马师废为齐王)下不了决心诛杀司马师,优人云午等在旁齐唱"青头鸡"(青头鸡是当时人对鸭的别称),催曹芳在诏书上画押,这是历史上著名的故事。②

因签署是表示有处分权的意思,引申出控制、管理、掌握的字义;而又由控制转指债权人得以控制债务人提供的担保财物的意思。大约在元明时期"押"逐渐与原来的"质""典""当"混用,凡是转移担保财物的占有的,都可以用"押",这成为民间惯例。比如当铺往往也可以称之为"押店""小押"。

第二节 动产的质押

债务人在借贷契约成立的同时,向债权人提交某项动产作为债务的担保,这是由来已久的民间惯例,古代一般称之为"质"或"贽"。到了元明以后又往往称之为"典质""解典""典当""押"等。

一、唐以前的民间质押惯例

从目前能看到的史料来看,还无法断定秦汉时期有关这一方面的法律规范如何。先

---

① 参见刘秋根:《中国典当制度史》,上海古籍出版社1995年版,第7~17页。又如《俗谚》收集的民间俗谚有"当不压卖"(上册第158页);"当地当发,卖地卖怕"(上册第160页);"一当千年在,卖字不回头"(下册第333页);《清代地租剥削形态》(中国第一历史档案馆、中国社会科学院历史研究所编,中华书局1982年版)上册第151页载清乾隆三十二年(1767年)安徽凤台县的一件"当地契",这些"当"实际上都是"典"的另一种讲法。
② 《三国志》卷四《魏志·齐王芳》裴松之注引《世语》及《魏氏春秋》。

秦及秦汉时期的史料中有关民间质押行为的记载也并不多见。

两晋南北朝时民间以财物质押借债的记载较多,质押所用的财物种类也较多。比如刘宋著名孝子郭原平为收买父母墓前的数十亩耕地,"贩、质家资"①。南齐时顾测以两名奴婢为质押,向名士陆鲜借钱。后来陆鲜病死,陆鲜的儿子陆晖不认账,诬称"质券"为"卖券",不肯放赎。顾测向陆鲜的哥哥、御史中丞陆澄请求疏通,陆澄却偏袒侄子。顾测写信指责陆澄:"此趋贩所不为,况缙绅领袖、儒宗胜达乎?"陆澄为此怀恨在心,利用职权压抑顾测,使之不能晋升官职。②南梁时刘寅以一名奴隶"贴钱七千",后来又以钱七千赎回。③南梁时,庾诜因为邻居被人怀疑为盗,"以书质钱二万",派门生伪装邻居的亲戚,把钱赔给失盗之家,邻居得以免罪。④

尤其是在两晋南北朝时期专门收取质押财产放债取息的机构——"质库"大为活跃。由于当时的佛教寺院大量经营这类业务,因此一般认为这与佛教的传播有一定的关系。⑤佛教与禁止放债收息的基督教、伊斯兰教不同,佛教教义允许佛教团体以放债取息为经济来源,《僧祇律》有"塔、僧二物出息互贷,分别疏记"的内容,要求寺院放贷取息的账目清楚。《十诵经》也称"塔物出息取利"。《善生经》甚至说"病人贷三宝物(指佛、法、僧),十倍还之"。佛教得到统治者的信奉,无人敢于轻易侵犯寺院;佛教又得民众的信任,佛寺积蓄有大量的善男信女施舍的财物,自然可以放贷收取利息。南齐时功臣褚渊生活豪放,财物都送到招提寺质钱,死后负债数十万,其弟褚澄"以钱万一千就招提寺赎太祖(齐高帝萧道成)所赐(褚)渊白貂坐褥坏作裘及缨,又赎(褚)渊介帻、犀导及(褚)渊常所乘黄牛"。⑥南梁时僧旻建寺,把众人施舍的财物"付库生长",要后僧收质放贷,取息维持。⑦北魏时朝廷指定一些民户为"僧祇户",承担向佛寺缴纳"僧祇粟"的义务,佛寺则以"僧祇粟"放贷取息。⑧南北朝时期质库的收质放贷契约已经简化为"质帖",债务人凭帖还钱取质。《南齐书·萧坦之传附从兄翼之传》载,萧坦之因罪被杀,从兄萧翼之被牵连抄家,但"检家赤贫,唯有质钱帖子数百",得免一死。然而在现存的史料中还找不到这一时期有关质押的法律条文。

二、唐代有关质押的法令

唐代民间质押动产举贷债务的情况极其普遍,城乡质库营业也相当繁盛。长安城的质库集中于西市,唐德宗建中三年(783年)为平定李希烈叛乱,强行搜刮西市质库钱财,得钱二百万。⑨吐鲁番出土的唐代文书中有质钱帖子多件,其中有两件载明年号"广德"

---

① 《宋书》卷九一《孝义传郭原平》。
② 《南齐书》卷三九《陆澄传》。
③ 《昭明文选》卷六〇《奏弹刘整》。
④ 《梁书》卷五二《处士传庾诜》。
⑤ 参见《中国典当制度史》,第13~48页。
⑥ 《南齐书》卷二三《褚渊传》。
⑦ 《续高僧传》卷五《梁僧旻》。
⑧ 《魏书》卷一一四《释老志》。
⑨ 《旧唐书》卷一二《德宗本纪》。

（唐代宗年号，763～764年）、"咸通"（唐懿宗年号，860～874年）。帖子约长18厘米、宽11厘米，以泥版印成四竖格，记有千字文的序号，质押物名称，贷出财物的数额等项内容。吐鲁番出土文书中还有很多财物清账，上有画勾的记号，很可能是当时质库的账簿残页。①

唐代律令中有关质押的条文不多见。有关质押物的处分，主要有《宋刑统·杂律》引唐《杂令》的一条规定："收质者，非对物主不得辄卖。若计利过本不赎，听告市司对卖。"收取质押品的债权人在债务人不能按时清偿的情况下，要等到利息累计已超过原本（积欠利息累计已相当于原本的100%）后才可以出卖质押品，并且必须报告官府的市场管理机构市司及通知债务人，在市司及债务人的监督下出卖质押品，卖价中相当于原本的价金归债权人，剩余部分归债务人。

对于质押的财物并无任何限制，但《唐律疏议·杂律》专设"以良人为奴婢质债"条，以凡人（平民）质债要按和同出卖凡人罪减三等处罚（徒二年）。由此来看，奴婢及马牛之类的财物都可用于质押。对于质押财物放债的利息限制与当时普通的限制利率相同，"凡质举之利，收子不得逾五分"②。

三、宋代有关官营质库的设置与有关质押的制度

北宋沿袭了唐朝仅有的几条有关质押的法律。对于民间受取质物、放债取息的行为基本上采取"任依私契，官不为理"的态度。但王安石变法时期，大大加强了官府放贷机构的职能，意图以政府的放贷和民间的质库之类的高利贷业竞争，为此形成不少有关质押的法律制度。

宋神宗熙宁五年（1072年）在京师设立市易务，一方面对于市场百货贱买贵卖，既平抑物价，又能够使官府得利；另一方面向商人及百姓放贷。其担保的方法主要是要求债务人提供"抵当"，抵当可用不动产，也可以用动产。使用动产抵当的相当于质押，"听以金银、物帛抵当，收息毋过一分二厘（年息12%）"。③

北宋原来在京师有五所收取代役钱（出钱免除每个男丁必须承担的职役）的"免行所"，熙宁四年（1071年）将免行所改称"抵当免行所"，统一由市易务管理，改为官办信贷机构，"将见（现）寄金银、见（现）钱依常平等仓例，召人先入抵当请领出息"，将收取的代役钱向民间放贷，并收取债务人提供的担保财物。一开始每笔放贷限制在一千贯以下。④ 元丰四年（1081年）又因提举市易司贾青的建议，"于新旧城内外置四抵当所，委官专主管。罢市易上界等处抵当，以便内外民户"，即将原京师市易司的抵当业务全部转交新成立的四所独立的抵当所，专门接受百姓以金银丝帛之类的动产抵当，进行抵押放贷，建立正式的官营质库。抵当所统归太府寺管理。同时废除了原有的"结保赊请之法"（要求债务人必须有五个保人担保），因贾青认为抵当所专以"金银钞帛抵货，最为善法"⑤，要

---

① 日本大谷探险队发现的吐鲁番文书，转引自［日］仁井田陞：《中国法制史研究·取引法》第十一章。
② 《唐六典》卷六《刑部·比部郎中》。
③ 《宋会要辑稿·食货三七之二七·市易》。
④ 《宋会要辑稿·职官二七之六四·抵当免行所、又名抵当所》。
⑤ 《宋会要辑稿·食货三七之三一·市易》。

求债务人提供担保财物是最好的放贷途径。第二年就建议推行这一"抵当法"到各路。根据元丰五年十一月十五日新知湖州闾丘孝直的上言:"伏见在京置四抵当所,计以金帛质当见(现)钱,月息一分。欲望推行于诸路州县,其无市易官处,就委场务官兼监,以岁终得息多寡为赏格。"①可见当时抵当所的放贷利息为月息1%,这个利率远低于宋代法令规定的"月息四厘"(4%)的限制利率。

宋朝设置官办的质库后,几经变化。1086年"元祐更化",司马光掌权,废除王安石新法,市易抵当法也被废除。但至元符三年(1100年)再行新法,抵当所又得以正式恢复,并且在宋徽宗崇宁二年(1103年)推广到各地基层:"六月十八日诏:府界诸县,除万户及虽非万户而路居要紧去处市易抵当已自设官置局外,其不及万户处、非冲要、并诸镇有监官、却系商贩要会处,依元丰条例,并置市易抵当,就委监官兼领。"七月,应湖北提举司的请求:"县镇不及万户处、虽非商旅往来兴贩之地,除市易务不须置外,却有井邑翕集,兼在僻远,正民间缓急难得见(现)钱去处。欲乞依旧存留抵当库,令逐处官兼领。"②又进一步将官办的抵当库办到了乡镇上。宋徽宗大观四年(1110年)江南东路提举常平司上奏:"抵当库出限不赎银等承朝旨依抵当金法,更不估卖,赴大观库送纳。"③可见当时各地的抵当库的金银都必须集中到朝廷。抵当所及抵当库的制度一直维持到南宋灭亡。

由于官营质库"抵当所"与民间原有的质库并存,逐渐形成质、典、当三字并用的现象,南宋时开始出现"典当质库"的说法。④《宋会要辑稿·食货六二之七三·义仓》载南宋嘉定五年(1212年)知和州富嘉谋的上言,请求"籍官田、立广惠以给民之孤独,开质坊、收利息以给军人守城之有功者。"所拟开设的官府质坊定名为"激励抵当库","月收息钱专助添支当来守御立功厢禁军,以为军人无穷之利"。并提到和州城里另有一所旧设的官府抵当库,请求将其息钱也专用于赏给有功军人。可见质与当已完全同义,可以互为换用。典、质、当由此混称。

北宋为了官营质库的利益,开始对到期不赎质押物的行为进行规范,改变原沿袭唐朝"计利过本"法律的模糊概念。绍圣年间(1094~1098年)规定,官营抵当库收质放债的期限为两周年,债务人满两周年不能赎回质押财物的,即丧失收赎权利,质押财物归官营抵当库所有。按照北宋元丰五年官营质库"月息一分"的利率,两年的利息总额仅为24%,比原来"计利过本"的标准要低很多。况且收质放贷的金额一般仅为质物价值的二分之一,官营质库获利颇丰。不久官营质库的利率就改为"岁收二分之息",年利20%。⑤南宋绍兴四年(1134年)又提高到月利3%,"始令诸路依旧质当金银匹帛等,每贯收息三分";在这前后又规定取赎期限缩短为一周年。⑥

---

① 《宋会要辑稿·职官二七之一三·太府寺》。
② 《宋会要辑稿·食货三七之三五·市易》。
③ 《宋会要辑稿·职官二七之二〇·太府寺》。
④ 《宋会要辑稿·刑法二之一三三·禁约》,嘉泰四年(1204年)三月九日"枢密院奏:步军都虞候李郁言:'街市铺户、典当质库,辄将弓弩箭凿之属,公肆出卖、收当。乞下所属,重立罪赏约束,但系军器,不许收当、出卖。'从之。"铺户是指商店,典当质库即后世的当铺。
⑤ 《宋会要辑稿·食货六一之六二·官田杂录》。
⑥ 《建炎以来系年要录》卷八六"绍兴五年闰二月壬申"。

宋朝设定质物取赎年限代替"计利过本"的制度,很可能来源于长久以来民间的习惯。这一制度影响了后世的法律。

四、金元有关质押的法律

入主中原的金朝沿袭了北宋的制度,金大定十三年(1173年)金世宗命令在中都设立"流泉务",统管中都、南京、东平、真定等城市的官营"质典库"。各库设库使、副使,凡民间典质物品,都必须由库使或副使亲自估价,最高的质价(实际为放贷的金额)不得超过质物价值的七成,月利为一分(1%)。不及一月的以日计息。经过两周年或逾期一个月不赎,即可下架出卖。① 所谓"下架",指将质押品从库房货架上取下,不得收赎。至金章宗明昌元年(1190年),流泉务被废除。

元代民间质押财物放贷经营机构一般称"解典库",简称"解库"。虽然元朝设立了不少官营的营利机构,却并未大量设立官营的解典机构,仅《元史·百官志》记载,至元三十年(1293年)东宫储政院内宰司曾设"广惠库","放典收息"。

元代对于民间质押的规定也较为简明,《事林广记》载元"诸以财物典质者,并给帖子,每月取利不得过三分。经三周年不赎,要出卖,许。或亡失者,收赎日于元(原)典钱物上别偿两倍。虽有利息,不在准折之限。"明确规定,质押必须要有书面凭证,每月利息不得超过三分(3%)。质押品经过三年债务人仍未能收赎的,丧失收赎权,质押品归债权人所有,可以出卖。收取质押品的债权人具有保全质押品的义务,如有遗失损坏要赔偿原质押品两倍的价钱。但同时也明确规定了收取质押品的债权人有权将质押品的孳息(利息)收归己有,债务人不得以质押品孳息为理由要求准折(折算抵消)部分债务。

元《杂令》规定的取赎年限为三年,比宋朝、金朝的规定都要长,或许只是元初统治者实行"惠政"的政治措施组成部分。元贞三年(1297年)即改为两年,"都省议得:今后诸人解典金银,贰周年不赎,许令下架"②。大德二年(1304年)又进一步强调,无论何种质押财物,"一体二年下架……遍行各处遵依,永为定例"③。

元朝还对民间开设解典库有所规范,至元十六年(1279年)针对新占领的江南地区,发布圣旨:"亡宋时民户人家有钱官司听从开解。自归附之后,有势之家方敢开解库,无势之家不敢开解库,盖因怕惧官司科扰,致阻民家生理。乞行下诸路,省会居民,从便生理。仍禁戢录事司不得妄行生事,敷敛民户。纵有误典贼赃,只宜取索,却不可以此为由,收拾致罪。"④允许民间自设解典库,禁止豪强垄断这一行业。《元史·刑法志》载元朝法律:"诸典质不设正库、不立信帖、违例取息者,禁之。"可见民间开设解典库必须要有正规的库房"正库",并立"信帖"(约为当票之类的凭据),必须按照法律限制收取利息。

对于解典库收典盗赃的问题,元朝法律有较明确的规定。《元典章·刑部·诸盗·征

---

① 《金史》卷五六《百官志·中都流泉务》。
② 《通制条格》卷二八《杂令·解典》。
③ 《元典章》卷二三《户部九·解典》。
④ 《通制条格》卷二八《杂令·解典》。

赃》："贼人偷盗赃物于诸人处典质钱物，典主既不知情，在事发，将元（原）典正赃留纳到官，贼人元（原）得钱钞，并已纳未追及诸人受寄赃物，革前已招明白，罪经原免，拟合追给；其犯在革前、发在革后，虽有招伏，钦依革拨。若有到官正赃，给主。"即解典库如在不知情的情况下收受了贼赃，当贼盗被破获后，原赃（不包括孳息）由官府提出扣留，将来还给原主；孳息部分则仍归解典库，贼盗如有其他无主赃物，可由官府按照原解典价拨还给解典库。

五、明清时期的质押制度

元朝的制度被以后的明清两代沿袭，质押一般称为"典当"，尽管这一词实际上可以指性质不同的动产质押和不动产典权，但在立法上混为一谈，都叫"典当"。明清律的《户律·钱债》"违禁取利"条："凡私放钱债及典当财物，每月取利，并不得过三分。年月虽多，不过一本一利。违者笞四十。以余利计赃重者，坐赃论，罪止杖一百。"基本沿袭了元朝的规定，典当质押债务的利息限制在月息三分（3％）以下。除此之外对于民间如此盛行的质押行为就没有任何明确的法律规定了。

对于营业性的典当，明清朝廷立法重点在于征收特别的税收，对于典当质押放债行为本身并不多加干涉。开设典当要经过官府批准，领取"当帖"，并缴纳"当税"。典当业征税始于明朝后期，至清顺治九年（1652年）"定直省典铺税例：在外当铺每年征税银五两，其在京当铺各铺该顺天府酌量铺面征收"①。雍正六年（1728年）又定"直省各属典当，均令布政司钤印颁帖，交各州县转给输税。无力停开者，即交帖免输"。乾隆四十一年（1776年）定例："各省民间开设典当，呈明地方官，转详布政司请帖，按年纳税报部。其有无力停止者，缴帖免税。直隶、江苏、安徽、江西、浙江、福建、湖北、湖南、河南、山东、山西、陕西、甘肃、四川、广东、广西等省每年每座税银五两，云南每年每座税银四两，贵州每年每座税银三两，奉天每年每座税银二两五钱。"②

清代一般情况下凡得到当帖、缴纳当税的称为"典铺""当铺"，而未经这一程序、私自开设的质押财物放债取息营业机构则往往称"押店""小押""私典"等等名目。清末有些农村地区小型私押店因缺乏资本，接受质押财物后再转典城中的大型典当，称之为"代当""代步"③。

清朝法律仅对典当铺遗失、损坏物品情况下应承担的赔偿责任，作了进一步较为详细的规范。乾隆三十四年（1769年），步军统领衙门预审京师"兴隆当"失火、店伙乘机偷盗案件而上奏请求定例。该条例纂入《大清律例·户律·钱债》：

> 凡典商收当货物，自行失火烧毁者，以值十当五，照原典价值计算作为准数；邻火延烧者，酌减十分之二；按月扣除利息，照数赔偿。其米麦、豆石、棉花等粗重之物，典

① 《皇朝通志》卷十《食货·赋税·当税》。
② 光绪《大清会典事例》卷二四五《杂赋·牙帖商行当铺税》。
③ 参见《中国典当制度史》，第17～47页。

当一年为满者，统以贯三计算，照原典价值给还十分之三；邻火延烧者，减去原典价值二分，以减剩八分之数，给还十分之三，均不扣除利息……均于一月内给主具领。其未被焚烧及搬出各物，仍听当主……倘奸商、店伙人等于失火时有贪利隐匿、乘机盗卖等弊，即照所隐之物，按所值银数计赃准窃盗论，追出原物给主。若只以自己失火为邻火延烧，希图短赔价值者，即计其短赔之值为赃，准窃盗为从论，分别治罪。如典铺、染铺及店伙人等，图盗货物、或先有亏短，因而放火故烧者，即照放火故烧自己房屋盗取财物及凶徒图财放火故烧人房屋，各本律例从重问拟。

这条条例的文字比较含混，需要一定的解读。主要内容：典当行质押财物受损的，根据"值十当五"（典当行放贷的当价只有质押品真实价值的二分之一）的惯例，按照原来的当价加倍，作为质押品的真实价值，以此为基准进行赔偿。自行失火（典当行全责）的，按质押品原价值（当价加倍），邻火延烧（典当行责任较轻）按质押品原价值（当价加倍）的十分之八，并按月扣除利息后，赔偿余额。如果是粮食、棉花等价值不高的财物，质押期限仅为一年的，就采用更简单的"贯三"处理方法，典当行自行失火的，一律按照原质押品原价值（当价加倍）的十分之三赔偿；邻火延烧的，先减去质押品原价值（当价加倍）"二分"作为基数（原价值的80%），赔偿此基数的十分之三。均无须计算利息。赔偿限在一月之内完成。救火时抢救出的质押品，仍然按照原来约定。如果有奸商、店伙等在失火时故意隐匿质押财物、乘机盗卖作弊的，按照所隐匿财物估价作为赃值，准窃盗罪（"准"是比照意思，比照窃盗罪处罚但赃值累加再高不处死刑，赃一百二十两以上杖一百流三千里）处罚。追出原来的质押品归还原主。如果典当行自行失火而伪称邻火延烧，企图"短赔价值"，也要按照"短赔之值"（按法应赔偿价值与实际赔偿价值之间的差价）计算为"赃值"，比照窃盗罪的从犯论处（比首犯可减刑一等）。如果典当行及店伙人等，为了盗窃财物或者为了掩盖亏损，故意放火烧毁质押财物的，就要按照"放火故烧自己房屋盗取财物"（首犯处斩监候）、"凶徒图财放火故烧人房屋"（不分首从皆斩监候）的法律从重严厉处罚。

这条例为日益增多的典当行火灾赔偿纠纷处理树立了一个准则，道光二十三年（1843年）又曾对此条例进行文字修改，并增加了以下的一条条例：

典铺被窃，无论衣服、米豆、丝绵、木器、书画，以及金银珠玉、铜铁铅锡各货，概照当本银一两、再赔一两；如系被劫，照当本银一两、再赔五钱；均扣除失事日以前应得利息。如赔还之后起获原赃，即给予典主领回变卖，不准原主再行取赎……倘奸商、店伙人等，于失事后有贪利隐匿、乘机盗卖等弊，即照所隐之物，按所值银数计赃准窃盗论。若只以窃报强、希图短赔价值者，即计其短赔之值为赃准窃盗为从论，分别治罪。①

道光二十三年的这条条例仿照原来对典当行火灾处理的方法，对典当行失窃造成质押品损失的赔偿方法做了一个简单的规定。所有的质押品都一视同仁的规定了同样的赔

① （清）薛允升：《读例存疑》卷一六《户律·钱债》。

偿方法：发生失窃的，典当行都必须按照原来当价的两倍为赔偿基数；如果是遭遇抢劫（典当行的责任较轻），典当行按照原来当价的一点五倍为赔偿基数；扣除事发前当日以前的累计利息后进行赔偿。无论失窃、遭劫，当案件破获，起获的"原赃"（质押品原物），应交还典当行，任其变卖处置，原来的出当人不得要求取赎。如果典当行商、店伙人等，在事发后故意隐瞒质押财物、私下盗卖，按照所隐瞒盗卖的质押财物价值计赃比照窃盗罪处罚。如果是典当行遇窃而报告遭劫，试图减少赔偿数额的，按照"短赔之值"计赃，比照窃盗罪的从犯来处罚。

这两条条例终于在质押放债行业形成一千多年后，对这一行业火灾、失窃情况下的经营者责任作了一个粗略的规定。

明清时期不少地方政府都曾制订地方性法规，发布告示，力图规范典当铺的经营，其中最多的是对典当铺放贷利息的限制。较为典型的如清康熙四十二年（1703年），江南常熟县知县应当地商民之请，报请江南布政使司督理苏松常镇粮储道批准，立碑限制典铺利率。重申江南旧有的地方条例，"着令各典务遵督部院宪行，概以二分起息，多者递减……而如质当六、七分不等者，尤属至苦穷民，再为少让，量以一厘计算，亦属至当"。即借贷数量在钱、两的一律以二分（月息2％）计息；数量大的借贷，利率还应递减；借贷数量仅六、七分的，以一厘（月息1‰）计息。并又规定出贷、归还的白银一律以九八成色为标准，因为市面通用的九五色，"银色低潮，易以混淆"。典铺所用的天平一律要经过县衙校准烙印。①

对于当铺收质盗赃，明清法律都规定要进行"追赃还主"，原主有无限追索的权利。当铺无论是否知情，盗赃必须归还原主。

六、民国初年民间的质押惯例

民国初年各地质押习惯沿袭传统，很少改变。较为典型的如福州典当铺仍以三十个月为满，此外有三个月"加贯"，在此三个月内出当人得以比原当价略加价钱（约2％左右）回赎质押财物。一般过五日即计一个月的利息，二分至六分不等。陕西镇安县的"押店"，按日计息1‰，至约定期限不赎即可出卖质押品。安徽蒙城县典当铺三分行息，过三十三日即算两个月计息。②

第三节 与近代抵押权相似的"指抵"

首先要说明的是，抵押一词古今用法有所不同。"抵"在古代有"相等""抵销"的字义；而"押"则一般指控制，所以抵押在古代一般指的是动产的质押，或是指转移财物占有的债

① 《明清苏州工商业碑刻集》，江苏人民出版社1981年版，第187～189页。
② 《民商事习惯调查报告录》，第540、652、913页。

务担保行为。如果就某项财产设定为债权担保而并不立即转移占有，一般都称之为"指质""指抵"，或是单称"抵"而不称押，即表示是指定某项财产为担保但并不立即发生占有的转移的意思。现代汉语"抵押权"一词系编译日语汉字"抵当权"而来，与原汉字的字义有异。

现代民法的抵押权实际是以财物的交换价值而不是直接以财物本身来担保债权，在债务人不履行债务的情况下，以拍卖抵押财物后获得的价金抵偿债务。但中国古代的指抵却是直接以财物本身来抵偿债务，无论在民间习惯上，还是在允许指抵交易的某些朝代的法律规定上，都没有经过拍卖这一环节。

另外现代民法抵押权的设定以公示性质的登记为要件，而中国古代的指质、指抵却完全以私人之间的行为来设定，最普遍的是债务人一方将指抵田宅的证书如地契、阄分文书等交给债权人保管，称之为"文契按押"，清偿债务后才得以收回。由于清偿行为表现为赎回证书，因此往往也混称"典当""典质"。

还有一个更重要的区别是，近代民法中的抵押权是法律保障的一项财产权利，具有抵押权的债权人可以在国家强制力保障下优先受偿。而在中国古代，指抵往往被认为是豪富之家强取豪夺的土地兼并方式。因此大多数朝代，对于这种交易采取的是不保护、不干预的态度，尤其是宋代以后的法律，直接以立法禁止这种交易，将指抵视为犯罪行为进行处置。由此指抵只能成为一种民间的具有违法性质的交易习惯，出现了种种掩护性的交易称呼，指抵的实现也几乎完全依靠民间的自力自助性的行为。

综上所述，从严格意义上而言，中国古代并不存在现代民法抵押权制度意义上的法律。本节所总结的，主要是各历史时期法律对此的基本立场，以及在实际民间生活中有关交易的一些主要的习惯。

一、汉唐时期的"悬券"

就债务设定某项田宅为担保，是由来已久的民间惯例。早在秦汉时就已经相当流行。《通典·刑典六·决断》载有一个东汉的案例：乌程有孙氏两兄弟，分家后各有田十顷，孙并早死，留下孤儿寡妻，弟弟孙常经常接济一些粮食，事后就"计直作券，没取其田"，逐渐把孙并的土地全都作为抵债归了自己。孙并的儿子长大后去告孙常，地方官员都认为，孙并的儿子告发叔父"非顺逊也"，要判孙并的儿子败诉。督邮钟离意却认为孙常不抚育兄弟的遗孤，反而"怀挟奸诡，贪利忘义"，应该将孙常已得的土地归还孙并的儿子。姑且不论此案的处理，就当时大多数官员的意见来看，这种以土地作为债务抵押的方式是当时民间普遍的惯例，至少可以得到法律的默认。

南朝时期这种担保方式或称之为"悬券"。南梁临川王萧宏"都下有数十邸，出悬钱立券，每以田宅、邸店悬上文契，期讫，便驱券主，夺其宅，都下东土百姓失业非一"①。这种"悬钱"的放贷是指定某处田宅或营业库房之类不动产为债务担保，在契约上写明，号为

---

① 《南史》卷五一《梁临川王宏传》。

"悬券"。到期不能清偿,就驱逐债务人,接管财产。

北朝类似的财产交易称之为"注"。北齐时,"诸商胡负官责息",有不少"胡人"商贾欠下了官府的债务,利息累积,无法偿还。和这批胡人商贾交情很好的太监陈德信就指导他们在契约上"注"(指定)"淮南富家"的田宅为担保,然后下令各州县政府征收。①

在目前发现的史料里,还没有直接反映这一时期有关指定田宅为债务担保的法令条文,也很少发现有关的实际案例。

二、唐代的"指质"

唐代将指定田宅作为债务担保的交易行为称之为"指质","指"即指定,"质"指质押,即仅指定而暂不实际转移占有。债务人应将田宅的证书(地契或分家时的文书)提交给债权人保存,清偿时赎回。

由于指质容易发生诈骗流弊,尤其是不肖子孙在父祖在世时向人举债、以指定父祖去世后自己所能继承的遗产为债务担保,在契约上写有"待父天年"之类的预设父祖死亡的文字,被法律认定是不孝的表现。因此唐《杂令》对于指质交易的具体内容、效力等等不加规定,却专门设立指质的成立要件:必须由家长立契,并经过官府的批准。只要家长在三百里以内,子孙就"不得辄以奴婢、六畜、田宅及余财物私自质举及卖田宅(无质而举者,亦准此)",在家长在场立契外,还要经过官府书面批准,"其有质举者、卖者,皆得本司文牒,然后听之"。如果有违反这一规定,私下交易的,"物即还主,钱没不追"。《宋刑统·户婚》"典卖指当论竞物业"有关指质的规定仅仅引用了这一条唐《杂令》,说明该令文实际上主要是针对指质行为的规定。②

根据唐代律令不保护计息债权的原则,如果保护民间以"指质"担保的计息债权就会与之抵触,由此唐朝的立法对于私人之间的指质债权采用了暧昧的态度,并不明确予以确认和保护,总的原则依然是"任依私契,官不为理",一般不予受理这类请求强制执行的起诉。

唐代法律仅仅正面规定,只有在为偿还官债时,才可以用田宅直接抵销债务人所欠官府的债务。如《宋刑统·杂律》"受寄财物辄费用"所引唐长庆二年(822年)敕规定,借贷官府钱财,必须要指定田宅产业为担保,所指定的田宅产业必须确实是"若是本分合得庄园",不得"妄举官钱,指为旧业"。如果"妄有指注,即请散征牙保代纳官钱,其所举官钱妄指庄园等人及保人,各决重杖二十"。有虚假指定并不属于自己财产为担保的,作为犯罪处罚。

从一些唐代的实际案例来看,在某些情况下,对于不计息的指质诉讼还是予以受理并处理的,但这些案件处理主要依靠的是法官的个人魅力与机智。如五代时和凝所著《疑狱集》中的"赵和籍产"案件:

① 《北齐书》卷四二《卢潜传》。
② 《唐令拾遗》,第788页。

唐咸通二年(861年),江南的江阴县官赵和以善于裁断疑难案件而闻名大江南北。和江阴一江之隔的江北楚州淮阴县,有比邻的两个农庄。这一年,东庄地主指质自己现有农田,并提交了地契,向西庄地主借了一千贯铜钱来购置新的田产。第二年,东庄新买的良田喜获丰收,备现钱到西庄还债。第一天还了八百贯,说好第二天再来还清,没有要西庄地主打收条,也没有要回债券和地契。想不到第二天西庄地主突然翻脸,不承认昨天的事,硬逼东庄地主归还全部债务。东庄地主到淮阴县、楚州起诉,都被驳回。东庄地主无奈,过江来江阴县起诉。赵和以日前破获一起截江大盗案件,罪犯的口供牵连到淮阴县西庄地主为名,将其抓捕到江阴县来审问。西庄地主为撇清罪责,开列清单,说明家中财产,其中有铜钱八百贯是东庄还债赎地契的。赵和于是下令带上东庄地主,当面对质,西庄地主无话可说,只好承认东庄已还债大半的事实。①

三、宋代禁止以田宅抵折计息债务

到宋代时,法律已经明确规定债权人如果要求债务人以大牲畜、田宅抵偿计息债务的,就构成一项犯罪行为。《续资治通鉴长编》卷八八载北宋大中祥符九年(1016年)诏书:"民负息钱者,无得逼取其庄土、牛畜以偿。"而南宋的法律汇编《庆元条法事类·杂门》"出举债负":"诸以有利债负折当耕牛者,杖一百,牛还主。"南宋的《名公书判清明集》卷九《户婚门·违法交易》也引法律条文:"在法:典卖田宅以有利债负准折价钱者,业还主,钱不追。"同书卷四《户婚门·争业上》又有"准法:应交易田宅,过三年而论有利债负准折,官司并不得受理"。

宋朝的这几条法律表明,只要是设定土地房屋作为计算利息债务的担保的,即使是债务人未能偿还债务,债权人也无法将债务人指定作为担保的土地房屋合法的收归己有。债务人可以在三年内,向官府起诉债权人逼迫自己以土地房屋耕牛抵债,债权人将面临犯罪指控,并且债务取消,债务人可以收回土地房屋。这样也就排除了以田宅担保债务的合法性,这种交易行为不仅得不到法律的保护和承认,还有可能被起诉为违法犯罪行为,具有极大的风险。

在司法实践中,也确实有这样的案例。如北宋时侯可为华原县主簿,当地"富人有不占田籍而质人田券至万亩,岁责其租。(侯)可晨驰至富家,发椟出券归其主"②。"富人"放债,以"田券"为抵押,达万亩之多,以田主身份要求债务人成为自己的佃户,每年向债主交租。当地的清官侯可,在一个清晨突袭富人之家,强迫债主归还债务人田契。这样处置的根据应该就是这种以田券为抵押放债行为的违法性。

南宋人袁采在其著作《袁氏世范》卷三《治家》"兼并用术非悠久之计"中写道:"兼并之家,见有产之家子弟昏愚不肖,及有缓急,多是将钱强以借与。或始借之时,设酒食以媚悦其意。既借之后,历数年不索取,待其息多,又设酒食招诱,使之结转并息为本,别更生息。又诱、勒其将田产折还。法虽严禁,多是幸免。"可见,当时以田产直接折抵有息债务虽然

① 杨奉琨:《疑狱集·折狱龟鉴校释》,复旦大学出版社1988年版,第29、336页。
② 《宋史》卷四五六《孝义传侯可》。

一直是法律所严禁的犯罪行为,只是这种犯罪相当普遍,以至于"法不责众",大多幸免。

四、明清时的"抵"

元明清时的法律对于这个问题采用的是与唐宋相仿的晦涩态度。一方面法律并不正面确定可以用田宅抵偿债务,暗示依然要"任依私契,官不为理",以田宅担保债务主要依靠民间的自力救助;另一方面,法律又严格禁止以私债强行扣押债务人的财产抵折债务,如明清律的《户律·钱债》"违禁取利"条都规定:"若豪势之人,不告官司,予以私债强夺人孳畜、产业者,杖八十。若估价过本者,计多余之物坐赃论,依数追还。"而《户律·田宅》的"盗卖田宅"条又规定"虚钱实契"之罪名,对于假立买卖文契、买方实际并不给付价金而是以原有债务抵折的行为,按照盗卖田宅罪同样处理,"田一亩、屋一间以下,笞五十;每田五亩、屋三间加一等,罪止杖八十徒二年"。

在这种立法原则下,以田宅担保债务很难得到法律的正式的保护,相反在元明清时代的田宅买卖契约中往往都要声明交易是"正行买卖",并非"债负准折"。直到清末的田宅买卖契约中这仍然是契约的惯用语。如四川新都县档案中所见 196 件晚清田宅买卖契约中,有 166 件写有"并无债务准折逼勒"的文句。① 而在民间实际经济活动中,因这种担保方式可以保留田宅的全部占有、使用、收益,具有相当的生命力,实际上是经常发生的交易。由于得不到法律的统一规范,这种交易就只是各地的民间习惯,因而具有地方特性,名称也是形形色色,各不相同。

明清时民间比较常见的是将设定以田宅担保债务的契约称之为"抵契"②,或"戥(děng)契",③或仍然以借约为名,而在契约中明言所"抵"之田宅。如康熙四十二年(1703 年)徽州休宁县的一件契约:

> 立借约人项福生,今因缺少使用,今借到汪名下本纹银乙两整,其银每年加谷利四斗,其有来年八月交谷利清白。如迟,将窝下田乙丘二亩七分抵还不误。借约存照。
>
> 康熙四十二年十一月　日
>
> 　　　　　　　　　　　　　立借约人　项福生(押)
> 　　　　　　　　　　　　　中见人　　毕君达(押)④

这项契约中,债务人借得一两纹银(契约中"乙"是数字"一"的防止涂改的写法,是传统契约中的习惯做法),约定债务人第二年八月偿还本银(契约中"谷利"应系"本利"之误),同时还要向债权人缴纳四斗谷子作为利息。同时又指定债务人一块二亩七分的耕地

---

① 熊敬笃编纂:《清代档案地契史料》,四川省新都档案局档案馆。
② 如《警世通言》第二五卷"将薄产抵借李平章府中本银三百两",第三卷"将田产各处抵借银子";《醒世恒言》第三十四卷"先把来抵借了朱常银子";明末清初小说《梼杌闲评》第十一回提到写田土"抵约"顶赌债;《八洞天》第一卷提到写房屋"抵契"借债;《无声戏》第四卷以田地房产写"抵约"借贷;《醒梦骈言》第四卷将田产"抵银二千两",等等。(清)姚廷遴:《历年记》载"(顺治十年)彼时我欲借债,承长卿云:将田五亩抵彼银十五两"(见《清代日记摘抄》,上海人民出版社 1982 年版,第 70 页)。
③ 如《拍案惊奇》卷三一"将前面房子再去戥典他几两银子",《型世言》第十五回提到"把房屋作戥"。
④ 张传玺:《中国历代契约会编考释》,北京大学出版社 1995 年版,第 1569 页。

作为债务的担保,如果到来年八月债务人未能按时清偿债务,就要用这块土地"抵还"。

又如乾隆二十五年(1760年)贵州开泰县的一件借约:

> 立借约人毛来廷,今因生理缺少,银用无出,自己问到穆姓醮会上众人穆连生等,揭借过纹银四十八两整,入手领回应用。其银言定每月二分五厘行息,不得短少。如无银还,将曲尺田一丘作抵,约谷十石,任从耕种,不得异言。今恐无凭,立此借约为据。
>
> 乾隆二十五年七月二十五日亲笔立①

这项契约中,债权人是一个"会";契约虽然以"借"为名,但明确为计算利息的"揭借"(详见第四章)。契约中提到的"生理"是指"营生",也就是谋生的途径。契约约定每月利息为二分五厘(2.5％),并指定了债务人的一块年产十石稻谷的不规则"曲尺田"作为担保。虽然契约里没有明确提到清偿的期限,但是债权人是"穆姓醮会",自然就应该是会期期满的日子。"醮会"就是约定在某个宗教节日起会的意思,宗教节日一般都是一年的固定日期,因此这项契约的期限应该是一年。

也有的地方往往将这种交易混称为"典契"。如徽州文书中一件明永乐十九年(1421年)"典"山文契:

> 十二都九保住人吴名,今将户下有山一片,坐落本都九保,系乙字二百七十四号山六分二厘五,东坐,西至胡能右山,南(至)尖,北至路;又将同处二百九十一号山共计五分,东至□,西至自山,南至尖,北至胡授山田、土名共小干往前。今为户役,缺钞支用,自情愿将前项四至内山尽行立契出典与同都汪希草、希美。面议时值价钞二百五十贯。其钞当便(面)收足。约在本年八月中将本息钞贯一并送还。如过期无还,此契准作卖契,一听受典人砍斫杉木,永远管业,候至过割,一听收税入户,本家即无悔意。所有四至不明及重迭交易、内外人占,并是出典人自行抵当,不及受典人之事。今恐人心无凭,立此典契文书为用。又添价钞两贯。
>
> 永乐十九年六月初三日
>
> 典山人　吴名　契
>
> 保人　　汪宗远
>
> 遇见人　胡彦祥
>
> 今领契内典去价钞并收足讫。同日再批。②

就该契约的字面来看,是吴名将自己的一片山地出典给汪希草、汪希美兄弟,获得了汪姓兄弟支付的宝钞二百五十贯。可是契约内明确说明山地并未发生转移占有,这件"典山"契中交付山地的前提是"过期无还",在交易的同时并不发生标的山林的转移占有。典价是不计利息的,而本件契约明言"本息贯钞",虽然没有明确约定利息数量,计息是肯定的(很有可能二百五十贯并未如实支付,已经将六月立契至八月送还的两个月应付利息扣

---

① 《中国历代契约会编考释》,第1571页。
② 转引自刘淼:《明清间徽州的房地产交易》,见《平准学刊》第五辑上册,光明日报出版社1989年版,第213页。

除，是所谓"出门利"）。因此本件契约的实际意义是，吴名将自己的山林设定为二百五十贯借贷债务的担保，如果在两个月后不能清偿债务，山林即归债权人所有。因此实际上该契约应该是法律不保护的"抵"契。

有的时候民间将此类交易命名为"当"①，如徽州一件清康熙二十七年（1688年）的"当约"：

> 立当约人朱国昌，今因缺用，自情愿央中，将承祖茶柯竹影园一片，坐落土名里边坞，央中出当与族叔名下，银壹两贰钱五分整。其银利二分申〔生〕息，一年无利，听从管业，并无一言。今恐无凭，立此当约存照。
>
> 康熙二十七年十二月　日
>
> 　　　　　　　　　　　　　　　　　　立当约人　朱国昌（押）
> 　　　　　　　　　　　　　　　　　　中见人　　项益先（押）②

这项契约名为"当约"，似乎应该是约定债权人出资一两二钱五分银子、当即占有所指定的"茶柯竹影园"的"出典"或"倚当"交易（详见下章）、但是契约中明言，只有当债务人没有偿还一年的利息（约定的利息是月利二分，合年利24%），债权人才能够"管业"占有此项"茶柯竹影园"。因此实际上这也是一件指抵的交易。

也有的地方将这种交易称之为"胎借"，如福建闽北地区民间多有这样的契约文书。如清乾隆五十四年（1789年）福州郊区一件契约：

> 立借字人叔绍兴，有承祖厝地基一所，东至水圳为界、西到本宅通巷为界、北至菜园、南至路为界，坐本都土名土乾头。今因乏本生理，托中将承祖地基就与侄显哥边为胎借出康钱九万二千五百文。每月每千行利三十文。限至本年十二月，听备母利钱纳完，不敢少欠，如欠，将承祖地基听侄掌管，不敢异言。今欲有凭，立借字为照。
>
> 乾隆五十四年二月日
>
> 　　　　　　　　　　　　　　　　　　立借字人　叔绍兴
> 　　　　　　　　　　　　　　　　　　作中　　　侄文鉴
> 　　　　　　　　　　　　　　　　　　代书　　　允大③

这项契约是亲属之间的借贷，债务的原本是九万二千五百铜钱（康钱就是康熙年号制钱）。在这件契约中按照"月息三分"计息，并指定了一处宅基地作为担保，如违约不偿，就由债权人接管田宅，明显是指抵行为。

虽然法律对于田房担保有息债务的态度暧昧，但事实上民间的指抵交易往往也会得到官府裁判的保护。如明代小说《醒世恒言》第十七卷"张孝基陈留认舅"，过善之子过迁嫖赌

---

① 明代小说《杜骗新书·第五类·伪交骗》"垒算友财倾其家"言应天府（今南京等地）民间交易，"尚欠四百余两，逼其写田宅为当"。
② 转引自章有义：《明清徽州土地关系研究》，中国社会科学院出版社1984年版，第93页。
③ 转引自陈支平：《清代福州郊区的乡村借贷》，载《清代区域社会经济研究》（下册），中华书局1992年版，第823页。

无度,"将田产央人四处抵借"。被父亲赶出家门后,债主纷纷上门向过善索债,告到官府。县官判令"照契偿还本银,利钱勿论"。这虽然是小说,但应当视为当时社会的普遍看法。

又如清人戴兆佳在其判语集《天台治略》卷三中,记载了自己在任天台县知县时的一件案件:胡名世向叶中观借银四十两,三年为期,债务的年息为八两(即年利20%),指定自己的四十石田(当为该项田产年平均收获量)为抵。三年后胡名世无法清偿,叶中观提起诉讼。戴兆佳判定应按原契约的约定,胡名世应将所指定的土地抵债,只是"准情酌理",以四十石田抵四十两债务太过分了,改判为二十二石田抵债,胡名世可以保留其余的十八石田,"庶几情理两平"。

然而相反的情况也存在。如《大清律例会通新纂·户律·钱债》引刑部成案:山西霍山县僧添梵,向当地百姓严宗寿借债,指抵庙屋及地基为担保。后因无法清偿,被严宗寿"勒令将庙屋、田地抵欠,毁庙毁像,开平基地"。刑部认为:"如将该犯照多取余利计赃问拟,止于杖罪,不足示惩。若照强占官民山场律拟以杖流,该犯究系利债滚拆,并非白日强占,情罪尚觉有间。严宗寿应照强占官民山场律文量减一等,杖一百徒三年。僧添梵拆庙毁像,实属空门败类,勒令还俗,杖一百、枷号一个月。"

五、民国初年民间"指""抵"习惯

民国初年以田宅担保债务依然是民间的习惯,各地民间"乡规"不一。由于这类交易并不得到法律的确认,因此缺乏登记公示手段,也没有拍卖程序。债务人是直接以其田宅而不是以其价值担保债务,依然接近古代"指当""指抵"。

据民国初年的民事习惯调查,这类交易各地习惯不同。如直隶保定地区民间多立"指地借债"契约,明载利息,届时不偿即收地。河南巩县一带借债以十月为期,"书立字据,指明某地作抵",如债务人届时未能清偿,"债权者得收其地课租,或将其地收归自种"。福建顺昌县将这类交易称之为"指地使钱",一般三年为期,当债务人未履行支付利息义务时,债权人得以标的的孳息抵利息,三年后未能清偿,则债权人接收标的田宅。福建漳平、福清又将此类交易称为"胎借"。陕西长安县习惯指田宅借债,至期不偿则债主"查地"而占。沂阳县有"赘地借钱"习惯,债务人借钱时按照债务数额指定"赘地",但"其所赘地价须超过所借银钱一倍以上",如届期未能清偿,就要将赘地转交债权人管业。陕西的榆林县称之为"指业揭借",债务人提交"老契",并立借约,其中言明某处某产何时为期清偿本利,利息一般为二分,逾期不偿,债权人可以接管经营指定的产业,双方另立买卖契约。蓝田县商号间也以此借贷,称"指业揭款",契约也以此为名,过期一年仍未清偿,债权人即可持约接管产业。潼关县称"押业借款"。而扶风县称"硬当契"或"搭地借钱",每月三分行息,约期一年,利息预先扣除,借契上说明"搭地"。届期未偿债权人就可以接管,如债务人不愿离业,就应另立佃约,债务人转变为佃户。冀北承德一带的"指契"也是"指地借钱",有的允许延期,有的不允许延期,届期不偿立即转移占有。有的称"老虎牌子",在借钱时即立卖契,以至期本利总额为卖价,逾限一天即卖契生效。河南开封叫"指房借钱",借约上说明如违限不偿,"愿将该房转移"之类的语句。山西屯留县"虎头文书",也是届期不偿则债权人接管指定产业。祁县习惯上要求在接管时双方另立典契,抽回原借约。昔阳县叫"卸地",债务人两年不纳利息,土地即转移,债务人仅保留收赎权。甘肃华亭县称"指地指款"。①

这些指当性质的契约格式最典型的莫过于山西高平县的"管业文约":

> 约立管业文字人某某。今因指(房、地)若干(间、亩),借使某某名下本钱若干串。本利算明计钱若干串,无钱归还,同中说合,情愿将原指之(房、地)交与钱主管业(居住、耕种)。日后钱到归赎。恐口不凭,特立管业文字为证。
>
> 某年某月某日立管业文字人某某押　　　　　　　　同中人某某押②

有的地方这种以田宅担保债务的设定是用订立"典契""当契"或"卖契"的办法。如苏北赣榆县则以"典"为名立约,典价已预先包括了十个月的利息在内,立约的时间也预填为十个月以后,如至期债务人无法清偿,则按所立的名义上的典契,由债权人接收田宅,债务人仅保留收赎的权利。苏北泰兴县称"当契",文书格式如下:

> 立当契人○○○,因正用不足,央中说合,情愿指地亩起用○○○名下无利京钱○○○千文,至期如数清还,无钱即将地亩交给当主管业。恐后无凭,立此存照。
> 计开：座落○○○地○亩。四至：东至○、西至○、南至○、北至○。
> 年月日　立当契人○○○押　　中人○○○代字○○○③

同样的习惯在山东沂水、嘉祥、淄川、无棣、禹城、汶上、邱县等地也很流行,双方按照债务本利总额订立典、卖契约,届时不偿即发生效力。山西宁武县"指产借债"要求立"绝卖死契",连同"老契"一并交付债权人,又立一称之为"后照约"的"约据",以作为以后清偿赎回"绝卖契""老契"的凭证。同省的偏关县又叫"死契活地",在所谓的"卖契"后粘连一纸条,确定赎回的限期。代县习惯与之相同。晋北右玉等五县称"死契活口",仅以口头约定可收赎。清源县"隔年死契",过期一年即丧失收赎权。芮城县则是在借约后粘连卖契。苏南仅无锡采用这一办法,双方订立借约的同时立一"活卖契"连同老契一起交付,届期不还债权人即接管,债务人保留有六十年的收赎权。安徽绩溪习惯则仅立一卖契,不加说明。江西南昌一带称之为"卖头押尾",契约头为绝卖契,契尾年月日后则批有"此业口押契卖,以后如拖欠借项,任凭押主裁契管业"字样,如届期不偿,债权人得以裁去批字要求管业。万年县民间将一般的出典称为"大典",限期一年的出典称"典",实际不转移土地占有的称"当"(但契约写为杜卖)。浙江乐清县借贷要立"四花络契约",即借贷人要将自己田产的卖契、找契、挂单(税单)、借据四样文书交给债权人,借百元至少要有值二百元的田产作担保。福建福州一带又称"借头卖尾",借约和卖契一同交付债权人,债权人给予一"批佃字",表示债务人在清偿前仅有佃权,届期不偿即丧失佃权。甘肃全省都有债权人可

① 分别见《民商事习惯调查报告录》,第 30、222、519～520、543、556、630、638、639、643、715、1213、779、826、829～830、845、1270 页。
② 同上书,第 279 页。
③ 同上书,第 351、352 页。

以将不能清偿的债务人所指抵的产业收归已有的习惯。尤其大通县有所谓"本驮利"的交易,债务人要写一"典约",亦称"驮约",再写一借约,至期不偿,债权人即执典约管业。①

也有的地方有类似于近代的抵押权制度,在指定的田宅出卖时债权人可以优先受偿。如直隶清苑借据附带"红契",在未能清偿时,债权人可以出卖红契土地,优先得到清偿。湖北麻城、汉阳一带习惯上当债务人将已出抵的田宅出卖时,由于债务人出抵时一般将"上手老契"交付债权人,因此一般需要约会债权人,债权人得以参加交易,从卖价中扣得债权数额,否则可阻止买卖交易的成立。然而相距不远的竹溪、兴山,当债务人欠债太多,"请客摊账"时,设抵的债权人却毫无优先权利,一律平摊。安徽广德习惯也是如此。陕西柞水县习惯上以物作抵的债务人欲出卖该物时,必须经债权人同意,否则一律无效。神木县又有"利不吞产"之谣,如果债权人购买原指抵的产业,无论积欠利息多少一律作废,但如果出卖给外人,则债权人有权加计积欠的利息入卖价。②

当同一土地重复抵给数人时,各地的习惯更是参差。如直隶(今河北)清苑习惯上承认重复抵押的效力,湖北麻城、郧县习惯按照设抵先后排顺序,而同一地区的汉阳、兴山、竹溪三县的习惯则一律匀摊。稍远的竹山、巴东也是平摊,谷城、广济、潜江则有一定的优先权。河南洛阳一带民间盛行一地多抵,号为"神仙地",债务人依然耕种,按月逐一向债权人缴纳土地收益抵充利息。③

值得注意的是,在民间还有指定动产作为债务担保的习惯,比如山西乡宁县有"钱迟畜飞"的谚语,债务人指定畜产为债务担保,债务不能及时清偿,则畜产被债权人牵走。甘肃省有指牲畜作保借债的习惯,不过一般用于短期借贷,在契约上写明具体的牲畜种类、数量,至期不偿,债权人就可以牵走牲畜。商人在和热河开鲁(今属吉林)畜牧业居民做买卖时一般采用赊买方式,然后以牲畜抵债。④

第四节 以指定田宅的收益为债权担保的"抵当"

上文已经提到了唐末五代广泛采用"抵当"担保债务,并说明了宋代以动产"抵当"债务的制度。但这里所分析研究的"抵当"专指以田宅进行的"抵当"。这种抵当曾是唐宋时期的一项由法律规范的民事交易行为,即在借贷关系成立时指定田宅的收益为债务的担保,当债务人未能清偿债务时,抵当权人(债权人)得以出抵人(债务人)产业的收益来抵销债务本金及其利息;或者是约定以担保的田宅的收益来偿还债务的利息。其与"倚当"的区别在于仅指定特定的田宅为担保,并不立即发生田宅的转移;而与"指抵"的区别在于指定担保的并不是担保物本身,而是担保物的部分收益。因此从现代民法的角度来观察,它

---

① 分别见《民商事习惯调查报告录》,第 796、831~832、833、836~837、849、852、857、889~890、902、980、495、1010~1011、1076、1239、687 页。
② 同上书,第 26、577、583、935、1209、1233 页。
③ 同上书,第 26、585、593、780 页。
④ 同上书,第 830、1245、1276 页。

应该算是一种特别的担保物权。

一、抵当的字义

"抵当"一词的出现很早。唐末五代法令中已可见到不少"抵当"的说法。如唐懿宗咸通八年(867年)五月发布的"德音":"举、便、欠负,未涉重条,如闻府县禁人,或缘私债,及锢身监禁,遂无计营生。须有条流,俾其存济。自今日以前,应百姓举、欠人债,如无物产抵当、及身无职任请俸,所在州县及诸军司,须宽与期限,切不得禁锢校科,令其失业。"①五代时期提及抵当的法令也并不少见。如后唐长兴元年(930年)一月南郊以后的蠲复诏书:"应诸道商税课利、扑断钱额去处,除纳外年多蹙欠,枷禁征收,既无抵当,并可放免。"②后晋天福二年(937年)十月戊戌赦敕:"应欠省司课利场官院等,宜依近行宣命期限,磨勘征督。内有送纳所欠钱物得足者,其余限偿罪特放。如有没纳本人及本人家业尽抵外,尚欠钱物更无抵当者,其所欠并与蠲放。"③后周广顺二年(952年)开封府拟定指挥:"应有诸色牙人、店主人引致买卖,并须钱、物交相分付。或还钱未足,只仰牙行人、店主,明立期限,勒定文字,递相委保。如数内有人前却及违限,别无抵当,便仰连署契人同力填还。"④显德元年(954年)南郊蠲复诏书:"诸州府广顺二年已前逋欠税讼征钱并放,其二年终已前主持省钱及主仓库败缺者,据纳家业外无抵当者,并释放。"⑤显德四年(957年)正月诏书:"诸道州府应欠显德三年终已前秋夏税物并与除放。诸处败缺场院人员自来累行征督,尚有逋欠,实无抵当者,宜令三司具欠分析数目闻奏。"⑥

从上述的几项唐宋之际的立法来看,"抵当"两字连为一词,是指不能清偿的债务人所能提供的抵偿债务的财产,表示的是担保、抵押的词义。在债务成立的同时就可以设定抵当的财产,当债务未能清偿时,就将原来指定的抵当财产抵偿债务。因此抵当一词在唐宋时期,既可以指债务的担保及抵押的行为,又可以指设定了这种担保及抵押的财产;既可以用作动词,又可以用作名词,使用相当随便。

从上述的几件法令来看,仅唐咸通八年德音的效力是及于私人债务的,而且根据其规定可以看到,在当时无论是计息的"出举"债务,还是不计息的"便""欠负"债务,只要债务人家中尚有"物产"就应"抵当"清偿。而五代的几件法令,其效力都局限于私人欠下的官债,有的是不能完成向官府承包的商税额,有的是主管官府仓库亏损,在以家业尽抵后别无抵当的情况,可以被朝廷的赦令免除官债。至于私人债务是否可以这样以田宅来抵偿则并不明确。

二、宋代的官营抵当制度

抵当在宋代被法律规范。上文已经提到宋代的法律明确禁止以土地房屋"准折"计息

① 《唐大诏令集》卷八六《政事·恩宥六》。
② 《册府元龟》卷四九二《邦计部·蠲复第四》。
③ 同上。
④ 《五代会要》卷二六《市》。
⑤ 《册府元龟》卷四九二《邦计部·蠲复第四》。
⑥ 同上。

债务,抵当的土地房屋之类的财产若是用以直接折抵各类债务,就与宋代法律所规定的不得以田宅"准折"有息债务的原则相抵触。因此宋代的法律所承认、所允许的抵当,主要是指以田宅的收益来抵销债务的行为。设定抵当后,田宅依然由出抵人占有、使用,只是在未能清偿债务的情况下部分的收益才按规定要转移到债权人手中。

(一)为担保官府财经事业的抵当

宋代广泛采用抵当担保与官府有关的经济关系。如宋代凡主持、管理官物者都必须以自己的财产设定担保。如衙前为宋代一项职役,承役人要为官府看管、运输物资,如有遗失,就要以财产抵当。甚至其同居的亲属也要承担连带责任,《庆元条法事类》卷三十二《财用门·理欠·令》载南宋令文:"诸同居主持官物有欠(谓同供抵当者),虽已分居,并均纳[有欺弊者,先理犯人己分,不足者均备(赔)]。"该门所引的另一条令文又规定:"诸抵保人主持官物,而保人于主持人未欠官物以前身故者,即取问保人本家有分人愿与不愿抵保,如不愿,即别召人抵保。"这里的抵保应该是"提供抵当并保证"的意思。该门又有一条令文规定:"诸以财产借赁与人充抵当,有欠折者,勾收填纳,价钱不理。"即把财产租借给他人充抵当主持、经营官物的,一旦发生亏损,其财产同样要用以弥补官府财产损失,而且官府不插手处理其与租借人之间的租金价钱纠纷,出租人只能依靠自力救济来收回租金。

宋代在官府的一些具有营利性质的事业中,普遍采用了要当事人提供抵当的制度,以图确保官府的财政收入。上文所引的一些五代时期的法令中已可看到当时已经在承包商税、承包官营事业("扑断钱额")等方面要责任人以自己的物产作为抵当,保证官府的利益不至于受损。北宋初年就连"请射"逃户田产也要有抵当。《宋会要辑稿·食货六三之一七一·农田杂录》载大中祥符六年(1013年)敕:"江南逃田,如有人请射,先勘会本家旧业,不得过三分之一。"其本家的田业就是作为请射的逃户田产(已被视为官府的产业)的抵当,"无田抵当,更不给付"。立法的原意是为了保证官府的地租收入。天圣元年(1023年)江西劝农使朱正辞上言,批评这一敕条:"若旧业田有三分方给一分,则是贫民常无田业,请射唯物力户方有抵当。"后经三司使及司法机构的讨论,规定了新的敕条:"应管逃田,许不问户下有无田业,并令全户除坟茔外请射充屯田佃种,依例纳夏秋租课,永不起税。"从此请射逃田才无须提供田产抵当。

另外,北宋时法律规定幼年孤儿所继承的遗产要由官府"检校"管理,五千贯以下的田产允许他人在提供抵当后"借请"耕种,每年收"二分之息"(20%),作为官府抚养孤幼的资金,待孤儿长大后归还田产。政和二年(1112年)原汝州知州慕容彦逢上奏:"孤幼财产,官为检校,不满五千贯,召人供抵当,量数借请,岁收二分之息,资以赡养,俟其长立而还之。法意慈恻,尽于事情。而形势户虚指抵当,或高估价直(值),冒法请领,不唯亏欠岁息,乃至并本不纳,迨其长立,冒法请领之人或役官远方,或徙居他所,或不知存在,或妄托事端,因致合给还之人饥寒失所。欲乞检校孤幼财产,不许形势户借请及作保,其所供抵当,委官验实,估定价值,方许借给。"①慕容彦逢的立法建议得到了批准,借请孤幼财产的

---
① 《宋会要辑稿·食货之六一之六二·民产杂录》。

抵当必须经过仔细的查验、估价,禁止"形势户"豪富之家参与。

宋代是中国古代官营专卖事业最发达的时期,盐、酒、茶、醋、矾、铜、铅、锡、铁等行业都曾采用官营专卖的制度,而且在具体的经营上也广泛采用召商承包经营的方式,即所谓"扑买""扑断";或者是召商批发官营物资进行销售。进行批发及扑买者在批发官物及扑买官营事业时都必须提供抵当。这种抵当有的可以是动产,并且在设立抵当的同时转移财产的占有。如《庆元条法事类》卷三十六《库务门一·场务·令》所载的令文:"诸买官酒、矾、铜、铅、锡,许以金银或匹帛丝绵之类充抵当(铺户买盐同),不得过所直(值)六分。经一年不赎,勒元(原)当入典卖偿纳。过二年不赎者没官。"批发官物可以不直接缴纳现款,而以金银之类的贵重财产作为抵当,批发官物的价值不得高于其提供抵当的财产的60%,当经营不善导致官物无法在一年内售出,使得无法偿还官物价款时,抵当的财产就要被官府强迫典卖偿债,过两年还未能赎取,全部抵当的财产就被官府没收。同卷又有一条令文是关于扑买的:"诸承买官监酒务……随买价纳其见(现)在物,并估钱给(酒、麹、醋,估功料价;糟及柴薪什物之类,估实值,仍别供抵当),分三年随课利纳。"同卷另有一条《商税令》文是关于抵当财产可以免除商税的:"诸以物赴官抵当及卖纳入官钱物……并免税。"

然而以田宅为抵当的现象更为普遍,如《宋会要辑稿·食货五之二〇·官田杂录》载南宋绍兴元年(1131年)"臣僚言",提到当时抵当的弊病:"或有因抵请市易官钱营运,或买扑坊场,或赴场盐请盐,通出田产抵当,多是计会估量,官吏、田宅牙人虚添亩角,增抱钱数。"田产抵当有估价问题、土地的丈量问题等,很容易被那些别有用心的人利用,为此,《庆元条法事类》卷三十二《财用门二·理欠·杂敕》载有敕条:"诸估抵当财产致亏官者,徒二年。"

北宋王安石变法时期,进行了大规模的改革。其在财政方面的改革措施尤多,尤其是大大加强了官府放贷机构的职能,意图以政府的放贷与民间的质库之类的高利贷业竞争,一方面为官府增加财政收入,另一方面号为"抑兼并"。宋神宗熙宁二年(1069年),王安石主持下开始推行"青苗法",将官府积贮的民间备荒粮食及其他物资、钱财作为本钱,春荒季节放贷给农户,夏秋征税时收偿,年息二分(20%)。乡村人户每五户为一保,按照户等确定放贷的数额,到时不还,保人承担连带责任。"坊郭户"(城镇居民)欲借贷青苗钱者则必须要有"物业抵当"。① 这里所言的物业按照唐宋时的惯例即为田产之类的不动产。尽管有关青苗法的争论延续了很长的时间,留下了大量的记载,但当时所规定的抵当制度的详细情况依然不得而知。从这些争论的焦点并非抵当本身来推测,青苗法的抵当制度应该与其他的官营事业抵当制度没有重大的差别。

对抵当制度有重要发展的是"市易法"。宋神宗熙宁五年(1072年)开始推行市易法,在京师设立市易务,一方面对于市场百货贱买贵卖,既平抑物价,又能够使官府得利;另一方面向商人及百姓放贷,"随抵当物力多少,均分赊贷"。抵当的财产主要是田宅,"以地为

---

① 《宋会要辑稿·食货四之一九·青苗》。

抵,官贷之钱"。又"召在京诸行铺户牙人充本务行人、牙人,内行人令供通已所有或借他人产业、金银充抵当,五人以上为一保",为官府经营贸易,允许按照"抵当物力"赊买经营官府物资。① 市易放贷及赊买的利息为年息二分,半年以下为一分。市易法在京师试行后逐渐推广至各地城镇。元丰二年(1079年)修订市易抵当制度,规定"其用产业抵当者,留契书,岁息一分半。检估官员如容增直(值)冒请,以违制论,不以去官赦降原减。即赊请物,如旧法,毋得过其家物力之半"。同时又允许各地仿照京师制度"听以金银、物帛抵当,收息毋过一分二厘(年息12%)"。②

这一制度进一步发展后,就形成两种"抵当":一种是纯粹的官营质库——抵当所及后来的抵当库;一种是对田宅设定抵当的老办法。根据当时的法律,抵当的田产只能以收益抵偿债务,不得直接出卖折抵债务。但在市易务抵当方面,这一旧有制度在宋徽宗建中靖国元年(1101年)发生重大变化:

> 十月二十一日,户部言:内外因欠市易钱物折纳屋业、田产,准指挥更不出卖,令人户承赁、住佃。又准今年二月十六日朝旨:闲慢处屋业许行出卖。伏缘诸路市易折纳田产,比有肥瘠,皆可耕种,见(现)令却依冲要屋业一例不许出卖。况天下户绝田产不以肥瘠并行出卖。其市易折纳田产,今相度欲乞并依户绝田产法。从之。③

户部的立法理由一是已有法令允许空闲地方的抵当房产出卖抵偿市易官债;二是户绝田产也是由官府管理的,但一直是允许出卖的;为统一制度,所以允许将抵当的田宅出卖抵偿市易官债。但实际上的理由显然是为了加速官债的偿还速度,提高市易务的资金周转率。因为早在市易法初行的元丰二年(1079年),都市易司已经抱怨:"诸路民以田宅抵市易钱,久不能偿,公钱滞而不行,欠户有监锢之患。欲依令:赊当在官,于法当卖房廊;田土重估实直(值),如买坊场河渡法,未输钱间,官收租课。"④即为防止债务人自己依旧占有田宅赖帐不交租课,立法将抵当的田宅中的房产出卖抵偿官债,田产则重新估价确定租额后转租他人,官府收取田租。这里所规定的抵当房产可以出卖抵偿市易官债的制度可能在以后又发生变化,改为只可出卖空闲地方的房产。而到建中靖国元年的法令,房产、田产都可以出卖抵偿市易官债了。然而从上文提到的南宋抵当方面的立法来看,其他的官债抵当依然不能直接出卖抵偿。

(二)抵当的实行

从现存的史料中难以找到宋朝有关抵当制度的完整法律条文,只能从其他的史料记载中加以推求。《庆元条法事类》卷三十二《财用门三·理欠·令》引《庆元令》文:"诸主持人欠官物致估产业者,元(原)无欺弊,听以产业所收子利偿,纳足给还。""子利"就是孳息的意思,可见当时的法律规定是以不能清偿的债务人的田宅收益来抵偿官债的。

另外更具体的材料可依据《宋会要辑稿·食货五之二二·官田杂录》所载南宋绍兴四

---

① 《宋会要辑稿·食货三七之一四、一五·市易》。
② 《宋会要辑稿·食货三七之二七·市易》。
③ 《宋会要辑稿·食货三七之三四·市易》。
④ 《宋会要辑稿·食货三七之二八·市易》。

年(1134年)九月十五日赦令：

> 诸路衙前因欠拘收抵当物产，在法许以子利偿欠，如依限纳足，却给原产。限外不足，犹许租佃。其间有自父祖以来因欠官钱，岁月渐久，官司有失举催，子孙却将抵当为己业典卖，有经三四十年，偶因首告，便给与告人，仍追钱、业，为害不细。仰诸路州县守令按籍根刷，如有真似此之类，已经其照刷者，并与销落；未及三十年者，自今冬为始起理租课，已前积欠，并与放免。或愿备(赔)元(原)欠纳者，官给还元(原)业，再经半年尚纳不足，即依理欠法施行。①

从这条赦令分析，抵当的财产是因为承担衙前职役的百姓欠负了官府的钱财才被官府拘收的，那么很明显在设定抵当时，这些财产仍由衙前占有。而且按照当时的法律，所拘收的抵当财产并不直接用以折抵衙前所欠负的官债，而是用抵当财产的收益（子利）来抵偿官债。当在规定的期限内抵当财产的收益抵偿了官债之后，原来的所有人（即债务人）就可以收回财产。即使在规定的期限内未能全部抵偿，债务人仍旧可以向官府承租的形式收回财产，以所交的地租继续抵偿债务。由于年岁长久，官府的催征逐渐放松，甚至停止，以至于债务人的子孙认为田产完全属于自己所有，将田产出典或出卖，经过三四十年后，被一些别有用心的好事之徒告发，田产被官府赏给告发者，原债务人的子孙不仅完全失去田产，还要重新承担债务的清偿，这样就引起了社会矛盾的激化。为避免这种情况，南宋朝廷对原来的法律加以修改：凡官府已停止催征三十年以上的抵当财产就算是归还给原所有人，官债"销落"取消；官府停止催征还不满三十年的，从绍兴四年冬再开始计算租课形式出现的债务抵偿，以前的积欠予以免除。如果愿意赔偿原来全部的欠负，田产依旧归还；但如果在半年后未能清偿的，还是要按照专门的"理欠法"，由专门的机构"理欠司"进行追征。

另外根据《庆元条法事类》卷三十二《财用门三·理欠·令》所载的一条令文："诸欠，限三十日磨勘均认（以见欠日为始），无欺弊者，限三十日催纳；若不足，限五日关理欠司（纳未及二分止关八分，其二分自监催）。即遇赦，放，止催赦前应纳数，其赦后者，保明申监司，验实以闻……五季限满未足，先估纳财产，次克请受；不足，勒保人限三十日填纳；如未足纳，元(原)抵当又不足，虽在赦前数，亦停催，准上法，保奏除放。其财产赦前失拘收者，仍拘收依元(原)限偿纳。"当追征事务转归理欠司后，一旦仍不能清偿，仍然会再次估纳财产，拘收抵当的田产。

南宋时法律允许的抵当是计息的，田宅的收益用以抵偿原债务的原本及其利息。南宋《庆元条法事类》卷三十《财用门·经总制·式》引式文："抵当，四分息钱。本季内人户收赎过钱，计钱若干、每贯合收息钱若干、本季内收到钱若干。"四分息钱，即年利40%。式为宋代官府的办事程式，从这条式文分析，当时官府对于抵当财产抵偿官债是按季进行催征，本钱和利息要分开计算，很可能是每季征收一分利息。而按照北朝以来历朝法律所

---

① 此条另见于同书《食货六一之七·官田杂录》，文字略有不同。

规定的债务利息不得超过原本100%的法律原则，抵当财产所生利息应该最多不得超过原本。

三、宋代民间的抵当

宋代民间也有抵当，但从现有的史料来看，还不能找到明确的有关民间抵当行为的正式法律条文，很可能官府对此的立法态度是"任依私契，官不为理"。官府法律所承认的"正行交易"只是出典、买卖两种。严格意义上而言，抵当是违法行为。如《名公书判清明集》卷四《户婚门·争业》"游成讼游洪父抵当田产"的书判中称："且乡人违法抵当，亦诚有之，皆作典契立文。"

《名公书判清明集》卷六专有"抵当"一类，收集了三个案例。其中吴恕斋所作"抵当不交业"一篇中，强调："不过税、不过业，其为抵当，本非正条。"这里的"正条"即应该是有正式法律规定的意思。在这三个案例中，法官都没有引用任何正面涉及抵当的法条来进行裁判，而都是引用有关出典和买卖的法条从反面认定发生纠纷的交易性质。如"抵当不交业"的书判中，吴恕斋引用的是"诸典卖田宅并须离业"及"诸典卖田宅投印收税者，即当官推割、开收租税"这两条法条，并以这两条衡量所要处理的案件，认定案件关键的契约虽然以"典"为名，也曾缴纳契税、加盖了官印，但受典人从未缴纳过田赋两税；出典人在接受了二百贯典价后，也从未离业，继续占有耕种土地；而且双方在典契成立的同时又订立了"租约"，规定出典人每年向受典人交田租会子三十贯，所以实际上是出典人以自己的七亩土地为抵当，举借受典人会子二百八十贯，"其为抵当而非正典明矣"！

第二个书判"以卖为抵当而取赎"，也是吴恕斋所判，同样按照上述两条法条的精神，认定："其有钱、业两相交付，而当时过税离业者，其为正行交易明，决非抵当也。"即从有过割、有离业这两条出发，确认争讼的交易是典、卖"正行交易"。

第三个书判"倚当（当为抵当之误）"为叶岩峰所判，未引法条，只是说明："所谓抵当者，非正典、卖也。"

由此可见，抵当在宋代只是民间的惯行，并不是为正式法律所承认和保护的"正行交易"。正因为如此，很多民间的抵当契约都要伪装为出典或租佃的契约形式。

然而从上述的三个书判来看，当时民间设定抵当的借贷形式相当普遍。一般是由债务人将自己的田产契约之类的权利证书交给债权人收藏作为抵押，并约定用抵当财产的收益来抵偿债务的利息，在约定的期限达到、债务清偿之后，即可赎回原契。这与上述的官债的抵当制度有所不同。如第一个书判所涉及的案件中，债务人（名义上的出典人）以续订的租约形式承担债务的偿还义务，前后经过二十六年，已还的租金累计达四百八十贯。债务人去世后，债权人（名义上的典权人）要求债务人的儿子缴纳实物地租（当时纸币"会子"严重贬值），吴恕斋则认为"始不过以二百八十贯抵当，积累二十六年，取息亦不为少"，判决由债务人再还六十贯会子，赎回所谓的典契即可。很明显，在此法官所考虑的是债务人累计还息四百八十贯，再加判决的六十贯，已接近原本的200%，达到"本利相侔"

的水平,债务应视为已经清偿。

第三个书判所涉及的案件中,一方以三十三亩土地"出典"给另一方,得典价四百五十贯。但契约上却有典权人亲自注明的文字,说明由牙人将自己的地契为"当",保证出典方还钱,"候钱足检还"。而且土地并未转移占有,只是出典人(实际上的债务人)在以后的三年里每年向典权人交"地租"钱。叶岩峰据此认定"可见原是抵当分明"。三年后,出典人归还钱三百贯。双方再无异议。只是在十五年后,双方当事人都已去世,典权人的儿子起诉要求再得地租钱。这里所谓的地租钱实际上原来只是债务利息的形式而已,因为债务人一次还清债务(原所举借的四百五十贯为现钱、会子各半,会子的币值极低,归还三百贯现钱实际足以清偿债务),所以抵当实际已经结束。叶岩峰则判决债务人的儿子再交付原债务中的会子数额,即可再无纠纷,赎回牙人的地契。从这个案例中可以看到,抵当时债务人应将自己田宅的证书(地契)交给债权人保存,待债务清偿后赎回,本案中是由牙人以自己的地契代替了债务人的地契。

四、后世类似于抵当的民间习惯

元代的立法中虽有官营的收取质押财产的放贷制度,但远没有像宋代那么复杂,影响也不大。田宅的抵当则不再有明确的制度。明清时期官营的抵当制度已经消失,而民间与抵当相似的交易现象依然相当普遍。有的地方以"指"为名,如清乾隆十六年(1751年)北京一件"指房借银约":

> 立借约人沈大可,今因无钱使用,将自典得徐名下灰棚贰间,指房借到陈名下纹银贰拾伍两正。其银当日收用,其房归陈名下为业取租,叁年之后,银到归赎。倘有亲友争论,中友一面承管。欲后有凭,立此指房借约存照。
>
> 外有旧契贰纸。
>
> 乾隆十六年九月　日　　　　　　　　　　立借约人　沈大可(押)
>
> 借契存照　　　　　　　　　　　　　　　　中见人　　宋嵩山(押)①

本件契约内容主要为,沈大可向一位姓陈的债主借了二十五两银子,指定自己从徐姓人家典来、拥有典权的两间"灰棚"三年的房租收益为担保。契约中所言房屋归债权人"为业"之语,应理解为债权人获得了在三年内作为房东收取房租的权利,同时实际上也以这笔收益来抵充债务的利息。债务人应在三年后归还本银。从典权的角度来看,实际上也可以视为是一种"转典"的交易。

也有的地方以"当"为名,如徽州契约文书中有一件清乾隆二十三年(1758年)的"当契":

> 二十一都二图立当契人吴清宇,今将化字一千八百二十二、三号,共计税一分一厘,于上土库楼屋一堂,今当到许□名下。本九五平足纹银六十两正。其银当日收

---

① 《中国历代契约会编考释》,第 1570 页。

足。其利言定,每一周年交纳风车净谷一百二十斗,挑送上门。期至来年秋收本利一并清还,不致欠少。今欲有凭,立此当契存照。

外有本屋赤契一纸、税票一张抵押,契内并无东道使用。再批。

乾隆二十三年八月　日

　　　　　　　　　　　　　　　立当契人　吴清宇

　　　　　　　　　　　　　　　居间　　　张习功、吴衡鉴①

这件契约的内容大致是,吴清宇向债主许某借到纹银六十两,以自己的一块土地(详细说明了土地在官府土地登记册上的编号以及承担的土地税数额)以及在土地上的自己的楼房为"当",还在后面的"再批"(补充条款)中说明将楼房的房契、土地的税票抵押在债主许某处。但是契约里并不像一般的土地房屋典当交易那样,明确说明立即转移土地与楼房的占有,也不像指抵交易那样,明确在吴清宇不能还债时就应由许某来接收土地与楼房。契约明言这笔债务的每年的利息以"风车净谷"(经风车扬谷不含土屑的干净的谷子)一百二十斗支付。又说明在来年的秋后清偿债务本利。实际上就是和南宋的"抵当"相似,指定土地的收益来支付债务利息,并作为债务的担保。如果吴清宇到了来年秋收后不能偿还债务,就必须每年向债主许某支付一百二十斗谷子。

又如徽州清乾隆二十六年(1761年)的一件"当"契:

立当契人支丁永熙、同弟永宣。今将承祖遗该身分、法化字二千四百九十号、九十一号、九十三号,地税一厘八毫,土名住基,于上造有楼屋二间,门窗户扇俱全,凭中出当与荫祠名下,得受当价足纹银十两正。其银利每年秋收交纳风车净谷十八斗,挑送上门,不致欠少。倘有欠少,听凭管业,无得异说。倘有亲房内外人等异说,俱系出当人承当,不涉受当人之事。今恐无凭,立此当契存照。

乾隆二十六年十二月　日

　　　　　　　　　　　　　　　立当契人支丁　许永熙亲笔②

这件"当"契与上面那件非常相似,许永熙、许永宣兄弟以自己继承所得到的一块土地以及土地上的两间楼房"出当",得到名为"荫祠"支付的"当价"纹银十两,每年向荫祠交纳"风车净谷"十八斗作为"银利"。但是实际并没有发生土地和楼房的转移,明确说明只有在出当人拖延交纳作为利息的十八斗"风车净谷"的情况下,"荫祠"才能"管业"。值得注意的是在中国民间传统习惯上,一项独立的收益权往往被认为是一项可以独立处分的权利,完全可以独立转移或设定负担,当然也可以单独担保债权。因此用来抵当的往往会是某项收益权。如台湾清光绪三年(1877年)的一件"胎借银字":

立胎借字人廖金华。有承先人应份朴仔篱包首埤股一份,因水源不顺,开费甚钜,应摊出银贰佰壹拾肆员(元),无力移垫,托中向吴洽记借来番银贰佰员,平壹佰肆

---

① 转引自刘淼:《明清间徽州的房地产交易》,《平准学刊》第五辑上,第222页。
② 同上书,第219页。

拾两,言约每年愿贴利息满斗叁拾贰石,经风扇净,分为早晚两季交完,不敢短欠;如有短欠,听吴洽记将本股内应收水谷一概收抵掌管。口恐无凭,合立胎借字一纸,并埠股字一纸,共贰纸,付执为炤。

光绪三年捌月初壹日

　　　　　　　　　　　　　　　　　　　为中保人、代笔　廖　凉
　　　　　　　　　　　　　　　　　　　廖金华　立单①

这是以水渠建设、管理股份"埠股"所得收益为债务的担保,收益的"水谷"先用以支付利息债务,在不能偿还全部债务的情况下则此项收益权转归债权人所有。为此必须提交权利证书"埠股字"给债权人保存。

根据民国初年的民商事习惯调查,民国初年类似于抵当的、以田宅收益抵销债务利息的交易在民间依然相当普遍。如苏南地区有"典田图种"的习惯,即一方当事人向人借贷后约定以田产的收入抵销债务。利率各不相同,"自一分七厘至二分五或三分不等。或则不明言利率,但载借钱若干,秋后付稻谷若干秤(秤四十斤)",这和宋代的抵当性质相同。而崇明县又保留"抵当"之名,债务人书写绝卖契约给债权人收执,但实际上依然自己耕种、缴纳赋税,只是"以租抵息"。苏北兴化县习惯与之类似,称"抵田滥价",滥价指名义上的典权人(债权人)应补贴若干土地税、风车、水车修理费。江西萍乡有"过耕当","将原租与贷款一并计算,由借钱人书立当契与出借人收执,其利息若干即由田租内照数扣除"。浙江开化、义乌一带叫做"死头活尾","民间告假银钱必以田房作抵,按期付息,其产业仍归债务人管业收花",但抵契写为绝卖契约交给债权人,只是在契尾附贴一纸,约定若干年内取赎。而武康(今属德清)一带则称之为"死契活抵"。湖南沅陵仍然称"抵当",双方立约借钱,以田宅作抵,每月几分行息,至重不过四分,如不按时清息即由债权人管业。安徽全椒、舒城一带习惯"以租抵债",以自己所收的"租稻范围内拨出一定数目抵当与债权人,供履行钱债之用",契约名"当干租"。五河县称"麦债",一洋元债务偿麦若干,比市价每斗多偿五六升。来安县习惯是以麦稻抵利息,届期不偿则接收土地,收益至"本利偿清"才归还产业,又和倚当略近。赣南一带有所谓"化利谷""放利谷"习惯,也是以租谷抵利息。浙江南田县也有"放谷债"习惯,春放钱债,秋收谷物抵充本息。②

简短的结论

质权是中国传统社会中最常见的担保性质财产权利。质权人获得债务人提交的某项财物,当债务人未按时清偿,质权人就可以将该项财物收归己有。唐代法律曾规定应经过官府市场管理机构见证下的公开出卖程序外,以后各代法律都允许质

---

① 《台湾私法债权编》,载《台湾文献丛刊》,台北大通书局1987年版,第148页。
② 分别见《民商事习惯调查报告录》,第314～315、333～334、353、419、500～501、601、927、928、930、1009、1042页。

权人直接获得质物的所有权。习惯上质权人放贷的债务数额只相当于质物价值的一半,利息则一般按照朝廷法律的限制利率计算,清偿期限一般为两年以下。

"指抵"是债务人指定某项田宅为债务的担保,当不能清偿时就向债权人移交该项田宅。由于地主土地兼并会影响到朝廷的赋税收入以及徭役的征发,并有可能引发社会问题,历代立法者对此态度暧昧,并不积极立法保护这项民间极其普遍的财产权利,甚至在两宋以后还明确禁止计息债务指抵权利的实现。这项财产权利长期以民间习惯流传,并主要依靠自力救济方式来实现,因此各地名称不一,形式各异。

"抵当"是债务人指定某项田宅的一定期限的收益权为债务的担保,当不能清偿时即按照约定提交该项收益所得财物(农产品或其他)。唐宋时期曾以此方式作为官府债务的担保措施,有一定的制度,但缺乏对于民间类似习惯的规范。元明清时期这项财产权利完全依靠民间习惯维持,各地名称、习惯极不统一。

除了质权以外,"指抵"和"抵当"并不为成文法明确规定,表明了中国传统财产法民间习惯与成文法往往脱节而立法又受到"均衡"思想指导的特性。

第六章
财产用益

在私有制经济发展到一定的程度后,就会出现权利的重叠现象,尤其是使用属于他人所有的不动产而获取利益的"用益物权"现象会逐渐普遍。现代民法的用益物权制度基本来自罗马法,但实际上在中国传统社会中,也存在很多与之近似的民事习惯,最具特色有田宅出典、唐宋时期的"贴赁"和"倚当""田皮"。

第一节 不动产的典权

典权是中国古代特有的一项民事权利,古代称之为"田宅出典"。其特点是出典方(一般称"业主")将土地房屋之类的不动产转移给典权人(一般称"典主")以获得一笔远低于卖价的典价,典权人获得该项不动产的全部占有、使用、收益权及将其转典的处分权,出典人只保留在约定的若干年后以原典价赎回该项不动产的回赎权。

一、典权制度的出现

有人认为典权早在西周时期已经出现,所依据的史料为西周恭王时(公元前921～前910)青铜器格伯殷铭文:

> 隹(惟)正月初吉癸子(巳),王才(在)成周。格白(伯)受良马乘于倗生,氒(厥)贾(贝)卅(丗)田,剭(则)析。格白(伯)遝(还),殹妊彶(及)仡人从。格白(伯)氒(安)彶甸。殷人纫㯱谷杜木、遝谷旅桑涉东门。氒(厥)书史戠武𬭎立成壁,盠(铸)保(宝)殷,用典格白(伯)田。其迈(万)年子子孙孙永宝用。①

这件铭文所记录的交易,大意来看是格伯用"一乘"(四匹)好马换了倗生的"卅田"。这件交易是用了契券的(提到了双方"则析",即将契券一剖为二),但究竟是何种性质的交

① 见《两周金文辞大系图录考释》第七册,第81～82页。

易,学术界众说纷纭,主要是"宾"字的释读无法统一。一般都将其释为"典",认为当时土地是不得买卖的,土地的转移只能是"典"之类转移土地占有和收益权的交易①。但本件铭文中唯一出现的"典"字,据郭沫若的解释是为记录、或登录,无论"宾"如何解读,将之和后世的出典行为混为一谈,似乎不妥。因为出典契约关系的特征除了不动产占有、使用、收益权的转移之外,最重要的特征是出典人可以在一定期间后以原典价回赎不动产。目前西周民间交易资料实在太少,仅存的几件资料中也并不存在约定将来可以原价回赎的文句,仅看零星一件资料就断言西周已存在典权交易是过于武断了。

(一) 南北朝时期土地的"质"与"帖"

出典作为一种保留原业主回赎权、特别的不动产转移方式,典权作为一种能够完全占有不动产若干年收益的财产权利,其形成有一个长期的演变过程。很可能在汉唐间,民间在以财物质押担保债务习惯的影响下,已经出现了这样的交易方式,债务人将土地房屋转让给债权人占有使用,并以土地房屋的收益来抵销债务的利息。比如南陈末年,术士韦鼎预测南陈将亡,"尽质、货田宅,寓居僧寺"。② 这里的"货"在古籍中往往作为"卖"的同义词使用,那么这里的"质"与一般提交财物担保债务一样,在外观上也与出卖相似的交易,原来的业主转移了土地房屋的占有,因此需要到佛教寺庙里借住。

作为一项朝廷法律规范的民事制度,典权制度的直接起因则是北朝实行均田制时期对于土地买卖的限制。

北齐时实行均田制,原则上禁止土地买卖,试图抑制土地兼并。据《通典·食货二·田制下》引《关东风俗传》一书,总结北齐均田制的实施情况,认为北齐均田制并无抑制土地兼并的实效,"其时强弱相凌,恃势侵夺,富有连畛亘陌,贫无立锥之地"。作者认为主要原因是制度设计不当。首先是北齐朝廷向贵族官员滥行"赐田",并允许买卖,导致朝廷能够控制分配的"公田"大大减少。其次,北齐允许民间相互监视,发现有将官府分配的土地出卖的,可以告发,违法买卖的土地就转归告发人,叫做"纠赏"。这一制度导致民间纠纷不断。

作者认为问题最大的是北齐均田制允许有条件的"帖"和"卖"。

> 帖、卖者,帖荒田七年,熟田五年,钱还地还,依令听许。露田虽复不听卖买,卖买亦无重责。贫户因王课不济,率多货卖田业,至春困急,轻致藏走。亦有懒惰之人,虽存田地,不肯肆力,在外浮游。三正卖其口田,以供租课。比来频有还人之格,欲以招慰逃散。假使蹔还,即卖所得之地,地尽还走,虽有还名,终不肯住,正由县听其卖、帖田园故也。

这一段史料的解读,过去一直将"帖"和"卖"连读为一个词,将"帖卖"作为一项交易种类。但仔细阅读,短短一段中,开头讲"帖"、"卖",结束又讲"卖"、"帖",显然是在并列的讲两项土地交易形式。

---

① 参见《中国历代契约会编考释》,第4～5、11页。
② 《隋书》卷七八《艺术传韦鼎》。

"帖"(应该就是"贴"的同音转借),北齐均田制下从官府分配到土地农户可以通过"帖"来转让土地,收取对方支付的一笔钱后转让土地,荒田转让七年、熟田转让五年后,"钱还地还",还钱取田。官府分配的"露田"不允许买卖,但真的买卖了也没有很重的处罚。贫穷农户没有办法缴纳赋税,往往出卖露田。也有的到了春荒季节,将土地抛荒逃亡。也有的懒惰不愿耕种土地,流浪到外地长期不归。地方的乡官"三正"将逃亡户、流浪户的口分露田出卖,来代缴赋税。朝廷连年发布安慰并召回逃亡农户的法令,但是很多人即使暂时还乡,不久又卖地出走,徒有还乡之名,并无住家之实。作者认为北齐均田制的破坏就是由于官府允许卖、帖土地的缘故。

且不论《关东风俗志》作者对于北齐均田制弊病的分析是否正确,仅就这里所提到"帖"来看,是一种很有特色的土地交易方式。在一般意义上来说,在两晋南北朝时期"贴"与"质"同义。从债权的角度来看,可以说是出让方以自己的田宅作为债务的担保物,并又以若干年该项田宅的收益抵销债务的利息;而从近代民法的物权角度来看,"帖"也可以被视为一种附有买回条件的买卖。就"钱还地还"(由于没有提到归还利息的问题,因此应该理解为"原钱还原地")而言,"帖"已具有后世田房出典的要素。

(二)唐朝初年法律有条件允许的土地"质"

唐朝继承了北朝的均田制,但没有沿用北齐"帖"这个术语,而是沿用中原地区传统的"质"。"质"既可以指一般财物的质押,也可以指在有"钱还地还"前提条件下的土地、房屋的转让。"贴"和"赁"组合为一个词,专指得到一笔"赁价"转让土地全部使用收益若干年的交易。

唐朝法律禁止土地的自由买卖,但有条件的允许"贴赁"和"质"。《通典·食货·田制下》载唐开元二十五年(737年)《田令》:"诸田不得贴赁及质,违者财没不追,地还本主。若从远役、外任,无人守业者,听贴赁及质。"唐代均田制下,各种官府分配的土地(包括口分田、永业田)都禁止"贴赁"和"质",违反者交付的价钱都要被官府没收,土地归还原来的主人。但是,如果人户需要应征去远方服役,或者是到外地当官,家里无人能够守业,就允许"贴赁"和"质"。

这条《田令》表明唐朝立法者力图避免允许自由买卖土地的迹象,防止以赁、质的名称来包容土地的转移方式("贴赁"详见下文)。而从民间实际民事交易的角度来看,出让的一方以"质"的形式来迅速获得所急需的现款,并规避官府禁止出卖口分田、永业田的法令,还可以避免债权人的高利盘剥(与一般财物的质押不同,土地的转让是伴随着收益的转让),在若干年后能够以原价赎回原土地;接受的一方则可以远低于买价的价格获得田产,只要出让的一方无法归还原债务,按着"钱还地还"的原则,也就是"钱不还地也不还",债权人就可以长期占有田产,并且还可以规避官府法律有关土地买卖及私有土地面积方面的限制。由于这些原因,土地的质押在民间相当普及,或许是当时最重要的土地转移方式。

吐鲁番出土的唐显庆四年(659年)白僧定举麦契,应该就是一件当时民间出质土地的契约:

显庆四年十二月廿一日，崇化乡人白僧定于武城乡王才欢边，举取小麦肆斛，将五年马埫口分部田壹亩、更六年胡麻井部田壹亩，准麦取田。到年年不得耕作者，当还麦肆斛入王才（欢）。租殊（输）百役，一仰田主；渠破水滴，一仰佃人。两和立契，获指为信。

  麦主 王才欢
  贷麦人 白僧定（画指）
  知见人 夏尾信
  知见人 王士开（画指）
  知见人 康海□①

这件契约中虽称为"举取"（"举"是指计息的借贷），但最后的签署处则为"麦主"和"贷麦人"（"贷"一般是指不计息的借贷），而从契约中未提到利息来看应该是贷麦契；而从"租输百役，一仰田主；渠破水滴，一仰佃人"的租佃契约的惯语来看，似乎又是租佃契约。这件契约实际上是出质契约。交易的实质是白僧定将自己的一亩口分田、一亩"部田"（永业田）转让给王才欢，代价是王才欢交付的四斛小麦。转让的期限在契约中没有写清（"到年年不得耕作"一句应有讹误），但意思还是清楚的，将来白僧定只有在归还四斛小麦的情况下才可以收回这两亩地，"准卖取田"。

（三）唐末典权制度的形成

就如上文所提到的，唐高宗以后"质""典"可以互换使用，典质也往往连用。如唐初名臣魏徵后代魏稠贫困不堪，将土地"质钱于人"，后经白居易建议，唐德宗下诏"出内库钱二千缗，赎赐魏稠。仍禁卖质"。② 唐中期名臣卢群曾寓居郑州，"典质良田数十顷"，以后转任天成军节度使、郑滑观察使，重新回到郑州，"各与本地契书，分付所管令长，令召还本主。时论称美"，将契约作废，土地归还给原主。③

不仅民间混用典质，即使是朝廷的立法也开始停用"质"而用"典"。如同样为开元二十五年《田令》，又有一条称："官人百姓，不得将奴婢田宅舍施、典、卖与寺观。违者价钱没官，田宅奴婢还主。"④唐玄宗天宝十一载（752年）诏书："如闻王公百官及豪富之家，皆置庄田，恣行吞并，莫惧章程……爰及口分、永业，违法买卖，或改藉书，或云典、贴，致令百姓无处安置，乃别停客户，使其佃食。既夺居人之业，实生浮惰之端。远近皆然，因循已久。"⑤由这条法令可见在十五年前的开元二十五年发布的禁止土地"质"的令文实际上并没有起多大的作用，只不过加速了民间混用典质的名词，以图规避法令的制约。王公百官及豪富之家大肆巧取豪夺，公然违法交易，收购原来由政府发放的永业、口分田，或者以典、贴之类法令没有明确的交易方式进行土地兼并，建立起庄园。失地农民流离失所，被

---

① 《吐鲁番出土文书》第七册，第370页。
② 《资治通鉴》卷二三七元和四年（809年）闰三月。
③ 《旧唐书》卷一四〇《卢群传》。
④ 见《唐令拾遗补》，附载于《唐令拾遗》第915页。此条《田令》引据《元典章》卷一九，日本《养老令·田令》第26条。
⑤ 《册府元龟》卷四九五《邦计部·田制》。

权豪之家收容为"客户",失去自己的合法户籍,以为权豪耕种土地为生。诏书认为这种状况不仅夺走了百姓的土地,还导致脱离土地的流浪寄生风气。而且这已经是普遍现象。

由于无法阻止民间以典质为名的土地交易,至唐中叶朝廷已不得不承认典质土地的合法性。尤其是自唐朝 780 年推行"两税法"改革后,赋税主要依据土地、资产征收,如果接受典质土地的一方仍然仿照过去的土地租赁契约形式,占有土地的收益却可以不承担赋税(即所谓的"租输百役,一仰田主"),则显然是极不合理的,甚至可能导致官府的赋税落空。唐朝廷为此连下诏书,强调获得土地的一方必须承担赋税,并且不得以代纳赋税为理由刁难回赎的出典人。唐宪宗元和元年(813 年)敕进一步确认贴赁典质的合法性,但同时也强调不得因此而不缴官府的赋税:"应赐王公、公主、百官等庄宅、碾硙、店铺、车坊、园林等,一任贴、典、货卖,其所缘税役,便令府县收管。"①承认官僚贵族所得到的不动产可以自由出卖和贴赁、出典,但是所转让的不动产负担的赋税必须到当地官府进行转让登记。受让方承担相应的赋税。既然要求受让方承担义务,那么也就是默认受让方获得的"庄宅、碾硙、店铺、车坊、园林等"都是合法的财产。

唐穆宗长庆元年(821 年)敕文再次强调典权人必须承担户税原则,并强调出典一方的回赎权应受到司法保护:"应天下典人庄田园店,便合祗承户税。本主赎日,不得更引令、式云依私契征理以组织贫人。"②户税是资产税,这条法令明确天下所有的典权人获得的"庄田园店"应计入其资产总额。同样也通过确认义务来明确通过"典"的交易获得的"庄田园店"都是合法财产,从而可以说是明确了"典"交易的法律地位。这条敕文的下半段,又强调了出典人的回赎权利,因为唐朝的法令有计息债权"任从私契,官不为理"的原则,当出典人回赎田宅遭到典权人抵制时,地方官府往往会依据这条法令不予受理。因此这条敕令也明确了出典人回赎权,规定地方官府遇到此类案件不得推诿,必须受理,防止权豪欺压刁难贫民。③ 以后唐敬宗宝历元年(825 年)敕文又再次强调:"应天下典、贴得人庄田园店等,便合祗承户税。"④

唐末土地典质权利逐渐得到法律的确认和规范,并且其名称也逐渐固定为典。据《宋刑统·户婚律》"典卖指当论竞物业"门的"臣等参详"的说法,自唐元和六年(811 年)开始对典、卖行为进行规范:"自唐元和六年后来条理典、卖物业敕文不一。"但从现存史料中还未能发现完整的关于土地典质的唐代法令。

(四)五代对于土地出典程序的规定

在五代时立法倾向于将出典与买卖相提并论,一起加以规范。这表明当时的立法者不再将土地典质看作是一种债权的担保方式,而是将其正式作为一种物权的转移方式,强调典权人享有相当于所有权的权利与承担相应的义务。如后周广顺二年(952 年)敕:"请准格律指挥,如有典、卖庄宅,准例房亲、邻人合得承当,若是亲、邻不要、及著价不及,方得

---

① 《旧唐书》卷一五《宪宗本纪》。
② 《文苑英华》卷四二六《敕》。
③ "组织"是构陷、刁难之意。《李太白诗》卷一〇《叙旧赠江阳宰陆调》:"邀遮相组织,呵吓来煎熬"。
④ 《文苑英华》卷四二三《敕》。

别处商量,和合交易。印税之时,于税务内纳契日,一本务司点检,须有官牙人、邻人押署处,及委不是重叠倚当钱物,方得与印。"①这一法令直接将典、卖并列,作为同样需要规范的庄宅转让方式。出典庄宅与买卖庄宅一样先要征求亲属、邻居的意向,在亲属、邻居不要或议价不合的情况下才可以寻找其他的受让方,商量达成合意,然后到当地官府缴纳"契税"。当地官府应该由税务官员仔细检查契约文本,必须要有官方指定的中介"官牙人"以及邻居的见证签署,并且查明确实不是"重叠倚当钱物"(详见下文),才在契约文本加盖官府印信。这一传统延续至宋朝,典、卖一直连称。

在民间,典与租赁或质举的形式也逐渐脱离,既然典已得到官府的认可,且已与买卖一样成为田地、房屋等产业的正式的转移方式,民间的契约也就直接以典或质为名了。这种契约较为典型的有敦煌出土的后周广顺三年(953年)龙氏兄弟典地契:

广顺三年,岁次癸丑,十月二十三日立契。莫高乡百姓龙章佑、弟佑定,伏缘家内窘迫,无物用度,今将父祖口分地两畦子,共贰亩中半,只(质)典已(与)莲畔人押衙罗恩朝。断作地价,其日见过麦壹拾伍硕。字(自)今已后,物无利头、地无雇价。其地佃种限肆年内不喜(许)地主收俗(赎),若于年限满日,便仰地主还本麦者,便仰地主收地。两共对面平章为定,更不喜(许)休悔,如若先悔者,罚青麦拾馱,充入不悔人。恐后无信,故勒次(此)契,用为后凭。

　　　　　　　　　　　　　　地主　弟　龙佑定(画押)
　　　　　　　　　　　　　　地主　兄　龙章佑(画押)
　　　　　　　　　　　　　　只(质)典地人　押衙罗恩朝
　　　　　　　　　　　　　　知见　父　押衙罗安进(画押)
　　　　　　　　　　　　　　知见人　法律福海知②

这件契约内容是,龙章佑、龙佑定兄弟因为生活困难,将继承所得的两块口分田,总共两亩半左右,以十五硕麦子的价格,"质典"给罗恩朝,并规定两块土地交由罗恩超耕种四年内,龙氏兄弟不得回赎。四年期满,龙氏兄弟可以十五硕麦子赎回土地。契约中"物无利头、地无雇价"一语,可称之为典契的实质性表述。明确典价不得生息,这是典与一般财物质举的区别;而出典的土地也没有地租或雇工之类的问题,这是典与一般意义上的出租及雇工契约的区别。可见到了这一时期,民间也已明确区分了出典与租赁及质举的不同之处。由于从表面上来看出典这种民事行为是一种无息的交易,勉强符合不保护有息债权的唐代法律原则;在均田制瓦解后,土地的交易也不必再遮遮掩掩。只是进一步对这种民事行为进行规范还有待于宋朝的法律。

二、宋代确立的典权基本制度

《宋刑统·户律》特设"典卖指当论竞物业"门,将唐末以来有关田宅出典、买卖、指质、

① 《册府元龟》卷六一三《刑法部·定律令五》。
② 《敦煌资料》第一辑,第324页。

倚当的法规整编于一门,加以统一的规范,正式确立了民间这四种最主要的田宅交易方式的合法地位。但是这部宋初法典的规范主要是在程序方面的,内容方面的则规定不多。

(一)关于出典的形式要件

考虑到出典行为与买卖行为在形式上基本相同,宋初的立法力图为这两种民事行为设定共同程序。《宋刑统》该门规定出典行为与买卖一样,都必须由家长亲自出面立契。"须是家主尊长对钱主、或钱主亲信人当面署押契帖。或妇女虽难于面对者,须隔帘幕亲闻商量,方成交易。如家主尊长在外,不计远近,并须依此。若隔在化外,及阻隔兵戈,即须州县相度事理,给与凭由,方许商量交易。"违者"其卑幼及牙保引致人等并当重断,钱、业各还两主。"另外虽然已无家主尊长,但如果兄弟之间将自己"不合有分"部分的财产"辄将典、卖者,准盗论,从律处分"。

另外《宋刑统》该门规定田宅的出典也与买卖一样,必须要经过问邻程序。

在开宝二年(969年)又规定田宅出典必须与买卖一样印契及税契,"令民典、卖田宅,输钱印契,税契限两月"①。同时按照唐末五代以来的立法惯例,出典产业所负担的赋税也必须随之转移至典主一方,即和买卖土地的情况相同,要进行"过割"程序。

另外对于典契的形式也有明确的法律规定。乾兴元年(1022年)的敕条规定,凡出典契约"并立合同契四本,一付钱主、一付业主、一付商税院、一留本县"。但不久又确定典契应为一式二份的合同契,"人户出典田宅,依条有正契、有合同契,钱、业主各执其一,照证收赎"②。这种契约形式在宋代已在民间普遍流行,南宋的《名公书判清明集·户婚门·争业》中提到:"在法:典田宅者皆为合同契,钱、业主各取其一。此天下所通行,常人所共晓。"

(二)典权人享有的权利

宋朝法律承认典主(典权人)在约定的年限"典期"(一般为3至6年)内有全部的占有、使用、收益的权利,同时也具有一定的处分权,主要有转典权和先买权。

在《宋刑统》公布的同一年,有敕条明确典权人具有转典权,"其田宅见(现)主,只可转典,不可出卖"③。雍熙三年(987年)又因权判大理寺殿中侍御史李范的建议,确定典权人拥有在原业主欲出卖该项产业时的先买权:"今后应有已经正典物业,其业主欲卖者,先须问见典之人承当,即据余上所值钱数,别写绝产卖断文契一道,连粘元典并业主分文契批印收税,付见典人充为永业。更不须问亲邻。如见典人不要或虽欲收买着价未至者,即须画时批退。"④即规定典权人的先买权优先于出卖人的亲邻。宋代民间一般称这种先典后卖的出卖为"断骨卖"。

典权当然可以继承,但当典权人"户绝"时,按照宋朝法律规定遗产应全部没官。为防止纠纷,大中祥符七年(1014年)的敕条规定在典权人户绝情况下,允许出典人在典限之

---

① 《文献通考》卷一七《征榷考·牙契钱》。
② 《宋会要辑稿·食货六一之五七·民产杂录》。
③ 《宋会要辑稿·食货六一之五六·民产杂录》。
④ 《宋会要辑稿·食货六一之五六·农田杂录》。

外的半年内回赎。"诸州典买与人而户绝没官者,并纳官检估诣寔(实),明立簿籍,许典限外半年,以本钱收赎。如经三十年、无文契,及虽有文契难辨真伪者,不在收赎之限"①。典权人户绝,产业应该由官府没收,由官府仔细检查并估价后,登记入册,允许原来的出典人在典期期满后的半年内以原价回赎。如果契约已经灭失或难辨真伪的,交易已经过了三十年,就不允许回赎。

(三)出典人保留的回赎权

《宋刑统·户律》特设"典卖指当论竞物业"门,规定了田宅出典后出典人具有几乎无限制的回赎年限。"元(原)契见在,契头虽已亡没,其有亲的子孙及有分骨肉、证验显然者,不限年岁,并许收赎。"也就是说回赎权不仅可以继承,而且只要契约尚存,就永远可以回赎。"如是典、当限外经三十年后,并无文契;及虽执文契,难辨真虚者,不在论理收赎之限,见佃、主一任典卖。"如果在出典期限过三十年后原契约已经灭失或出示的契约已经难辨真伪的,才不得回赎。这一原则在两宋时期一直维持不变。

典权人如果在获得的土地上种植树木,到回赎时会造成纠纷。天圣八年(1030年)坊州(今陕西黄陵、宜君两县)民马固壮,在以六千钱典得马诞顺的土地后,种植了三百棵树木。当马诞顺提出回赎土地时,马固壮就要求马诞顺在典价之外按照每棵树木三十钱的价格付清树木价钱,才可以回赎。因为树木价值达九千钱,远高于原典价,马诞顺不愿付给,形成纠纷。为此宋朝廷又立法:"自今后,如元(原)典地栽木,年满收赎之时,两家商量,要,即交还价值;不要,取便斫伐。业主不得占吝。"②典权人在所典土地上栽种树木的,至典期期满,出典人回赎时,双方应协商,出典人愿意接受树木的,就应该偿还树木栽种的费用;出典人不愿意接收树木的,就应该允许典权人砍伐树木,出典人不得吝啬钱财而强占树木。

为了保证出典人随时回赎的权利,对此也有专门的立法。《名公书判清明集》卷九《户婚门·取赎》,胡颖在"典主迁延入务"一判中引:"在法:诸典卖田产,年限已满,业主于务限前收赎,而典主故作迁延占据者,杖一百。"即典权人故意将回赎时间拖延到官府不受理民事纠纷的期限内,使出典人无法起诉的,要处以杖刑。

南宋时使用纸币交易,但由于纸币贬值迅速,如果出典时典价为纸币,回赎时要求还铜钱,就很容易发生纠纷。对此宋朝廷没有明确的立法,不过在民间的习惯以及地方官府的司法实践上,"民户典买田宅、解库收执物色,所在官司则与之参酌人情,使其初交易元(原)是见钱者,以见钱赎;元是官会(纸币)者,以官会赎;元是钱、会中半者,以中半赎。自畿甸以至于远方,莫不守之,以为成说"③。

(四)元明时期对两宋典权制度的继承

宋朝有关典权的这些法律被后代继承,产生了深远的影响。

元代法律中典、卖依然连称,必须遵守相同的程序。元朝规定出典田房与买卖田房

---

① 《宋会要辑稿·食货一之一八·农田杂录》。
② 《宋会要辑稿·食货一之二六·农田杂录》。
③ 《名公书判清明集》卷九《户婚门·取赎》。

一样,必须要经过官府发给公据。大德十年(1306年)又规定:"今后质典交易,除依例给据外,须要写立合同文契贰纸,各各画字,赴务投税。典主收执正契,业主收执合同,虽年深凭契收赎。"①元朝法律和宋朝的一样强调典契合同契形式。而在民间,也受典、卖必须遵循同样法定程序的长期影响,典、卖契约格式除了典契有回赎的条款外,其他完全相同。

不过元朝法律在典权人的先买权方面,将典权人的顺序移到了亲邻之后,至元六年(1269年)的立法:"诸典、卖田宅及已典就卖,先须立限,取问有服房亲(先亲后疏),次及邻人,次见典主。"②

另外,元朝法律对回赎田产的财产予以特别保护。"诸谋欲图人所质之田,辄遣人强劫赎田之价者,主谋、下手一体刺断。其卑幼为尊长驱役者免刺。"③预谋长久占有他人出典的土地,派人抢劫出典人准备回赎出典土地钱财的,主谋以及实施抢劫者都要刺字(按照强盗罪处理)。如果是子孙卑幼受尊长指使行劫的,可以免于刺字。

明朝法律中有关田宅典权方面的制度主要沿袭宋元的原则,但内容较为模糊,对于契约的形式、典权人转典权利、出典期限及回赎期限等都缺乏明确的规定。《大明律·户律·田宅》"典买田宅"条仍将买卖、出典行为同样规范,要求和买卖行为一样印契税契、过割赋税,但废除了"先问亲邻"的程序。具体的典权制度仅在此条后部规定:"其所典田宅、园林、碾磨等物,年限已满,业主备价取赎,若典主托故不肯放赎者,笞四十。限外递年所得花利,追征给主,依价取赎。其年限虽满,业主无力取赎者,不拘此律。"出典的土地房屋园林磨坊等,典期期满后,业主(出典人)准备了原典价回赎,而典权人假托种种理由不肯放赎的,就要作为犯罪处理,处以笞四十。在典期期限历年所获得的收益都必须由官府追征交还业主(出典人)。如果典期期满后,业主没有能力按照原价回赎的,就不适用本条法律。也就是说,仍然承认回赎权是无限期的。

三、清代的典权制度

清代对于典权制度有进一步的发展,力图规范典权交易,减少民间的典权纠纷,具有不少操作性的具体立法。

(一) 关于房屋出典后的风险负担

自宋元以来对于出典房屋缺乏明确的规范,混同于一般的土地出典。民间典房契也与典田契相差不大,如清初徽州《畏斋日记》所载一例典房契约:④

> 立出典屋契人詹起濡(日记作者之父)。本家有楼屋一局,坐落土名索木丘,今出典与××弟名下,当得典价银十二两正。其屋四围砖墙,屋内楼房窗扇、平门、板壁俱全。自今出典之后,一听典人进屋无阻。银不起利,屋不起租。下边厨屋并在典内。

① 《通制条格》卷三六《田令·典卖田产事例》。
② 《元典章》卷一九《户部五·典卖》。
③ 《元史》卷一〇四《刑法志三》。
④ 见中国社会科学院历史研究所清史研究室编:《清史资料》第四辑,中华书局1983年版,第206页。

今欲有凭,立此典契为照。

其银系树槐等,其色系九七色八两、九三色四两,共十二两正。日后出屋,本家备原价取赎,两无难异。再批。

康熙三十九年十月十七日

立出典屋契人　詹起濡
见：弟廷枢、廷楹,侄元楷

该件契约主要内容是：詹起濡以十二两银子的典价,将自己一座楼房出典给"××弟"。并说明楼房的基本设施(砖墙、门窗、地板、板壁等)齐全,还在契约后部补充说明包括了楼下附属建筑的厨房。"银不起利,屋不起租"一句,恰与唐宋时期土地出典契约的惯用语"物无利头、地无雇价"相似,强调典价不发生利息,典权人所占有使用不发生租金。契约最后一段是对于典权人所支付典价的银两的成色进行了详细的说明,因为这会涉及将来出典人回赎时也应使用相应的白银成色。

值得注意的是,唐宋以来有关房屋的出典都没有注意到房屋与土地的不同,没有以明确立法来解决出典房屋的修缮义务应该如何承担,以及房屋发生火灾、倒塌之类灭失风险时应该如何处理的问题。从上述这件契约来看,民间约定的典房契约也没有对这些问题作出约定。显然,万一出典房屋因水火灾害受损,只能依靠双方商议,如有纠纷,官府即使受理也难以裁断。

鉴于民间这方面的纠纷日益增多,以后清朝曾立法对典产的风险责任承担进行规范。乾隆十二年(1747年)条例规定：

> 凡典产延烧：其年限未满者,业主、典主各出一半合起房屋,加典三年,年限满足,业主仍将原价取赎;如年限未满,业主无力合起者,典主自为起造,加典三年,年限满足,业主照依原价加四取赎;如年限未满,而典主无力合起者,业主照依原价减四取赎;如年限已满者,听业主照依原价减半取赎;如年限已满,而业主不能取赎,典主自为起造,加典三年,年限满足,业主仍依原价加四取赎。活卖房屋与典产原无区别,如遇火毁,一例办理。其或被火延烧,原(典)、业两主均无力起造,所有地基,公同售价,原(典)主将地价偿还业主三股之一。起造典屋,其高、宽丈尺、工料、装修俱照原屋,以免争执。

在出典年限内因"邻火"延烧(可以明确排除典权人责任)被毁,如果典权人(典主)和出典人(原主)协商后,各出资一半重新起造房屋的,典期应延长三年,期满后出典人(原主)仍然可以原价回赎;如果出典人(业主)无力出资,由典权人(典主)自行起造的,典期仍然应延长三年,期满后出典人(业主)按原典价"加四"(增加40%)回赎;如果典权人(典主)无力出资,是由出典人(业主)自行出资起造的,仍然按照原来的典期期限,期满后出典人(业主)可以按原典价"减四"(减少40%)回赎。如果房屋是在典期期满后被烧毁的,典权人(典主)无力起造,出典人(业主)自造,就可以按原典价"减半"(减少50%)回赎;如果出典人(业主)无力回赎、也无力重建的,是典权人(典主)自行起造的,典期应再延长三年,

年限满后,出典人(业主)应以原典价"加四"回赎;如双方都无力起造,典权人(典主)应与出典人(业主)商议后将地基出卖,地价的三分之一偿还出典人(业主)。①

这条条例采用了"一刀切"式的处理原则,无论房屋的大小、价值、质量等等因素,都采用统一的分担损失比例。而对于房屋的维修义务,清代仍然没有任何立法规定。

(二)对于典、卖的区分

清中叶时曾对于典权制度进行重大的调整,其主要立法目的是明确典、卖为两种性质不同的交易,力图将其区分清楚,以免民间反复纠缠。雍正年间事例,"活契典业者乃民间一时借贷银钱,原不在买卖纳税之例。嗣后听其自便,不必投契用印,收取税银"。② 这一立法将出典视为借贷担保方式,自然是定义有问题,但就废除延续近千年的典契税契、印契惯例,却是一个重大的创举。

请乾隆二十四年(1759年)又进一步制订条例:

> 凡民间活契典当田房,一概免其纳税。其一切卖契,无论是否杜绝,俱令纳税。其有先典后卖者,典契既不纳税,按照卖契银两实数纳税。如有隐漏者,照例治罪。③

这条条例避免了像上述雍正年间条例那样将出典定性为借贷担保方式,只是强调,凡是契约名为"典当"、约定了回赎条件的,就是"活契",不再需要交纳契税。凡是契约名为"卖"的,无论是否明言"杜卖""绝卖",都必须交纳契税。如果是先典后卖的契约,原来的典契无须纳税,只需要按照卖契的契价交纳契税即可。如果有隐瞒漏税的,仍然按照原有的契税方面的条例处理。值得注意的是,这条条例既然规定典契不纳契税,也就附带不用过割赋税,完全与将典、卖视为一体设定程序的立法传统不同。

(三)对于典期和回赎期的限制

另外,雍正八年(1730年)制定的条例又强调保护典权人的权利,如果出典的期限未满而原业主(出典人)强行要回赎的,也要作为犯罪处理,"典限未满而业主强赎者,俱照不应重律治罪。"所谓"不应重律"是指应从重处罚的"不应得为"罪,应处杖八十。清末法学家薛允升《读例存疑·户律·田宅》称"原奏有'原主不得于年限未满之时强行告赎,现业主亦不得于年限已满之后籍端掯勒',最为明晰。"认为该条实际有出典人在出典年限未满前不得强赎,而年限已满典权人也不得掯勒的意思。

宋元以来立法对于出典典期(限制回赎的期限)一直没有明确规定。而民间典权人往往以延长出典期限的手段来达到长期占有典产的目的。比如清代有的出典旗地的典契规定出典期限为六十年,甚至长达一百年,见康熙五十五年(1716年)满汉文对照的一件典契:

> 立典契人系是镶黄旗公夫尔淡佐领下典薄〔簿〕厅官拉巴、同子德明,今因手乏,将自己蓟州地方孙家庄房基一段,周围所有地五十五亩,树木三十余稞〔棵〕〔满文作"栗树、核桃树各种树共三十余"〕,情愿典与镶白旗包〔衣〕阿赖佐领下太监苏才敏名

---

① 《大清律例刑案汇纂集成》卷九《户律·田宅》。
② 《清文献通考》卷一九《征榷六》。
③ 《皇朝政典类纂》卷三八〇《刑十二·户律·田宅》。

下为业，共典价银一百两整。其银笔下交足。言明一百年为满，银到许赎。自典之后，任从典主盖房、砌墙、栽树、穿井、安立坟茔，如有弟兄子侄人争竞者，本主父子一面承管。日后年满赎时，将所盖之房屋、墙壁、栽种之树木、所穿之井，除原典价外，按时价所置合算银两，以〔一〕同交付典主，将所立坟茔永远不移、所用之地永不许赎。此系二姓情愿，不许反悔。恐后无凭，亲笔立契存照。

康熙伍拾伍年正月十八日

　　　　　　　　　　　　　　　立典契人　德明（押）
　　　　　　　　　　　　　　　　　　　　拉巴（押）
　　　　　　　　　　　　　　　代子　　　马七
　　　　　　　　　　　　　　　本佐领　　小拨什库和尚同保
　　　　　　　　　　　　　　　族长　　　万柱

（以下数行不见于满文文本）

同中言明，其房地起今已后并不与罗姓相干。　　　　　罗敏书（押）

　　　　　　　　　　　　　　　中见　延禧（押）、色勒（押）①

　　这件契约的主要内容是镶黄旗的一个担任小官职的旗人拉巴与其子德明一起立契，将自己在蓟州地方孙家庄的一块土地，包括宅基地、五十五亩耕地以及地面上的三十余棵树木，以一百两银子的典价，出典给镶白旗的一位太监苏才敏。苏才敏应该是原先在旗下为奴的汉族人（从其姓名以及契约有满、汉文本之分来判断）。规定的典期长达一百年，一百年后才允许"银到许赎"。而且明确典权人具有在所典得土地上"盖房、砌墙、栽树、穿井、安立坟茔"的权利，且明确规定在原业主回赎时，这些房屋、墙壁、树木、水井等全部都要另外按照"时价"支付价钱，典权人"所立坟茔永远不移"。这在一般的典契里是无论如何也不会出现的条件。可见这件典契实际上是土地买卖的掩饰而已。

　　可见，清代出现的这种约定漫长典期的出典交易完全是特定社会背景下的产物，与中原地区传统的出典交易习惯无关。清代汉族民间的契约中类似的典期约定条款相当少见。但是对于清统治者来说，这是一个重大的问题，因此清朝立法试图限制典期。

　　在雍正年间明确区分典、卖行为，并取消出典交易的契税之后，清代《户部则例》明确对出典年限加以限制，规定："民人典当田房，契载统以十年为率，限满听赎。如原业力不能赎，听典主投税、过割执业。倘于典契内多载年份，一经发觉，追交税银，照例治罪……十年以后，原业无力回赎，听典主执业、转典。"与之相近的一条规定："原典房屋契载物件至回赎时或有倒塌损坏，照原价酌减。典当田房契载年限，至多以十年为率，倘多载年分，一经发觉，追交税银，照例治罪。"②这样一来，出典的年限一律被限制为十年，超过十年就视为卖契，要追缴契税。

---

① 引自王钟翰：《康雍乾三朝满汉文京旗房地契约四种》，载《清代区域社会经济研究》（下册），中华书局1992年版，第1020、1028页。

② 《大清律例会通新纂》卷八《户律·田宅》引。

乾隆十八年(1753年)应浙江布政使司上奏请求定例，清朝又立法试图对出典人的回赎期加以一定限制：

嗣后民间置买产业，如系典契，务于契内注明"回赎"字样；如系卖契，亦于契内注明"永不回赎"字样。其自乾隆十八年定例以前典、卖契载不明之产，如在三十年以内、契无"绝卖"字样者，听其照例分别找、赎；若远在三十年以外，契内虽无"绝卖"字样，但未注明回赎者，即以绝产论，概不许找、赎。如再混行争告者，均照不应重律治罪。

这一条例一改传统立法混称"典""卖"的旧例，明确区分"典"和"卖"为两种田宅交易行为，强调凡典契必须注明"回赎"字样，卖契必须注明"绝卖"及"永不回赎"字样。从本条例实施的乾隆十八年以前民间旧有的契约，如果没有明确说明是典还是卖，立契在三十年以内的，只要契约内没有"绝卖"之类字样的，就可以按照出典来处理，进行找价或回赎；立契在三十年以上的，即便是契约内没有"绝卖"字样，但只要是没有明确允许回赎的内容，就一概不允许找价、回赎。如果当事人起诉纠缠不休"混行争告"者，就按照"不应重律"进行处置(可以处以杖八十的刑罚)。

这条条例后半部分内容按照《集注》的解释："重在'契载不明'四字，谓契内既无绝卖字样、又无找贴字样，含混不明，故以三十年为断。若契载绝卖，即不论年月久迁矣！若契有找贴字样，即三十年以外尚非绝业也，照例分别找、赎。"可见其基本精神和宋朝初年的《宋刑统》相近，契约不明的才限定回赎时间，如果契约分明，回赎期限依然可以视为是无限期的。①

不过也与宋朝法律一样，由于该段法规所用的语言不甚分明，经常容易引起误解。清末法学家薛允升在《读例存疑》中就此批评道："此系乾隆十八年纂定之例，是以十八年以前有'分别三十年内外'字样，若由现在溯自十八年以前，万无三十年以内之理。例内如此者尚多，每值大修之年，何以并未更正耶？再，'分别三十年内外'，现在各省仍未能画一办理，且有不知此例者。"②可见各地官府对此的理解并不一致，很多地方官府根本就不知道这条条例的存在。

清代《户部则例》对典权制度所作的另一项补充，是试图对转典行为做一些规范："凡典契而原主不愿找、卖契而现业主不愿找贴者，均听原主别售，归还典、卖本价。至典契并原卖听赎之产，现业主果有急需，原主不能回赎，亦听现业主转典。倘有称原主之原主，隔年告找、告赎；或原主于转典未满年限以前强行告赎、及限满而现业主勒赎者，均治其罪。"这一条例的文字也不够清晰。大致内容可以分为两项。第一项规定，出典契约的原主(出典人)在典期期满后不愿意将田宅经找价后卖给典权人，或者是"活卖"卖契的"现业主"(买受人)不愿出找价买断的，原主(出典人或活卖人)可以另外寻找买主出卖，新的买主可以通过归还原来典、活卖的"本价"来赎回田宅。第二项规定，出典以及写明了允许回赎的活卖田宅已经到了回赎期间，"现业主"(典主或买主)有急需现钱，而"原主"(出典人或活卖人)又没有能力回赎的，现业主可以将田宅转典给第

① 《大清律例会通新纂》卷八《户律·田宅》引。
② 《读例存疑》卷十《户律·田宅》"典买田宅"。

三人。如果有人号称是原主的原主隔年来要求找价或回赎的,或者是原主在"现业主"转典的典期年限未满时强行要求回赎的,或者是转典年限已满后"现业主"勒令原主立即回赎的,都要禁止,加以治罪。

《示掌》一书对该条条例的解释:"如系活产,原主不能回赎、现业主既经别售,而原业之上首之原主亦不得隔手找、赎。"①显然其立法的重点是在于明确处分权的归属,隔断远年交易的联系。出典人不愿经找价绝卖给典权人;或没有明确绝卖的出卖人,在要求找价未得到满足的情况下,允许原主(出典人)另行出卖他人(从现代民法的眼光来看实际上是回赎权的转让)。同时,又明确典权人及没有明确绝卖的买受人的转典权利,不允许隔手交易人(也就是原出典人)要求回赎,原主要求回赎也要在转典限满后。

(四)清代民间的典权惯例

清朝对于典权制度的这些改革实际上对于民间交易起的作用并不大。保留至今的大量乾隆以后的民间契约文书中,除了大多数典契不再有官府盖印的"红契"外,与过去的典契并无不同。有些地方的典契比过去更为复杂。

在大城市中,房屋的转典相当常见。如嘉庆二十五年(1820年)北京宛平县的一件转典契:

> 立转典契人胡荫元,有韩家潭房一所,原系孙姓典押,京平纹银叁千两,已经年满,尚未回赎。今因手乏,情愿转典与　　名下为业。典价京平纹银贰千两,言明叁年内取赎。倘孙姓无论何时回赎,仍由胡姓经手自行清理,与转典业主无干。其银笔下交清,并无短少。恐后无凭,立此为据。
>
> 外有孙姓典契一张、红契十四张,交业主收执。又据。
>
> 再,如有墙壁坍塌之处,原典之人自行修补,与业主无涉。又批。
>
> 　　　　　　　　　　　　　　　　　　　　中人　杜淦(押)
>
> 嘉庆二十五年十二月二十二日　　　立转典起(契)据人　胡荫元(押)②

这件契约主要内容是胡荫元将一所房子转典给某一位人士,说明房屋的原业主是一位姓孙的人氏,原典价为三千两,转典价则仅二千两,转典期限为三年。特别说明该房屋的典期已满,在原业主孙姓提出回赎时,由胡荫元负责,与现典权人无关。值得注意的是,这件契约还约定了房屋墙壁的维修义务由转典人胡荫元承担。

由于反复找贴习惯的影响,民间往往在出典后仍允许"加典",而不算是找价加绝,以后只需按原典价与加典价格之和回赎。比如徽州契约文书中有一件"加典"的契约:

> 立契外加典批据人许公肃、许郎公、同侄我田,今因本家公典化字二千四百三十四号楼屋与族名下居住,立有正契。今又凭中议于契外加典价九色银三十五两正。此银亦即收讫。自此之后,毋得加典,期满取赎之日,将此项银两一并兑还两缴。今

---

① 《大清律例会通新纂》卷八《户律·田宅》引。
② 《中国历代契约会编考释》,第1523页。

恐无凭,立此契外加典批据存照。

乾隆三十五年十二月　日

　　　　　　　　　　　　　　　立加典批据人　许公肃(押)
　　　　　　　　　　　　　　　　　　　　　　(余略)①

这件契约主要内容是原业主许公肃、许郎公、许我田就一处已经出典的楼房,再向典权人加典三十五两银子,并保证以后不再提出加典的要求,并明确将来回赎时的价格为原典价和本次加典价之和,"一并"合计支付。

又比如在出典的期限和回赎年限上,民间依然漫无限制。尤其是典契回赎年限依旧几乎是无限期,如民间长期流传的俗谚"典田千年有份""一当千年在,卖字不回头"②等等,就反映了这种根深蒂固的民间观念。有关转典的习惯也是各地不同,有的地方有"产动归原"的俗谚,典权人不得直接转典。③

不仅民间对这些制度反应冷淡,而且清朝即使是最高司法机构在司法实践中也往往并不严格按照法律来区分典、卖,往往依然承认出卖人的回赎权。如《大清律例会通新纂·户律·田宅》所载嘉庆十五年(1810年)的一件成案:

清丰县武生于丽岈在灾年被迫将自己祖先遗下的两项八亩地,以每亩一两多一点的贱价出卖给郝培德。以后郝培德又将土地转卖谢姓,于丽岈要求回赎,郝培德不允。于丽岈起诉,所属大名府知府张体公认为"限满三年例不准赎",驳回于丽岈的起诉。于丽岈反复越诉缠讼,张体公上报省学道,将于丽岈的武生员头衔予以黜革,并杖责于丽岈。此事引起清丰士绅公愤,官司一直打到朝廷。嘉庆帝派员复审后,发布上谕称张体公的判罚"未免过当",而且另一参与会审的知府石飞龙曾试图说服于丽岈撤诉,审判不公,都应"交部分别议处"。"且买主转卖地亩,本许原主照现价买回。此项地亩,郝姓原买之时,每亩价银仅止一两内外,迨经于姓认买,遂增价至四两八钱,显然故意勒掯、高抬价值情事。若因限满不准赎回,适以起富家乘灾图利之渐。所有于丽岈祖遗地二项八亩零,著准其令该家属按照每亩四两八钱之数减半向谢姓赎回。其亏折半价,即令郝培德照数偿还,以昭平允。"并下令开复于丽岈的武生员头衔。

从这一案例可以看到,当时有"例"允许出卖人在三年之内回赎土地,而且买受人转卖土地时,原主具有先买权。不过这些在现存的清朝法律条文中找不到,或许是惯行之例。而且嘉庆帝的上谕最终判决于丽岈可以按照原价"每亩四两八钱之半",也就是每亩二两四钱的价格回赎土地,并无任何根据,真正是"圣心独断"。

面对民间强大的习惯势力,各级官府显然也缺乏严厉实施这些制度的决心。典契不征契税,更使地方官府丧失了一笔财源。到了清末,朝廷财政状况日益窘迫,各地纷纷又恢复开征典契的契税。有的地方比卖契减半征收,也有的地方与卖契同样征收。光绪年

① 转引自刘淼:《明清间徽州的房地产交易》,载《平准学刊》第五辑上册,第213页。
② 《俗谚》上册,第170页;下册,第333页。
③ 明末清初小说《八洞天》第一卷载明代浙江金华兰溪地方的俗谚。

间定例,统一恢复典契契税,每两六分(6%,其中的 4.5%划为中央财政收入)。①

四、民国初年的典权制度和民间典权习惯

(一) 1915 年的《清理不动产典当办法》

针对长久以来典卖不清、繁扰官司的状况,民国初年曾设法进行清理,1915 年北京政府以政令形式颁布了《清理不动产典当办法》。② 这个办法一共十条,其基本原则和清《户部则例》相比差别不大。

首先,"民间所有典、卖契载不明之不动产,远在三十年以前、并未注明回赎字样、亦无另有佐证可以证明回赎者,即以绝产论,不准回赎。其未满三十年、契载不明之不动产,概以典产论,准其回赎。但契载已明者不在此限"。三十年以上未注明可回赎的不动产典、卖契约,一律视为绝卖,不得再要求回赎;未满三十年未明确是否绝卖的契约,一律视为典产,允许原主回赎。

其次,"典产自立原约之日起,已经过六十年者,不论其间有无加典或续典情事,概作绝产论,不许原业主再行告争"。这是历史上首次明确规定回赎期限,将回赎期间限定为立约后的六十年。而且"未满六十年之典当,无论有无回赎期限及曾否加典、续典,自立约之日起已逾三十年者,统限原业主于本办法施行后三年内回赎。如逾限不赎,只准原业主向典主告找作绝,不许告赎"。

再次,在回赎时典当不动产的增值问题,规定:"凡准回赎之典业,若经典主添盖房屋、开渠筑堤,及为其他永久有利于产业之投资,原业主回赎时应听典主撤回,其有不能撤回或因撤回损其价格、或典主撤回后无相当用途者,由双方估价归原业主留买。""凡准回赎之田地,若经典主管领耕种满二十年、及现时地价确有增涨者,原业主于回赎时除备原典价外,应加价收赎。"加价的金额双方协商不成的,当地官府应发布各地段土地差价作为加价的基准,审判衙门在其差价十分之五的范围内酌定,"田地之时价以一年租金额二十倍为准"。这些规定明显是偏重于保护典主的利益,并不考虑典权人已获得长期土地收益的因素,与历代有关立法的原则不同。

1915 年的《清理不动产典当办法》与清朝有关典卖不动产的大部分立法相似,并没有真正起到作用。而且该办法第九条又规定:"本办法所定各节,各省已另有单行章程或习惯者,仍从其章程或习惯办理。"因而其效力并不高。

(二) 1918 年《民商事习惯调查报告录》所见的各地典权习惯

从民国七年(1918 年)《民商事习惯调查报告录》调查的资料来看,民初各地的土地房屋出典行为依然主要依靠民间习惯调整,基本保留自不动产典权出现以来的旧有状况,很少受到《清理不动产典当办法》的规范。只是典当不动产习惯的地方性相当强,各地的习惯有相当的差别。

① 参见徐达:《土地典卖税契制度考略》,《平准学刊》第四辑上册,光明日报出版社 1989 年版,第 514 页。
② 见国民政府立法院编译处编:《中华民国法规汇编》,1934 年印行,第十一册《司法》,第 47 页。

比如民初各地关于出典不动产的风险承担及出典物产附加物的费用承担等问题的习惯不同。直隶(今河北)定县、清苑等地民间习惯,如典地被水冲垮,典主修复栽种五年后,业主才可以回赎。吉林扶余县有"房倒烂价"的俗谚,出典的房屋如因水淹火烧而破坏,业主只能收回素地和残存材料,不得追索房价,而典权人也不得索要典价。河南确山县有"许盖不许撤"之谣,典权人在典地上所修盖的一切建筑物都视为添附物,在业主回赎时均归业主完全所有。但是如果典房有毁坏,则"典房烂价",回赎的典价可以减去若干。如果出典的是草房,出典后的三年内有倒塌归业主修理,三年后则全归典权人修理。山东黄县"房倒烂价",出典房屋如倒塌,典价随之消灭,出典人可收回残存部分。类似的习惯在山西清源县称之为"房塌无价"。浙江定海县凡出典房屋被烧毁,典价即告让免。① 相反,如《清理不动产典当办法》所规定的那样典地价格上涨的应加价回赎的习惯却并不多见。

关于出典房屋的维修义务承担,各地习惯也略有不同。如天津民间习惯上,房屋大修(换山、换檐)双方分别承担,小修由典权人负担。山西平定县则习惯"典主修内、业主修外",典权人负责修理房内,业主负责修理房屋外部。陕西长安县的习惯是契约约定有回赎期限的,在回赎期限内的修理责任归业主;但过期不赎,修理责任转归典权人。或者是三年为责任分界。陕西雒南县习惯与此相同,但称"内修外修"。②

民国初年的民间习惯上,出典后不得回赎的期限有的地方是"田三屋四"(苏南奉贤),即田产出典后三年内、房产出典后四年内业主不得回赎。也有的地方如陕西武功县,习惯上只要契约上未明言,出典人就可以在一季收成后以原价回赎。甘肃盐池县习惯赎地应满三年。③

关于典权是否能够自由转让,有的地方习惯一般承认典权人可以自由转让典权,但在转典时必须将原典契随同交付受让人,出典人可以向新的典权人回赎。如河南巩县"凡甲产出当于乙,若乙复当于丙时,连同原当契一并交付,是谓转当。嗣后甲可向丙回赎,与乙无干。若未连同原当契交付,则谓之清当,甲只得向乙回赎,乙向丙回赎"。山西祁县"拦典不拦卖",习惯上不承认转典。福建闽清等地民俗承认典权可以自由转让,出典人回赎时应约原典权人一同向后手典权人回赎。湖北恩施地方习惯除承认"转当"外又有"加当"(出典后多次要求再增加典价,以至典价高于卖价),同时"一业数当"(重叠出典)也相当常见。陕西郿县习惯允许"转当",出典人可以直接向后手典权人回赎。凤翔县也有相同的"转典"习惯,邠县又称"当地推种"。甘肃全省一般民间都承认典权人可以转当,但转当价不得高于原典价。④

关于典权和所有权、租赁权之间关系问题,民国初年各地民间习惯大多认可它们之间自由转让。如奉天(今辽宁)洮南县有所谓"租不拦当、当不拦卖"的俗谚,类似的俗谚在各地相当普遍,如锦县"租拦不了当,当拦不了卖";吉林舒兰县"租不拦当,当不拦卖";黑龙江龙江、纳河、青岗、克山、呼兰等各县均有"租不拦典,典不拦卖"的俗谚;山东滋阳、聊城又称"租不压典,典不压卖"。⑤

---

① 分别见《民商事习惯调查报告录》,第31、56、226~227、252、492~493页。
② 同上书,第17、272~273、627、658页。
③ 同上书,第361、646、691页。
④ 同上书,第222、263、532、570、649、663、664、1253页。
⑤ 同上书,第37、38、54、63、76、88、116页。

关于回赎的时间，出典的契约上大多不予约定，但各地民间习惯上都有一定的限制，大致的原则是不妨碍农作物的耕播收获、不妨碍居住。奉天（今辽宁）各县习惯一般回赎房屋应在农历二月中旬（或立春）以前、回赎土地应在清明节气以前。吉林榆树县"头年房子过年地"的俗谚，要求赎房应在农历年前、赎地在二月之前。榆树、扶余两县要求回赎耕地应在惊蛰以前。黑龙江龙江县习惯回赎应于"秋后春前"。青岗县房地回赎都要求在清明以前。河南开封民间有"三不回春、八不回秋"（回赎应在清明前、秋收后），或"当白回白，当青回青"（回赎时土地状况应和出典时状况相同）的习惯。沁源县又有"三不得麦，六不得秋"的说法，限制回赎在清明前及农历六月六日前。山东齐东县的习惯不同，业主随时可以回赎，但在地内已播种情况下要按照双方的协商另行支付种子费用。而蓬莱县的习惯是春分前回赎，如典权人已播冬麦，则来春与业主平分所收麦子。山西省大部分地方习惯以平遥县为典型：水田不得过惊蛰，旱田不得过清明。或如虞乡县"三不赎夏，七不赎秋"，临汾县"立秋不赎秋，立夏不赎夏"，强调在夏、秋收后回赎。夏县则"青地赎青、白地赎白"。江苏的丰县习惯在土地已播种的情况下，芒种、立秋前回赎可分麦一半。江西永新县习惯将田产的回赎期限制在农历正月内，将土地的回赎期限制在农历的二月内，称之为"正月田二月土"。更为苛刻的是福建闽清民间习惯：回赎必须在每年的农历十一月三十日这一天进行，否则就要等待来年再赎。霞浦县的习惯也是如此，只不过唯一的回赎日为每年的十二月三十日夜。陕西长安县习惯"当青赎青，当白赎白"。扶风县的习惯是"六当六赎"，每年出典和回赎都要求在农历六月进行。鄠县水田回赎以谷雨为限，旱地夏以清明、秋以立秋为限。临潼县"当白赎白"与长安等地略同。有些地方习惯不同，如乾县的东北乡，只要尚未播种均可回赎，而当地的阳洪店村因传说过去有富翁某为怜贫起见，允许业主麦收时回赎，形成该村麦收可赎地的惯例。①

五、典权制度的评析

从物权角度考虑，传统的典权确实可以认定为用益权，是权利人使用并从他人的不动产获得收益的权利。而从债权的角度观察，也可以认为传统典权是一种特殊的债权担保方式，出典的不动产作为以典价形式出现的债权的担保，所有人只有清偿全部典价才可以收回不动产；在这之前不动产供权利人占有、使用，并以其收益抵充债务的利息。

（一）从社会经济角度观察典权制度

典权制度允许在同一项不动产上形成具有两个平行的各自拥有处分权的权利人（出典人或称业主、典权人或称典主）的局面，同时也并不禁止由第三方实际占有、使用该项不动产。而且除了两宋时期以外，典权制度允许出典人仍然占有、使用已出典的不动产（作为典权人的佃农或房客，向典权人交纳租金）。这种情况在缺乏交易公示性（不存在登记、拍卖之类的公示制度）的历史背景下很容易形成权利的重叠和权利的冲突，对于交易的迅

---

① 分别见《民商事习惯调查报告录》，第 40、55、56、67、86、216～217、229、236、250、255、273、286、301、378、435、522、552、628、647、664～665、666、665 页。

捷和安全显然存在不利影响,对于潜在的交易第三人产生风险。

由于在典期期满后出典人可以随时要求回赎不动产,因此典权人对于所获得的财产的利用也存在风险。典权人在典期内就要尽可能地从这笔不动产上获取收益,而在典期期满后也是能多收一年一季就多收一年一季,不可能对不动产进行投资,因为这种投资在出典人要求回赎时是无法要求补偿的,因此民间有俗谚所谓"典地不上粪,租地不起屋"①。从社会经济角度来看,典权双方都具有进行短期行为的动机。受到影响的只能是不动产的改良,不动产的附加值因此趋向降低。

从经济利益的公平性考虑,出典交易显然是不利于出典人一方的。本来典价就压得很低,一般不会超过该项不动产当时正常价值的二分之一。而且一般在交易进行时所设定的典期(也就是不允许出典人回赎的期限),典价总是依据该项不动产在该段时间内的收益足以相当于或超过一般的借贷利息为准,因此典期过后,典权人所获得的收益会超过借贷利息。在出典人无法凑齐典价回赎的情况下,典权人可以长期占有不动产,长期收益。而出典人要出卖不动产时,又因为受到典权人先买权以及实际占有状态的制约,难以找到买主。典权人即以此压低"找价"的价格,往往不过原有价值的三分之一。出典人对此并没有什么对抗措施,在急需现金的情况下只好无可奈何的接受。这就埋伏下以后不断进一步要求找价的理由。

传统的典权制度由于上述的这种经济利益上的不公平性,交易性质的不确定性(凡契约上不写明绝卖的交易都可以视为出典),权利存续的不公开性的特点,很容易形成当事人之间的纠纷。事实上中国古代地方官府所受理的民事财产案件,除了婚姻继承纠纷外,最主要的就是典权纠纷。

(二)典权制度能够长期沿续的原因

典权制度能够长期在中国经久不衰,很大程度上是由于商品经济不发达的社会经济因素造成的。农产品主要部分支付地租以及家庭消费,并非在市场出卖,因此农民缺乏资金。一旦因为生、婚、丧、病之类情况急需现金时,要避免高利贷盘剥,就只能以土地出典,来换取急需的现金。

法律并非单纯的经济利益的反映。一项民事制度(抑或习惯)的形成,除了有经济上的需要或理由外,文化背景也是重要的因素。典权制度之所以在中国社会扎根,很早就形成习惯,很大程度上也是由于重视家族财产传承的缘故。"败家子"在中国传统社会一直是最具有蔑视意义的评语,而出典就可以将收回祖产的希望寄托于下一代、以至再下一代。子子孙孙是没有穷尽的,有朝一日有能力回赎的希望也是始终存在的。因此尽管出典的经济效果很差,但却是人们所能够承受的。所谓"典田千年有分""卖田当日死,典田千年活""一当千年在,卖字不回头"②之类的俗谚,就说明出典的一方所看重的正是这个可以原价回赎的理想。

① 《俗谚》上册,第173页。
② 分别见《俗谚》上册,第173页;中册,第157页;下册,第333页。

典权成为朝廷立法承认并保护的一项民事交易制度，也是由于受到古代立法指导性原则的影响。在北朝隋唐实行均田制时期，朝廷采取的是以国有土地制度面貌包容土地私有状况的土地政策，朝廷立法禁止私人自由买卖土地。北齐法律允许以"钱还地还"的"帖"形式转移土地，潜台词就是"钱不还，地也就可以不还"。这是对于现实状况的一种默认，而这一方式又被唐及以后朝代的统治者接受。

儒家"均衡"思想对于朝廷民事立法的影响也不可忽视。至少在唐宋的法律中，法律并不保护计息债权。另外历代法律也有禁止将债务人的土地抵充债务的内容，号称为"抑兼并"。唐以后的历代朝廷之所以对于民间流行的出典行为的规范较为积极，正是因为表面上看来出典是没有利息的交易，符合了不保护计息债权的原则。

综上所述，典权制度是在自给自足的自然经济基础上，又受到保存家产一脉相传的传统伦理道德的影响，从而被力图以倡导"均衡"、不积极保护计息债权的朝廷立法所规范，形成一种极具中国特色的民事财产制度。它确实是中国传统社会的一项具有"中国特色"的民事制度，但是正如传统社会一去不复返那样，在新的社会环境中，是否有必要为了特色而特色的重新设置这一民事制度，还是大可怀疑的。

第二节　唐宋的"贴赁"与"倚当"

"贴赁"是唐代均田制下有条件的田产转移方式之一，而"倚当"是唐末五代至北宋时期一种法律所允许的田宅转移占有方式。两者都是出赁人或出当人（大多为无法清偿的债务人）得到一笔"赁价"或"当价"，将田宅转移至受赁人或受当人（大多为债权人）处，受赁人或受当人具有法律保护的占有、使用、收益权利。双方约定以该田宅若干年的收益来抵销原来的当价（实际上大多系原来积欠下的未能清偿的债务）及其利息，在当价本息被抵消后或至约定的期满后，田宅应归还原业主。从近代民法的债权角度来观察，这种交易可以视为一种预付租金获得不动产一定年限使用收益权的租赁行为，而从物权角度来观察，这种权利也可以归属为一种特殊的用益物权。

一、贴赁与倚当的形成

上文已经分析过古汉语用于财产交易时"贴"字的字义，是用来表示债务人向债权人提交的财产具有产生价值因素的情况。"赁"是租的意思。贴与赁的结合，表示的就是具有一般租赁外观但又具有"贴"的特性的交易。

（一）唐代"贴赁"

如上所述，唐代实行均田制，禁止土地买卖。只是有条件的允许以"贴赁""质"的形式转让土地。按照上节所引用的唐开元二十五年《田令》，在到边疆服役或到外地任官，家中又无人守业的情况下，允许"贴赁"和"质"；另外"其官人永业田及赐田，欲卖及贴赁者，皆不在禁限"。

所谓贴赁,从当时立法者的角度来看是一种特殊的土地租赁交易。"贴"即质押之义,而赁即指租赁。正如上文对于"贴"字字义的分析,贴在特指时一般是指所转让的担保债务的财物具有产生价值的特性,而土地正是这样的财物,所转让的土地的收益可以抵消债务及实际存在的利息。

贴赁原则上也要经过官府的批准,吐鲁番出土的唐永徽元年(650年)云骑尉严慈仁请求出租常田的牒陈就是一件具有典型意义的材料:

  常田四亩　　　　　车渠①

  牒:慈仁家贫,先来乞短,一身独立,更无兄弟。唯租上件田,得子已(以)供喉命。今春三月,粮食交无,遂将此田租与安横延。立卷(券)六年,作练八匹。田既出赁,前人从索公文。既无力自耕,不可停田受饿。谨已牒陈,请裁。谨……

            永徽元年九月廿　日

            云骑尉　严慈仁

牒陈所请求批准的交易实质是,严慈仁以自己的四亩常田(即口分田)以八匹练的代价"出租"给安横延六年,"出租人"是出于生活艰窘才不得已贴赁土地,完全没有一般意义上的地主出租土地、收取地租的主动地位。

在吐鲁番、敦煌出土的不少以租、夏为名的契约文书中,凡租田人一次性付清地租(绝大多数情况下都是以货币形式的),明确约定租期、所规定的违约罚是归出租人的,而且在契末签署处只有出租人(田主)画指而承租人(一般称钱主)不画指的,实际上就是贴赁,而并不是一般意义上的租赁。② 如吐鲁番出土的唐总章三年(670年)高昌左憧憙夏菜园契:

  总章三年二月十三日,左憧憙于张善憙边夏取张渠菜园一所,在白赤举北分墙。其园叁年中与夏价大麦拾陆斛,秋拾陆斛;更肆年,与银钱叁拾文。若到佃时不得者,壹罚贰入左。祖(租)殊(输)伯(佰)役,仰园主;渠破水滳,仰佃人当。为人无信,故立私契为验。

         钱主　　　左憧憙
         园主　　　张善憙(画指)
         保人　男　君洛
         保人　女　如资(画指)
         知见人　　王父师
         知见人　　曹感③

这件交易的实质是左憧憙以三十二斛大麦、三十文银钱的代价,获得张善憙一处菜园的种植七年的权利(契约约定前三年的"夏价"是夏、秋分两季交付的各十六斛大麦,以后四年为三十文银钱)。出租人不仅不能约定地租的质量、交租的期限,还要保证在种植季

---

① 见《吐鲁番出土文书》第六册,第223页。
② 可见《吐鲁番出土文书》第五册,第78页;第六册,第253、421、428页;第七册,第370、406页等。
③ 《吐鲁番出土文书》第六册,第428页。

节到来时必须交付菜园,出租人要承担土地赋税。而且在契约后除了本人外,出租人的儿女(男君洛、女如资)也要作为保人来签署,显然这是借贷契约的特征。

史籍记载中也有关于民间"贴赁"交易的记载。《旧唐书·李峤传》载,武则天长安末年(约704年前后),武则天打算在长安白司马坂建造大佛像,国子祭酒同平章事李峤上疏劝阻,称:"天下编户贫弱者众,亦有佣力客作以济糇粮,亦有卖舍贴田以供王役。"《册府元龟》卷四九五载唐玄宗天宝十一载(752年)的诏书指责"王公百官及豪富之家"兼并土地,"爰及口分、永业,违法买卖,或改籍书,或云典、贴,致令百姓无处安置"。

由于土地兼并越发激烈,至唐中叶朝廷已不得不承认贴赁的效力。在安史之乱被平息的当年(宝应二年,763年)制敕宣布,客户若在当地居住一年以上,或"自贴、买得田地有农桑者",都可以在当地入籍。① 这样就正式承认了民间贴赁行为的合法性,已因贴赁所占有的土地得到了官府法令的保护。

与土地典质的情况相仿,"两税法"改革后,必须由贴赁得到土地的一方来承担土地的赋税。《旧唐书·宪宗本纪》载元和元年(813年)敕,规定贵族百官的田宅可以自由"贴、典、货卖",但必须随之转移赋税。唐敬宗宝历元年(825年)敕文又规定所有获得贴赁田宅的一方都要承担按照资产征收的户税。②

敦煌出土的一件唐天复四年(904年)的"租田"文契③也是一份贴赁契约:

> 天复四年,岁次甲子捌月拾柒日立契。神沙乡百姓憎(僧)令狐法性,有口分地两畦捌亩,请在孟受阳员渠上界。为要物色用度,遂将前件地捌亩,随共同乡邻近百姓价员子商量,取员子上好生绢壹疋,长捌;综毯壹疋,长贰丈伍尺。其前件地祖(租)与员子贰拾贰年佃种,从今乙丑年至后丙戌年末却付本地主。其地内除地子一色,余有所着差税一仰地主担当。地子逐年于官,员子逞(呈)纳。渠河口作两家各支半。从今已后,有恩赦行下,亦不在论说之限。更亲姻及别称忍(认)主记者,一仰保人担当,邻近觅上好地充替。一定已后,两共对面平章,更不休悔,如先悔者,罚□□纳入官。恐后无凭,立此凭检(验)。

地主　僧令狐法姓(性)
见人　宋员住
见人　都司判官汜恒世
见人　行局判官阴再盈
见人　押衙张
　　　都虞候卢

本件契约号为租佃,但既没有地租的规定,也不见地主对于佃户的种种在地租质量等等方面的规定,特别是契末承租人居然并不签署画指,显然所谓的承租人在这件契约中居

---

① 《唐会要》卷八五《逃户》。
② 《文苑英华》卷四二六、卷四二三《赦》。
③ 伯希和汉文文书3155号纸背,转引自《敦煌资料》第一辑,第126页。

于主动有利的地位。实际上是令狐法性将自己的八亩口分地,以一匹生绢、一匹综毯的赁价,转移给价员子耕种二十二年。并规定这块土地承担的官府"地子"(即地税)由价员子缴纳,"地子逐年于官,员子逞(呈)纳",其余的差税都由地主也就是令狐法性负责缴纳。这块土地的水利设施"渠河口作"的维护费用,两家各承担一半。按照敦煌、吐鲁番出土唐宋文书中租佃契约的惯用语,都是"租输百役,一仰田主了;渠破水滴,一仰佃人"(详见上文),而这件契约却并非如此。因此这明显是一件贴赁契约。

(二)"倚当"名称的形成

随着"贴"字在唐末民间经济生活中使用频率的降低,为避免与普通租赁行为的混淆,五代时逐渐确立"倚当"的名称。

倚当之"倚"字,据《说文解字·人部》:"倚,依也。从人奇声。"倚字这一"依靠""凭借"的字义,是汉及唐宋时期所惯用的,《广雅》《广韵》都以此解释倚字。"倚"与上述的抵消、顶替字义的"当"字结合组成的"倚当",就可以用来表示"依据什么东西抵消、顶替掉某项事物"的意思,用于民事财产方面,即依靠某项财产的收益来抵消某项款项或者债务。"倚"所强调的是依据、凭借,如果是直接以该项财产本身来抵消债务,就不叫"倚当"了,在中国古代法律里称之为"折抵"或"准折"(即比照折合的意思)。

现在史籍中可以找到的最早的关于倚当的立法,是后周广顺二年(952年)十二月开封府提出的立法建议:"庄宅牙人,亦多与有物业人通情,重叠将产、宅立契典、当,或虚指别人产业及浮造屋舍,伪称祖父所置。更有卑幼骨肉,不问家长,衷私典、卖,及将倚当取债;或是骨肉物业,自己不合有分,倚强凌弱,公行典、卖。牙人、钱主通同蒙昧,致有争讼起。"针对这一情况,开封府拟定"指挥"(单行法令):

> 其有典质、倚当物业,仰官牙人、业主及四邻同署文契。委不是曾将物业印税之时,于税务内纳契白一本,务司点校,须有官牙人、邻人押署处,及委不是重叠倚当,方得与印。如有故违,关连人押行科断,仍征还钱物。如业主别无抵当,仰同署契行保邻人,均分代纳。如是卑幼不问家长便将物业典、卖、倚当;或虽是骨肉物业,自己不合有分,辄敢典、卖、倚当者,所犯人重行科断,其牙人、钱主,并当深罪。所有物业,请准格律指挥。①

从该条立法建议所提出的立法原因来看,在这之前,对于倚当行为并无明确的立法,由此也可推测倚当之名可能确实形成于唐末五代时期。这条建议得到批准,于是倚当的程序被规范,与典、卖一样必须经过家长同意,先问亲邻,并到官府盖印。

二、北宋初年的倚当制度

北宋初年《宋刑统·户律》专设"典卖指当论竞物业"门,就是为了规范出典、买卖、指质、倚当这四种民间最主要的田宅交易行为。倚当的规范是该门相当重要的内容。所规

---

① 《五代会要》卷二六《市》。该条另见于《册府元龟》卷六一三《刑法部·定律令五》。此条中在"仰官牙人、业主及四邻同署文契"之下的"委不是曾将物业"七字与后文词意并不连贯,应为传抄时窜入的衍文。

定的成立倚当契约的程序与出典、买卖并无不同,也与上引后周广顺二年的"指挥"的规定基本相同。有着如下的要求:

首先,出面立契的必须是尊长。"如是卑幼骨肉蒙昧尊长,专擅典、卖、质举、倚当,或伪署尊长姓名,其卑幼及牙保、引致人等,并当重断,钱、业各还两主。其钱已经卑幼破用,无可征偿者,不在更于家主尊长处征理之限。"

其次,成立倚当契约时出当人的亲属、四邻有优先权。"应典、卖、倚当物业,先问房亲;房亲不要,次问四邻;四邻不要,他人并得交易。房亲着价不尽,亦任就得价高处交易。"

再次,严禁重叠倚当。"应有将物业重叠倚当者,本主、牙人、邻人并契上署名人,各计所欺入己钱数,并准盗论。不分受钱者,减三等,仍征钱还被欺之人。如业主填纳不足者,勒同署契牙保、邻人等同共陪填。其物业归初倚当之主。"将同一土地房屋立契倚当给甲、又立契倚当给乙之类为"重叠倚当"罪,业主、牙人(中介人)、邻居等凡是在契约上署名者,都要根据获得的钱财数额计赃比照窃盗罪论处(赃满一尺以上处杖六十,以上递加至赃满五十匹以上处加役流),即使未得钱财也要比照窃盗未得财罪减三等处罚(笞二十)。全额赔偿受欺骗的后立契受当人,业主钱财不够赔偿的,契约上署名人共同赔偿。土地房屋归最初立契的受当人。

有人依据此条认为倚当和抵当相同,并不转移标的田宅的占有。① 这很值得商榷。如上所述,倚当这一名称所包含的字义已具有由权利人占有、收益的含义。倚当的立法均与出典、出卖的法条相同,显然这应该是一种在外表上看来相似的民事行为,因此宋朝的政府官员才会把这些行为合并加以规范。尤其是从下文提到的法律要求倚当必须过割赋税这一点来看,土地赋税是按照土地的占有、收益方来确定的,倚当与出典、买卖的情况类似,土地的占有转移、收益转移,因此在当时的立法者来看,自然土地的赋税也应该转移。况且在以后各个朝代的法律中皆有严禁"重叠典卖"的规定,②因此显然不能据此条断定这些朝代的出典及买卖行为都是不转移占有的。

根据《宋会要辑稿·食货六一之五七·民产杂录》所载乾兴元年(1022年)应开封府上言而制订的敕条,倚当和买卖、出典的契约形式也是一样的:"应典、卖、倚当庄宅田土,并立合同契四本,一付钱主,一付业主,一付商税院,一留本县。"这里所谓的"合同契",也是指写有骑缝记号的两联以上的复本契约。

与买卖、出典田宅一样,倚当时还必须要转移标的田宅所负担的政府赋税。宋太宗太平兴国七年闰十二月(983年)诏:"民以田宅、物业倚当与人,多不割税,致多争讼起。今后应已收过及见倚当,并须随业割税。"③上文所引的后唐天复四年的贴赁契约已规定"地子"由获得土地一方承担,从上下文句分析,"地子"与其他"差税"对称,是当时民间对于地

---

① 孔庆明等:《中国民法史》,吉林人民出版社1995年版,第376页。
② 如《大明律·户律·田宅》"典买田宅"条:"若将已典卖与人田宅朦胧重复典卖者,以所得价钱计赃准盗论,免刺。追价还主,田产从原典买主为业。若重复典买之人及牙保知情者,与犯人同罪,追价入官。"
③ 《宋会要辑稿·食货六一之五六·民产杂录》。

税的一种俗称。

倚当制度与典、卖也有所不同。如宋代的法律规定典、卖必须要"离业",即出典人、出卖人必须在成立契约的同时向交易的对方转移田宅的占有,而对于倚当并无这样的硬性规定。民间的实际情况可能有很多是将自己的土地出当给有钱财主,自己依然耕种,以租谷抵消当价。另外,凡典、卖土地田房必须缴纳契税,使用官府印制的契纸,加盖官府的官印成为"赤契""红契"。上述五代后周广顺二年的立法规定倚当必须与出典、买卖一样经过官府的印契程序,但宋代有关倚当的立法并无此项规定。

三、倚当制度的废止

上述倚当与出典、买卖的不同之处只是从外表而言,倚当真正与出典、买卖行为不同的是它的性质。倚当实际上往往是一种债务的清偿方式,立契时双方所议定的当价只是债务人所不能偿还的债务数额,与田宅的价值并无直接的联系。而出典来源于债务的担保行为,设定时必须要考虑到田宅的价值(一般习惯按照田宅价值的二分之一来设定"典价")。由于倚当的这一特性,获得田宅一方"当主"往往不愿意按约定期限归还田宅,以收益尚未达到原当价、没有达到利息为借口,要求出当人再支付一定的价钱来"回赎"田宅,形成大量纠纷。

《宋会要辑稿·食货三七之一二·市易》载有北宋天圣六年(1028年)八月间对于这一问题的讨论:

> 审刑院、大理寺言,枢密副使姜遵言:前知永兴军,窃见陕西诸州县豪富之家,多务侵并穷民庄宅,惟以债负累积,立作倚当文凭,不逾年载之间,早已本利停对,便收折所倚物业为主。纵有披诉,又缘《农田敕》内许令倚当,官中须从私约处分。欲乞应诸处人户田宅凡有交关,并须正行典卖,明立契书,即时交割钱、业。更不得立定月利,倚当取钱。所贵稍抑富民,渐苏疲俗。其自来将庄宅行利倚当、未及倍利者,许令经官申理,只将元(原)钱收赎,利钱更不治问。如日前已将所倚产业折过,不曾争理,更不施行。寺司众官参详,乞依所请施行。只冲改《农田敕》内许倚当田土宅舍条贯,更不行用。并从之。①

以上所引的这条资料极其重要,它说明在姜遵上言以前,北宋的立法是互有矛盾的。《农田敕》②允许倚当,而当时的豪强借此以计息债务倚当穷民的田宅,往往在倚当当价之外另行按月计算征收利息。即使田宅的收益及所收利息实际上早已抵消了债务的原本及相当于原本的利息——所谓"本利停对",却仍然继续占有田宅,实际是以田宅准折债务。然而出当一方的债务人又不能起诉,因为倚当行为是合法的,从表面上看来并不是"有利债负准折"。而计息借贷行为又是"任依私契,官不为理",官方只能按"私约处分",不能强

 该条另见于《宋会要辑稿·食货三八之五六·和买》。
 《农田敕》或是《景德农田编敕》的简称,据《宋史》卷七《真宗本纪》:景德二年"冬十月庚辰,丁谓上《景德农田编敕》"。另据《玉海》卷六十六则言"三年正月七日,右谏议大夫三司使丁谓等上《景德农田编敕》五卷."与本纪之说相差三个月。《农田敕》当为有关农田的敕条的汇编,后与《编敕》并行,至天圣四年(1026年)编入《编敕》,合为一书。

制受当的债权人归还所占有的田宅。按照《宋刑统·杂律》"受寄财物辄费用"门引唐《杂令》,唐宋时对于计息借贷,官府只受理债务人所提起的债权人有"违法积利、契外挈夺"行为的诉讼。而在倚当的情况下,表面上看来债权人并没有在法律的限制利率之上收取利息,也没有强行挈夺债务人的财产。这样一来,官府追究这类以倚当为名剥夺穷民庄宅的行为就无法可依。原来立法所贯彻的保护贫弱的原则实质完全落空。姜遵为此建议:禁止以计息债务倚当田宅,凡田宅交易只能是出典或买卖。原有的此类交易,允许出当的债务人向官府起诉,只要债务人提供原本就可收回田宅。如果倚当的田宅已被债权人折为己有、债务人未起诉的,也不再追究。姜遵的这项建议经过大理寺的讨论,得到同意。大理寺还进一步主张以这项新的立法取代《农田敕》中允许倚当的内容,原有关的条文不再使用。这项立法建议经皇帝的批准,成为新的法律。

就在上述立法讨论的一个月后,宋朝朝廷又进一步加强对于倚当的限制。《宋会要辑稿·食货一之二四·农田杂录》:

> (天圣)六年九月,河北转运使杨峤言:"真定民杜简等状称:近年水、旱、蝗灾被,豪富之家将生利斛斗倚、质桑土。"事下法寺,请应委实灾伤倚、质者,令放债主立便交拨桑土与业主佃莳,其所取钱斛候丰熟日交还。如拖欠不还本钱,官中催理,利息任自私断。自今后,更不得准前因举取倚、质桑土。实抑兼并,永绝词讼。从之。①

这是河北转运使杨峤提出的建议,因为河北真定地区接连发生自然灾害,"豪富之家"乘机以倚当、典质名义放贷计息债务,进行土地兼并。这个建议又一次转到司法部门讨论。司法部门建议,凡是在当地乘灾荒之机放债的债主,地方官府要发布命令,要求债主立即以出租的名义将土地交还原主,由原主耕种,等到庄稼成熟时偿还债务原本。如果原主拖欠债务,官府帮助催征。利息部分由双方自行了断。以后不得以倚当、典质名义放贷计息债务来谋取贫民土地。这一法令再次明确倚当、出典不得计息。

实际上这两件天圣六年的立法宣布倚当已不再是受到法律承认、保护的行为。从此宋朝立法时不再有将倚当与出典、买卖行为一起加以规范的情况,也不再有单独的关于倚当的立法。从法律上而言,倚当被废除。

以后倚当逐渐成为民间的习惯,其契约的强制力完全依靠当事人自身对于契约的认同及民间的惯行,并不依靠官府的强制力。因此史料中也少有倚当的记载。《名公书判清明集》卷之六《户婚门·抵当》有一篇名为"倚当",但从其内容来看,通篇所言则为"抵当"。从债权人的角度来看,倚当得到一块土地,在占有、收益所约定的二三十年后,就要归还给债务人,如不能累计利息,那就远不如采用典地的方法,同样的土地,只要债务人(出典人、原业主)不能拿出典价来赎取,就可以一直占有收益下去,况且典权得到法律的保护,更为名正言顺。因此北宋后倚当这一田宅转移方法在民间经济生活中的重要性下降。

---

① 该条另见于《宋会要辑稿·食货六三之一七七·农田杂录》。

四、后世类似倚当的民间交易习惯

元朝入主中原后,没有类似于倚当的法律规定。明朝初年制定的《大明律》虽然将典当连称,但从立法的文字分析,并没有这类倚当的内容。《大明律·户律·钱债》"违禁取利"条:"凡私放钱债及典当财物,每月取利并不过三分,年月虽多,不过一本一利,违者笞四十……其负欠私债,违约不还者,五贯以上,违三月笞一十……罪止杖六十。并追本、利给主。"与唐宋法律不同,法律也保护计息债权。但此处所言的"典当",典和当是同义字,并非指另一种交易行为,实际上就是唐宋时的"质押""典质",是指动产质押,丝毫没有与宋代倚当相近的内容。

(一)明中期倚当制度的"昙花一现"

然而,到了明代中期,政府立法又曾有类似于倚当的规定。《弘治问刑条例》记载弘治十六年(1503年)的一项立法:

> 刑部等衙议奏:"今后军民告争典当田地,务照所约年限,听其业主备价取赎。其无力取赎者,算其花利,果足一本一利,此外听其再种二年。官府不许一概朦胧归断。"奉圣旨:"是。照律例行。钦此。"

据此所拟定的条例规定:

> 典当田地、器物等项,不许违律起利。若限满备价赎取,或计所收花利已勾(够)一本一利者,交还原主,损坏者陪(赔)还。其田地无力赎取,听便再种二年交还。①

这条条例实际上恢复了唐宋时期以田宅收益抵消债务本息的倚当制度,只要土地的收益达到原典当价钱的"一本一利"(200%),典主就必须交还土地。如果典限到期而原业主无力赎取,典主也只能再占有耕种两年,两年后就必须将土地交还业主。这样一来,出典就变成了倚当,典期内的土地收益被视为对原典价的清偿,历年的收益只要达到了原来典价的200%,就应该归还产业。或者是在典期期满后,即便出典人无力回赎,典权人再耕种两年就必须归还产业(其立法逻辑如下:典期年限内的收益+两年收益=原典价的200%)。宋元以来的立法及民间习惯是把倚当混同于出典,而弘治十六年的条例又把出典混同于倚当。

尽管明朝廷这一立法的原意是出于帮助民间债务人,抑制愈演愈烈的土地兼并,可是这与长期以来的立法及民间习惯不符,很难切实实施,因此在正德初年修订《问刑条例》时,司法部门即谓"私役军伴、立嗣择立贤能及所亲爱、典当田地已勾本利交还原主等项是起争端",甚至称原修订《问刑条例》"诸臣刑名欠精,率多窒碍,徒为渔淫长奸之地"。但刑部在对条例文字稍加增润后仍坚持了原例。② 然而正德十六年(1521年)世宗即位大赦诏

---

① 转引自黄彰健:《明代律例汇编》,台湾"中研院"历史语言研究所1979年版,第493页。
② (明)陈洪谟:《治世余闻》上卷之四。

书宣布革除弘治十三年以后及正德朝的条例,"近年条例增添太繁,除弘治十三年三月初二日以前、曾经多官奉诏会议奏准通行条例照旧遵行外,以后新增者悉皆革去"。① 这条条例终于在勉强实施十八年后被废除。

(二) 明清以后民间类似倚当的习惯

明清时民间仍然有倚当性质的交易习惯。一般要求出当方偿还本金后,才得以收回出当的田宅,即以出当的田宅收益抵消原当价的利息。这种交易往往命名为租佃契约,但实际上主动权在于所谓的租赁人一方,以"出租"名义转让一段时间的田宅收益来抵消债务。如清刑部档案中保存的一件直隶定县的"租地契":

> 立租地字人姚瑾瑜,因无钱使用,同中说合,情愿将河滩地一段租与马姓名下。言明租价钱六千整,当日交足不欠。以租三年为满。外有姚云龙二十六年上字、租地一年、钱一千五百,两家言明,此钱以租满年限之日交还。如钱不到,仍然许马姓种地一年。如有反悔,有中人一面包管。恐后无凭,立此存照。
>
> 乾隆二十七年九月初六日
>
> 　　　　　　　　　立字人　姚瑾瑜(押)
> 　　　　　　　　　中人　　王寿山(押)　李福余(押)②

显然这与一般的租佃契约不同:是由地主出面立契画押,由中人担保,而且要还钱才能收回土地;也不同于一般的出典,在年限满期后,如不还钱,只可再种一年,并没有普通典契那样只要不支付原典价典权人就可以无限期占有耕种。实际上交易的性质是以三年的耕种收益抵消债务的利息,是过去倚当交易的变型。

有的地方以"扦批"为名,如乾隆六十年(1795年)福建永安县的一件契约:

> 今在　冯焕周表兄扦得谷价钱二千四百七十文,将本年值收明□太祖祭田、土名黄历溪坑,冯宅自己耕作,正租早谷共十担大,分出三担大,任冯宅到秋之日,扣除收入,填还本利清楚。不论谷价高低,各随造化。二家甘允,恐口无凭,立扦批为照。
>
> 乾隆乙卯六十年五月日　　　　　　　　立扦批　张佩行(押)
> 　　　　　　　　　　　　　　　　　　天理为保亲笔③

这件交易以"批"(租赁)为名,因标的田产为祭祀田地,实际债务人转移的是一件"田皮"(详见下文)的占有。强调债权人自耕,获得的收益除交祭田田租外,可以获得田租的30%来抵消债务本利,直到本利完全清偿,与过去的倚当交易更为相似。

直到近代民间此类习惯依然存在。比如民国初年湖南石门县有"欣当"之俗,一方出当(即典)日久,在回赎时得以要求典权人降低回赎的价金数额,其实质就是以出典田宅的收益抵消若干原典价,与倚当相似。甘肃平凉、固原"减价赎业"习惯也是以出典期间田宅的收益抵消若干典价,一般减去二、三成,至少也要减一成,"决无主张交还原价之事"。大

---

① 《皇明诏制》卷七,正德十六年四月二十二日大赦诏书。
② 《清代地租剥削形态》上册,第300页。
③ 转引自傅衣凌:《明清农村社会经济》,三联书店1980年版,第40页。

通县习惯更接近古代的倚当：契约中明言每年扣除典价一或二成。山西方山县的"借债折租"与倚当相似，至期不偿债权人接管产业，以地租"扣还本利，偿清，产仍归主"。同省广灵县有"靠产揭钱"习惯，此契约中说明如届期不还债，产业由债权人以老契及该约执业，但仍由债务人租用，每年租金若干。①

第三节 "田皮""田面"

所谓"田皮""田面"，是一种土地承租人拥有自由处分所承租土地的特殊的"永佃权"。"永佃权"人有权自由处分其权利，可以买卖、出典、出租，这种权利与所有权相对应，在中国古代称之为"田面""田皮"等等，权利人称之为"面主""皮主"；而原来的所有权称之为"田底""田骨"，权利人称之为"底主""骨主"。底主或骨主也可以自由处分其权利，出卖、出典，并承担官府的赋役。真正的土地耕种者佃户要向底主或骨主缴纳"底租""骨租"或"老租"，向面主、皮主缴纳"面租""皮租"或"小租"。从现代民法的角度来观察，底主或骨主的所有权实际上已经萎缩为土地的部分的收益权及该部分收益权的处分权，他已不能真实占有该项田宅，如果要自行耕种或另行出租，就必须向面主或皮主收买田面或田皮，使"底面合一"或"皮骨合一"。

这种"一田二主"式的"永佃权"习惯在福建、安徽、江苏、江西、浙江、广东、台湾等南方地区相当盛行。在这种情况下，同一块土地上的所有权人以及"永佃权"人都可以自由处分其权利，形成两层甚至三层的处分权，称为"一田二主"或"一田三主"。这是中国传统社会非常普遍的现象，但是并未受到政府法律的规范，一直是作为民间习惯。

一、"田皮"的发生

（一）转租国有土地的现象

一般意义上的永佃权，即永久耕种国家的或他人的土地的权利，这是中国古代由来已久的习惯。如汉晋时期朝廷经常下诏将国有土地或"佃"或"出假"给无地的农民，这种承租国有土地的农民只要履行向官府缴纳重于普通田税的"假税"的义务，就可以长期占有所"佃"所"假"的土地，而且可以继承，理论上可以视为获得对于国家土地的永佃权。北朝隋唐时期的均田制下，农民所获得的官府给授的桑田或永业田，不得自由处分，但可世代继承，永久占有，也可以视为永佃权。

中国古代法律和习惯上最重视的是田宅财产的收益权，并不强调处分权仅归所有权人拥有的原则，因此往往每一项收益权都可以被法律、更多的是被民间习惯视为能够进行自由的转让、设定负担，具有一项独立的处分权。汉代就发生将所"假"土地转手出租的现象。如《盐铁论·园池》已说权豪"转假"公田，"公家有障假之名，而利归权家"。南梁武帝

---

① 分别见《民商事习惯调查报告录》，第619、677、687、823、842～843页。

大同七年(541年)诏:"如闻顷者豪家富室多占取公田,贵价僦税,以与贫民,伤时害政,为蠹已甚。自今公田悉不得假与豪家,已假者特听不追。其若富室给贫民种粮共营作者,不在禁限。"①这个诏书虽然严厉批评了转租公田的现象,但却宣布既往不咎,而且还继续允许转租给贫民耕种。可见转租已成惯例。北朝隋唐的均田制,允许有条件的出卖口分田,也表现了对于处分权的忽视。唐代的律令也允许转租。如《唐律疏议·杂律》"得宿藏物隐而不送"条律疏的问答:

> 问曰:官田宅,私家借得,令人佃食;或私田宅,有人借得,亦令人佃作。人于中得宿藏,各合若为分财?答曰:藏在地中,非可预见,其借得官田宅者,以见住、见佃人为主,若作人及耕犁人得者,合与佃、住之主中分。其私田宅,各有本主,借者不施功力,而作人得者,合与本主中分。借得之人,既非本主、又不施功,不合得分。

出租的官田、官宅中发现埋藏物,由发现人和承租人平分;而出租的私田、私宅中发现埋藏物的,却要由出租人和发现人平分。其立法理由虽然解释为私田宅的承租人"既非本主,又不施功",可是官田宅的承租人不也同样如此?显然真实的理由是为了保护大量承租官田的有权有势者。该条立法实际默认了官田宅的承租人具有转租官田宅获得收益的权利。

官田的转租在日后依然长期存在。如上文提及的南宋末年贾似道"公田法",官府所征购到的"逾限"私有土地实际仍然由原业主管业,原业主依旧出租、买卖,只是要承担比一般私有土地高得多的官田地租而已。从严格意义上而言,原业主保存的就是一种具有处分权的永佃权利。又如明代在江南有大量原为没收罪犯家产而来的"官田",后来与民田无异,完全可以自由转让处分,只不过其承担的由原官田地租转变而来的田赋较重而已。所谓"官田之租多者每亩输仓米一石五斗,少者七斗七升四合。本依租以征税,此租额而非粮(田赋俗称钱粮)额也,相沿既久,混租为粮"②。

(二) 私人土地的永佃与转租

在私人所有土地上发生的租佃关系也同样出现这种有处分权的"永佃权"。宋元明清时期赋役沉重,很多自耕农为求逃避赋役及随之而来的胥役勒索,情愿将自己的土地贱价出卖、出典给有免役特权的豪绅势要之家,自己依旧占有耕种,只是为之输送一定的田租而免去官府赋役杂科。这在当时称之为"诡寄""托庇""投献"等等。虽然法律禁止这种交易,但由于元明清时法律不再强调出卖人、出典人必须"离业",卖典田地后自己依然租种原地的情况极为普遍,这种名义典卖的情况更难以查处。这种名义上的典卖关系中,承租的佃农(往往即原业主)一般保留有较大的处分权利。

另外明清两代鼓励垦荒,不少豪强势要组织农民垦荒,农民对于荒地有相当大的投资,以此为由获得"永佃权",地主如不偿还农民的开荒投资就难以阻止农民转让其佃权。

也有些地区商品经济较为发达,农民往往以"顶首""押租银""粪土钱""赔头钱""流退

---

① 《梁书》卷三《武帝纪下》。
② (清)朱彝尊:《静志居诗话》卷九。

钱"等等名义向地主交费买得耕种权,地主如欲撤佃、转租,都必须偿还这些费用,否则就难以阻止农民自行转让其耕种权,也是形成具有处分权的"永佃权"的原因之一。

宋代以后租佃关系中"定租制"(土地出租后以常年的收获量确定一个固定的地租数额,不得按照实际收成增减)愈加流行,也对"田皮"的形成有一定的影响。

还有就是宋元明清时期佃农起义频繁,以武装对抗地主,从而争得永佃权利。以上这些原因综合作用下,大约在宋代开始就出现了"一田二主""一田三主"式的、中国古代特有的"田皮"习惯①。

二、"田皮"的设定与转让

(一)"田皮"的原始取得

原始取得"田皮"的材料不多见,台湾清乾隆四十九年(1784年)有一件"垦批字"可作为例证。

> 立垦批开辟山林、海埔字,大圭笼社番士目己力氏老婆、利本于雷礼勿氏、八振礼勿氏、妈眉老婆社丁、白番甘望云、槟榔茗等。本社承祖遗下有未辟审理、海埔一所,坐落土名大圭笼隘门外土公岺,东至大苍分水为界,西至大港为界,南至港沟为界,北至坑分水透凼穴外尽水为界,四址分明。年纳本社大租一石正,向通士言明。兹因乏人开垦耕作,时有汉人何琼前来,给垦耕作,公同议定,琼愿出埔底犁头银六十四元正。其银即日公同交收足讫,其山林、海埔随即踏明界址,交付与何琼前去掌管,筑水开田,永远为业。保此山林、海埔系是己力氏老婆等之业,然后子孙不敢言及争长竞短,亦不关承垦人之事。此系二比甘愿,各无反悔。恐口无凭,立给垦辟山林、海埔批字一纸,付执永远为照。
>
> 即日己力氏老婆等同中亲收过垦批内埔底佛银六十四大元正完讫。
>
> 乾隆四十九年十二月　日　　　　　　　　代笔人　林王阳
>
> 　　　　　　　　　　　　　　　　　　　　为中人　李嘉宾
>
> 　　　　　　　　　　　　　　　　　　　　知见　　通事、在场土目
>
> 业主　立垦批字社番　己力氏老婆、甘望茗、槟榔茗、礼勿氏、妈眉老婆社丁②

此件契约是汉族承垦人何琼向业主、原住民社团"大圭笼社"批租土地,当场支付"埔底犁头银六十四元"得到土地的使用耕作权,并承担日后每年"大租一石正"。契约明确何琼得以"永远为业",即表明何琼实际得到了这项山林、海埔的"田皮"。何琼自行开垦耕种这项土地的可能性不大,很可能会再次批给佃户。从有关的调查资料来看,台湾相当多的农户实际都是这类"田皮"拥有人,其土地大多负担有"番社"的"大租"。这并不妨碍"田皮权"人将土地再行出租。如台湾清光绪十九年(1893年)的一件合同字:

---

① 参见傅衣凌:《明清时代永安农村的社会经济关系》,载《明清农村社会经济》,三联书店1951年版,第20页。并可参见[日]仁井田陞:《明清一田二主的习惯及其产生》,载《中国法制史研究·土地法·取引法》,第563页。

② 《台湾私法·物权编》,《台湾文献丛刊》,台北大通书局1987年版,第928页。

立合同字人平埔刘文观、吴添观、潘三枝、赵顺来等，因本年十月间，招垦众佃户移徙致居大埔庄，经向埤南新街张义春号当堂面议，日后开垦成田园，万年永远，众垦户每年每季谷、麦、麻、豆、地瓜，付垦首张义春号一九抽收。其钱粮正供、番租，该众佃户愿备完纳，与垦首无干。此系两愿，各无反悔。恐口无凭，立合同字二纸，付执为炤。

一、议者：高山八社平埔番人往来，众佃户应抵当。此据。

一、议者：遇众垦民风水不调，棺椁衣衿之费十二两五钱，应垦首抵当。此据。

一、议者：每年五谷欲有出粜者，尽付垦首收，不许他人采籴。此据。

光绪十九年岁次癸巳阳月　日

　　　　　　　　　　　　立合同字人　张义春号

　　　　　　　　　　　　垦户　潘三枝、刘文观、吴添观、赵顺来①

这件契约中的"垦首"张义春号看来并非这项土地的所有权人，因为该项土地还负担"番租"。张义春号当即为上述的"永佃权"人，将土地出租并每年每季收取十分之一的实物地租并获得产粮的专卖权利。土地的"钱粮正供"（土地税）理应由原土地所有权人"番社"承担，但台湾官府对这些"永佃权"人开征钱粮，本契约将这项官府义务转移至佃户一方。

（二）"田皮"的传来取得

这种"田皮"传来取得的材料相当常见。"田皮"的买卖与一般的土地买卖在契约形式上并没有什么不同，只是一般要说明应承担的地租数额，也有的并不明言，可能是以口头契约补充。如明弘治十六年（1503年）休宁县叶思和兄弟卖田、田皮契：

十都柒保住人叶思和同弟思琳、思杰，今将承父户下原佃到本图汪子寿户田壹号，坐落本都柒保周字伍百叁拾伍号内田陆分捌厘捌毫，土名冷水坑，其田东至水坑、西至汪子寿田、南至汪原通山、北至水坑。又将同号内思杰已买田肆分壹厘陆毫，土名同处，东至水坑、西至汪子寿田、南至汪原通山、北至水坑。今来本家管业不便，自情愿将前项同号佃与买四至内田，尽行立契出卖与同都住人　胡澄名下，三面议时值价白文（纹）银拾两正。其银当成契日一并交收足讫，别不立领札。其田今从出卖之后，一听买人自行管业，闻官受税。如有内外人占拦及重复交易一切不明等事，并是出卖人祗当，不及买人之事。所有上手来脚与别产相连，缴付不便，日后要用，本家索出参照无词。今恐人心无凭，立此出卖文契为照。

弘治十六年十一月廿一日　　　　　　　立契出卖人　　叶思和（押）

　　　　　　　　　　　　　　　　　　同卖产弟　　　叶思琳（押）

　　　　　　　　　　　　　　　　　　　　　　　　　叶思杰（押）

　　　　　　　　　　　　　　　　　　中见人　　　　张孟威（押）

　　　　　　　　　　　　　　　　　　代笔　　星源　汪洪承（押）

---

① 《台湾私法·物权编》，第36～37页。

今就契内领去价银并收足讫。同年月日再批(押)领。①

这是一件复合交易,叶氏兄弟将继承所得一块土地的"佃"权,即"永佃权"、田皮和另一块土地的所有权一起出卖给胡澄。由于以土地所有权的交易为主,而且田骨主汪子寿为地邻,地租情况自然分明,因此没有与一般田皮交易那样说明地租情况。而单纯的田皮买卖就要说明地租。如清顺治二年(1645年)福建闽清方继养活卖田根(即田皮)契:

> 立卖田根契　方继养,承祖置有民田根叁号,坐产廿五都大箬地方,土名赤葵,受种陆斗,年载王衙租谷壹拾壹石。又枯拢枯细垅,受种五斗,年载郑衙租谷玖石。今因乏用,向到安仁溪刘镇西表兄处卖出田根,价银共壹拾贰两正,水九叁色顶九五,即日收讫。其田根听买主前去管业收租。其根系己物业,与房下伯叔弟侄无干。如有来历不明,系〖方继〗养出头抵当。亦未曾重张典挂。自卖之后,不得言尽之理。倘有力之日,不拘年限,照契面赎回,不得执留。两家允愿,各无反悔。今欲有凭,立卖契壹纸为照。
>
> 顺治二年五月吉日
>
> 立卖田根契　方继养(押)②

此契为"活卖",出卖人得以"不拘年限"原价回赎田根。这里"王衙""郑衙"的"老租",实际已和官府的赋税相当,缴纳的义务随交易而发生转移。买卖的双方实际上都不自耕,契中"管业收租"所言之租即"皮租",是佃种该项"田根"的真正佃农所交之租。

(三)"田皮"的其他转让方式

"田皮"可以"活卖",自然也有"绝卖""杜卖"。如徽州清乾隆四十七年(1782年)及嘉庆十四年(1809年)的"杜卖佃约":

> 立杜卖佃约人项廷香,今因缺用,自情愿将祖遗下佃一号、坐落土名天将岭,计田贰丘,并田旁大小树木一并在内,尽行出卖与房弟　名下为业。凭中时值价银拾贰两正。其银当日收足,其田买人随即耕田。未卖之先,并无重复交易。一切不明等情尽是自理,不涉受业人之事。今恐无凭,立此存照。
>
> 乾隆四十七年十月　日　　　　　　　立杜卖佃约人　项廷香(押)
>
> 　　　　　　　　　　　　　　　　　中见　　　　　项廷锡(押)
>
> 　　　　　　　　　　　　　　　　　依口代书　　　朱双林(押)
>
> 嘉庆十四年三月　将原佃并田旁树木,得价银厶两,转出与朱亲名下为业,毋得异说。　　　项鹏万批(押)弟　鸣万(押)
>
> 　　　　　　　　　　　　　　　　　　　　　　　侯衍申(押)③

---

① 《中国历代契约合编考释》,第796～797页。
② 转引自傅衣凌:《明清农村社会经济》,三联书店1961年版,第66页。
③ 转引自章有义:《明清徽州土地关系研究》,中国社会科学出版社1984年版,第26页。

此件契约出卖的"佃业"即"田皮"。契约后部所载,为原交易二十七年后,原买受人又将此件"佃业"转卖,"批"给新的买受人,表示原契约的内容完全保存,随同一起转移。

这种交易除了称为买卖外,也称之为"让田票"或"仰田票"或"退帖"或"杜顶",等等①。在各类交易中,田皮的价格往往还要高于田骨。如清乾隆十七年(1752年)的一件刑部档案所载发生于福建归化县的案例:

> (被告谢帝伦供称):"这桃枝坑的田,原是小的祖上遗下,是黄世同祖上用银二十四两五钱顶去耕种,每年纳还小的租米九斗九升,已经年久了。因小的年老家贫,将这田卖与何祐,得银二十三两。原向何祐说明……若要自耕,须还(黄)世同顶耕原价二十四两五钱,才好起回耕作。"②

顶耕银即田皮的价格为二十四两五钱,而田骨仅卖二十三两。可见"皮"贵于"骨"。本件案件即因田骨买主何祐不愿还顶耕银,强行夺佃,以至于酿成命案。

田皮也可以和一般土地一样出租或出典,如清刑部档案载雍正八年(1730年)浙江庆元县范礼堂"田皮佃约":

> 立佃约人范礼堂等,承父手遗有水田皮一段,坐落菪来安著,计业主租七把正。今因缺粮食用,将其田皮出佃约一纸,即是佃与本族礼资弟边,银一两正。其银收讫。其田皮言定递年完纳佃主租八把正,每年不敢少欠。如若皮租有欠,听凭佃主自己易佃、耕种。日后办得原钱取赎,业主(当为佃主之误)不得执留。立佃约存照。
>
> 雍正八年六月初八日
>
> 立佃约 兄 礼堂(押)③

此件契约名义上是"佃约",实际是"典约",田皮主人范礼堂将原来自己耕种的田皮出典给堂兄弟范礼资,但仍然自耕,成为典主的佃农,除了向业主交骨租谷"七把"外,另外再向典主范礼资交皮租谷"八把"。只要交租不误,典权人既不得易佃,也不得自耕。

田皮可以出典,当然也可以找价,如徽州一件清乾隆三十四年(1769年)田皮找价契:

> 立找佃价契吴凤同,今有先年母手将父遗下田皮一号,坐落土名巨流,计田一丘,当日凭中三面言定加找价银二两整。其银、契当日两相分明,其田永远不得取赎。
>
> 乾隆三十四年二月　日
>
> 立加找佃约人　吴凤同(押)
见中人　　　　冯春福(押)④

由以上几个例子可以看到,在民间习惯上,"田皮"完全可以和田宅不动产本身一样进行各类交易、转移,被视为一种完整的财产权,与租佃的本意已大相径庭。

---

① 可见《清代地租剥削形态》下册,第493、548、662页。
② 同上书,第381页。
③ 同上书,第569页。
④ 原件藏中国社会科学院历史研究所,转引自《明清徽州农村社会与佃仆制》,第65页。

三、清朝地方法规对于"田皮"的限制

这种一田二主式的"田皮"自宋代开始形成,但经历了元明清三代都没有得到法律的确认,始终只是一种民间的惯例,依靠民间的俗例自发地进行调整。官府的立场都是"任依私契,官不为理",并不加以干涉,只是当有导致人命杀伤之类的重大案情时,才被迫就事论事的作出裁决,但并不形成有普遍指导意义的处理原则。如现存的清刑部档案中可以见到不少因此类纠纷而导致的人命案件卷宗,刑部在审理中一般都避免对"一田二主"关系本身作出裁断,只是就事论事的判决田地归业主,追缴"批头银""押租"等田皮的价银偿还"皮主"①。

清朝时一些地方官府曾经制订地方性的法规禁止"一田二主"。如雍正八年(1730年)福建汀州府发布的告示,就是一个禁止"一田二主"的地方性法规。这个告示指出:"田主收租而纳粮,谓之'田骨'。田主之外,又有收租而无纳粮者,谓之'田皮'。是以官民田亩类皆一田二主。如系近水腴田,则田皮价值反贵于田骨,争相佃种,可享无赋之租。"为此,告示宣布:"谨照从前通革之例,凡属皮租尽行革除,不许民间私相买卖,一切讼争告找、告赎概不准理。并令刊刻告示晓谕:佃户只纳田主正租,不许另纳皮租。若逋欠正租,听凭田主召佃。"②从告示"从前通革之例"之言来看,在这之前早就有类似禁止"一田二主"的地方法规,但一直没有实效。乾隆三十年(1765年),福建布政司也发布告示,在全省范围内"严禁田皮田骨之痼弊"。③

江西省至晚在雍正年间就有禁止一田二主的告示,以乾隆十六年(1751年)的告示较有特色,其主要内容是:

> 江省积习,向有分卖田皮田骨、大业小业、大买小买、大顶小顶、大根小根,以及批耕、顶耕、脱肩、顶头、小典等项名目,均系一田二主。以致强佃籍有田皮、小业霸佃抗租,田主每受其害。嗣后,凡民间买卖田地山塘,务令业、佃先行尽问,如业主、佃户均属无力归并,方许将皮骨大小各业一并售卖,眼同立契,赴县投税,地方官验明,粘尾盖印截给,永为执业。不许仍将皮骨等项名目分卖。如业主急迫欲卖,奸佃乘机揑勒,即令公同地邻人等,估值田亩时价、查明皮租原值,令业主按数将田分拨若干给佃,粮数照额分完;余田听业主将皮骨一并出售,一主为业。若田皮人等急于售卖,而业主或有揑勒,亦照此例分拨。若业佃不先尽问,仍分卖皮骨大小业等项者,即照盗卖律,与受一并治罪。④

这一禁令是确立皮骨双方的先买权,田皮、田骨必须一并出卖,如果买方无力一并收买田皮或田骨,则以一部分田产作价补偿,不得再行分别买卖转移,否则按盗卖罪处理。但是根据民国初年尚存的赣南宁都县仁义乡一块乾隆三十五年(1770年)石碑,赣南自雍

---

① 可见《清代地租剥削形态》下册,第 376、381、386、493、503、514、548、568、577、591、662 页等。
② 《福建省例》卷一五《田宅例》。
③ 同上。
④ 《西江政要》卷一《田宅》。

正十年(1732年)以来共曾发布过三次告示,严禁"一田二主",可是却并无实效。①

清道光年间江苏省发生抗租风潮,道光七年(1827年)江苏布政司也曾制订"规条"禁止一田二主,认为:"佃户揽种包租田地,向有取用顶首等名目钱文,名为田面。其有是田者,率多出资顶首,私相授受,由是佃户据为己业,业户不能做主,即欲退佃另招,而顶首不清,势将无人接种,往往竟自荒废,此佃户所恃抗租之根源也。"规定原田面一律按一年的地租额作价由业主(底主)收买,不准私相授受。"每亩田面之价,即以每亩租额为定……如通州之顶首、告工,海门厅之批价,江宁县之肥土,江、甘、泰、宝四县之粪系脚,如、泰二县之田面名目,概以一年租额为限。"这个规章相当严厉,规定业主可以在一年内收购田面,如果佃户抗租不交,"许业户将田收回另佃,即照田面之价抵偿所欠之租"。新成立的租佃关系不得再有类似"田皮"的内容,"新招之佃,应令图总、佃户、同业三面写立承揽,勿许自向旧佃私相授受"。如果仍然抗租、私相授受,要由官府惩治,"业户鸣知地保,无论麦秋,随时驱逐"②。

四、民国初年民间"田皮"习惯

然而由于民间一田二主早已成为惯例,清代这些地方性法规在民间并没有发生实际效力。一田二主的特殊"田皮"习惯一直延续到民国时期。虽然仍有一些地方法律禁止一田二主,但民间却有办法规避。如山东的利津县滩地为官田,"放租滩地领户只有永久佃种之权,并非取得所有权,故原定规章不准私行典卖",但租户"往往将佃照出卖,另立文契,名曰转租,其实与卖契同,所得之钱于契上则载为帮贴、垦费若干,其实即卖价也"③。

据民国初年民商事习惯调查资料,江苏全省均有一田二主习惯。"佃户于业主田亩上有相当之地价,不啻一田亩而设定〔两个〕所有权人于其上。""佃户可使子孙永远佃种,或任意将田面部分(即"永佃权")变卖、抵押。即积欠田租,业主提起诉讼,只能至追租之程度为止,不得请求退田(佃)。"④

安徽全省大部分地区也是如此,"佃田契约有两种性质,一东顶、东卸,一客顶、客庄。东顶、东卸谓之清庄,客顶、客庄谓之客庄。凡属清庄地主,对于佃户可以随时退佃自种或另行转佃。客庄则异是,地主只能收租,不能退佃,佃户以佃权之全部或一部自由顶拨,辗转让渡,俱无须得地主同意"⑤。

江西省的赣南地区地主有"管皮""管骨"之分,"有土地所有权,对于垦户收租,于国家纳粮。而对于该田则不能转佃,亦不能收回自耕,谓之管骨。承垦者世世耕种,按年纳租,其赁耕权可以自由转佃,自由典(谓之暂退)卖(谓之杜退),谓之管皮"。管骨的田租多有折扣,"而管皮者转佃他人,所收租谷较管骨者反多数倍"⑥。而江西九江地区"永佃权"更

---

① 《民商事习惯调查报告录》,第423页。
② 《清史资料》第二辑《江苏山阳征租全案》。
③ 《民商事习惯调查报告录》,第246~247页。
④ 同上书,第317页。
⑤ 同上书,第392页。
⑥ 同上书,第420页。

为普遍，号为"卖租不卖佃"，"即业主只能收租，不能提佃。如业主将租地出卖时亦只能卖租不能卖佃"。广昌、乐安、临川、宁都、横丰、黎川、南康等地也有如此习惯①。

浙江的海盐、金华、黄岩等地的习惯与上述地区相似，但嘉善"佃户欲将所得田面权移转他人，必须征求业主之同意，方能成立移转契约"。而邻近的嘉兴却大不相同，因为晚清此地屡经战乱，田地荒芜。由于当地土地赋税沉重，地主无力垦复土地，只能任凭外来的移民垦种土地，算是名义上的佃种。这种移民投资开垦土地，代地主缴纳赋税，仅在丰收之年才向地主交租，号为"余花田"。余花田的"田底"实际已萎缩到极点。②

福建全省各县几乎全都有一田二主的习惯，如南平县"习惯于同一土地上得有两个所有权，一曰苗田所有权，一曰税田所有权，此两个所有权可以单独卖让与继续（承）"。连城县还有"金皮银骨"之谣，因为名义上的所有权人——骨主虽然有稳定的收入，但却要承担政府的田赋及种种苛捐杂税，实际比不上皮主既有稳定收入又无须受官府盘剥勒索。因此田产的收益"肥沃者往往佃占八九，主得一二"③。

湖北省的钟祥县买卖土地契约内如载有"自卖自种"字样，即卖方就此获得"永佃权"，"买主欲取田自种或另佃他人，则绝对不能。甚至卖主无人耕种亦可与他人另结契约任意让与永佃权，非买主所得阻"。竹山县将这种"永佃权"称之为"顶庄"；汉阳县称"一里一面"；五峰县称"顶田"，其交易还可在官府印契，和买卖无异；竹溪县称"顶当权"或"明租暗典"；麻城县称"保庄"。④

湖南省安仁县的"卖田存耕"也是出卖方保留"永佃权"的习惯。湘乡县"重进佃规"习惯，买耕的费用往往会高达土地价格的七八成，从而买得"永佃权"，其田租却仅为正常田租的百分之七八而已。⑤

北方有一田二主"田皮"习惯的地区不多。如天津有所谓"死佃""活佃"之分，死佃永不增租，地主也不得撤佃；相反佃户能够"倒佃"，自由转让佃权。据调查其起因是由于地主廉价买得滨海荒地，招佃开垦，因此地租极低，并以死佃条件引诱佃户。直隶（今河北省）原王公贵族的"旗地"大多由"庄头"管理出租，庄头自己获得一块"家口地"，而佃种旗地的佃户往往也获得自由"推""退"转让的权利，与南方的"永佃权"相似。热河（今河北北部）隆化等县，"口外多属荒地，凡有土地所有权者半多无力开垦，遂招集佃户，许以成熟后永远耕种，每年纳租粮若干，从此不得增租夺佃，载在租约"，后代并得以自由转移。绥远（今内蒙古自治区中部）全区都有这样的习惯，"绥区土地系蒙古原产，迨后汉人渐多，由蒙人手中租、典垦种之地历年既久，遂以取得'永佃权'，转典转卖，随意处分，蒙人不得干预，惟无论移转何人，均须按年向蒙人纳租若干（即地增钱）"。⑥

---

① 分别见《民商事习惯调查报告录》，第 431、433、435、437、439、447、449、450、456 页。
② 同上书，第 460、462、463、465、467～469 页。
③ 同上书，第 509、516 页。
④ 同上书，第 561、562、580～581 页。
⑤ 同上书，第 605～606、616 页。
⑥ 同上书，第 19、22、710、720 页。

五、"田皮"的评析

"田皮"可以认为是一种用益权性质的权利,在设定了这项权利的土地上,原所有权人的权利实际上萎缩为一笔固定数额的地租收益权以及承担向政府缴纳土地税的义务,而"田皮权"人也拥有收取固定数额"皮租"收益权,双方均可自由处分、转让权利。

从财产交易的安全性来看,"田皮权"作为一项普遍存在但得不到法律确认、保护的权利,缺乏公示性质的程序要求,从土地占有的外观上无法确认土地的实际权利构成情况,存在相当大的交易风险。实际情况也是这样,明清时期大量的土地纠纷都涉及"一田二主","一田二主"是烦扰各地官府的重要因素,这才导致各地政府常常发布告示试图禁止这种交易。

从社会经济角度观察,"田皮权"人实际上往往就是"二地主",大大加重了对土地实际耕作者的剥削程度,迫使实际耕作者要交纳两重地租,仅能得到极其微薄的土地收益来维持生存。由于土地的大部分收益都被"骨主"与"皮主"获得,难以返回作为对于土地的投资;实际耕作者极其缺乏资本,所能够投入的主要是自身更多的劳动力,来进行深层次的精耕细作(包括尽一切可能的复种与间种),以图保证收益的获得,这就导致土地的单位面积产量与人均产量并不能同步增长,意味着农业劳动生产率难以有更大的突破,也就难以向市场提供更多的商品粮。

另外,"二地主"的剥削方式使得"田皮权"人的风险往往要低于原所有权人(比如不用承担朝廷的赋税和官府的摊派杂捐,也不用担心水旱虫之类的自然灾害),因此会吸引社会投资方向,收益总是趋向于投入这样处在食利者地位的经济中间层,获取收益、规避风险、不承担经营责任,有限的社会资金则更难以转化为生产力发展的因素。

简短的结论

典权人以一笔一般仅值田宅价值一半的"典价"获得若干年内对该项田宅全部占有、使用、收益的权利,并获得将该项田宅"转典"的权利及在出典人转卖该项田宅时的先买权;而出典人仅仅保留在约定的"典期"后的任何时候以原典价回赎该项田宅的回赎权,这就是中国传统的典权。典权是古代成文法中为数不多的明文规定的民事权利之一。典权正式形成于唐末时期,但起源于北朝隋唐实行均田制时期法律对于土地转卖的限制,并受到唐宋法律不保护计息债权原则的影响。典权制度在强调家族财产传承性的文化背景下长期流传。

"倚当"的法律形成于五代末年,来源于隋唐时期的"贴赁"。一方获得一笔价钱而将土地转让一定的年限,形式上与预付地租的土地租赁相近,但实际上是还不起债的债务人将土地交给债权人,以土地的收益来抵消债务。北宋中期废除了原来允许倚当的成文法规,但是民间依然有这样的交易。

"田皮"是一种权利人有自由处分权的特殊的"永佃权"。由于原所有权人与"田皮权"人都可以自由处分权利,因此呈现"一田二主"的现象。这种权利完全是民间习惯,从未被任何朝代的成文法所承认、保护,相反清朝时还有一些地方官府通告加以禁止。但是这一习惯在整个南方地区极其流行,直至20世纪初依然如此。

第七章
损害赔偿

与很多文明古国的情况不同,中国古代法律里并没有真正意义上的损害赔偿之债,在法律上凡侵损财产及人身的行为都被认定为犯罪,必须使用刑罚处罚,赔偿只是一种附带的或代替刑罚性质的处罚方式,并不会因此在双方之间发生法律上的债的概念。另一个特点是,关于损害赔偿的法律规定是分散在成文法的各个不同部分,往往都是就事论事,就具体的侵损侵害行为而设定,缺乏统一的、明确的、基本的准则。但是从古代立法的传统来看,立法显然强调当事人如在主观上具有过错就要承担刑事责任,以及伴随刑罚的赔偿责任,可以说很早就确立了过错责任原则。

古代"赔偿"二字并不连称。"赔"在古代多作"备",后又曾假借"倍"字或"陪"字,至元明时才多用"赔"字,常作"补偿"解,强调的是赔者在主观上有一定的过错,所补偿的是某项过错的价值,并不一定为原物。① "偿"在古代往往作为"归还"的意思,《说文解字》:"偿,还也。从人赏声。"强调的是偿者在主观上并无过错,主要指归还原物或是同种类之物。宋元后用语一般不再有这种细微的语义差别,两字连称为一词。

第一节　侵损财产行为的损害赔偿

中国古代法律对于一切非法所得的财产都统一称之为"赃"。《晋书·刑法志》载张斐《注律表》:"取非其物,谓之盗;货财之利,谓之赃。"对于非法获得财产的行为统称为"赃罪"。如唐律将赃罪统一为枉法赃、不枉法赃、受所监临赃、强盗赃、窃盗赃、坐赃这"六赃";而明清律的"六赃"则为枉法赃、不枉法赃、监守盗赃、常人盗赃、窃盗赃、坐赃。这些赃罪中,有一些是所谓"彼此俱罪之赃",比如受财枉法赃、不枉法赃、受所监临赃、坐赃,因为双方做出了犯罪行为,所有涉及的非法财产"赃"都要"没官"。而监守盗赃、常人盗赃、

---

① (清)薛允升:《唐明律合编》卷四引《升庵外集》:"备,偿补也,音裴。今作倍,音、义同,而倍字俗从备为古,唐律犹作备,今则俱作赔矣。"

窃盗赃、强盗赃是对官私财产的侵犯，必须要归还或赔偿。还有一些是所谓的"取与不和之赃""乞索之赃"，即恐吓、诈欺、强买强卖等，也要适用"还赃"。另外对于普通侵损财产行为的补偿，在法律上还有"赔偿""求访""修立"等规定。

一、窃盗、强盗行为的惩罚性赔偿

对于窃盗、强盗行为处以惩罚性的赔偿，是很多古代法律都具有的内容。

（一）西周时期的"只赔不打"

如西周中期青铜器曶鼎铭文第三段所记载一件侵夺案件的处理情况：

> 昔馑岁，匡众厥（厥）臣廿夫寇曶禾十秭。吕（以）匡季告东宫，东宫（乃）曰："求乃人，乃（如）弗得，女（汝）匡罚大。"匡迺稽首于曶，用五田、用众一夫曰𠭯，用臣曰疐，□（曰）朏，曰奠，曰□。曰："用丝（兹）三夫稽首。"曰：余无逌（攸）具寇，正□□不□墩余。曶或（又）吕（以）匡季告东宫，曶曰："弋（必）唯朕□□（禾是）赏（偿）。"东宫迺曰："赏（偿）曶禾十秭，遗（遗）十秭，为廿秭。□（如）来岁弗赏（偿），则（则）付卌秭。"或（又）即曶用田二，又臣□□（一夫）凡用即曶田七田，人五夫。曶觅匡卅秭。

据郭沫若的解释：过去的荒年间，匡的家奴抢夺了曶的禾十秭，曶为此向东宫提起诉讼。东宫要处罚匡，匡表示愿意以"田五田"及四个奴隶赔罪；但曶仍不接受，要求"必唯朕〔禾是〕偿"。东宫于是判决匡赔偿禾"廿秭"，限在第二年收获前偿毕，否则要赔偿四十秭。以后双方又达成和解，由匡赔曶"田七田、人五夫"，曶则免去匡季三十秭禾的赔偿责任。[①] 由此来看，似乎西周时盗窃案件可以作为损害赔偿案件来处理，具有债务的特征，可以由双方商议解决，并不一定受到国家刑罚的处罚，可说是有着"只赔不打"的原则，但这种惩罚性的赔偿数额应为侵害数额的几倍。

（二）战国秦汉时期的"只打不赔"

春秋战国时代社会急剧变化，君主专制集权国家权威迅速增长，一切窃盗、强盗之类的侵犯财产权利的行为，都被视为重大犯罪，必须要由国家给予严厉的打击。李悝在魏国主持变法，制订《法经》，认为"王者之政莫急于盗贼"，将"盗法"置于《法经》之首，这非常形象地表达了"只打不赔"的立法指导思想。[②] 窃盗和强盗行为都受刑罚处罚，不再是可以由当事人自行解决的债务问题。从云梦出土的秦简中有关盗罪的处理内容来看，当时对于强盗及窃盗实行的是"只打不赔"，除了判处刑罚外，并不包含民事上的惩罚性加倍赔偿，只是应赔偿所侵盗的财产本身价值。即使有不少窃盗罪可以"赀""赎"的方式代替受刑，如"赀二甲""赎耐"，等等，但赀、赎都是财产刑，赀、赎的财产都是入官的，并不补偿给受害人。[③]

以后汉代的法律继承了这一原则，一般对于窃盗、强盗之类侵犯财产的犯罪并没有并

---

① 见《两周金文辞大系图录考释》，第83、96页。参见胡留元、冯卓慧：《西周法制史》，陕西人民出版社1988年版，第153页。
② 《晋书》卷三〇《刑法志》。
③ 可见《睡虎地秦墓竹简》，第150～165页。

处惩罚性赔偿的规定。湖北张家山汉墓竹简中"二年律令"的《盗律》,仅规定"盗"被抓捕判处后,原赃"见(现)存者皆以畀其主",将尚存的原赃归还给原主。① 而"二年律令"里大量"赀罚"的黄金或"赎刑"的财物,也都没有规定给予受害人。《史记·王温舒传》载王温舒为河内太守,搜捕当地豪强千余家,"上书请大者至族,小者乃死,家尽没入偿臧(赃)"。非法所得"尽没入"官府,根本不提受害人是否能够得到补偿,这以后就成为中原地区的法律传统。

(三) 北朝至宋元时期的"又打又赔"

北方的游牧少数民族往往将窃盗、强盗行为处以加倍赔偿了事,有"只赔不打"的习俗,如《后汉书·夫馀传》载辽东地区的夫馀族有"盗一责十二"的习惯法;《魏书·刑罚志》载北魏初年仍沿袭鲜卑族习惯法,"盗官物一备(赔)五,私则备(赔)十";《魏书·失韦传》载黑龙江流域的失韦族,"其国少窃盗,盗一征三";等等。

西晋以后,少数民族入主中原,侵盗财产行为应加倍赔偿的习惯法与中原固有的法律传统结合,形成了窃盗、强盗犯罪"又打又赔"的法律原则。东魏时高欢掌权,立法"盗私物十备(赔)五,盗官物十备(赔)三"②。北周武成元年(559年)诏:凡侵盗官府库厩仓廪者,即使已经大赦,但"免其罪,征备(赔)如法"③。可见如不被赦免就要在受刑的同时按法征赔。可以说在北朝的法律中已经有"又打又赔"的规定。

《唐律疏议》继承了北朝法律的这一原则。《唐律疏议·名例》规定凡"以赃入罪"的罪名,"正赃见在未费用者,官物还官,私物还主";而已经费用者,除了被判处死刑及流刑的可以免征外,其余都必须征收赔偿给受害人。同时,"盗者,倍备(赔)",律疏解释:"盗者以其贪财既重,故令倍备(赔)。谓盗一尺,征二尺之类"。例如,唐律将奴婢视为主人的财产,"奴婢贱人,律比畜产"(《名例律》),因此凡侵夺他人奴婢的行为,无论是用暴力胁迫的办法"略取",还是用引诱欺骗的手法"和诱",都是侵害他人财产的犯罪行为。《贼盗律》规定:"诸略奴婢者,以强盗论;和诱者,以窃盗论。"在按照强盗、窃盗罪处以刑罚的同时,律疏还特意说明:"其赃并合倍备(赔)",即还要按照奴婢的身价加倍赔偿。而《捕亡律》规定,故纵奴婢逃亡的,"准盗论";"诱导官私奴婢"逃亡的,也要"准盗论",并且都要"备(赔)偿"。这是因为"略取"和"和诱"是将他人的财产据为己有,确实是"贪财既重"的强盗、窃盗行为;而"诱导"他人奴婢逃亡的,是单纯的侵害他人的财产,并不具有据为己有的恶性犯意,只是比照盗罪处刑,处刑之外只要按照奴婢原来的身价赔偿即可。

值得注意的是,《唐律疏议》关于盗赃"倍赔"的规定并不完全实施。如《名例律》在规定"盗者,倍备(赔)"的同时,又规定:"死及配流勿征。"律疏对此的解释是:"因赃断死及以赃配流,得罪既重,多破家业,赃已费用,矜其流、死,其赃不征。"由于强盗得赃一尺以上已是流刑,因此一般而言强盗赃已无须加倍赔偿,只须归还原正赃(原物及其孳息)即可。以后的《宋刑统》虽然仍然沿袭这项规定,但在《名例律》的"起请"中有"臣等参详:近来盗赃

---

① 《张家山汉墓竹简》,第142页。
② 《隋书》卷二五《刑法志》。
③ 《北史》卷一〇《周本纪下》。

多不征倍,倍备(赔)之律,伏请不行"。可见宋代法律实际上已经废除了盗赃倍赔制度。

元代的法律依然要求对盗贼罪犯征收"倍赃",贯彻"又打又赔"的原则。《元史·刑法志·盗贼》:"诸评盗贼者,皆以至元钞为则。除正赃外,仍追倍赃。其有未获贼人及虽获无可追偿,并于有者名下追赃。"对盗贼罪犯征收"倍赃"为通例,仅在"年饥民穷、见物而盗""盗雇主财产""同主奴相盗""妇人为盗""僧道盗其亲师祖、师父""系官人口盗人牛马""无服之亲相盗"、盗贼风闻追捕而"以赃还主者"、"诸奴盗主"而自首者等情况下可以不征倍赃。倍赃一般也是给予受害人的,只有在"诸事主(指盗贼案件的受害人)及盗私相休和者,同罪。所盗钱物、头匹、倍赃等没官"。所谓"私相休和"是指双方私下和解了事,被认为是干扰维持统治秩序的大恶之事,在传统法律中一直予以严惩,因此将所有的赃物以及盗贼赔的"倍赃"没收入官。但是元代的立法者也注意到征收倍赃是一件很困难的事,因此又规定:"诸盗贼正赃已征给主,倍赃无可追理者,免征。"

(四)明清的"只打不赔"

明清法律没有"倍赃"的概念,仅规定"赃还原主",恢复了"只打不赔"的原则。

明律的《名例律》"给没赃物"条:"若以赃入罪,正赃现在者,还官、主。"这里的"以赃入罪"主要指按照"六赃"(受财枉法赃、受财不枉法赃、监守盗仓库钱粮赃、常人盗仓库钱粮赃、窃盗赃、坐赃)定罪,但也包括"得财皆斩"的强盗赃。正赃的解释与唐律相近:"谓官物还官,私物还主。又若本赃是驴、转易得马;及马生驹、羊生羔,畜产蕃息,皆为现在。"赃物转手后的财产、畜产的蕃息都作为正赃处理归还原主。如果原财物已不存在,"已费用者,若犯人身死,勿征,余皆征之。若计雇工赁钱为赃者,(死)亦勿征",不再征收归还给原主。正赃的估价与唐律一样,以犯罪地犯罪时该物的中等价格为定。计算雇工钱的标准,明律为每日铜钱六十文,清律为每日白银八分五厘五毫。其他的车船马牛等的租赁价也按照当时当地的租赁价格确定,但"赁钱虽多,不得过其本价(谓船价值银钱一十两,却不得追赁值一十一两之类)",租赁的价钱累计不得超过原财产的数额。为表示惩罚,清律又特意规定:"其赃罚金银,并照犯人原供成色从实追征,入官给主。若已费用不存者,追征足色。"

虽然没有倍赃,但追赃在明清律例中是相当重要的制度,明清律例规定了严格的连带赔偿责任。如明律该条后附载条例规定罪犯应监押追赃,仅在"入官赃二十两以上、给主赃三十两以上,监追一年之上不能完纳者,果全无家产或变卖已尽、及产虽未尽上系不堪无人承买者"的情况下,"各勘实具本犯情罪轻重、监追年月久近、赃数多寡,奏请定夺"。另外如赃"不及前数、及埋葬银,监追一年之上",经勘验确实无家产,可以免追赃。不过被判充军的重罪罪犯在监押追赃一年后仍未完纳的,本犯发遣后,"仍拘的亲家属监追"。清代条例规定:"凡盗犯到案审实者,即将盗犯家产封记,候题结之日将盗犯家产变赔。如该犯之父、兄弟、伯叔知情分赃者,审明治罪,亦著落伊等名下追赃。倘有并无家产以及外来之人无从封记开报者,将案内各盗之家产除应赔本身赃物外,或有余剩,概行变价代赔。其有窝家之案,仍照例将窝家之财产一并补赔。"

值得注意的是,在明清的司法实践中,追得全部正赃是一件很困难的事,主要是因为捕盗的官吏、衙役从中克扣盗赃,据为己有。明清律的《刑律·受赃》有"克留盗赃"的专条:"凡巡捕官已获盗赃,克留赃物不解官者,笞四十;入己者,计赃以不枉法论,仍将其赃并论盗罪。若军人、弓兵有犯者,计赃虽多,罪止杖八十。"

(五)民间的"私和"

虽然朝廷法律一直严禁,但是实际上在民间习惯上普通的盗窃行为往往会以赔偿方式"私了"。事主以不送官惩治为条件,要求盗窃人进行赔偿。这种赔偿在习惯上也要按照债务契约形式立约。如明隆庆六年(1572年)祁门县饶有寿"还文书":

> 五都饶有寿,今于旧年十二月间,擅入洪家段坞山上窃砍杉木四根,是洪获遇,要行呈治,有寿知亏,托中、凭约正劝谕免词,自情愿将本身原代洪家茶园坞头栽松木,计七十根,本身力坌叁拾五根,尽数拨与洪名下,准偿木命。其前分坌树木日后成材,听洪砍斫,本身即无异言。日后即不敢仍前入山砍斫。如遇违德,听自呈治毋词。今恐无凭,立此为照。
>
> 隆庆六年正月初六日立　　　　　　　　　还文书人　饶有寿
> 　　　　　　　　　　　　　　　　　　　代　　笔　饶　松
> 　　　　　　　　　　　　　　　　　　　约　　正　洪　莹①

饶有寿偷砍了洪家的四棵杉树,被捉获后经调解,洪家放弃起诉,饶有寿答应为洪家栽种七十棵松树、再赔自己的三十五棵松树,这应该是民间经常发生的情况。

二、普通侵损财产行为的赔偿

(一)"打了不赔,赔了不打"原则的确定

根据现有史料来看,还很难判断唐以前法律对于普通侵损财产行为的处理方式,只能从一些零星的史料中加以推求。

从云梦出土的秦墓竹简的"法律答问"部分有两条涉及侵损财产行为的损害赔偿内容。一条是某人杀死闯入自己家中的他人的小牲畜,小牲畜价值250钱,问应如何处理?上级解答,认为应该处以"赀二甲"的财产刑,但并未说明是否应赔偿小牲畜的主人。另一条是某个身高不足六尺的少年,因被人弄断了马的缰绳,马食他人庄稼一石,上级认为无须处罚,只要赔偿庄稼就可以了。② 从这两条来看,似乎凡处以刑罚的就无须赔偿,而不处刑罚就要赔偿(秦律规定身高在六尺以下者不受刑罚)。即与前文的盗赃处理原则相近:要么是"只赔不打",要么是"只打不赔"。

另外,据司马迁《史记·陈涉世家》载秦代的民谣:"牵牛经人田,田主夺之牛。经则有罪矣,夺之牛,不亦甚乎?"牵牛踏坏他人田产的行为是"罪",是需要刑法处罚的,但在处罪后田主人又自行夺牛作为赔偿,这就被认为是"不亦甚乎"(实在是太过分了),是不能被接受的。可见至少在秦汉时,民间已普遍认可"打了不赔,赔了不打"原则。

---

① 北京图书馆藏《洪氏誊契录》,见《中国历代契约会编考释》,第1111页。
② 《睡虎地秦墓竹简》,第190、218页。

最能直接体现秦汉时期这一法律原则的,是湖北江陵张家山汉墓出土的"二年律令"《贼律》中的一条:

> 船人渡人而流杀人,耐之;船啬夫、吏主者赎耐。其杀马牛及伤人,船人赎耐,船啬夫、吏赎千(迁)。其败亡粟米它物,出其半,以半负船人,舳舻负二、徒负一;其可纽系而亡之,尽负之,舳舻亦负二、徒负一,罚船啬夫、吏金各四两。流杀伤人、杀马牛,有(又)亡粟米它物者,不负。①

"船人",根据上下文意思,在这里应该是指船的主人。"船啬夫"及"吏",是指管理渡口的官吏。"舳舻",《汉书·武帝纪》"舳舻千里"注引李斐曰:"舳,船后持柁处;舻,船前头刺櫂处也。"那么"舳舻"就是船舶的船长、舵手。"徒"是船上的水手。这条法律的意思就是:渡船发生事故导致乘客死亡的,船主要被处以"耐刑"(剃去须发罚做苦工),主管渡口的官吏要处以"赎耐"(按照耐刑判刑后缴纳钱财赎罪)。渡船发生事故导致乘客受伤或导致马牛之类的大牲畜死亡的,船主判处"赎耐",管理渡口的官吏处以"赎迁"(按照迁徙刑判刑后缴纳钱财赎罪)。渡船发生事故导致粮食等财物损失的,一半算是损耗,船主要赔偿损失额的一半,其中船长或舵手要承担赔偿额的十分之二、水手承担赔偿额的十分之一;如果财物应该绑缚而没有绑缚,因此导致事故损失的,船主应该全额赔偿,其中船长或舵手仍然承担十分之二,水手承担十分之一。管理渡口的官吏处以"罚金四两"。当船舶事故导致有人伤亡或牛马死亡、同时又造成财物损失的,船主就不用承担赔偿责任。

从该条律文的最后一项规定来看,船舶事故导致有人伤亡或牛马死亡的情况下,船主要受到刑罚处罚,因此同时造成财物损失的,船主就不用承担赔偿责任。很显然,这就是受了刑罚就不需要赔偿,需要进行赔偿的就无须受刑罚处罚。换言之,立法的出发点,是将一切无论是人为造成的事故、还是自然因素导致的事故,都作为对于国家所代表并保护的正常秩序的破坏,必须由国家予以处罚。处罚的目的不在于让受到损害的一方得到救济,更不在于所受到损失得到补偿,而是在于威慑社会其他成员不敢轻易破坏这种秩序。

"二年律令"一般被认为是高后(吕后)二年也就是公元前186年颁布的,此时为秦统一全国后三十五年,按照"汉承秦制"的说法,这条法律很可能来自原来的秦律。也就是说,上述的"打了不赔,赔了不打"的原则至少在秦朝时就已经确立,而且这一原则在后世的立法中仍然延续。

另一个值得注意的是,与上述"打了不赔,赔了不打"的原则相仿,立法的这种"一刀切"式的思路,也体现在责任的认定以及相关的赔偿额度上。该条法律只是简单的规定,凡是货物能够捆绑、妥善安置而没有做到的,就要全额赔偿,否则无论什么原因造成的事故,船主都只赔偿损失额二分之一。

如果当事人没有报案,当地政府没有追究侵害人罪责,侵害人与受害人自行商量进行的赔偿,则更与一般债务的清偿方式相近。比如东汉初年,梁鸿于上林苑牧猪,不慎失火

---

① 《张家山汉墓竹简》,第134页。

延烧他人住宅。梁鸿主动访寻到被火之家,以其猪群赔偿。主人仍然认为不够,梁鸿表示:"无它财,愿以身居作。"于是在主人家服役,"不懈朝夕",以劳役抵偿完毕后才归家。①

(二)依据行为人主观是否有恶意来确定赔偿责任

从现存《唐律疏议》有关侵损官私财产行为的条文来看,可以发现其总的原则与上述的盗赃赔偿类似,有的是"又打又赔",有的是"只打不赔"或"只赔不打",有的是"不赔不打"。其主要的区别依据在于行为人的主观要件:凡行为人在主观上有恶意的故意,就要"又打又赔";如果行为人主观上有较大的过失,即"偿而不坐"或"坐而不偿"(坐即论罪处罚之意,用现代口语就是"只打不赔"或"只赔不打");如果行为人主观上并无过错或无法防止,就是"不坐不偿",既不用判刑也不用赔偿。

最为典型的是《唐律疏议·杂律》"水火有所损败"条:

> 诸水火有所损败,故犯者,征偿;误失者,不偿。疏议曰:"水火有所损败",谓上诸条称水火损败得罪之处。"故犯者,征偿",若"故决堤防"(徒三年之罪、赃重者准盗论)、"通水入人家"(坐赃论罪),若"故烧官府、廨舍及私家舍宅财物"(徒三年之罪,赃十匹以上绞)有所损败之类,各征偿。其称"失火"(笞五十至杖八十之罪)之处及"不修堤防而致损害"(杖七十之罪及坐赃减三等论罪)之类,各不偿。

这一条规定的是水火灾害的总的赔偿原则:"故犯者,征偿;误失者,不偿。"凡行为人具有恶意或故意的,就要"坐罪"并赔偿,也就是"又打又赔";而仅仅在主观上有过错、有过失的,就是"坐而不偿"或"只打不赔"。律疏在解释这一条律文时,特意举例说明"故犯者,征偿"的意思:比如故意决堤导致水灾(要判处徒刑三年,如果造成的损害的数额较大的,就要比照盗窃计赃论罪,最高可以判处流三千里)、故意放水冲入他人房屋(按照坐赃罪处刑,最高可处徒刑三年)、故意放火烧官府、官府的房屋以及私人住宅而导致火灾房屋财产受损(要判处徒刑三年,如果损失额达到价值绢帛十匹以上的,就要处以绞刑)等故意侵害官府及他人财产的罪行,都要在处刑的同时"各征偿",必须由官府追征罪犯的财产赔偿给受害人。相反,凡是"失火"(过失导致的火灾,要处以笞五十至杖八十的刑罚)、"不修堤防而致损害"(杖七十之罪及坐赃减三等论罪)之类的行为,就"各不偿",不用承担赔偿责任。显然,故意侵害行为在构成犯罪、处以刑罚的同时要强制赔偿,即"又打又赔";过失侵害行为则仅处以刑罚,即"只打不赔"。

《唐律疏议·杂律》另一条"弃毁官私器物":

> 诸弃毁官私器物及毁伐树木、稼穑者,准盗论。即亡失及误毁官物者,各减三等。疏议曰:"弃毁官私器物",谓是杂器、财物,辄有弃掷、毁坏;"及毁伐树木、稼穑者",种之曰稼、敛之曰穑,麦、禾之类:各计赃准盗论。"即亡失及误毁",谓亡失及误毁官私器物、树木、稼穑者,各减故犯三等,谓其赃并备(赔)偿。若误毁、失私物,依下条例,偿而不坐。

---

① 《后汉书》卷一一三《逸民传梁鸿》。

所谓"依下条例"是指《杂律》的另一条："诸弃毁、亡失及误毁官私器物者，各备（赔）偿。若被强盗者，各不坐、不偿。……其非可偿者，坐而不偿（律注：谓符、印、门钥、官文书之类）。"这两条也是从行为人的主观过错程度来决定处罚及赔偿的：故意抛弃、毁坏财物的，要比照盗窃罪计赃论罪并赔偿，主管人员遗失或因过失抛弃、毁坏官府财物的仍然要坐罪并赔偿"又坐又偿"；但是遗失或过失抛弃、毁坏私人财物的，就只需"偿而不坐"；只有主管人员在遭到强盗抢劫、无法抵抗的情况下丧失、损坏官私财物，则可以"不坐不偿"。

《唐律疏议·厩库律》"亡失官物"条，律疏说明"假（借）请官物有亡失者，若于请物所司自言失者，免罪，备（赔）偿如法；不自言失，被人举者，以亡失论（准盗论减三等）"。遗失了借用的官府财物后能够自行说明遗失情况的，可以免罪，只需要按照法律赔偿，"偿而不坐"。但是如果在遗失官府财物以后，没有自行说明情况，被人检举的，就要按照遗失官府财物的罪名处罚，比照盗窃罪减三等处罚，同时还要赔偿，即"又坐又偿"。

另外，《唐律疏议》对于赔偿额的规定也更为细致，没有简单地采取"一刀切"的做法。凡是允许赔偿的条文，强调赔偿只能局限于直接的损失、局限于受损财物实际减少的价值。如果一方接受的赔偿数额超过直接损失的价值或受损财物实际减少的价值，就要作为犯罪处理。《唐律疏议·杂律》"坐赃致罪"条的律疏解释"因事受财"，称"假如被人侵损，备偿之外，因而受财之类，两和取与，于法并违"，就是说受害人在接受加害人的赔偿时，如果赔偿数额超过官方认定的"备偿"额，就要作为"坐赃"罪（最高可以处徒刑三年）处罚。即便双方是合意，"取者"和"与者"仍然都要按坐赃罪处罚。

唐律中凡因牲畜受侵害而进行赔偿的，都明确规定应赔偿"减价"，即以受损害的财物原价值减去残留部分价值后的余数。比如《厩库律》"杀伤官私马牛"条的律疏解释"减价"："减价，谓畜产直（值）绢十匹，杀讫，唯直绢两匹，即减八匹价；或伤止直九匹，是减一匹价。杀减八匹偿八匹，伤减一匹偿一匹之类。"牲畜原来价值十匹绢帛，牲畜被杀后的畜肉、皮骨折价值二匹绢帛的，那么应该赔偿的"减价"就是八匹绢帛。如果杀伤了牲畜，原来十匹的牲畜受伤复原后价值为九匹，那么应该赔偿的"减价"就是一匹。

《唐律疏议》中对于这种"减价"的计算极其细致，如"官私畜产毁食官私之物"条律疏举例："假有一牛，直上绢五匹，毁食人物平直上绢两匹；其物主登时伤杀，死牛出卖直绢三匹，计减二匹；牛主偿所损食绢二匹，物主酬所减牛价绢亦二匹。"假设一头牛原来价值上等的绢帛五匹，这头牛毁坏或咬食别人的财物价值上等的绢帛两匹，被损财物的主人当场杀死了这头牛，死牛的牛肉及牛皮等出卖的价值三匹，因此这头牛的"减价"是两匹；然后牛的主人要向被损财物主人赔偿两匹绢帛，被损财物主人要向牛的主人赔偿两匹绢帛。正好对冲。这种严格的"减价"计算方法，还见于"杀缌麻以上亲马牛"条、"诸犬自杀伤他人畜产"条（该条律疏又有"两主放畜产而有斗杀伤者，从不应为重，各杖八十，各偿所减价"的规定，放牧的牲畜打架造成牲畜伤害的，两方的牲畜主人都要按照"不应得为"罪从中处罚，各从重处以杖八十的刑罚，双方向对方赔偿受伤牲畜的"减价"）、盗或故决堤防"杀伤畜产"条、"在街巷走车马"条"杀伤畜产者"（该条律疏对律条作了扩大解释，其他因为过失行为诸如向城市、道路、官私住宅射箭、弹射弹弓、扔砖石杂物、或者在这些公共场所设置陷阱机关导致他人牲畜死伤的,也在按照故意杀伤牲畜罪名治罪之外,必须赔偿"减价"。

此外,《厩库律》又有"偿减价之半"的规定。"诸犬自杀伤他人畜产"条有"余畜自相杀伤者,偿减价之半"。律疏的解释是:"余畜,除犬之外皆是。自相杀伤者,谓牛相抵杀、马相踏死之类。假有甲家牛抵杀乙家马,马本直(值)绢十匹,为抵杀,估皮肉直(值)绢两匹,即是减八匹绢,甲偿乙绢四匹,是名偿减价之半。"也就是说,唐律将狗以外的其他牲畜总称为"余畜",当狗以外的其他牲畜发生互相斗殴导致杀伤的,比如牛相互顶撞造成死亡、马相互踩踏造成死亡,要赔偿的是"减价之半"。律疏举例说明:假设甲家的牛顶撞死了乙家的马,马原价值十匹绢,马皮马骨估价为两匹,因此"减价"为八匹,牛的主人应该赔偿四匹,就是"减价之半"。

这一立法的主要依据仍然在于当事人主观上是否有过错。显然唐朝的立法者认为犬类具有进攻性,主人负有随时注意的责任,侵损他人的畜产就要赔偿"减价";而普通的畜产自相杀伤,当事人双方均无过错,就没有必要要求加害的一方赔偿"减价"。可是出于重视畜产的缘故,即使当事人并无过错,也需要对杀伤的结果进行赔偿,只是赔偿"减价之半"即可。《白氏长庆集·甲乙判》中有一判词即为此类案例:

  案由:"得甲牛抵乙马死,乙请偿马价。甲云:在放牧处相抵,请陪(赔)半价。乙不伏。"判词:"马牛于牧,蹄角难防。苟死伤之可征,在故误而宜别。况日中出入,郊外寝讹。既谷量以齐驱,或风逸之相及。尔牛孔阜,奋驿角而莫当;我马用伤,□骏足而致毙。情非故纵,理合误论。在皂栈以思,罚宜惟重;就桃林而招损,偿则从轻。将息讼端,请征律典;当陪半价,勿听过求。"

唐律的这些原则基本为以后各代所沿袭。明清律《兵律·厩牧》"宰杀马牛"条规定,凡故意杀伤官私畜产,除分别处以刑罚外,"各追赔所减价钱(完官给主)",明确采用"又打又赔"的原则。主观上没有过错,"其误杀伤者,不坐罪,但追赔减价",这就是传统的"只赔不打"。事出有因,虽然采用"又打又赔",但往往大大减轻打的程度,比如"若官私畜产毁食官私之物因而杀伤者,各减故杀伤三等,追赔所减价,畜主赔所毁食之物"。也有的是"不打不赔",如"畜产欲触抵踢咬人,登时杀伤者,不坐罪、亦不赔偿"。另条"畜产咬踢人"规定"故放犬令杀伤人畜产者,各笞四十,追赔所减价钱",没有唐律畜产自相杀伤时"偿减价之半"的规定。

三、侵损财产行为的其他补偿方式

对于侵损财产行为,除了处以刑罚并附带赔偿外,古代法律中还设有一些补偿方式,主要有:遗失官物应"求访"或"寻访";毁坏建筑物之类应"修立";侵损公共通道应"复故"。

《唐律疏议·杂律》规定:"诸亡失器物、符、印之类应坐者,皆听三十日求访,不得,然后决罪。若限内能自访得及他人得者,免其罪。限后得者,追减三等。"按《杂律》"弃毁器物稼穑"条：亡失官物准盗减三等论处，而亡失私物为"偿而不坐"，并无罪罚。可见上条"求访"专指亡失官物。宋朝仍然沿袭这一规定，《折狱龟鉴·宥过》："真宗朝，因宴，有亲事官失却金碟一片。左右奏云：'且与决责'。上曰：'不可，且令寻访。'又奏：'只与决小杖。'上曰：'自有寻访日限，若限内寻得，只小杖亦不可行也。'"

《唐律疏议·杂律》："诸毁人碑碣及石兽者，徒一年；即毁人庙主者，加一等。其有用功修造之物而故损毁者，计庸坐赃论。各令修立。误损毁者，但令修立，不坐。疏议曰……其有用功修造之物，谓楼、观、垣、埭之类，而故损毁者，计修造功庸，坐赃论，谓十匹徒一年，十匹加一等。仍令依旧修立。"这里的"修立"类似于现代民法中的"恢复原状"，但仅适用于建筑物受损的情形，而且主要仍然是作为一种刑罚的附带处罚。

《唐律疏议·杂律》："诸侵巷街、阡陌者，杖七十。若种植、垦食者，笞五十。各令复故。虽种植，无所妨废者，不坐。疏议曰：侵巷街、阡陌，谓公行之所，若许私侵，便有所废，故杖七十。若种植、垦食，谓于巷街阡陌种物及垦食者，笞五十。各令依旧。若巷街宽闲，虽有种植，无所妨废者，不坐。"这里的"复故"从字面上看似乎与现代民法中的恢复原状相似，但实际上这里强调的是排除对于"公行之所"即公共交通场所的妨害，要求"复故"，是与现代民法中的"排除妨害"相当。

上述这些原则基本为元明清的法律所继承，但规定较为简单。明清律有关这一方面的内容几乎全部集中于《户律·田宅》"弃毁器物稼穑等"条："凡弃毁人器物及毁伐树木稼穑者，计赃准窃盗论，免刺。官物加二等。若遗失及误毁官物者，各减三等，并验数追偿。私物者，偿而不坐罪。若毁人坟茔内碑碣石兽者，杖八十。毁人神主者，杖九十。若毁损人房屋墙垣之类者，计合用修造雇工钱，坐赃论。各令修立。官屋加二等。误毁者，但令修立，不坐罪。"由于遗失物即使"寻访"找到，在法律上其二分之一已经归给拾得人，因此采用"追偿"，属"又打又赔"。毁损则区别故意、过失，故意者"又打又赔"，过失者仅"修立"。

明清律的《工律·河防》"侵占街道"："凡侵占街巷通路而起盖房屋及为园圃者，杖六十。各令复旧。"将唐律的"复故"改称"复旧"而已。

第二节　侵损人身行为的损害赔偿

上文已经提到，侵损人身的行为在古代一律作为犯罪行为处理，即使从现代法律的观点来看加害人并无任何主观上的故意及过失，依然要判处刑罚。虽然在处刑时可能可以转换为赎刑，但代替刑罚的赔偿款项往往只是在很少的情况下才交付给受害人。对于人身的伤害赔偿在元明以前，并不正面命名为赔偿。这种赔偿方式主要有"保辜"和"赎铜入受害者之家"两大类。

一、"保辜"

保辜原意是指伤害案件的一种法定期限责任担保制度，即发生伤害案件时，加害人按照受害人在一定期限内的伤势后果承担刑事责任,如果被害人在期限内死亡,加害人按杀人罪处罚;如果被害人伤势在期限内好转或恶化,加害人就要按照期限届满时的伤势承担刑事责任。从人之常情来说,加害人自然会尽量设法使被害人得到医治,使之在保辜期限内伤势好转,以减轻自己的罪责。因此无论法律是否规定了加害人要赔偿医治的费用,保辜在实际上会起到促使加害人承担医治费用的作用,具有一定的损害赔偿的意义。

保辜起源很早。《春秋公羊传·襄公七年》:"郑伯髡原何以名?伤而反,未至乎舍而卒。"汉儒何休注:"古者保辜,诸侯卒名,故于如会名之,明如会时为大夫所伤,以伤辜死也。君亲无将,见辜者,辜内当以弑君论之,辜外当以伤君论之。"即郑伯受伤后没有回到住处就死亡,加害者仍然要承担"弑君"罪名;如果是在一定的"辜限"外死亡的,加害者仅承担"伤君"罪名。这应该是春秋时已有保辜制度的一个证明。

湖北张家山汉墓出土竹简中的《贼律》可见当时的保辜规定:"斗伤人,而以伤辜二旬中死,为杀人。"① 汉《急救篇》亦有"保辜",注称:"保辜者,各随其状轻重,令殴者以日数保之,限内至死,则坐重辜也。"《汉书·高惠高后文功臣表》:元朔三年,昌武嗣侯单德"坐伤人二旬内死,弃市"。可见至少在西汉时,保辜已是很严格的制度,受伤后20日内死亡,加害人应作为杀人罪处罚。

《唐律疏议·斗讼律》:"诸保辜者,手足殴伤人限十日,以他物殴伤人者二十日,以刃及汤火伤人者三十日,折跌支体及破骨者五十日。限内死者,各依杀人论。其在限外及虽在限内以他故死者,各依本殴伤法。"该条虽仅就斗殴而言,但故杀伤、误杀伤、戏杀伤也都要比照斗殴杀伤加等或减等处罪,实际上也适用保辜。

保辜制度本身并无加害人负责医治被害人的内容,但由于加害人的罪责是以一定期限后受害人伤势的结果来决定的,必然会迫使加害人尽可能去医治受害人。《唐律疏议·斗讼律》有关斗殴的规定:"诸斗殴折跌人支体及瞎其一目者,徒三年。辜内平复者,各减二等。"该条暗示加害人应设法促使被害人在辜内"平复"。在司法实践中,当时的法官也确实是这样理解的。

吐鲁番出土的"唐肃宗宝应元年六月高昌县勘问康失芬行车伤人事案卷残卷"就是一件典型的判例。处蜜部落百姓康失芬,受雇于行客靳嗔奴,驾牛车前往城中,至城南门口,因不熟悉牛性,驾驭不及,致使牛车快奔,碾伤了恰好在南门张游鹤店门口闲坐的一男一女两个八岁小孩,造成小孩腰胯骨折。按照唐《杂律》"无故于城内街巷走车马"条的规定,康失芬应比照斗殴杀人罪减一等处刑。康失芬在供词中承认碾伤人的事实,并请求"今情愿保辜,将医药看待,如不差身死,情求准法科断"。又有何伏昏等人为连保康失芬"在外看养史拂等男女"。法官据此判决释放康失芬,"勒保辜",但仍应"随牙(即衙门)"②。可见当时保辜制度确实具有加害人对被害人进行赔偿的意义,或许在已亡佚的唐令中有这样的法律内容也未可知。

---

① 《张家山汉墓竹简》,第137页。
② 见《吐鲁番出土文书》第9册,第128页;刘俊文著:《敦煌吐鲁番唐代法制文书考释》,中华书局1989年版,第566~570页。

在唐宋之际,民间对于保辜也往往是作为赔偿来理解的。比如敦煌出土的一件寅年(834 年?)契约:

> 寅年八月十九日,杨谦让共李条顺相诤,遂打损经(胫)节儿断,令杨谦让当家将息。至廿六日,条顺师兄及诸亲等迎将当家医理。从今已后,至病可日,所要药饵当直及将息物,亦自李家自出。待至能行日,筭(算)数计会。又万日中间,条顺不可、及有东西营苟,破用合着多少物事,一一细筭(算),打牒共乡间老大计算(算)收领,亦任一听。如不稳便,待至营事了日都筭(算),共人命同计会。官有政法,人从此契。故立为验,用为后凭。
>
> 　　　　　　　　　　　　　　僧师兄　　惠常
> 　　　　　　　　　　　　　　僧　　　　孔惠素
> 　　　　　　　　　　　　　　见人　　　薛卿子①

这是一件人身损害的"私了"契约,杨谦让在争吵时打伤了李条顺,李条顺先在杨家养伤,七天后被李家迎回自家养伤,约定医药费用及营养费用由李家自出,至伤愈日总计费用由杨家赔偿。如果李条顺在"万日"内发生意外死亡,丧葬等费用也要由乡里出面按照"大计"(当即吐鲁番、敦煌出土文书中经常提及的"大匕例",有关意外事故处理的民间惯例)计算赔偿。按照法律手足伤人保辜期限仅为十日,而民间习惯上加害人对于伤势负责的期限居然长达"万日"之多,似乎有误,或许是讹字,但至少足以说明民间对于保辜的理解。

元代的法律依然沿袭了唐宋律中有关保辜的内容,仍然不明文规定加害人应承担医治费用,但因为元代法律对于伤害罪大多规定应予以赔偿,所以实际上加害人伴随保辜肯定还应承担医治费用。

明清的保辜制度则明确规定加害人必须承担受害人医药费用。如《大明律·刑律·斗殴》:"凡保辜者,责令犯人医治。辜限内皆须因伤死者,以斗殴杀人论。其在辜限外,及虽在辜限内伤已平复、官司文案明白、别因他故死者,各从本斗殴伤法。若折伤以上,辜内医治平复者,各减二等。辜内虽平复而成废疾、笃疾,及辜限满日不平复者,各依律全科。"保辜的期限为:"手足及以他物殴伤人者,限二十日;以刃及汤火伤人者,限三十日;折跌肢体及破骨坠胎者,无问手足、他物,皆限五十日。"《大清律例·刑律·斗殴》对于保辜的注解是:"保者,养也;辜者,罪也。保辜谓殴伤人未至死,当官立限以保之。保人之伤,正所以保己之罪也。"因此明清时的保辜具有要求加害人赔偿受害人医治费用的法律意义。

二、"赎铜入受害者之家"

"赎",就是允许罪犯向官府缴纳一定的财物来抵消被判处的刑罚,是古代广泛采用的一种刑罚制度。根据儒家经典《尚书·吕刑》,西周时期已经对很多的轻罪、过失犯罪广泛

---

① 见[日]仁井田陞:《唐宋法律文书の研究》,第 480～481 页。

使用赎,所使用的财物主要是作为货币原料的铜。

就睡虎地秦墓竹简的材料来看,秦适用赎刑时,罪犯缴纳的财物全部交给官府,官府并不考虑将赎刑的财物转交受害人作为补偿,因此赎与当事人没有关系。最为典型的是《司空律》有一条律文称:"有罪以赀、赎及有责(债)于公,以其令日问之,其弗能入及赏(偿),以令日居之。"被告在被判处"赀"(罚金性质的刑罚)、赎刑、或者欠下官府的债务时,必须按照判决所规定的期限缴纳钱财,如果交不出钱财,到期不缴纳的,就要被拘留,通过服劳役来抵消。① 可见赎刑的财产和罚金、偿还官府债务是同样性质,必须向官府缴纳,与受害人没有什么关系。

从目前的史料来看,还找不到汉晋南北朝时期赎刑财产补偿给受害人的法律规定,而唐代法律已经有了明确的规定。唐代的《狱官令》规定:"诸伤损于人及诬告得罪,其人应赎者,铜入被告及伤损之家。即两人相犯俱得罪及同居相犯者,铜入官。"② 可见唐代法律对于伤害、诬告罪实际上实行的是"只赔不打""只打不赔"的原则,凡加害人受到刑罚处罚,受害人就得不到补偿;如果加害人因为某种原因不能实际适用刑罚,改为以财物"赎"的,用以赎刑的铜就由官府转交给被诬告的受害人。也就是说,诬告罪和伤害罪的受害人在加害人未实际受刑的情况下,有可能得到一定的财产补偿。按照《唐律疏议》的规定,可以适用赎刑的情况主要有以下两种:一种是犯罪人为特殊主体,如官员贵族及其亲属、老幼废疾之类;一种是犯罪人在主观上的过错为过失。前一种情况与本篇讨论的关系不大,而后一种情况则显然具有一定的损害赔偿因素。

《唐律疏议·斗讼律》有专条:"诸过失杀伤人者,各依其状,以赎论。"律注解释"过失":"谓耳目所不及,思虑所不到;共举重物,力所不制;若乘高履危足跌、及因击禽兽以致杀伤之属皆是。"而按照上引《狱官令》条,这种情况下的赎刑之铜应入受害人之家,但《唐律疏议·名例律》有"本条别有制依本条"之原则,因此是否全部的过失杀伤罪都以赎论以及该项赎铜是否均入被害人之家,还是应该查看《唐律疏议》各篇的具体条文。《唐律疏议》中明确规定过失杀伤应赎、且赎刑之铜应入受害人之家的,有以下几条:

(1)《贼盗律》"毒药药人及卖者"条,如果被害人"自食致死者,从过失杀人法",律疏明确"征铜入死家"。

(2)《斗讼律》"妻妾殴詈故夫之祖父母父母"条,凡妻妾"过失杀伤"故夫之祖父母父母,"依凡论"。律疏解释:"谓杀者,依凡人法,赎铜一百二十斤;伤者,各依凡人伤法征赎。其铜入被伤杀之家。"

(3)《斗讼律》"奴婢部曲詈旧主"条,"过失杀伤者,依凡论。"律疏:"过失杀伤者,并准凡人收赎,铜入伤杀之家。"

(4)《杂律》"城内街巷及人众中无故走车马"条,"若有公私要速而走者,不坐,以故杀伤人者,以过失论。其因惊骇,不可禁止,而杀伤人者,减过失二等"。所谓"公私要速"据

---

① 见《睡虎地秦墓竹简》,第84页。
② [日]仁井田陞:《唐令拾遗》,第726页,引据《宋刑统·名例》、日本《养老狱令》等。

律疏解释："公谓公事要速及乘邮驿、并奉敕使之辈；私谓吉凶、疾病之类须求医药并急追人而走车马者。"律疏并称在这两种情况下，"听赎，其铜各入被伤杀家"。

（5）《杂律》"在市及人众中故相惊动"条，"其误惊杀人者，从过失法"。在市场等人群拥挤场所因误惊而导致混乱中杀伤人，律疏说明："从过失法收赎，铜入被伤杀之家"。

（6）《断狱律》"监临自以杖捶人"条，"诸监临之官因公事，自以杖捶人致死、及恐迫人致死者，各从过失杀人法……疏议曰：谓临统案验之官，情不挟私，因公事，前人合杖、笞，自以杖捶人致死；及恐迫人致死，谓因公事，欲求其情，或恐喝、或迫胁，前人怕惧而自致死者：各依过失杀人法，各征铜一百二十斤入死家。"

由于《唐律疏议》的其他条文中并没有"赎刑之铜入受害人之家"的规定，可见上述《斗讼律》及《狱官令》的条文并非全部过失杀伤罪的通例。比如《斗讼律》中奴婢、部曲过失杀伤主人，子孙过失杀伤祖父母父母，妻妾过失杀伤夫，兄弟之间的过失杀伤等都要实际处刑，不得以赎论。相反，主人过失杀伤奴婢、部曲，祖父母、父母过失杀伤子孙，夫过失杀伤妻妾，旧舅姑过失杀伤旧妻妾，旧主过失杀伤奴婢、部曲等，就是"各勿论"，既不打，又不赔。又如上引《断狱律》律疏又有："若前人是卑贱，罪不至死者，各依本杀法征铜。"被打死的如果是奴婢、部曲之类的贱民，赎刑之铜就是入官而非入受害人之家了。

上述"赎铜入受害人之家"的几条具有一定的损害赔偿的意义，然而其数额与被伤杀的损害程度并没有直接的联系，并不是以填补损失为标准，严格意义上而言依然只是代替刑罚的方法。同时，唐代法律也没有今天附带民事诉讼请求赔偿的规定，这或许是秦汉以来立法长期演变的结果。

北宋的《宋刑统》沿袭了《唐律疏议》的有关内容，并引了上述唐《狱官令》文（今本《宋刑统·名例》"五刑"条所引有阙文）。南宋的《庆元条法事类·当赎门·罚赎》引南宋《断狱令》，文字与唐《狱官令》稍有差别："诸诬告及伤损于人得罪，应赎者，铜入被诬及伤损之家。即考（拷）决罪人，或在任官于所部有犯，若两俱有罪、同及（当为"及同"之误）居相犯者，铜入官。"

从史料分析，宋代确实也有不少反映"赎铜入受害人之家"的案例，如据《宋会要辑稿·刑法》所载宋仁宗天圣元年（1023年）宁州庞张儿殴死庞惜喜案，因庞张儿仅九岁，宫中审刑院认为"童稚争斗无杀心，特矜之"，免死刑，"罚铜一百二十斤与庞惜喜家"。景祐元年（1034年）濠州王泮奇为争柴禾，用镰刀砍死楚李婆，也因王泮奇才九岁，免死，"罚铜一百二十斤入楚李婆之家"。

第三节　元明清时期附加刑性质的损害赔偿

一、元代法律对于人身伤害确立赔偿原则

上述的仅过失杀伤罪"只赔不打""只打不赔"的传统至元朝时期发生了很大的变化。

根据《元史·刑法志》所载的元朝法律条文可以发现,凡人身伤害罪名,在规定刑罚的同时几乎都规定了必须附带赔偿,即"又打又赔"。而过失杀伤及另一些罪名,又有着"只打不赔"的原则。并且不再采取"赎铜入受害人之家"的暧昧说法,直截了当地明确为赔偿。

从《元史·刑法志》所载元代法律来看,凡杀人罪,除了处以死刑外还要向罪犯征收"烧埋银",给苦主(受害人家属)作为赔偿。《元史·刑法志·杀伤》:"诸杀人者死,仍于家属征烧埋银五十两给苦主。无银者,征中统钞一十锭。会赦免罪者,倍之。"这可称之为"死了还赔"。如:"诸图财谋、故杀人多者,凌迟处死。仍验各贼所杀人数于家属均征烧埋银。""诸部民殴死官长,主谋及下手者皆处死……均征烧埋银。"杀人免征烧埋银的情况只有"殴死应捕杀恶逆之人""杀有罪之人""同居相殴而死"等几项。

还有的情况是虽致人于死,但或因行为人为特殊主体、或因主观为过失、或有减免罪情节而只处以徒杖刑,在处刑同时仍然要征烧埋银,可称之为"又打又赔"。行为人为特殊主体的如《职制》的"军官驱役军人致死""捕盗官审问平人邂逅致死""弓兵祗候辄殴死罪囚",《杀伤》的"蒙古人因争及乘醉殴死汉人""良人斗殴杀人奴""地主殴死佃客""尊长误殴异居卑幼""瞽者殴人致死"等等;行为人主观上有过失的如"昏夜驶马误触人死""庸医针药杀人""戏逐人跌死""戏惊小儿致死"等等;有减免罪情节的如"因人调戏其妻而殴杀人"等等;这些都是"又打又赔"。

在《杀伤》门中,也可以看到有些杀人罪名不处刑罚、仅征烧埋银,"只赔不打",具有相当程度的损害赔偿性质。如子复父仇,"不坐,仍于杀父者之家征烧埋银五十两";昏暮之中两家之子奔跑相撞致死,"不坐,仍征钞五十两给苦主";十五岁以下的少儿过失杀人,"免罪,征烧埋银";十五以下的少儿因争毁伤人致死,"听赎,征烧埋银给苦主";军士习箭不慎射死平民,"不坐,仍征烧埋银";疯子殴伤人致死,"免罪,征烧埋银";官府的驿马在野地咬死行人,"以其马给苦主";等等。

元代法律中烧埋银的制度,其立法的出发点显然已从对于罪人的附加刑转化为对于受害人的补偿。如《杀伤》有:"诸杀人无苦主者,免征烧埋银。"被杀的受害人没有亲属("苦主")的,就没有必要向加害人征收烧埋银,可见设置烧埋银的目的就是要补偿受害人亲属。"诸杀人者,被杀之人或家住他所,官征烧埋银移本籍,得其家属给之。"如果杀人罪的受害人亲属不在案发地区的,官府应该向加害人征收烧埋银后再移交给受害人亲属所在之地的官府,转交受害人亲属。尤其是《杀伤》门有一条专门规定:"诸斗殴杀人应征烧埋银而犯人贫窭不能出备(赔),并其余亲属无应征之人,官与支给。"如果斗殴杀人的加害人家庭实在因为贫困没有办法缴纳烧埋银的,也找不到其他能够缴纳的亲属,就要由官府来向被害人亲属支付烧埋银。

另外,元代在立法上也存在着将烧埋银及赔偿作为债务的倾向,与一般债务的担保相似,也允许家贫无法赔赃或难以缴纳烧埋银者"质债折庸"。如《盗贼》门规定:"诸盗贼应征正赃及烧埋银,贫无以备(赔),令其折庸。凡折庸,视各处庸价而令之。庸满发元(原)籍充景迹人。妇人日准男子工价三分之二。官钱役于旁近之处,私钱役于事主之家。"因为家贫,盗贼罪犯不能赔偿正赃、杀人犯亲属不能缴纳烧埋银的,官府应该命令罪犯及家属"折庸",也就是以劳役抵偿。劳役抵偿的计算方法,按照各地不同的劳动力价格来决定。妇女按照男子劳动力价格的三分之一来计算。应该赔偿官府财产的,罪犯应该在官府附近地区服劳役;应该赔偿私人(正赃或烧埋银)的,要责令加害人到受害人之家服劳役。一般的戏杀伤也可作为私人之间的债务自行解决,"诸戏伤人命自愿休和者,听"。

在斗殴伤害方面,元代的法律也贯彻"又打又赔"的原则。如《斗殴》门有专条规定:"诸以他物(指兵刃之类武器以外的物体)伤人致成废疾者"或"因斗殴斫伤人",都要在处刑之外征"中统钞一十锭付被伤人充养济之资"。"诸以刃刺破人两目成笃疾者"要在处刑之外"征中统钞二十锭充养赡之赀"。豪强私拷平民,处远流之外,"其破害有致残废者,人征中统钞二十锭充养赡之赀"。"诸以微故残伤义男肢体废疾者",处刑外"仍征中统钞五百贯充养赡之赀"。尊长以微罪刺伤弟侄双目,处刑外"追征赡养钞二十锭给苦主"。如果是在争斗误伤他人一目者,处刑外需征"中统钞五十两充医药之赀"。此外正如上述的过失致死的处理一样,如果受害人未死仅是受伤,加害人自然也应该"只打不赔",受害人可以获得赔偿。只是"养济之资""养赡之资"的区别似乎并不明确,可能是对于致人废疾的伤害赔偿的总称。

元朝对于传统法律的这种修改,很可能是受到蒙古族等游牧民族习惯的影响,因此呈现出与中原传统法律有所不同的特色。①

二、明清法律中的人身伤害损害赔偿内容

明清两朝有条件地继承了上述的元朝有关损害赔偿方面的法律原则。

首先,明清律中凡人身伤害的罪名一般都附带赔偿。如人命案件沿袭元代法律"死了还赔"的原则,或赔家产,或赔家产一半,至少也要赔"埋葬银"。《大明律·刑律·人命》"杀一家三口非死罪及肢解人""采生折割人",犯人都凌迟处死,"财产断付死者之家"。其他的杀人罪一律在处刑之外征埋葬银十两。另据《大明令·刑令》:"应该偿命罪囚,遇蒙赦宥,俱追银二十两,给付被杀家属。如十分贫难者,量追一半。"

在严重的人身伤害案件中,也沿袭"又打又赔"的原则。《大明律·刑律·斗殴》规定,凡故意伤害他人造成被害人笃疾,犯人要处以流刑,"仍将犯人财产一半,断付被伤笃疾之人养赡"。在民间也有反映这一法律规定的俗谚,如"损人一目,家私平分"②。此外祖父母、父母非理殴伤子、孙媳妇及养子致残疾,除处刑外,"子孙之妇追还嫁妆,仍给养赡银十两。乞养子孙拨付合得财产养赡"。《诉讼》门规定,诬告者除反坐所告罪名外,如因诬告致使被诬告之人配役、典卖田宅,必须赔偿用过路费及取赎田宅;致使被诬告之家有人死亡的,"将犯人财产一半断付被诬之人"。这些规定都被清律沿袭。

其次,明清律中的过失杀伤罪名的处理已具有更为明显的损害赔偿性质。《大明律·刑律·斗殴》对于过失的定义为:"谓耳目所不及,思虑所不到……凡犯无害人之意而偶致

---

① 参见[日]仁井田陞:《中国法制史》第4章第3节,岩波书店1963年增订版。
② 见明末清初小说《石点头》第九卷"王孺人离合团鱼梦"。

杀伤人者",据此"过失杀伤人者,各准斗杀伤罪,依律收赎,给付其家,以为营葬及医药之费"。可见其立法的重点已明确从对犯人的处罚转到弥补被害人损失的方面。明代收赎方式仍以实物为主,清律统一为白银。清律前载《过失杀伤收赎图》:过失杀人,"依律收赎,折银十二两四钱二分,给被杀之家营葬";过失致人废疾笃疾,应处杖一百徒三年的,收赎为七两九分七厘;应处杖一百流三千里的,收赎为十两六钱四分五厘。以下递减,至折伤以下、应处杖八十,收赎为一两四钱一分九厘。

然而明清时法律所确定的过失杀伤损害赔偿依然以赎刑的面貌出现,其数额与损害的程度并无任何的比例关系。而且杀伤罪所附带的赔偿以简单的"全部家产"或"财产一半"的方法来确定数额,表现出简单实用的立法宗旨。

另一个值得注意的问题是,明清法律仍然强调禁止"私和人命",即人命案件中的受害人一方不得与加害方私下达成和解,尤其是在尊亲属受到伤害的情况下,绝对禁止私下和解,并且不得在这种和解中接受财物的补偿。《唐律疏议·贼盗律》规定的"私和"罪名,主要指亲属被杀而"私和",如"诸祖父母、父母及夫为人所杀"的私和罪,处以流二千里;期亲,徒二年半;大功亲以下,递减一等;接受财物者准窃盗论罪。明清律《刑律·人命》基本沿袭了唐律的这一条文,同时又添加一条:"常人(为他人)私和人命者,杖六十(受财准枉法论)。"进一步规定替人主持和解人命是犯罪行为。从这一角度来看,明清法律依然没有正面承认人身伤害的损害赔偿债务。

简 短 的 结 论

中国古代法律将侵犯财产、侵犯人身的行为都视为犯罪,处以刑罚,而并不考虑被害人是否应该获得赔偿。唐宋时期的法律规定对于侵犯财产的犯罪处以"倍赃"返还的惩罚性赔偿,但是实际上并不实行。对于伤害罪行则设定"保辜"制度,迫使加害人救治被害人以获得较轻的判罚。对于过失行为导致的损害,仍然要处以刑罚,但是允许以铜赎罪,一些特定的侵损行为其赎铜由官府转交给受害人,具有一定的赔偿意义。

元代法律注重对于侵损他人财产及人身的罪行处以强制赔偿的附加处罚,同时对于很多过失伤害罪名采用由加害人出医药、赡养等费用的办法。明清法律继承这一做法,对于人身伤害罪行基本都强制加害人在受刑罚处罚同时出资赔偿,但赔偿数额往往规定"家财一半"等,附加刑的性质非常明显,而过失伤害仍然可以银赎罪,所赎罪的银两一般都给付受害人作为赔偿。

第八章
规律与特征

本书以上的内容简要叙述了中国古代财产法史的基本框架及其主要规范,在本书结束之前,自然还有将中国财产法史演进中的一些规律,以及中国财产法史的主要特征加以勾勒的必要。

所谓某一法律体系的特征,应该是与其他法律体系相比较而言。在对其他法律传统所知不多、研究不够的情况下所总结的特征,不免失之偏颇。另外如上所述,中国古代财产法律虽然经历了悠久的发展历史,本身却并不成其为一套完整的体系,内容又极其庞杂,既有国家的制定法,又有大量的、往往在法律之外运行的乡规民俗,要简单地归纳出几大特点难免主观武断。但是作为一本总结性的法律史书籍,好像没有这样的总结部分也不太合适。为此这里只能勉为其难,以近代民法的源头古罗马以及西欧中世纪的财产法律作为一个参考系,分别从制定法和民事习惯两大方面大致言之,然后再试图概括总结中国传统财产法史的一些最基本的特征。

第一节 一般规律

从本书所提到的古代财产法律演变的过程来看,这种演变有着某些固定的轨迹,大致呈现出一定的规律性。

一、财产法律随商品经济的兴衰而变化

近代民事法律是商品经济的产物,其源头在古代世界商品经济最发达的古罗马,近代资本主义商品经济的活跃又使罗马法得以"复活"并大为发展。同样,在中国古代商品货币经济的发达或衰落时期,财产法律也相应有较大的变化。这种变化既表现在立法活动上,更表现在民间财产交易的习惯上。

中国古代历史呈现出"一治一乱"的演变,所谓"天下大势,分久必合,合久必分",[①]就是耳熟能详的典型描绘。每次改朝换代时的巨大战乱,导致新朝代初期社会经济总是极其凋敝,在此基础上新颁布的法律制度,总是体现自然经济的特征。而当社会经济稳定发展一个世纪左右,商品经济也就再度活跃起来,新的经济形势"倒逼"朝廷自觉或不自觉做一些法制方面的变革。因此,古代有限的财产法律的变化往往出现在朝代的中期。

比如春秋战国时期社会生产力的巨大进步促进了商品经济的繁荣,"礼崩乐坏",传统的习惯法——周礼在这一时期没落。春秋时期开始出现"定分止争"的成文法。秦汉时代承战国余绪,商品经济依然较为发达,财产法律也在战国时期的基础上有了发展。东汉末年商品经济衰退,财产立法也相应发生变化,表现在身份制度的僵化、财产所有权以及财产交换上的限制加强。

经过数百年的历史发展,到了唐朝中叶以后,长期的社会稳定保证了社会生产力的稳步发展,商品经济又一次高涨,原来的财产法律体制受到了冲击,土地的买卖及其他财产交易形式得到法律确认,出现了与南北朝传统法律有很大不同的立法。宋代即在此基础上颁布了不少与南北朝隋唐时期相比迥异的财产法律,从而影响到元明清时代的财产法律。

至明朝初年,虽然统治者在主观上尽力恢复唐初的法律传统,其经济财政政策在很大程度上试图恢复实物经济体系,但在具体立法上却大大放松了对于社会经济的管制。经过一个多世纪的发展,至明中叶,商品经济再一次高涨,财产立法虽然极其滞后,但仍有一些反映了社会经济生活的若干变化。清代在此基础上以一些新条例补充了原先的立法。

二、身份法的改变带动财产法律的发展

财产法律的本质是社会财产关系的反映,而财产关系又是人们社会关系的一个组成部分。古代社会是身份社会,人们的社会身份决定其在社会上受尊敬及受保护的程度,决定了人们的社会地位,同时也限定了人们的财产关系。因此每当身份制度发生变化时,必然就带动了其他社会关系的变化,财产关系也必然会发生相应的变化,从而引发财产法律的变化。在财产法律的演变中,往往是人们的社会身份等级的变化起着发动机的作用。

中国第一次财产法律大变化发生在春秋战国时期,当时的社会大变动使人们摆脱了原始氏族组织的束缚,从传统的贵族、平民、国人、野人等固化的社会等级中游离出来,这一次变革深刻地影响了财产法律的演进,成文法由此得以产生并获得长足发展。

古代另一次身份制度的大变化发生于唐朝中期至五代及宋初,自己没有土地、佃种地主土地的"客户"逐渐从附属于其主人的身份关系中得到解放,有了自由身份,成为国家的编户齐民。反映在宋代立法上,佃农地位上升,租佃关系成为单纯的民事契约关系,不再和人身依附关系纠缠一起,从而在一定程度上促使民事契约关系的简单化,以及在财产关系上当事人地位的平等化,引起了一系列财产法律的变化。

---

① (明)罗贯中:《三国演义》第一回"宴桃园豪杰三结义 斩黄巾英雄首立功"卷首语。

明朝建立后，法律限制私人豢养奴婢的规模，并且将历代法律中良贱相犯要按照身份等级加减定罪量刑的制度取消，奴婢以及"雇工人"仅在与主人的关系上定罪量刑采用按照身份加重减轻原则。这一变化使得民间各类契约关系得到空前发展，尤其是耕地租赁（包括永佃现象的普及）、作为金融互助契约的"会"的普及，劳动雇佣关系迅速发展，形成了丰富的民间惯例，并影响到明清时期财产法律的走向。

三、朝廷财政举措直接影响到财产立法

从古代有关财产的立法来看，中国传统财产立法很大程度上是朝廷财政措施的一个组成部分。朝廷既没有兴趣、也没有能力试图建立起一套完整的财产确认、财产交易的法律体系。在大多数历史时期，只有当社会经济的发展引起财产关系的变化，使得朝廷原有的财政来源逐渐枯竭，必须改革税收体系的时候，朝廷才会被动地开始改革。这种现象在历史上反复出现，可以视之为一种规律。

比如本书所提及的，春秋时期各诸侯国几乎都先后进行了承认土地私有的改革，其主要内容是要求私人向政府申报私有土地的面积，由政府设定土地税收。各诸侯国按照传统的古礼获取"公田"收入，远远入不敷出，产生财政危机，由此先后通过承认土地私有来换取土地税收入。又如，因为"均田制"的瓦解，唐朝廷难以继续维持"租庸调"的财税体制，不得已只能默认废除均田制，承认私人可以占有耕地无需国家分配，但需要向国家申报耕地及住房之类的财产，确定地税、户税。国家得到了充足的财政收入，私人实现了私有财产的"合法状态"。又如，宋朝大力选拔士大夫当官并大力提高官员的待遇，同时又实行募兵制度，造成财政紧张，在北宋中期开始出现种种变法改革，很多都涉及财产法的变化，诸如典权制度的逐渐增补、倚当的废除、抵当的转变、财产继承上的种种变化等。又如，明代中期以后由于原来力图建立在实物经济基础上的税收体系以及纸币制度的破坏，朝廷被迫允许民间使用白银缴税。这一财政措施引发连锁反应，民间交易开始普遍使用白银，最终使得朝廷逐渐采用白银、铜钱并行的货币制度。清朝入关后延续这一制度，并且由此带来一些新的财产方面的条例变化。

第二节 有限的财产制定法的主要特点

一、缺乏独立的法律形式

在清末修订近代法典之前，中国传统财产法律未能发展出独立的法律形式，没有完整的体系，不被认为是一个独立的法律部门。先秦习惯法概括在"礼"的总称之下，秦汉以后，财产法律也主要包含于以行政法性质为主的令典内，或者是由君主发布的单行法令中，如宋代的"敕"、明清的"条例"等，混同于一般的刑事或行政性的法规。财产法律立法的出发点只是为了解决朝廷的财政危机，往往并不是直接出于调整民间财产关系、解决民

间财产纠纷的考虑。

不过对比欧洲历史,实际上罗马法开始时也并没有完全的民刑分立,著名十二表法规定了较多的民事财产方面的规范,但是整体来说也是"诸法合体"。罗马共和国时期的法学家开始提出"公法""私法"的概念,但是在立法上并没有明确的区分。罗马帝国时期的皇帝颁布的敕令也包含了公法、私法的内容。民法部门立法真正开始独立已经到了18世纪。

二、财产立法往往滞后于社会经济的发展

中国古代社会政治状况随着皇朝的兴起与颠覆而变化,但是社会经济的发展往往并不与之同步,与之有密切关联的财产法律制度往往也并不与朝代的交替有直接的关系。中国古代几乎每一个新皇朝都是在战乱之后的经济凋敝时期创建的,因此创建的有关法制实际上反映的是这种经济凋敝状态下的社会情况。当几十年后社会经济有较大发展时,统治者往往因"祖制"的约束而难以改变法制。因此总体而言,历代朝廷有关财产关系的制定法一般都是滞后的,很难及时反映同一时期的社会经济的实际状况。正如上文所分析的,只有当朝廷财政发生困难且这种困难已经开始严重影响朝廷统治的时候,才会出现"变法",而这种变法往往已经大大滞后于社会经济状况的变化。

这一滞后并且被动的立法特点,使得本身就缺乏体系的财产法律更加支离破碎,财产法律缺乏一些基本的原则性的引导,很大程度上只是一种应急或者将就的产物。

三、民事违法行为多处以刑罚

中国古代大多民事违法行为的后果都适用刑罚。《唐律疏议》规定:如"占田过限",处笞杖刑至徒刑;如"负债违契不偿",处笞杖刑;婚姻方面违法行为的处罚更重,常常判徒刑,甚至还给予法官一个处罚"不应得为"罪的自由裁量权,法官可以对所有被认为是不对的行为加以笞杖处罚。可见,在理论上所有民事方面的违法行为都可能遭到刑罚的处分,但是作为财产法本身最重要的违法处罚方法——违约或损害赔偿却很少有明确的规定。

不过在很多文明古国的法律中,使用刑罚或暴力处置欠债不还的债务人是相当普遍的形象。比如公元前18世纪两河流域的古巴比伦王国的《汉谟拉比法典》有一条法律规定债权人可以将不还债的债务人扣押在家里当人质,如果被扣押的债务人因意外事件死亡的,债务人家属也不能提起控诉;债务人被恶意杀害或者被虐待致死的,债务人家属才可以请求偿命或者赔偿,债务也可以随之取消。当然这部法典也规定,债务人可以将自己的妻子或子女出卖给债权人,不过债务人亲属在债权人家里服役抵债的期限被限制为三年整,到了第四年就应该恢复自由,回到家中。①

---

① 林榕年主编:《外国法律制度史》,中国人民公安大学出版社1992年版,第16页。由嵘等:《外国法制史参考资料汇编》,北京大学出版社2004年版,第27页。

同样在中东地区的古代希伯来人的律法中，根据《旧约全书·申命记》的记载，希伯来人之间的债务应该每七年为一个豁免年，"凡债主要把所借给邻舍的豁免了。不可向邻舍和弟兄追讨"；不过"若借给外邦人，你可以向他追讨"。在《旧约全书·箴言》里，则有"富户管辖穷人，欠债的是债主的仆人""不要与人击掌，不要为欠债的作保"。

古罗马在公元前5世纪时公布的《十二表法》，对于不能偿债的债务人的规定更为严厉。在这部法典的第三表《执行》中，规定债务可以有三十天的法定宽限期。在宽限期满后，债权人可以拘捕没有清偿债务的债务人。在债务人不能清偿债务、也没有人为债务人担保的情况下，债权人可以将债务人用不超过十五磅的铁链或皮带将他关押在自己家中。在关押的六十天中，债权人可以用铁链将债务人牵到集市，高声宣布债务人所欠的债务额。如果在第三次集市（当时罗马每九天有一个市集）后仍然没有人愿意替债务人还债或者担保的，债权人就可以将债务人卖到罗马境外为奴隶，或者可以直接将债务人杀死泄愤。如债权人有数人，"债务人得被砍切成块"。①

后来在罗马帝国形成并发展的基督教教义中，也坚持欠债不还要受严惩的原则。《新约全书·马太福音》记载了耶稣讲的一个故事：有一个欠了一千万两银子债务的人，被债主逼迫以"他和他妻子儿女，并一切所有"都为债主的仆人来偿还。后来那原来的债务人、现在的仆人百般的恳求，使债主动了慈心，债主就把他释放了，并且免了他的债。想不到那人一被释放，见到他的一个曾欠了他十两银子的同伴，便上前揪着他，掐住他的喉咙说："你把所欠的还我。"那同伴百般央求，他也不答应，直到将那人被关入大牢。原来的债主知道了这事，把他叫来，说："你这恶奴才，你央求我，我就把你所欠的都免了。你不应当怜恤你的同伴像我怜恤你么？"于是就"把他交给掌刑的，等他还清了所欠的债"。

由于这样的法律传统，欧洲中世纪时期各国法律都对于欠债不还的债务人规定了严厉的处罚。欠债不还的就被宣告破产，要被褫夺所有的公共权力，也没有出任任何公职的资格，都要被关进专门的负债人监狱关押，直到有人出面愿意代为还债。比较极端的事例如在1582年，罗马城的债务人监狱里关押有五千九百四十二名债务人，占到这个城市总人口的6%。

尤其是欧洲中世纪各国的法律都规定了详细的强制执行的程序，对于破产的债务人所有的财产进行彻底的剥夺。如中世纪维也纳城的法律规定，债权人有权将违约的债务人剥到只剩下一件衬衣。同时代的德意志一些国家的法律规定，债权人有权掀掉无力偿还债务的债务人家的房顶，取走瓦片卖掉抵债。基督教教会也在帮助债权人行使债权。比如，中世纪的基督教会强调破产者是不能被宽恕的，欠债不还是一项极其严重的罪孽。在黑死病流行的时候，神父在为临终者做忏悔时可以赦免所有的罪恶，唯独不得赦免临终者欠债不还的罪孽。

西欧中世纪的集市实施"不是由任何君主的王权所确立的"商法，商人们自己的法庭号称"灰脚法庭"或"潮汐法庭"，意思是在远道而来的商人法官们裤脚上的灰尘掉落之前、

---

① 由嵘等：《外国法制史参考资料汇编》，北京大学出版社2004年版，第128页。

或潮汐来到之前就要结束审判。这种简陋的法庭的判决能够得到执行。如1292年,英国商人卢卡斯在法国的里恩集市上没有付款就提取了价值三十一镑的货物,为躲债逃回伦敦。里恩的商人法庭判决卢卡斯必须还债,为此里恩集市抵制英国商人。英国商人向英王控诉,卢卡斯被关入伦敦塔,家产没收用来清偿欠款。①

欧洲进入资本主义社会后,鉴于私有财产神圣不可侵犯的原则以及诚信原则,各国法律依旧保留了严厉对欠债不还的行为进行处罚的原则,只是不再处以刑罚。比如著名的《拿破仑法典》规定,对于不能清偿债务而破产的债务人,利益相关人可以提请法院裁定破产者为"浪费人",由法院指定辅助人来代为履行几乎所有的有关财产交易的行为。当债权人或者债务人本人提出破产申请后,债务人往往被关入负债人监狱拘押,防止卷产潜逃。被宣告破产后,破产者也就丧失公权,不能出任公职,也不得加入任何社会团体,更不能开业经营。即使是还清了债务后,原来的破产者也必须经过一个三到五年的法定期限后,向法院申请"复权"。

相对而言,欧洲传统法律虽然更多地以赔偿之类的方式来处理违约、侵权等行为,但是值得注意的是,在中世纪的欧洲,不能清偿的债务人在临终忏悔时没有办法得到赦免,这其实是比受刑罚更重的处罚,死者被认为不能得到安息,灵魂没有办法在炼狱里得到解脱。而且欧洲城市在很长时间里都设置有专门的负债人监狱,集中关押不能清偿的债务人。被宣告破产的人也会失去市民权,不再能从事商业活动,所有的财产活动都要在监护下进行。这种处罚与挨一顿板子相比,其痛苦更具有长期性、精神迫害的特点。

四、没有单独的民事诉讼程序

至少从秦汉时起,法律所规定的诉讼程序都是单一的,无论民事、刑事都适用同样的诉讼程序。明清时期,从审判制度而言,地方基层官府的"自理词讼"有一定的民事审判性质,但从起诉到审结的程序与刑事诉讼并没有什么差别。

马克思曾指出:"审判程序和法律应该具有同样的精神,因为审判程序只是法律的生命形式,因而也是法律的内部生命的表现。"②从世界法制史的角度观察,独立的民事诉讼程序对于民事法律的发展往往具有决定性的影响,民事法律的"内部生命"首先是由民事审判程序来表现的。英国史学家梅特兰认为:"只要法律是不成文的,它就必定被戏剧化和表演。正义必须呈现出生动形象的外表,否则人们就看不见她。"③欧洲古代法律大多以注重程序和形式为特点。在古罗马,契约的订立必须讲一套固定的套话以及要向神灵庄重发誓,并使用固定的道具(铜和秤、权杖等),在诉讼时也同样要求严守程式。④ 比如古罗马《十二表法》的第一、二、三表就是关于传唤、审理、执行程序的规定。后来主要由于

---

① [美]伯尔曼:《法律与革命——西方法律传统的形成》,中国大百科全书出版社1993年版,第418页。
② 《马克思恩格斯全集》(第一卷),人民出版社1956年版,第178页。
③ [美]伯尔曼:《法律与革命》,贺卫方等译,中国大百科全书出版社1993年版,第69页。
④ [意]格罗索:《罗马法史》,黄风译,中国政法大学出版社1994年版,第116~117、122~123页。

大法官(或译为最高裁判官)裁判程序的发展及发布的有关告示,罗马私法才发展到很高的水平。① 欧洲中世纪时期日耳曼部族的民俗法也同样注重形式,英国普通法也是由于向王室法官请求令状诉讼而发展起来,"没有令状就没有审判,而没有审判就没有法律的形成"②。因此民法学界一般认为,古代欧洲的民事法律是所谓一元化的"诉权法体系",所谓的程序法、实体法之分只是近代法学的区分,③并且这一特点延续到成文法时代。④ 古罗马的法学家,中世纪英国的普通法法官和律师,都是在程序问题上找到其位置的。⑤

中国古代的周礼可能也注重仪式,而且秦汉时期的民事行为似乎还具有仪式性质。但后世法律对于民事行为的仪式几乎没有什么具体规定,仅仅规定某些民事行为必须订立书面契约,至于书面契约的格式则没有规定。民事诉讼的程序也极其粗疏。中国古代尤其缺乏的是民事强制执行程序,法律上既没有明确的规定,民间民事习惯上也没有这方面的惯用作法。当事人自行催讨和参加契约的第三人的督促履行都是原则上的,具体的操作方式因地、因人而异,没有固定的、统一的程序。

中国古代民事诉讼审判程序长期不能独立,影响了民事法律体系的产生。财产关系因此无法发展为一种独立的、可量度的,同时又是相当稳定的、可预见后果的体系。

五、通过确认义务默认私有财产

与上述不存在独立民事诉讼程序的特点相适应,中国古代法律一直没有清晰的、可以与现代民法中的权利概念相当的内容。黄宗智认为:"清代中国有财产、契约和继承方面的民事权利,但没有政治和社会方面的民事权利。这些权利为世袭君主的权威所容许,而不是民间社会从专制统治那里争取过来的。尽管如此,它们授予了普通百姓在日常生活的一些重要领域中相当的权力。"⑥但是值得注意的是,他这里所说的实际上指的是私有财产的"合法状态",与私有财产的"权利"还是有区别的。更严格、更精确的财产"权利",应该是指权利人得以请求国家强制力来维护的私有财产的"合法状态"。几乎所有的古代文明都存在私有财产制度,私人可以拥有私有财产,可以处分私有财产、交换私有财产、继承私有财产,但是大多数文明古国的国家强制力并不着意维护这种私有财产,往往只是规定在私有财产所有人履行了纳税之类的前提条件后,承认这种私有财产状态的合法性。

在古罗马法形成的时期,财产权利的确认常常是始于权利人被授予某项诉权(或抗辩权)、可以向法院起诉请求保护(或对抗他人的起诉),从而请求国家强制力来维护自己财

---

① 参见[古罗马]查士丁尼:《法学总论——法学阶梯》,张企泰译,商务印书馆1989年版,第9~10页英译者注。
② 参见[日]望月礼二郎:《英美法》,郭建译,台北五南图书出版公司1997年版,第15页。
③ 参见[日]於保不二雄:《日本民法债权总论》,郭建译,台北五南图书出版公司1998年版,第3页。
④ 参见[美]伯尔曼:《法律与革命》,第68~69页。
⑤ 参见[意]彭梵得:《罗马法教科书》,黄风译,中国政法大学出版社1992年版,第105页;[德]茨威格特、克茨:《比较法总论》,潘汉典等译,贵州人民出版社1992年版,第338~339页。
⑥ 黄宗智:《清代的法律、社会与文化:民法的表达与实践》,上海书店出版社2001年版,第223页。

产的状态。① 而在中国古代，财产"权利"往往并不被法律正面确认，朝廷常常在立法上就某项民事行为设定义务，从而默认其私有的土地处在一种"合法状态"。比如一般认为春秋时鲁国于公元前594年实施的"初税亩"是土地私有制的开始，②然而这一法令本身只是规定土地占有人必须按其占有土地的面积缴纳租税而已，土地的占有人因纳税而被默认其占有为合法。秦始皇统一中国后发布法令，要土地占有人申报土地面积"使黔首自实田"③，也是同样的意思。唐中叶均田制瓦解后，政府也是通过"两税法"改革，以私人实际占有土地缴纳"地税"的方式默认其私有土地处在"合法状态"。又如唐宋以后允许"户绝"之家立"嗣子"继承财产，但"嗣子"的本意只是要其承担一项延续死者血脉后代、祭祀祖先的义务，并非授予其财产继承权。

私有财产权利是被默认，而不是通过授予诉权、使之能明确得到国家强制力保护，这一特点鲜明地显示出司法强制力尽量用于维护统治及社会安定而尽可能不涉及民间"细事"的立法宗旨，但造成的后果则是私有财产这种"合法状态"实际上往往是空泛的、得不到明确保护的，因此并非严格意义上的、近代意义上的民事权利。

第三节　民间民事习惯的特色

中国古代民间民事习惯极其复杂，仅在形式上就有上述分散性、复杂性、演进性特色。归断为"缺乏权利意识""重诺守信"等几个特点，可能过于简单化了。本节拟从尽可能大的角度归纳其一些基本特色。

一、相对的观念

中国古代民间的民事习惯——"乡规俗例"具有强烈的相对观念，很少有绝对的、"一刀切"式的思维方式。比如在财产占有上，流动的、变化的观念相当强烈。所谓"三十年河东，三十年河西""太阳瓦面过，富贵轮流做"之类的俗谚，甚至"皇帝轮流做，明年到我家"④的说法，都是其他法律文化中很少见的。

在财产关系上也强调相对性，并不将财产权利视为绝对的、排他的、封闭的体系。财产权利经常被分割为可以互相独立转移的部分，每一层次的权利人都具有相当的处分权。比如所有权和使用收益权的分离（如土地的出典、房屋的永租等）是极为常见的，所有权和收益权的分离（比如抵当之类将收益权单独设定担保，对于山林草场收益权的转让或设定抵押等）也是民间很普通的情况。尤其是往往将收益权分层分割处分（比如一田二主、一

---

① 参见《法学总论——法学阶梯》，第9～10页英译者注；[意]彭梵得：《罗马法教科书》，第85～86页。
② 如范文澜：《中国通史简编》（第一册），人民出版社1964年版，第184页；郭沫若：《中国史稿》（第一册），人民出版社1976年版，第326页；翦伯赞：《中国史纲要》（第一册），人民出版社1979年版，第61页。
③ 《史记》卷六《秦始皇本纪》三十一年裴骃《集解》引徐广曰。
④ （明）吴承恩：《西游记》第七回"八卦炉中逃大圣　五行山下定心猿"孙悟空引"常言道"。

田三主情况下对于地租的分割;在设定抵当情况下分别以部分收益抵消不同债务的利息或原本;重叠设定指抵;单独将收益权出租、典当等),财产的收益权经常处于几个不同层次的权利人控制之下。

在民事关系上强调的也是当事人之间相对的人际关系,虽然有"亲兄弟,明算账"的谚语,但和亲兄弟之间、和乡党友人之间、和素昧平生的陌路人之间的交易肯定是有所不同的。"美不美,家乡水;亲不亲,一乡人"之类的俗谚就表达了对于人际关系的认同感的基础,而"视同路人"之说,又表明对待"路人"和"亲人"应该是不一样的。和上述人际关系相关联,在"重诺守信"上,也具有相对性。信义往往被认为应该是针对特定的关系、特定的对象而言的,没有必要对所有的交易对象(现实的或潜在的)一视同仁地讲信用。《论语·子路》篇提到孔子对于"士"应有品质的评论,孔子认为"士"首要的品质应该是能够"使于四方,不辱君命";其次应该是能够做到"宗族称孝焉,乡党称弟焉",得到宗族和乡邻的肯定和称赞;至于"言必信,行必果";孔子认为"硁硁然,小人哉"! 只能排在最后。显然,儒家提倡的仁义礼智信这"五常"中,"信"不仅排列最后,而且所指也并不等同于今天的"诚信"概念。

对于君主朝廷、亲人乡党、朋友伙伴,必须要讲究信誉,忠信诚义。而不分对象、不分范围的讲诚信,被认为是低层次的品质。因此在财产交易活动中,流传甚广的诸如"慈不主兵,义不主财"①"马无夜草不肥,人无横财不富"②"杀得穷汉,做得富户""人直不富,港直不深"③之类的俗谚,可以说是财产关系上的机会主义宣言。这很容易引起对中国了解不多的外国观察者的误解,认为中国人在交易中完全依靠欺骗和狡诈,如18世纪法国思想家孟德斯鸠所言:"中国人的生活完全以礼为指南,但他们却是地球上最会骗人的民族。这特别表现在他们从事贸易的时候……一切用暴行获得的东西都是禁止的,一切用术数或狡诈取得的东西都是许可的。"④19世纪末美国传教士阿瑟·史密斯(中文名字明恩溥)在其影响相当大的有关中国的著作中也有"两个中国人之间做生意,就是成功的互相欺骗"的说法。⑤ 即使中国国内也有同样的看法,即所谓"无商不奸",所谓"我国有三大病焉:兵以诈立功,商以欺致富,士以伪窃名"。⑥

二、自保自助

中国民间从来就不缺乏保护财产的概念,也存在主张权利的强烈愿望,只是在长久以来的观念上,这种权利主要被认为要依靠自身的力量和手段去行使和维护,这种主张的提出方式主要并非诉诸法律。朝廷希望民间财产权利的维护和行使能由权利人自行解决,

---

① 可见(元)无名氏:《张协状元》戏文白,(明)冯梦龙:《警世通言》第二十五卷,(明)西周生:《醒世姻缘传》第六十九回等。
② 见(元)张国宾:《相国寺公孙合汗衫》第三折。
③ 上两句见(清)王有光:《吴下谚联》卷二。
④ [法]孟德斯鸠:《论法的精神》,张雁深译,商务印书馆1963年版,第150页。
⑤ [美]明恩溥:《中国人的素质》,秦悦译,学林出版社1999年版,第244页。
⑥ (清)孙宝瑄:《忘山庐日记》,载《清代日记汇抄》,上海人民出版社1982年版,第382页。

不要过多地烦扰官府,民间实际情况也正是这样,一般主要依靠自己或亲族、乡党的力量来达到维护或行使权利的目的。

这种民间自力保障、自力救助的主要方式有如下几个方面。

首先,在交易中尽量将风险转嫁到交易对方或第三方承担。交易中经济强势的一方总是力图在交易中获得既得利益者、食利者的地位,避免自行经营所可能带来的风险,如购买"田皮",甘当"二地主"。

其次,在设定财产关系时强调担保。居于财产关系主动地位或有利地位的一方会要求对方作出种种保证,担保不折不扣地履行义务,并完全排除意外情况下可以免责的内容,比如在各类契约中,担保条款都是必不可少的。

再次,在财产关系上尽可能建立私人担保的连带关系。财产关系的成立都以有第三人参加为必要条件,如买卖关系上有牙人、保人、中人、引见人,借贷关系上有中人、保人、见证人,雇佣关系上有"荐头"、保人,凡此等等。第三人见证财产关系的成立,担保财产行为的履行。不过第三人所承担的主要是督促义务一方履行义务的责任,如果没有特别说明,一般不发生连带清偿责任。应该指出的是,这种对于第三人参加财产关系的强调也得到法律的支持,在有限的民事法律中有不少强调第三人参加财产关系成立的必要性。这种应由三方成立契约等关系的观念根深蒂固,以至于简单的双方成立契约的情况几乎不存在。

最后,在财产纠纷的解决机制上,依靠的也主要是亲族、乡党、有声望的绅士、长老的调停"和息"。这也同样受朝廷法律的支持和提倡,比如明初的"申明亭"老人、明中期的"乡约"制度等。而有权有势者,就会直接指使其家丁私仆强行执行,以暴力解决问题。

从更大的视角来看,亲属宗族关系,拟制亲属宗族关系的"结拜""会社"关系、乡党会馆关系,都是这种连带担保关系的扩大。直到20世纪,"全中国都存在同样严密的担保系统",虽然对于受到近代西方人文精神熏陶的观察家来说,这是"非常令人气闷","但是中国人却喜欢这种状况,因为对他们来说,这就意味着他们从生到死都保险了"。① 在这个意义上,并不能简单地说中国传统法律文化是所谓"集体主义"②或"集团本位"③的,人们只是求助于这个担保网络,担保网络本身并不神圣。担保网络的基础是出于功利的考虑,与信念、信仰都没什么关系。人们为了保险,才服从、遵循这个网络,只要觉得自己单方面有可能达到目的、可以为所欲为时,就不会考虑"集体"或"集团"。

三、长远观念

也许是因为长期习惯于春种秋收的农业生活,中国传统文化观察考虑问题时所适用的时间跨度往往较大。在民间观念上,民事行为的有效期间往往很长。最典型的如所谓"一典千年有份""典田千年在,卖地当日死"之类的俗谚所表示的,出典这一行为的有效

---

① [美]海伦·斯诺:《旅华岁月》,华谊译,世界知识出版社1985年版,第91页。
② 张金鉴:《中国法制史概要》,台北正中书局1974年版,第14页。
③ 张中秋:《中西法律文化比较研究》,南京大学出版社1991年版,第30~50页。

性、回赎权的有效期间竟然被认为可以达到千年之久。

又比如本书所提到的"父债子还"的民间习惯,也是将债务关系长久地延续下去,将最终的清偿责任推给绵绵不绝的子孙后代。由此形成的几乎是永久性的债权债务关系,与双方的人际关系长期捆绑在一起。即使是应该一次结清的交易,仍然可以发生长久的效力。如明清时民间的不动产买卖在交易行为结束好几年后,尽管出卖人在契约上早已信誓旦旦地保证"永无找赎",可是以后还会三番五次以各种理由向买受人要求"找价",甚至连"找"几十年。商业交易中,一般习惯于彼此先挂账、一年或几年后才结算清账一次,商业欠账甚至会拖延几十年。而为了一件财产纠纷形成的诉讼,有时双方会彼此缠讼好几任州县官、甚至几代人接连打官司。有的选择继承人的案件,所选定的继承人已从幼儿长大为成人,卷宗堆积几尺高,而诉讼依然没有结束。这种长远观念很显然会排斥"时效"的设定,尽管古代法律曾有过一些诉讼时效方面的规定,但民间往往并不认可。又比如"时效取得"的概念,不仅在朝廷颁布的成文法中、而且在民间习惯中也相当少见。

四、"利用"法律的观念

在与朝廷法律的关系上,乡规俗例与之若即若离。在习俗上法律被当作是一种与自己无关的异己力量,个人和法律的关系并不是简单地要遵守或违反的问题,而是可以当作一种能够利用的力量或资源,是纠纷争端中的筹码。习俗中往往包容着利用法律、应付法律、规避法律,甚至排斥法律的内容。

(1) 利用法律,就是借用法律的惩罚力量达到自己的目的,而不是简单地直接依靠法律来实现自己的权益。比如民事诉讼不被官府重视,民间就"驾词告讼",把钱债纠纷夸大为抢夺,继承纠纷说成是忤逆,"无谎不成状、无赖不成词"[1]"种肥田不如告瘦状"[2]之类的俗谚就是这种利用法律风气的表现。这当然是所谓的"恶俗",但确实并不鲜见。事实上中国传统社会绝非儒家所理想的"无讼"天堂,相反民间诉讼率是相当高的。[3] 仅就《清史稿·地理志》统计,标明"民习俗悍"、诉讼发生率高的"难缺"就要占全国最基层行政区州县厅总数的46%以上。民间的起诉往往只是起诉方为了在纠纷中获得主动权,取得一个高于相对方的主动地位,是一种逼迫相对方作出让步的手段,起诉方并不是真正求助于法律、企图得到公正的解决。

(2) 应付和规避法律。比如北朝隋唐实行均田制,禁止土地买卖。北齐曾经允许以"帖"方式转让土地占有权,唐朝法律又改为"贴赁",并设定严格的限制,因此民间普遍以"租赁"为名转让口分田。在吐鲁番出土的契约文书中就出现了实际性质完全不同的两种"租田契"。又如历代法律都禁止复利,民间以到期另立新契、变更债务的数额就轻易规避了法律的禁令。历代法律禁止以土地房屋抵偿计息债务,民间就会以正常买卖形式来掩

---
[1] 京剧《四进士》台词。
[2] (明) 无名氏:《云间杂志》卷上。
[3] 可参见[日]夫马进:《明清时代的讼师与诉讼制度》,王亚新译,载《明清时期的民事审判与民间契约》,法律出版社1998年版,第431~440页。

盖以土地房屋抵债的事实,明清法律为此再加严禁"虚钱实契",民间契约上就都写上表示交易合法性的文字来进行掩盖。

(3) 排斥法律。比规避更进一步的就是明确在民事关系上直接排斥法律的效力,最典型的如敦煌出土的唐末五代宋初时期民间契约文书中常具有排斥朝廷恩赦效力的专门条款。

第四节 基本特征

概括上述的制定法以及民间民事习惯的特色,再以更大的视野考察中国古代的财产法律传统,大致可以归纳为这样几个不同于现代民法渊源的欧洲财产法律传统的基本特征。

一、制定法与民间民事习惯脱节

正如上文已反复指出的那样,中国古代在民事方面的制定法往往与民间民事惯例脱节,两者之间的关系若即若离。

在古代欧洲,民间的民事习惯曾经是国家制定法的重要来源。古罗马《十二表法》就是古罗马习惯法的记录。① 最典型的莫过于欧洲中世纪时期日耳曼诸部族的习惯法,即所谓"民俗法",各王国最早的成文法几乎清一色是民俗习惯法的汇编。② 即使是以后的王室法——"普通法"(因其逾越各部族、通行于整个王国而得名),仍然有大量协调各部族习惯法而形成的法律内容。如15世纪法国进行各地习惯法的调查,16世纪巴黎最高法院编成《巴黎习惯法》,逐渐成为全国的普通法。③

按照英国法律史学家梅因的观点,各古代文明的法律发展途径一般都是这样的:开始时为习惯法,再经由"法律拟制"(保留原有法条外貌、实际以法律解释等手段加以改造)、"衡平"(适用法律之上的普遍性原则以改造法律)的阶段,然后才进入"立法",正式变革原有的法律。④ 这一观点用以说明欧洲法律的发展可能是有效的,但中国情况有所不同。春秋战国时期各诸侯国公布的成文法具有强烈的政治功效,立法创制的色彩相当浓重。至少从目前所能见到的史料来看,根据古代习惯法"礼"而类似于"法律拟制""衡平"的情况并不突出,或者至少是其过程被后来的历史记载者所忽略,"立法"很早就成为法律的主体。至少在汉唐以后,民间民事习惯上升为国家制定法相当困难,或者说制定法吸收民间民事习惯相当迟钝。除了在家庭婚姻、继承等少数方面外,法律和民间民事习惯有相当的差别。

---

① 参见[英]梅因:《古代法》,沈景一译,商务印书馆1959年版,第11页。
② 参见[美]伯尔曼:《法律与革命》,第62页。
③ 参见[日]望月礼二郎:《英美法》,第91页;[德]茨威格特、克茨:《比较法总论》,第148~149页。
④ 参见[英]梅因:《古代法》,第15~25页。

在长期经济生活中逐渐形成的民间民事习惯与朝廷民事立法的关系往往若即若离。上文提及民间民事习惯往往会包含一些排斥或规避朝廷法律的内容。民间民事习惯具有相当大的社会影响力，规范着民间的财产交易行为，并且当事人往往在交易中有着对朝廷法律"阳奉阴违"的现象。比如宋代以后朝廷法律严禁债权人强夺债务人的田产房屋之类的不动产，或以债务人不动产"准折"（抵消）原有债务。宋元明清时期民间的地契、房契一般都会写上"此系正买正卖，并无准折逼勒"，尽管可能实际交易正是"准折逼勒"。又如唐以后几代法律都规定，出典、出卖不动产必须"先问亲邻"，虽然明清的法律对此没有明确规定，但民间的典、卖契上大多仍旧写着"投请房亲，无人愿买"之类文字。

从民间财产交易习惯和朝廷财产立法之间的这种互动关系来看，很难断言双方长久以来一直存在着完全脱节的、对立的状态。① 民间习惯确实长期以来具有指导交易双方行为的影响力，但是并没有明确的纠纷解决机制，也没有明确的实施强制力的机制，尤其是没有途径能够稳定地得到官府裁判的支持。

民事立法和民间民事习惯的这种分离情况，使得民事立法难以在社会上真正发挥作用，而对于民间民事习惯的规范化也是一个沉重的负担。在农业经济时代，这种情况并没有造成很大问题，相反，由于这种民事规范的两重性，往往避免了朝廷立法失误所带来的损害，缓解了社会矛盾的尖锐化。但是当商品经济因素开始在社会中占有越来越大的比重时，这种现象就成为市场经济进一步发展的桎梏。正如社会学家所认为的："如果一个社会高度地肯定了人人过上富裕生活的目标，但是又拒绝了人们利用社会所赞许的致富方式的平等权利，那么这个社会就为偷盗、欺骗及其他类似罪行提供了滋生的条件。"②

二、名分优先

名分是中国文化特有的一个概念，指的是人们应有的地位、身份，如《庄子·天下》所说的："《易》以道阴阳，《春秋》以道名分。"《管子·幼官图》："定府官，明名分。"或简称"分"，如《荀子·王制》："人何以能群？曰分。"《荀子·富国》："有分者，天下之本利也。""兼足天下之道在明分。"同时又指应得的、应主张的利益，这是法家著作最爱谈论的话题，如《商君书·定分》举例："一兔走，百人逐之，非以兔也，夫卖者满市，而盗不敢取，由名分已定也。"这个例子《慎子》及《韩非子》也都曾提到。

地位和身份上的名分包括家族内的辈分、社会上的身份、朝廷授予的官爵等，同时自然也意味着应该拥有所处名分的物质享受上的等级，应受到的尊敬。财产上的名分概念与现代民法中的权利概念相近，但往往与地位和身份上的名分混淆在一起，并没有简化为一个独立的概念，就应受到的尊重的意义而言，以后又往往和"面子"的概念相混淆。

名分在法律和民间习俗上都极为重视。法律上的名分往往会与"大义"联系，强调的是三纲五常之类的礼教和法律的根本准则，强调的是"定分"，各按等级享受应得的待遇：

---

① 如梁治平：《清代习惯法：社会与国家》，中国政法大学出版社1996年版，第34～44，141～180页。
② ［美］尹恩·罗伯逊：《现代西方社会学》，赵明华等译，河南人民出版社1987年版，第260页。

各即各位。民间的财产纠纷中也往往重视名分的确定,实际的财产利益往往隐藏在名分请求之后。比如直接以遗产分配不均起诉或求助于宗族、乡党调解会背上"不孝""不义"的恶名,更不会被受理,但如果以"立嗣不当"或"有亏宗子"之类涉及名分大义的理由,官府就要受理诉讼,宗族、乡党也会出面调停。为一般的财产斤斤计较,是世人所不齿的,往往得不到同情和支持,但只要适当地用名分"包装"诉求,总能被接受,并获得支持。

财产权利长期在"名分"的掩盖之下,身份地位与财产利益长期纠缠不清,妨碍了权利观念的发展。财产关系既成为身份关系的附庸,单纯的财产关系往往都要结合一种拟制血缘身份的或拟制社会地位的关系才能得到某种程度的认可或保护,这不仅阻碍了民事法律的发展,而且还妨碍了对此进行研究分析的学问的产生,因为谈及财产关系就会被认为沾上了铜臭和市井俗气,不得登学术大雅之堂。

在古代欧洲曾经也有过类似的阶段,如早期罗马法也注重当事人在社会上的公民身份及在家庭中的家长地位,人法优先,但最后财产权利得以凸显。英国法律史学家梅因将此归结为"从身份到契约"的法律进化过程,①这用以说明近代民事法律源头——欧洲传统民事法律的发展过程确实很有见地。

三、对于财产权利注重于收益的获得与分割

根据近代民法的一般理论,在财产所有权的占有、使用、收益、处分四大权益中,最重要的是处分的权利,体现着所有权的实质。但是这是从具有完整所有权概念的罗马法发展而来,而罗马法在古代文明却是相当特殊的现象,在世界的其他地方并没有发展出如此精致的以商品经济为基础的私法体系。因此当今天以这个理论去观察中国古代的财产法律以及有关的民间习惯,则行不通。

就财产的社会本质来说,财产应该是能够提供给人类某种满足的事物,而财产的收益可以使这种满足得以持续,因此收益权的设定、分割、转移实际上才是古代社会的立法者和民间当事人所关注的焦点。比如我国历代朝廷对于私有土地的立法,一直注重要求土地的私有人向政府申报、登记所拥有的土地情况,作为征收赋税的依据。至于是否实际占有、甚或无论土地的有无并非立法考虑的因素,一律设定同样数额的赋税额度。此外还力图防止土地权利的转移中损害国家税收,至于这种转移是否伴随占有状况的变化,则是法律所不关注的。这实际上就是强调国家对于土地收益的分割。即使国有的土地立法往往也并不立足于保护这类土地的处分权,比如元明时期江浙一带的"官田",实际是由私人占有并且自由转让的土地,只是这类土地的负担比较重,其田赋(土地税)要比一般的民田高许多。② 而在传统民间社会中,财产权利与其说是以处分权为核心,还不如说是以收益权为核心,只要是具有收益权的,几乎都可以称之为"主"。因此同一块土地的"主"往往分成很多的层次,比如所有权人(业主)、典权人(典主)、永佃权人(皮主)、租佃权人(佃主)等

---

① [英]梅因:《古代法》,第97页。
② 可见(清)顾炎武:《日知录》卷一〇《苏松二府田赋之重》。

等，而且这些权利人几乎都可以在保证上一层次的权利人"主"收益的前提下自由转让其权利。这些现象在其他民事法律文化中是很罕见的。

总之，从有限的立法来观察，中国传统财产法是简单的，但是深究到民间习惯的内里，就可以发现它们极其复杂、彼此重叠、并且与人际身份关系有着千丝万缕的联系。因此中国传统财产法是一个极其复杂的体系，需要学界更多的关注和研究。

简短的结论

就成文法来看，传统财产法缺乏独立的法律形式，其立法也往往滞后于社会经济的发展，民事违法行为多处以刑罚，也没有独立的民事诉讼程序，统治者习惯于通过确认义务来默认权利。而民间习惯则注重财产关系的相对性和长远性，强调自力救济，时常将法律视为迫使对方让步的工具。总的来说，在中国古代社会，财产法是一种成文法与民间习惯往往脱节、注重包含财产权利在内的"名分"、尤其注重财产收益分配的法律传统。

后　记

本书由原来的《中国财产法史稿》（中国政法大学出版社 2005 年）改编而来。原书早已脱销，出版社也没有再版的计划。每次在教学中看到学生们拿着从网络上买来的这本书的影印本来问我问题，真有点让人啼笑皆非。另外，经过十多年的教学研究，自己有了更多的中国财产法史方面的心得体会，也很想与读者分享。在此要特别感谢复旦大学出版社给了我这个机会，让这本书能够"转世"再生。

这次修订首先是修改了全书的体例，按照实事求是的原则，不再试图以近代民法典的体系来分篇章，直接按照财产法的几个重要问题：财产分类、财产所有权、财产的继承、契约、财产的担保、财产的用益、损害赔偿来进行分章。其次，这次补充了一些新的资料。再次，以最后一章对传统财产法做一个规律性现象的分析，并分析其一些基本的特征。最后，在文字方面进行了更多的梳理。原书是作为法律史专业的研究生教材而编写的，因此对于很多文言文资料没有做过多的解读，仅仅提示了阅读的重点，而现在考虑到本书的读者有很多应该是法律工作者而非法律史研究者，因此尽可能地对原始资料进行了白话文处理，摘录的原始资料都做了仔细的阅读提示。

随着信息化技术的发展，当今的学术环境发生了重大的变化，资料的检索工作已经变得相当便利，主题词的搜索往往被利用来代替史料原本的阅读，笔记本电脑取代了"两脚书架"。学术研究需要大量具体的细节，需要海量的资料，不过同样重要的是，也需要有宏大的视野，有整体的把握。注目于树木的同时也要有鸟瞰森林的视野。本书这次修订的一个主要方面，就是试图在原来的基础上，进一步分析中国传统法律文化中的财产法部分的基本框架，概括其基本的原则以及演进的一些规律性现象。或许能够启发读者从近代民法体系之外的角度、以大家所熟悉的近代民法话语以外的方法来看待人类社会中各类财产的运行规则，从而能够体会到人类社会发展的无穷可能性。

在本书的最后，要向复旦大学法学院法律史学科这个光荣的集体致以深深的感谢，从叶孝信教授创立这个集体至今，已经过去了四十多年。倍感荣幸的是，我得以在这个集体中成长为一个教学研究专业工作者。由叶孝信教授开创的中国民法史研究，一直是这个集体的重要研究课题，长期以来积累了大量的讨论和探索。本书中往往不自觉地使用了"我们"这个第一人称的表述，指的就是这种集体学术讨论与探索的积淀。因此本书尽管不是什么某某级别的"重大工程项目"成果,但却是我们这个集体研究探索事业的结晶。当然,本书中可能存在的谬误和错讹,都由我一人承担责任。

衷心祝愿所有的读者能够在阅读本书时得到"开卷有益"的乐趣!

郭　建

2018 年 6 月于复旦大学法学院

附录
《中国财产法史稿·后记》

20世纪80年代末,在我的老师——复旦大学法学院叶孝信教授的率领下,参加了"中国民法史"科研项目的研究工作,当时我负责的是债法及物权法部分。1993年这个项目得以完成,并由上海人民出版社出版。1995年,《中国民法史》一书获得了全国高校首届人文社会科学研究的一等奖。

虽然《中国民法史》得到不少好评,然而就我所承担的部分内容,我一直有所愧疚。当时对于不少问题自己还缺乏理论及史料方面的功底,勉强写来,确实在一些部分有相当的疏漏。比如对于典权的起源与发展、对于倚当和抵当性质的判断等,都有写错的地方。虽然在以后的一些论著中逐渐有所修正,但一直没有得到全面修订的机会。而《中国民法史》修订版的工作于1998年开始后,因为种种原因一直没有能够完成,致使我在书中留下的这些错误有可能继续"谬种流传"。

2001年末应贺卫方兄之邀,在中国政法大学出版社参加了法学教材建设的一个研讨会。会上李传敢社长与出席者当场约定写一批适合于法学研究生或高年级学生的专著型教材,而题目则自选。对我来说,这实在是一个还心愿的好机会。回到学校后几经考虑,才定了这个包容量比较大一点的题目,来总结自己几年来研读法史的心得,同时也可以设法弥补过去的一些错误。几年来,除了正史、历代法典、新发表的考古材料等等以外,还阅读了大量的古代笔记、小说、戏曲,总是试图尽可能搜罗更全面的材料。对于本书的结构、章节也设想了几个方案,多次推倒重来。写作中也是耐心推敲,不断补充材料,反复提炼观点。终于能够在合同到期时完成这本书,觉得确实对得起自己这几年的努力。

近20年前,在安徽合肥参加中国法律史学会的一次年会时,曾亲耳聆听中国法律史研究的前辈、已故乔伟先生谈他自己的治学体会:刚开始学术研究时,觉得什么都是迷糊;经过一段时间努力,或许会发现自己什么都明白;然而再深入下去,又会觉得什么都再次迷糊……如果能够再次走出迷糊,或许就是达到了真正有深度的学术境界。这段话在我的脑海里留下了深深的记忆。现在回想自己的求学历程，真的也是如此螺旋迂回。而这本书大概就可以算作我的第二次迷糊期间的一个记录了。

谨此奉献给诸位读者同勉。

郭　建

2004 年 9 月于复旦大学法学院

图书在版编目(CIP)数据

中国财产法史/郭建著. —上海：复旦大学出版社, 2018.9
(复旦博学. 法学系列)
ISBN 978-7-309-13880-1

Ⅰ.①中… Ⅱ.①郭… Ⅲ.①财产权-法制史-中国 Ⅳ.①D923.22

中国版本图书馆 CIP 数据核字(2018)第 196040 号

中国财产法史
郭　建　著
责任编辑/张　炼

复旦大学出版社有限公司出版发行
上海市国权路 579 号　邮编：200433
网址：fupnet@fudanpress.com　http://www.fudanpress.com
门市零售：86-21-65642857　团体订购：86-21-65118853
外埠邮购：86-21-65109143　出版部电话：86-21-65642845
上海春秋印刷厂

开本 787×1092　1/16　印张 18.25　字数 379 千
2018 年 9 月第 1 版第 1 次印刷

ISBN 978-7-309-13880-1/D・952
定价：55.00 元

如有印装质量问题，请向复旦大学出版社有限公司出版部调换。
版权所有　侵权必究